ナチと民族原理主義

著者◎クローディア・クーンズ
訳者◎滝川義人

青灯社

ナチと民族原理主義

装幀　三村　淳

目次

プロローグ　民族の血統を信仰する――その意識の形成

〝ナチ的良心〟という用語は間違った語法ではない。大量虐殺者は、自分の行動を正当化できると信じるエトス（社会集団の道徳的規範）に従って、人を殺した。おぞましい話ではある。しかし、第三帝国（ヒトラーを総統とするナチ国家。神聖ローマ帝国、普仏戦争後のドイツ帝国の正当な継承国と称した）の史的記録は、その通りであったことを示唆する。反ユダヤ主義の教宣者とジェノサイドの計画者は、広く流布していた思想から、倫理的行動原則を抽出した。それはそれで厳格な基準であった。彼らは現代の世俗主義者であり、神の下し給うた律法とか、本来心に備わっている内なる道徳律の存在を信じない。善と悪の概念は、個々の民族集団のニーズに従って形成されたと確信するが故に、普遍的価値をもつ倫理観を否定した。その代わりに考えたのが、自分たちアーリア人種社会に適したとみる倫理的行動原則である。二〇世紀初頭の道徳哲学者は、文化的相対主義こそ寛容の基礎、と考えた。ところがナチの理論家は、逆の結論をひきだした。つまり、文化的多様性は敵対関係を生みだすとしたうえで、自己の共産社会の価値観が、他に抜きんでた優越性をもつ、と考えた。

我われが普通考える良心とは、「汝何々すべし」、「汝何々すべからず」と諭す内なる声である。相互主義の道徳律は、文化の違いを越え、自分がかく扱われたいと思うように相手を扱え、と命じる。良心は、道徳的行為について指示するほか、よく見逃がされるが、第二の役割を果たす。即ち、誰に何をすべきかすべきではないかを、我われに教示する。それは、アイデンティティ構築につながる。我が共同体の圏外にある異質の〝他者〟と、我われの配慮を当然うけるべき身内。この分離によって構築されるのだ。そして、我われの倫理的アイデンティティは、「私は、この人にこれをすべき種類の人間か？」と自問を促す[1]。欧米の道徳哲学と神学は、完全な人間の部類にいれない〝他者〟の扱いを語る。ユダヤ教の旧約聖書では、よそ者はむごい扱いをうける。古代ギリシア哲学は、野蛮人、奴隷、女性を完全な人間の範疇から除外する。キリスト教の慈善活動は、基本的にキリスト教徒を対象とする。ヨーロッパの啓蒙時代にかわされた重要協定の多くは、アフリカ黒人、アメリカインディアン、女性を理性なき生きものとして扱い、完全な人間としての資格を認めていない。一九三三年、憲法学者として知られる熱烈なヒトラー支持者カール・シュミット（一八八八―一九八五）は、普遍的人権思想を非難し、ナチの仲間内でよく使われたスローガンをもじって、「人間の顔をした者がすべて人間というわけではない」と言った[2]。

ナチ式道徳律に底流していたのが、この信仰であった。ホロコーストは想像を絶するスケールで発生した。この人類の破局は、我われの理解を越える悪によって、惹き起こされたようにみえる。しかし、そうであろうか。ユダヤ問題の最終解決を生みだしたこの文化の恐ろしさは、過激主義ではなく、その平常性にある。換言すれば、その凶暴な憎悪ではなく崇高な理想にある。ナチ人種主義を大衆化した男たちと少数の女たちは、彼らいうところの国家社会主義のディ・イデー（理念）を、長々と説明したものである。ナチスは、外部の者がイデオロギーとみなすものを真理として味わった。ナチの信仰体系の特徴は、生物学理論と人種主義者の情念が融合した点にある。しかし、ユダヤ・キリスト教の伝統からみれば、それは、道徳としての資格がない。筋の通ったイデオロギーですらない。例えばアダム・スミスのリベラリズムやカール・マルクスの共産主義と比べて、ナチズムのディ・イデーは、格調もヒューマンな社会ビジョンも欠く。それでもナチズムは、イデオロギーめいた役割を果たした。計り知れない生命の謎に答を与え、偶然性に意味づけをし、世界の動き方を説明した。ナチズムは、善と悪の定義もしたし、利己主義を背徳として非難するほか、利他主義を大いにまつりあげた。ナチの理想は人種的同質の同志（フォルクスゲノッセン）を、先祖と子孫の関係に結びつけ、民族の集団的幸福のなかに個人をはめこむところにあった。

ヒトラーは、聴衆の願望を読みとる名人で、国民の渇望するところを抜け目なく耳にとめた。信頼のできる政府、信じることのできる国家目的。これが国民の求めているものであった。ヒトラーは若い頃から政治演説家として、その声を訴えてきた。ヒトラーは、現代の物質主義、退廃、コスモポリタニズムを激しく攻撃し、名誉と尊厳という時代遅れの価値観を、その悪の淵から救いだすと約束した。政敵はその言葉を空虚として嘲笑し、支持者は感激して聴いた。支持者たちの不安は色濃く、不満は山ほどあった。ボルシェヴィキは不穏な革命の動きをみせ、解放された女性は家を守る責任を放棄し、資本家はふところを肥やすばかり。諸外国もヨーロッパ列強としてのドイツの然るべき地位を、奪いさった。ヒトラーは、文化および政治面の混乱に対する支持者の怒りを、道義の憤激に変容させた。ヒトラーはワイマール共和国を女の腐ったようで軟弱と嘲り、男らしい断固たる秩序の夜明けを約束した。かつては宗教が着実な人生の目的を与えたが、それに代わってナチ文化は絶対主義者の世俗信仰を提供した。

リベラルな体制下では、道義は普遍的な人権概念におかれる。第三帝国はそのリベラル体制と違って、血統でつながるドイツ社会の幸福を道徳論の規準においた。欧米世界では平等の理想が浸透し始めた時代、ナチ道徳は、人種差別と性差別を前提とした主張を、臆面もなく前面に押したてた。ドイツの人種主義理論家は、現代的、進歩的にみられることに熱心で、大昔からの偏見に科学の名を冠して、もったいをつけた。むきだしで言ってしまえば残忍かつ凶暴とみられる政策だが、その政治キャンペーンでは、健康、衛生、進歩といった理想に言いかえて、支持をとりつけた。ドイツという近代国家で大衆を動員するにあたり、ナチは強圧法だけでなく、市民の進歩改善という共同体の理想を大いに訴えた。個の否定と集団の再生をベースとして躍動する体制文化（パブリックカルチャー）にあっては、血統でつながるドイツ人たちは、異質とみなされる者を排除し、人種上価値あるものとして聖別された人々と関係するように、勧奨された。アウシュビッツへの道は血統の義をもって舗装されたのである。

集団としてまとまっていく過程で、それに伴って生じる犠牲者の苦しみは、見えなくなったというよりは、血統の復活という大目的に比してマージナルなものとして隅へ押しやられた。大量殺戮の協力者が内的な論理に従って行動したというのは、もちろん行動も問題だが、彼らの道徳律が賞賛に値するわけではない。道義は我にありという自負が、彼らの犯罪を抑圧したわけでもない。血統の義は、無力の犠牲者を苦しめ、奪いとり皆殺しにした者の心を、後押ししてくれたといってよい。世俗の血統問題が信仰となって、従来、宗教の範疇にあった人間の命の問題へ侵入してきたのである。私は本書で、この意識の形成を検討する。我々は、人命尊重のうえにたつ普遍的倫理観の存在を当たり前のように考えるが、血統の美徳は悪の増殖する環境をつくりだす。ナチ・ドイツの歴史はいかにしてそうなったかを明らかにするのである。

I　民族原理主義へ——血統の正義と良心

私は自分を不羈《ふき》奔放、独立独歩の人間と考えている……誰にも束縛されず、誰にも従属せず、借りもない。私は自分自身の良心に従って行動するのみである。そしてその良心がもつ至上命令はただひとつ——我がフォルクである。

一九三五年一〇月八日　アドルフ・ヒトラー

〝良心〟は文化環境によって形成される

英語のコンシェンス（Conscience　良心）は、幅のある言葉で、アイデンティティ、認識、理想主義そして倫理基準が、その意味に含まれている。ラテン語のコン（con　共に、一緒の意）とスキエンティア（scientia　知識の意）から発展した言葉である。一方コンシャスネス（consciousness 意識。ドイツ語でベヴストザイン BewuBtsein）は、中世時代、コンシェンス（ドイツ語でゲヴィッセン Gewissen）と互換性をもって使われた。その分離が始まるのは一六世紀、近代ドイツ語と近代英語が登場してからである。一五一七年、マルチン・ルターが教皇の権威に反抗した時、彼は「私の立場はこの通り。私は撤回できないし、そのつもりもない」と言った。ルターは「私は自分の信念に従って行動したと、堂々と言えたが故に、私は自分の良心を救ったのである」と説明した。[1] ルネッサンス後期から、コンシェンス（良心）は、高潔な態度を示す確固たる指針と考えられるようになった。キリスト教徒はコンシェンスを神の声として理解し、世俗派はその根源に理性をおいた。[2]

数世紀の時間がたつうちに、コンシェンス（良心）は、個人の問題であり、一定不変のものと理解されるようになった。啓蒙時代の哲学者イマヌエル・カントにとって、それは彼の人生を秩序あらしめる二つの柱の一本であった。「ここに二つのものが心をみたす……くり返し時間をかけて考えれば考えるほど、いつも新たにますます強い感嘆と畏敬で心をみたすもの……星のきらめく天空と我が内なる道徳律」と書いた。[3] 一九六二年、第二回バチカン公会議では、「彼らの良心が人間の最も内なる秘密の核であり、彼らの内奥にこだまする」と声明をだした。[4] 現代の人権主義は、普遍的道徳規準の存在を前提とする。一九四八年にだされた国連の世界人権宣言は、すべての人間は生まれながらにして自由であり、尊厳と権利において平等である。「人間は理性と良心を授けられており、互いに同胞精神を以て行動しなければならない」と明確に宣言した。宣言は、多くの文化の違いを越えて、拷問、略奪あるいは殺害の命令を出す者やその命令に従う者は、良心の至上命令を破る、と表明している。[5] ヒポクラテスの誓詞に「第一、相手を傷つけるな」とある。人間の性向にはこの誓詞に留意する面がある。〝良心〟は、倫理上この性向と共振する。

しかし、代表的な文化がいずれも「自分がかく扱われたいと思うように相手を扱え」とする至上命令を尊重するとはいえ、この理想は現実場面でしばしば崩壊してしまう。〝相手〟の意味が必ずしも明確ではないからだ。ジークムント・フロイトは、著書『文明と不安』（一九二九）のなかで、この黄金律に疑問を投げかけている。道義的責務感は、個人に対する愛情のたかまりとともに大きくなるから、汝の隣人を愛することは、きずな、共有する帰属意識が前提となる。この黄金律が「汝は己を愛するごとく、汝の隣人を愛せよと命じるのであれば、私は例外を設けてはならないことになる」と書くフロイトは、しかしながら見知らぬ者を愛することは、人間の経験に反すると論じ、「その人が見知らぬ人物であれば……私が愛することは難しい」と主張する。(6) 道義的責務の普遍性は、普遍性にほど遠く、共同体によって固縛されている。

ドイツ語のヴェルトアンシャウウング（態度、世界観の意）といった漠然とした言葉のように、〝良心〟は、個人の選択を指図する。共同体がもつ「意味の構造」のなかでアイデンティティが形成され、その枠組で選択を促す。(7) 〝理性〟（そして〝科学〟）のように、〝良心〟は流動的であって、永遠の至上命令によるだけでなく特定の文化環境によって形成される。「誰に何をするか」という人間のアイデンティティを身につけることで、倫理思考の起きる心的構造ができる。伝統的な社会では、宗教指導者が信徒に、誰が道義上の考慮に値するかを教える。しかし現代社会では、専門家が道義上の責務を共有する共同体について、前提をつくる。(8)

同じようにナチ・ドイツでも専門家が良心（コンスキエンティア）に従った道義上の考慮に値する人間について、知識（スキエンティア）を提供した。

「ユダヤ人移送を当然として受入れた」

ナチ・ドイツでは、このような知識がどのように倫理的思考を形成したのであろうか。それは例えば、ヒトラー・ユーゲントのメンバーであったアルフォンス・ヘックの回想録が生々しくその間の事情を物語る。一九四〇年、ゲシュタポが親友ハインツを含む村のユダヤ人全員を逮捕した。それを目撃したアルフォンスは「ユダヤ人を逮捕するとは、何と恐ろしいことをする」とは考えなかった。「ユダヤ人の脅威」について教えこまれ、その知識を身につけていたから、「ハインツがユダヤ人であった不運」を嘆いただけである。

大人になって彼は「ユダヤ人移送を当然として受入れた」と回想する。[9] 戦時下のベルリンでは、建築家でヒトラーの軍需生産相であったアルベルト・シュペーアは、移送されるみじめな人間の大群を、郊外駅で見る。その傍らを通る時、彼は、彼らの前途に待ちうける恐ろしい運命を、考えないことにする。そして後年、「私はうしろめたい気分に襲われた。しかし私は体制の精神をしっかりと叩きこまれていた。今日では理解し難いほどそれにどっぷりとつかっていたのだ」と回想するのである。[10] ユダヤ人は一九三三年以前は同じ市民であったが、ドイツがポーランドに侵攻した一九三九年時点では、ドイツ人の道義的責務の範疇に入らぬ存在となっていた。この変容が自然におきたわけではない。細心の注意を払って仕組まれた工作の結果である。本書で私は、ユダヤ人が自国で異邦人化される過程を調べていく。

〝ナチ的良心〟という言葉は、世俗のエトスであり、アーリア人社会の成員同士の間だけに互恵性をもつ。人種主義の科学者が、今日もっとも進んだ生物学的知性と定義する共同体の中だけで通用する。ナチ的国家は、この知性と『我が闘争』に表明された毒々しい人種主義によって誘導され、ドイツの道徳圏から人間のカテゴリーを全部動かしてしまった。しかしこの排除は、後になってみればきわめて過激であるが、前例がないわけではない。ナチ的良心を規定する前提のうち、三つは同類があった。四つ目がそれまで歴史的前例や、それに近いものがない。

ナチ的良心の第一前提は、フォルク（民族）の生命は有機体の生命と同じとする。それは、誕生、成長、拡大、衰退そして死という段階を経る。ヨハン・ヴォルフガング・フォン・ゲーテのような昔の知識人たちが類似の哲学的見解を述べてはいたが、有機体の比喩が社会学と政治レトリックに広く流布するようになったのは、その後の一九世紀である。チャールズ・ダーウィンとはほぼ同じ時代に活躍したハーバート・スペンサーは、〝蛮族〟が進歩した文明へ進化することを、優越せる社会学的有機体の勝利、と書いた。[11] 二〇世紀の初めには、悲観主義者が、西洋は〝成熟〟有機体と同じように、退化と消滅を前に生存そのもののために闘わざるをえなくなる、と予想した。[12]存在をかけたこの闘争には、個々人の犠牲と集団の努力が求められる。一九三〇年代初め、失業率が三〇％を越える状況にあって、ヨーロッパと北米の政治家たちは、第一次大戦のレトリックを復活させ、階級闘争や物質主義、不当利得行為を口汚くののしり、集団の生き残りをかけて国民各位の奮励努力を求めた。カトリックの指導者たちは、一九三一年にだされた教皇回勅で、富者と貧者の苦労の分かち合いを訴えた。フランクリン・D・ルーズベルトは、大統領就任演説で、経済復興のため国民に献身と犠牲を求めた。それは、あたかもアメリカが外国と戦争をしているかのごとき言い方であった。第三帝国では、ナチが呪文のごとくゲルマンの血筋をもつ者に「個人の欲望より集団の要求にこたえよ」と呼びかけた。さもなければ共同体は死ぬというわけである。

ナチ的良心の第二前提が、共同体の価値観形成である。即ち共同体は、その性格にふさわしく、かつまた、それがおかれた環境に合わせて価値観をつくりあげるという。価値は相対的なもので、時と場所次第とする。しかし、当時、社会科学者のなかには、例えば人類学者のフランツ・ボーアズのように、寛容精神の助長のため文化的相対主義を提唱した者がいる。それに対してナチの理論家たちは、相対主義と対比して、自己の優越性を立証しようとした。大戦の挟間にあたる時代のヨーロッパでは、ヒトラーだけが血統のアイデンティティを讃え、〝異質〟文明の開化という普遍主義を罵倒していたわけではない。[13]

当時ヨーロッパ政界には、反ユダヤ主義者が盤踞《ばんきょ》していたのである。一九三〇年代中期のハンガリーには首相のゲンベシュ・ジュラ将軍、フランスにはファシストのシャルル・モーラス、ベルギーにはやはりファシストのレックス党党首レオン・ドグレル、ポーランドの大統領ユーゼフ・ピウスツキがそうである。ベニト・ムッソリーニと同じように、このポピュリストたちは、寛容ではなく血統の再生を、国家の健全性の必要条件とみなした。ヨーゼフ・ゲッベルスは、自著のパンフレット「国家社会主義のABC」で、当時のムードをぴたりととらえた。ナチ演説用に、一九三〇年代の初期に発行された教義問題集である。「国家社会主義者にとって第一のおきては何か」という質問には、「なによりもまずドイツを愛し、汝と同じ血統の戦友《フォルクスゲノッセ》を汝のごとくに愛せよ」という答が用意されている。(14)

ナチ的良心の第三前提は、征服地の〝好ましからざる〟住民に対する徹底した攻撃の正当化である。長い目でみた場合、征服者の利にかなう時は、完膚なきまでに叩きのめす。ヨーロッパの膨張は、十字軍から植民地主義まで、物質上のみならず道義上もプラスである、と膨張擁護者は説いてきた。いわゆるヨーロッパの優越性(白い膚、男らしい勇気、規律、理想主義等にその特徴が顕示されていると称する)の故に、〝進歩〟の前に立ちはだかる〝低い〟文明を抹殺することは——特に戦時には——道義上是認されるとした。サウスダコタの劇作家、フランク・ボームは、この論理をもって先住アメリカ人について語っている。曰く、

レッドスキン(北米インディアン)の気概は消滅した。残っているのは野良犬の如き一群、自分を打ちのめす手をぺろぺろなめて、哀れな泣声をあげる連中である…白人は、征服の摂理、文明の正義によりアメリカ大陸の主人である。そして辺境入植地の安全を守る最善の方法は、わずかとなった残存インディアンの抹殺である。何故抹殺であってはいけないのか? 彼らの栄光は去り精神も砕け散り、男らしさも消えた。今のような惨めで情けない存在であるよりは、死んだ方がましである。(15)

読者は何世代も、この論説を書いたボームを「オズの魔法使い」の作者として、あがめたてまつってきたのである。ボームは道義の破壊者とみられたことはない。むしろ、人種に関するひとつの理解の仕方を表明した善意の人、とみられた。白人の望むレーベンスラウム(生存空間)を不都合にも占拠した非白人の〝問題〟に直面した、数百数千万のヨーロッパおよび北米の白人と同じ理解の仕方である。

普通の市民を異質の存在に

ナチ的良心の第四前提は、同化国民に対する法的保護の無効化権限を、政府に認めることである。政府は血統の定義をベースとして、同化国民を排除できる。同化した少数民族をターゲットとした国家ぐるみの民族浄化は、二〇世紀が終わりに近づく頃、勢いを増してきたが、すでに一九三三年に前例がある。かつてたくさんの政治革命や宗教戦争が発生した。敗北側の生き残りは、敗北派に忠誠心をもつとか異端の信仰を抱くと疑われ、ひどい目にあった。しかし、ナチ・ドイツのユダヤ人が蜂起に参加したことはない。ヨーロッパのポグロム（大虐殺）、トルコのアルメニア人虐殺は、文化的に離れた社会がターゲットにされたが、ドイツの場合のように多数派の文化に同化した住民を、わざわざ分離して攻撃したことはない。経済不況の時、移民排斥主義が頭をもたげ、外国生まれに対する偏見が爆発する。戦時には、国内に住む〝敵性外国人〟について、国民がパニックに襲われることがある。しかし時は一九三〇年代、経済復興の時代で、ドイツは平和であった。〝望ましからざるアウトサイダー〟は、遠い〝暗黒の中心〟や敵の塹壕にひそむのではなく、主流派社会の中に住む人々であった。社会的ダーウィン主義者が国民国家（ネーションステート）を互いに闘争しあう有機体、と比喩的に考えたのに対し、ナチ理論家は血統正しい有機体の中にひそむ危険として、寄生虫学の用語を使用した。

批判に対してナチの人種主義専門家は、ほかの地の類似事件らしきものをとりあげて、その特異性をぼかそうとした。[16] ユダヤ人を先祖にもつ市民と外国籍者を国外へ追放し、ドイツ国内から一掃するのは、例えば一九二二―二三年の人口交換と同じというのである。これは戦後トルコとギリシアの間に生起した人口移動をさす。[17] もっと頻繁に類似性の対象にされたのがアメリカである。熱狂的な反ユダヤ主義者は、アフリカ系アメリカ人に〝身のほどをわきまえさせる暴徒のリンチ〟を称賛し、真面目くさった顔の人種主義為政者は、意志の固さにおいては暴徒と同じであるが、もっと冷静で、いつかはナチの人種法がアメリカの移民割当法その他と同じように幅広く受入れられる、と期待を寄せるのであった。その他には、反異種間雑婚法、二八州で実施されている強制的断種処置、黒人の南部隔離が含まれる(18)。

しかしながら、ナチの政策と他国の人種排除との際立った違いは、相違を示す肉体的あるいは文化的マーカーがない同胞市民を、ターゲットにした点である。先祖にユダヤ人をもつと称せられるドイツ人、損傷した遺伝子をもつと称せられるアーリア系、あるいは同性愛の傾向があるアーリア系は、加害者のドイツ人と伝統、言語、文化を共有していた。しかし、心を入れかえたいわゆる欠陥アーリア系が主流派社会へ再び迎え入れられる見込みは残されていたが、ユダヤ人は（後年ジプシーも）道を共有する社会から追い払われた。彼らは、権利と義務の対象からはずされた危険な存在とコード化され、情け容赦ない果断な能率をもって処理しなければならぬ〝問題〟となった。

たまたまユダヤ人の先祖がいた普通の市民を、異質の存在に仕立てあげるのは、簡単なことではなかった。一九世紀、ユダヤ系ドイツ人は、反ユダヤ主義者の抗議にもかかわらず、入学制限枠の対象にならず能力によって大学で学べるようになり、文化活動や社交界にも受入れられた。高度の専門職種、実業界、政界、学術の分野への進出も著しかった（ただしいくつかの分野、特に軍の将校団、外交の分野からは事実上締めだされていた）。第一次大戦時、ユダヤ系ドイツ人はキリスト教徒ドイツ人とともに戦場に赴き、祖国ドイツのために戦った。その戦死傷率もキリスト教徒ドイツ人と変わらなかった。一九〇五年から一九三七年までにノーベル賞を受けたドイツ人三八名のうち一四名は、ユダヤ人を先祖にもつ人々であった。ユダヤ系同士で結婚するよりは、キリスト教徒と結婚する割合の方が多かったし、ユダヤ教徒とキリスト教徒との結婚は、一九三三年までは雑婚と呼ばなかった。そう呼ばれていたのは、プロテスタントとカトリック、アフリカ系とドイツ人、アジア系とドイツ人のカップルである。[19]

ドイツおよびヨーロッパ四ヶ国（仏、英、イタリアおよびルーマニア）の大衆紙に掲載された反ユダヤ行動や反ユダヤ観を、一八九九年から一九三九年までに期間を区切って比較してみると、一九三三年まではドイツ人が一番反ユダヤ的でないことがわかる。[20]ドイツ社会がユダヤ人に対して比較的に開放されていたもっとも雄弁な証拠は、統計で人種や民族の区分がない事実である。[21]ナチ支配が始まるまで、統計上確認できるのは五〇万人だけである。それもユダヤ教徒としての分類である。ユダヤ人を先祖にもつ人があと二〇ないし三〇万いたはずだが、シナゴーグに所属していないので、約六五〇〇万のドイツ人口のなかに埋没し、統計上見えてこない。

普通のドイツ人が迫害協力者に

一九三三年一月時点で、ドイツ国民は全員がひとつの国家に所属する同じ存在であった。その後六年の間にナチ国家は、国家がユダヤ人と定義する国民を、フォルク（Volk）の範疇から排除してしまう。フォルクは、ナチ・ドイツの言語では、ほぼ例外なく〝人種（race）〟の意味で用いられた。ナチの政策の背後にみえる明確な意図のため、そしてまた人種上の純潔と汚染に対するヒトラー自身の強迫観念のためである。[22]しかし、ヒトラーの人種論とその意図に対する支持がどのようにしてつくりだされたかを理解するためには、ラッセ（Rasse）とフォルク（Volk）を区別する必要がある。ナチ言語においては、実際にはこの二つは互換性がなかった。形容詞のフェルキシュ（völkisch）は正確に〝民族の（ethnic）〟と翻訳されるが、英語で同系統のフォーク（folk）は、単に〝伝統的〟、〝田舎の〟、〝風変わりな〟といった意味を暗示するにすぎない。フォルクのもうひとつの意味である〝人民（people）〟は、かつては民族的団結や連帯に対し強く訴える力をもっていたが、すでにその強烈さを失っている。

ナチの教義普及家は、人種迫害の支持をとりつけ、それを増強するため、血統でつながる民族の復活を強く前面に押しだした。フォルクという包括語は、いわゆる運命共同体の成員に、平等、普遍の世界を約束する。ところが〝人種〟は、きわめてあいまいな経験的な基盤にのっている。不明瞭なので熱狂的ナチといえども、定義できなかった。ナチの著述家は、ユダヤ人とアーリア人に対して同じくゲノッセン（Genossen仲間）という語を使い、前者をおとしめる場合、ラッセンを前に冠しRassengenossen、後者を褒め称える時はフォルクスを冠した Volksgenossenと書いた。ユダヤ人 は人種的徒党、アーリア人は血で結ばれた民族の仲間、というところであろうか。ヒトラーは、血で結ばれた民族統治体（Volkskörper）、同じく民族共同体（Volksgemeinschafe）、民族心（Volksseels）あるいはもっと単純にダス・フォルクについて延々数時間、熱狂的に話をすることができた（実際にしばしばそうした）。しかし、ヒトラーや側近のいずれも、人種国家（Rassenstaat）について語ることはなかった。彼らが例えば人種の誇り（Rassenstoltz）、人種政治（Rassenpolitik）あるいは人種保護（Rassenschutz）といったような表現でラッセを使う場合、おとしめられた〝他者〟が、陰でうごめいているのが見てとれる。ナチの国家は民族性と人種、換言すれば自己愛と他者憎悪、のうえに築かれていた。

一九三二年の選挙では、ナチ支持率が二・六％から三七・四％に飛躍的増加をみたが、一九二八年からその年の中頃までは、ナチズム支持に反ユダヤ主義はほとんど役割を果たしていなかった。ドイツの大衆は、崩れゆく民主々義に幻滅し、経済破綻時の共産主義勃興におびえ、ナチスの約束するヒトラー指導下の新秩序、に惹かれた。記録文書の調査、回想録および口述記録からきわめて明確に分かることであるが、「ユダヤ人問題」に対するドイツ国民の態度が、西欧および北米の標準から外れ始めるのは、ナチが権力の座についた後である。ドイツ国民は、彼らが反ユダヤ主義者であったから反ユダヤになったのではなく、ナチであったから反ユダヤになったのである。(23)

戦時になって、ユダヤ人、ジプシー、戦時捕虜、同性愛者、その他〝好ましからざる不要者〟の抹殺が実行されるが、それにはドイツの一般民と軍人を大なり小なり抹殺実行政権に協力させる必要があった。そのための巧妙な説得テクニックによる教育は、一九三三年に始まる。歴史学者ラウル・ヒルベルクが強調したように、最終解決は、ヒトラーの過激主義や少数の上層指導者だけでやれたのではない。おおまかなコンセンサス、〝隠れた構造〟の形成があって初めて、可能になったのである。それは、「法律や命令の産物というよりは、精神の問題、共有する理解、共鳴、同調の問題によるところが大きい」のである。(24)実行犯は人種抹殺という究極目的の意味をつかんだので、即時即応し、命令以上のことをやることもしばしばであった。歴史学者のオメル・バルトヴは、戦場に到着した数百万のごく普通の兵隊が、人種上の敵殺害の予備知識を与えられた点について、「ナチ政権による教育努力のなかで最大の実績をあげたのが、部隊間におけるこのコンセンサスづくり」と分析する。(25)

一九九〇年代、歴史学者たちはこのコンセンサスの起源を追求したが、二つの全く異なる見方で考察している。第一はダニエル・J・ゴールドハーゲンに代表される見方。第二がクリストファー・R・ブラウニングらの見方である。前者は、ドイツ文化のなかにユダヤ人憎悪が昔から根深く存在し、ジェノサイドがなぜ起きたかは説明するまでもないとする。後者は、キリスト教徒とユダヤ人との間に溝をつくったのが「政権の大きな実績」であることを認めるが、兵隊仲間のきずなの強さ、戦場の条件が、男たちが面と向かって大量殺戮をやれた一番大きなファクター、と考える。(26)この二つの見方は、それぞれ違った理由から、私が調査の主対象とする一九三三―三九年を、事実上無視している。後年多くのドイツ人が第三帝国の〝ノーマルな時代〟と回想する時期である。極悪非道のナチの残虐性に照らしてみると、アドルフ・ヒトラーとその緊密な同志たちは煮えたぎるようなパラノイアに支配され、ドイツの迫害協力者たちはそのパラノアを共有したのだ、と結論をだす向きがあるかも知れない。つまり、過激な行動は過激な信仰の結果に違いないというわけである。しかし、ナチドイツの世論を詳しく調べてみると、ドイツ人の大半は、西欧及び北米に共通する〝上品な〟あるいは〝洗練された〟反ユダヤ主義を共有し、コチコチのナチスがもつ粗っぽい人種主義攻撃と、ポグロム式の戦術には反対であったことが、分かるのである。

ナチのボスたちの貪欲な態度は、私利私欲で説明できる。多くの人が憎しみに動かされて、ゲシュタポに告発した。狂信的人種主義が、あくなき暴力欲にたきつけられ、ユダヤ人の生命財産に対する、ポグロム式の攻撃を煽った。この時期、ユダヤ系ドイツ人が愕然となったのは、強盗政治家や狂信者あるいは不平分子の残虐行為ではなく、ナチズム信奉に凝りかたまっていない普通の人、友人、隣近所の人あるいは職場の同僚たちの態度であった。ドイツの国民の大半はこのカテゴリーに入る。商店の店員は視線を合わせず、質問や問い合わせに答えず、沈黙を守った。レジャー施設や市民団体からは丁重な文面で会員権停止の断わり状が送られてきた。行きつけのカフェに入ると、途端にあたりが沈黙し、居心地の悪い雰囲気になった(27)。善意のつもりで、非ユダヤ系ドイツ人が、パレスチナに行った方が気楽でいいよと、ユダヤ系の友人を慰めにかかると、そのユダヤ系の友人の絶望感はますますつのった(28)。専門職の者は、勤勉とかずるい、あるいは順応性がある、創造性がないといった形容語句付きの〝ユダヤ人〟の話を小耳にして、憮然とした。信じられぬという気持である。ユダヤ系の学者は、尊敬する同僚たちが、フォルクという単純きわまりない幼稚な概念を、本物のゲルマン魂の根本的理想として賞賛する姿に、深い幻滅感を味わった(29)。ユダヤ人とそのまわりの環境が、いずれの階層、分野でも分離し、やがて完全にたち切れてしまう。その終局は孤立であった(30)。ほかの国の同じ階層や分野の人と比べて、一九三三年以前は偏見度が高いというわけではなかったのに、普通のドイツ人が無関心の傍観者に変容し、やがて迫害の協力者になったのは、いったいどうしてであろうか。

恐怖とプロパガンダが変えたのではない

ドイツ国民は、一九三三年時点で普通の西ヨーロッパ人であったが、一九三九年時点では違った人間になっていた。動機を確かめようとしても、法廷や歴史書のいずれにしても、推測の域をでない。しかしながら歴史学者は、体制文化を記述できる。個々人はそのなかにあって、さまざまな意見をはかりにかけ、選択しているのである。ナチ社会は、これまで二つの特徴で考察される場合が多かった。一九五〇年代、ハンナ・アーレントは、「恐怖の鉄の手」とプロパガンダの二つを指摘している。ドイツ国民はこれにつかまれて身動きがとれず、さらに徹底した洗脳の結果、「相対的多数は消滅して、巨大な姿をした上御一人になった」とする。[31]しかし、九〇年代には資料調査から、恐怖とプロパガンダの全能性が、疑問視されるようになった。恐れられたゲシュタポは、実際には人手不足で非能率的な組織であったから、ユダヤ人を先祖にもたない人やマルクス主義と緊密な結びつきのない普通の市民は、自分が反対するナチの対策を迂回し、あるいはごまかす余裕があった。[32]ナチ・ドイツから移住したユダヤ人の回想録からも、これがうかがえる。つまり、少数だが誠実な友人達が、苛烈な罰をくらうこともなく自分たちを慰め助けてくれたというのである。前線の兵隊でも、良心の呵責に苦しみ命令に従わぬことがあった。盲目的な絶対服従ではなくても選択的追従が、ドイツ国民の悪との協力の特徴であった。

ナチ・ドイツにおける恐怖が、従来考えられたような苛烈さで国民を締めつけたのではないとすると、次に考えられるのは、ヨーゼフ・ゲッベルスの人民啓蒙宣伝省がドイツ国民の頭に叩きこんだイデオロギー。

アーレントが指摘した第二の特徴である。ゲッベルスはその人種主義で悪名を俄然はせたが、一九三九年以前の宣伝省は、人種憎悪の流布宣伝には、比較的小さな力しか注いでいなかった。ベルサイユ条約を非難し、スターリン主義の脅威を説き、あるいはナチズム批判に対する攻撃など、プロパガンダはこのような分野を指向しており、戦前の大量市場向け宣伝には、人種の危険を警告するものは、ほとんどない。例えば一九三九年一杯まで、ゲッベルス以下の宣伝省幹部が承認した約二〇〇〇本のフィルムのうち、露骨な反ユダヤ主義をテーマにしたのは喜劇二本と歴史物一本だけである。ニュース映画は、人種やユダヤ人を扱っていない。ヒトラーはユダヤ人を口汚なくののしったが、自分の計画の中心に人種浄化対策をすえ、その宣伝にもてる政治エネルギーを投入することはしなかった。外国の批判を気にしていただけでなく、ドイツ国内の世論の趨勢も考えたためであろう[33]。党内部の熱狂的反ユダヤ主義者でも、ユダヤ人に対する憤怒が逆効果になりうることに気づき、穏健派にはほかのアプローチが必要と理解した。ゲッベルスは、馬鹿話と巧妙な説得を比較し、「最良のプロパガンダは、昔も今も同じ。見えぬようにやることだ。公衆に宣伝だとさとられぬように、社会全体に浸透することである」と書いた[34]。人種問題の再教育は、信用度をたかめるためには、一見したところ客観性のある話から始める必要がある。プロパガンダではなく知識が態度を変える力がある。

熱狂的な反ユダヤ主義は、中核ナチスの間に連帯感をつくりあげたが、もっと地味な人種思想をつくりあげる方が、社会の総動員には適していた。第三帝国における体制文化の特徴は、色濃い反リベラルの集団主義にあるが、私はこの集団主義を表現するために、「民族原理主義」(ethnic fundamentalism)という用語を使う。この用語は、宗教的原理主義と血統としての民族主義の二つに密接な関わりをもつ[35]。民族原理主義は、前者の意味では古代にさかのぼる精神的遺産を、工業化都市社会の有害な腐食性価値観から守る、と主張する。さらに後者の意味では、信奉者をして過去の間違いに復讐させ、血統上異質のものを浄化した光輝ある未来を鍛えさせようとする。この原理主義の指導者は、カリスマ的なオーラをもつ場合が多く、信奉者を動員して、言語、宗教、文化あるいは祖国を共有する者だけを受入れる道義の世界をつくろうとする。このような傲慢のなかにみられる二重規準は、外部の者を驚愕せしめる偽善を産み出す。例えば、傲慢（血統の誇りと呼ばれる）は、ナチイデオロギーの核心的要素――総統とそのフォルクのカルト、病的嫌悪の人種主義、レーベンスラウム（生存空間）の征服――の流布用鋳型を形成したのである。

ナチプロパガンダについては、これまでたくさん書かれてきた。それは、苛烈な現実を覆い隠す神話としてのとりあげ方である。私は、神話／現実ギャップの解明よりは、人種信仰が、普通のドイツ国民の態度を形成していく過程に、より大きい関心がある。ナチの政策は普通の国民の協力いかんにかかわっており、第三帝国が全体主義政権の特徴をもつとはいえ、崩壊した民主主義の痕跡も残っていたからである。ドイツ国民は、活気あふれる体制文化への積極的参加者であった。ナチの権力奪取は、その変容はともかく、破壊を意味しなかった。ヒトラーが首相に就任した時、制服的画一性がドイツを見舞ったわけではない。もちろん、批評家は沈黙させられた。しかし、ヒトラーの支配を承認したドイツ国民の多数派には、装いを凝らした国民総評論家の道が用意された。私は三つの文脈で、血統の正義という概念の普及化を分析する。それは、さまざまなバリエーションがあるが、異質として汚名を着せられたドイツ国民を、同胞市民の道義圏から情け容赦なく追放してしまうのである。

血統の正義という概念の普及化

第一の文脈は、第二、四および一〇章で考察する。フォルク成員に対する、共産社会の倫理伝道者としての役割、が考察対象である。ヒトラーは、道義の化身として登場し、政治生命が終わるまで、二種の言語を使いながらその役割を演じた。彼は自分で描く自分の人生とフォルク自体のメロドラマを重ね合わせ、つつましいが誇り高い起源、残忍な者や卑怯者そして圧倒的な強者から攻撃をうけても敢然として立つ姿を描きだした。そして破局の崖っ淵にたたされながら、再生を果たすのである。ヒトラーは、文字通りダビデの衣をまとったゴリアテ、つまりは智勇兼ね備えた男で、自分を道義の模範として描き、峻烈なる道義の秩序を回復する人と予告するのである。(36) ヒトラーは、人種についてほとんど口にすることがない敬虔なるモデルとしての売り込みに成功するものの、それはリスクも伴った。つまり中核グループが、ヒトラーはナチ信仰の核心にある過激な人種主義者を裏切った、と考えるかもしれないのである。ヒトラーは大衆と部内中核層の扱いを分けた。自分の鼓吹する大衆目的で国民の支持をとりつけ、中核層に対しては記号化したメッセージで時を待てと伝えるのであった。いずれ、憎悪に従って存分に行動できる日がくるとする。その日がいつなのか、決めるのは自分だけというのである。

ヒトラーとゲッベルスは、人種政策から距離をおき、血統でつながる民族の誇りと人種憎悪を体制文化に吹きこむ役割は、党の中間層がになった。ヒトラーは〝頭でっかちのインテリ〟をひどく軽蔑していたが、それでも人種思想の普及キャンペーンでは、反ユダヤ主義にもっともらしい客観性を漂わせてもったいをつけるため、高等教育をうけた専門家が必要であった。私は第三、五および六章で、若手の党役人、理論家、医者、旧世代のナチズム転向者といった層のPRキャンペーンを考察する。彼らは、市場開拓の言語で、ユダヤ人ブランド名をパリアに変えた。一九三三年以前は友人、隣人、同僚であった銘柄は、別物に仕立てられ、それには、哲学者のマルチン・ハイデガー、神学者のゲルハルト・キッテル、憲法学者のカール・シュミットといったナチズム支持の前歴がない錚々《そうそう》たるドイツ人が、体裁、冷酷兼ね備えた新版反ユダヤ主義の形成に、決定的な役割を果たすのである。一九三三年にヒトラーが権力の座についた後、二九歳の医師ヴァルター・グロスに率いられたナチ党人種政治局（Rassen Politisches Amt der NSDAP）は人種恐怖を微妙に織りこんだ血統の誇りを、体制文化に融合した。ナチ信徒は、相手の好みに応じてメッセージの伝え方を変えた。その技術が如実に示されたのは、例えば教育の場で、教師はすっかりナチにとりこまれてしまう。

第三の文脈は第七、八および九章で考察する。考察対象は、人種目的に関する実務用のコンセンサスづくり、人種政策の樹立と運用管理役たる実力者グループの戦略づくりである。ヒトラーとその同志たちは、権力奪取以前に「ユダヤ問題」に関する方針的な考えを、あまりしていなかったようである。一九一九年にヒトラーは、一通の手紙を書いた。そのなかで彼は戦術を感情的（暴力的）と理性的（官僚的）の二種に分けて、考えている。一九三〇年代になると、ユダヤ人に対する恐怖装置を考案し運用した人間たちは、内部にさまざまな機関をこしらえてネットワーク化し、それぞれに違いの生じる組織環境をつくった。行政上、過酷な迫害をする一方で、一連の政府系シンクタンクが人種研究の最新情報を流布し、宣伝に努めた。ちなみに当時ユダヤ人は生物学上の危険性ではなく倫理上の接触伝染病として、描きだされていた。このようなユダヤの悪徳行為という〝知識〟を前にすると、その対応の黄金律は、「汝がされたと思うごとくに相手にせよ」となる。ヒトラーの常習的不決断の性向のためか、あるいは彼が政治天才であったためかは別問題にして、ユダヤ問題解決に、きわめて対照的なアプローチが二つうまれた。〝感情的〟な突撃隊（シュトゥルムアプタイルング、SA）と〝理性的〟な親衛隊（シュッツ・シュタフェル、SS）。この二つの勢力は競い合ったが、強力、かつ融通のきくコンセンサスがあって、状況に応じて個々人が過激に対応できる相当大きい裁量の幅があった。

「最終解決」は、遠方の東部戦線で具体化したのではない。一九四一年六月のソ連侵攻後にだされた、一連の厳しい命令によるのでもない。むしろ、政府、党およびＳＳのなかの実力者幹部が、一九三九年のポーランド侵攻に至る六年間の運用組織づくりとネットワーク化、理論論争、派閥闘争を経て、皆殺しのコンセンサスを形成したのである。単一の機関や理論が、実行のガイド役になったわけではない。人種専門家は人種科学なるものに賛成しなかった。ヒトラーはぐずぐず先延ばしをした。内務および法務省官僚は、優柔不断であった。突撃隊の乱暴者は親衛隊の人種探偵と殴りあった。ゲルマンの血、フォルク・ウント・ラッセ、ノルマン人種、アーリア系と非アーリア系といった一見客観的な用語も、認識の違いがあらわになってもめた。しかしそれでも、政策の方向性に疑問はなかった。生まれたコンセンサスはきわめて強力であって、例外や異論はそれを支える役にまわった。外国の危険が脅威を及ぼしているわけではなく、国家経済が力強く成長している時代に、人種の恐怖と血統の誇りを強調する政治宣伝家たちが、現代の研究者が「溝」とか「ギャップ」と呼ぶものを、つくりあげた。正しい血統の多数派、法によって不要の烙印を押された一％足らずの同胞市民。国民はこの二つに分けられ、その間に線引きがおこなわれた。このコンセンサスでは、明確な悪ではなく道義の陰の部分としてあったものが、病因として発展した。

何も悪いことをしていない同胞市民を迫害する目的で、血統の理想をもって市民の基幹を動員するにあたり、少数派であっても献身的なら、ナチス言うところの「世論の戦い」に勝利する可能性がある。何度も強調するわけではないが、第二次大戦に先立つ数年間、人種カルチャーが第三帝国にひろがり、ナチスの中核層が「ユダヤ人社会の潰滅」を要求していたものの、物理的抹殺を意図する具体的計画は、まだ存在しなかった。しかしながら、確信犯的ナチスはこの戦前の期間を、フォルクと敵という認識の普及のために使った。即ちフォルクは完全に正しく、敵は悪のかたまりであり、まだ決まっていないのは死に至らしめる最終戦争のタイミングと方法だけという共通認識の形成である。

ヨルゲ・ルイス・ボルゲスという名の強制収容所所長がいた。ナチ戦犯として裁かれ、絞首刑になる前、自分の一生について語ったが、そのなかで自分は自分の行動を後悔していない、なぜならば「本質的にはナチズムは、腐敗した人間を追放し、人間の装いをあらたにする倫理行動である」からだと言っている。[37]これまで学者は、ヒトラーの新しい道義秩序の約束を真剣に考えず、ナチイデオロギーの大雑把な輪郭と微妙なニュアンスを分析してきた。本書で私は、移動抹殺隊と絶滅キャンプが出現するずっと前にナチ人種戦争の背景と理論的枠組をつくりあげ、ドイツ国民に人種犯罪を黙認する心の準備をさせた包括的倫理革命を考察する。

Ⅱ　フォルクに寄せる無限の信頼——道義の政治

民族国家（フォルクスシュタート）がもつ至高の目的は、根源の人種成分の保持にある。その成分こそ、文化を授けるとともに、より高き人間性の美と尊厳をつくりだすのだ。

アドルフ・ヒトラー『我が闘争』第二章

憎悪と理想主義のヒトラー演説

ヒトラーを道義の預言者と考えるのは、無理なこじつけであるかも知れないが、しかし彼が絶大な人気を得た秘密は、そこにある。戦後の現代人の目で見れば、ヒトラーの長たらしい演説の数々は、退屈な絶叫で欺瞞にみちているとして、一蹴するだろう。しかし彼の信徒たちは、リベラルな民主主義の公約が破綻したことに、ひどい幻滅感を味わっており、獅子吼《ししく》する彼の演説に惹かれ感動した。ヒトラーは活動の初期から、聴衆の心の底にひそむ、精神的・政治的願望を見抜く異常な直感力があり、それをたびたび発揮した。彼はドイツ国民が抱く無力感や、信頼できる指導部の登場を願う気持ちにこたえ、道義の政治を説く伝道者になった。一九二〇年代には政治運動家、一九三三年一月以降はフォルクの首長として、〝アーリア系〟フォルクの倫理的優越性を称え、無私無欲を旨とする献身の権化、地味でつつましい出身、質素な生活を前面に押しだし、己が称揚する道義の化身となり、党派を越えた崇高なイメージを売りこんだ。

一九一九年、革命騒ぎで混乱の極にあるミュンヘンの街角に立つヒトラーは、自分に説得の才能があることを発見した。彼は『我が闘争』で回想しているように、「世界を震撼させる大事件はすべて書きものではなく話す言葉によって生起した」と認識する。(1) なぜなら「一般大衆は性格上怠惰」であり、自分の意見と矛盾するものは読もうとしない。しかし、良い演説なら最初は反撥する内容であっても、しだいに耳を傾ける。「当時私は、自分の言いたいことの反対を信じ、自分が信じていることの反対を願っている人々を前にして話すことがしばしばあった。二〜三千人の聴衆をこれまでの信念から脱却させるには二時間を要した。この二時間の仕事で、この人々を我われの信念、我われの生活哲学へ誘導した」のである。(2) 物書きと違って、演説家は「いつも聴衆の表情を読みとることができる」のであり、聴衆の顔は反応をうかがう弁説家にツボを教えてくれる。どこをどう押せば彼らを刺激し、煽りたてることができるのか、その表情で分かるという。「雄弁家は、いつも大衆の空気に触れていると、その時その場で大衆の心に訴える必要のある言葉が、自然に口をついて出てくる。間違っても、目の前に生きた訂正者がいる」のである。(3) 商売のうまいセールスマンの売りこみ式と同じで、ヒトラーはまずどのような聴衆かを考え、いくつかの話をだして、その反応を調べる。彼らの願望を確認すると、やおら本論に入る。なぜナチ運動だけがその願望をみたせるのか、その理由を自信満々で説明するのである。聴衆は「もちろんそうだ。常日頃私が言っている通りじゃないか」と内心考える。(4) 特にうまくいった演説では、話の後、ヒトラーは「憤激と怒りが大きな波となって、目の前でうねった」と自慢するのであった。(5)

ヒトラーは、このアプローチを聴衆によって多少は変えたかも知れないが、それは別として、いつも「一歩もひかぬ不動の信念」とか「断固として」とか、あるいは「容赦なく」、「絶対に」といった形容語句を繰返すことによって、志操堅固な印象をつくりだした。そして、敵の悪しき意図に対して、フォルクに信念を取り戻し回復させる、と誓約した。ほかの政治家たちがドイツの統一をずたずたにしたのに、ヒトラーはひとつのドイツを約束した。最新の情報伝達装置に着目したのも、ヒトラーはほかの誰よりも素早かった。拡声装置が発明されるまで、政治家が（ヒトラーを含めて）、百名前後の聴衆を相手に一五分も喋ると、声がかれてしまった。拡声装置の発明で、ヒトラーは数万の聴衆に話をすることができた。後年、ヒトラーは、「ラウドスピーカーがなければ、我われはドイツを手中にすることはなかったであろう」と述懐した。(6) 同時代の人はヒトラーをよく俳優にたとえた。鏡の前でポーズのとり方、写真でジェスチュアの仕方を研究し、署名も念入りに練習した。鏡の前では、サイレント映画のスクリーンさながらに、大仰な身振りをしたり、しかめたり怒ったりの表情をつくった。しかし俳優と違って、台本と科白は自分で書いた。

ヒトラーには独特のスタイルがあった。語気荒く攻撃するかと思えば、大袈裟な比喩、あるいはことさらに難しい語法を使う。歴史学者イアン・ケルショー言うところの〝ヒトラー神話〟を構成するのが、このスタイルである。しかしヒトラーのカリスマ性は、このわざとらしい芝居がかったテクニックだけでなく、伝えようとする話の内容にも依拠した。ナチズムの反対派は、ヒトラーがベルサイユ条約や共産主義者、ライバルの政治家、民主主義を毒々しくけなして、おおげさに非難攻撃したので、憎悪だけを耳に入れた。しかし彼らは、ヒトラー演説にみられるパターンを見逃してしまった。ヒトラーは何かに怒りを爆発させても、誇張したレトリックを駆使しながら、その何かに代わる一段上の目的を提示して、バランスをとっていたのである。戦後の読者からみると、倫理的な清潔感や無私無欲の生き方に対する信仰にも似た讃歌は陳腐であり、偽善にしか思えない。しかし、浮かされたような一九一四年の戦争熱を記憶している者や、年長者の思い出話を耳にしながら育ったドイツ国民にとって、憎悪と理想主義をブレンドしたヒトラー演説は、心の琴線に触れるものがあった。

「諸悪の根源がユダヤ人」

ヒトラーには三度決定的な転機があった。いずれの場合も、ナチの武装隊による暴力行為を伴っている。ヒトラーの意を体して、極悪非道の犯罪行為を働いたのだ。下手をすると、ヒトラーの命とりになりかねない行動である。最初の転機は、一九二三年のビアホール一揆とその裁判である。そのあと二度、大きな暴力事件が発生している。一九三三年にヒトラーが首相になって間もない頃で、ナチ自警団がまず共産主義者を、ついでユダヤ人を攻撃目標として暴れた。いずれの場合もヒトラーは、鮮やかな手並みを発揮して厳正を旨とする人物像を維持し、うまいぐあいに身を局外においた。

一九一九年、駆け出しの青二才政治家であったヒトラーは、一連の憎悪を献立表式に使った。最初はごく一握りの熱狂的信徒を惹きつけていたのだが、ヒトラーはけばけばしい言いまわしで、「ドイツ国民の道義と精神力の再生」とか、ユダヤの「人種的結核」の駆除といったことを並べたてた。[7] 最初の頃の演説は、強欲資本家、卑怯者の外交官、腐敗政治家、血に飢えたボルシェヴィキの打倒といった言葉が、あふれ返っていた。そのヒトラーにいわせれば、この悪人どもは表面上の違いはあっても、全員が「ユダヤ世界」に起源をもつ。即ち、諸悪の根源がユダヤ人なのであった。[8] 失意の退役軍人や幻滅感を抱く一般市民を前に、「不退転の決意をもって悪の根源を叩き、情け無用の決意をもってこれを覆滅する」と誓うのであった。[9]「ユダヤ問題」をいったいどうやって解決するのかとたずねたある友人は、ヒトラーの答を鮮明に回想している。曰く、

彼はもう私を見ていなかった。その目は私の肩越しに空間をさまよっていた。……

「私がほんとうに権力の座についたら、何をおいてもまず最初に、ユダヤ人殲滅に着手する……例えばミュンヘンのマリエンプラッツ広場に、交通に支障がない限り、たくさんの絞首台をぶったてる。それから手当たりしだいにユダヤ人どもを吊るし、死臭を発し衛生上問題が生じるまでぶらさげてやる。ほかの都市でも同じことをやるさ。ドイツからユダヤ人が完全に駆除されるまではね」(10)。

ひとりの警察レポは、煽動弁説家と聴衆の相互作用を観察している。双方が憎悪を共有し、その共鳴音がだんだんたかまっていくのである。一九二〇年に行ったある演説を例にとると、まず冒頭で国際正義という無味乾燥な話をやり、ついでヒトラーはギアを入れると、戦時におけるドイツ国民の反英憎悪に話題を転じた。すると聴衆は、「そうだ、そうだ、その通りだ」と叫び始めた。そしてヒトラーは、ドイツを敗戦に導いたのは誰だ、とたずねる。聴衆は声を揃えて「ユダヤ人だ」と叫ぶ。「ユダヤ人」と「国際資本」と結びつけてぶちあげると、「万雷の相手」が湧きおこった。そしてヒトラーは「我らフォルクは、異質の存在に対する憎悪感を注入されねばならぬ……我われは何をおいてもまずドイツ人でなければならない……我われは、立直りたいのであれば、毒を淘汰《アウスメルツエン》しなければならい。太陽が暗雲を抜けて光り輝く日が、いつか必ず来る！」と絶叫した（その声は嵐の如く湧きあがる大

A・H（アドルフ・ヒトラー）が1920年に制作したポスター。上に2人の横顔、下にドイッチュラント（ドイツ）が描かれ、その上の棺桶が、ユダヤの脅威にさらされるフォルクの暗澹たる未来を暗示する。ヒトラーは通常、人を描かなかったが、この絵はそれを描いて意図を明示した。

拍手にかき消された。[11]

ヒトラーは、自分の運動内にいる凶暴な反ユダヤ主義者に呼応して、〝ユダヤ〟を口汚く罵倒し、非難した。それはあらゆるところにひそみ、道義を冒す危険な存在であり、ヒトラーは、その撲滅と理想主義の火を高々と掲げることを誓い、言葉をついで「理想の炎は燃え続け、ドイツ人の心に火をつける。その火は灼熱の炎となり、自己中心主義の伝染病、ユダヤ拝金主義を焼き尽くす」と述べ、「ドイツ人は、この圧制者どもが地にひれ伏し……完膚なきまでに叩き潰されるまで、一瞬たりとも安閑としておられぬ」と言った。[12]「汚いユダヤ人」と「金で雇われた裏切り者の姿とユダヤの悪党」等々に罵詈雑言を浴びせて絶叫しているうちに、次第に興奮して怒り狂ってしまうのである。

一九二三年晩春、ヒトラーは「政治と人種」と題する演説用のノートに、「なぜ我われはユダヤ人を粉砕しなければならぬのか」という問いに、ドイツの「道義、慣習、正義感、宗教等々を守る誓い」の故である、と答えている。[13]当時ドイツの状況は暗かった。英仏は、未払いの賠償支払いを要求し、フランス軍が、ルール河谷の工業地帯を占領していた。そのうえに超インフレーションでドイツマルクは紙屑同然となった。一九一四年時点で一ドルが四マルクだった交換レートは、一九一九年で一七マルク。今や奈落の底につき落とされて、四兆マルクを越える惨澹たるありさまである。共産党と右翼民兵が路上で衝突し、騒然たる空気であった。外交、経済そして政治危機がかさなって、ワイマール共和制に対する国民の信頼を崩してしまった。

ナチ党は一九二三年の初め頃、五万五〇〇〇人の党員を有し、バイエルン地方以外ではあまり知られていなかった。ドイツの国内状況が悪化するにつれ、ヒトラーの民兵組織ＳＡ（シュトゥルムアプタイルング、突撃隊）の強硬分子は、革命を求めた。その年の一一月八日深夜、ヒトラーはミュンヘン進撃を命じた。エーリヒ・ルーデンドルフ大将、バイエルン地方の政治家二名も、兵力二〇〇〇の突撃隊員と行動をともにした。ミュンヘンでは行政幹部を逮捕し、通信施設を占拠のうえ、政府打倒、新憲法発布へもっていく手筈であった。ミュンヘンの中心街オデオンシュプラッツで、警官隊が道路を封鎖し、銃撃戦となった。ナチス一四名と警官四名が死亡し、一揆は失敗した。ヒトラー、ルーデンドルフほか首謀者一味は、国家反逆罪で裁判にかけられた。

ヒトラーに惚れこんだ判事たち

裁判は翌年二月に始まった。ヒトラーは、オーストリア国籍者で、一時入国許可の付帯条件であるさまざまな制限事項をすでに破っていたから、国外追放か終身刑になる恐れがあった。裁判官の同情を得られるかどうか。崖っ淵に立つ彼の政治生命は、弁舌の才にかかっていた。聴衆の願望を聴くヒトラーの〝耳〟は、二回目陳述が終わるまでに彼を一定方向へ誘導していた。即ち人種憎悪のトーンを弱め、フォルク讃歌を強めたのである。以後この方法が、公衆を前にした時の仮面となった。ヒトラーは、フォルクに対する無私無欲の奉仕を、法廷陳述における弁明の中心にすえ、「悪に対して敢然として立上がった理想主義者の小さな集団」について、話をした。延々と続く長広舌と歯切れのよい受け答えのなかで、ヒトラーは失敗した政府転覆暴動を、義の行為に変容させた。「このような国家存亡の時、フォルクは沈思黙考では救えない……煮えたぎる熱狂と向こう見ずの、情け無用の猪突猛進のみが、フォルクを隷属から救い出す手段を与える」とヒトラーは言った(14)。

ヒトラーのレトリックは、裁判初日から魔法の力を発揮した。保守的ではあるが親ナチといえぬ判事たちは、この大胆不敵な国家反逆者にぞっこん惚れこんでしまった。「まあ何だな。この男、ヒトラーは、何と

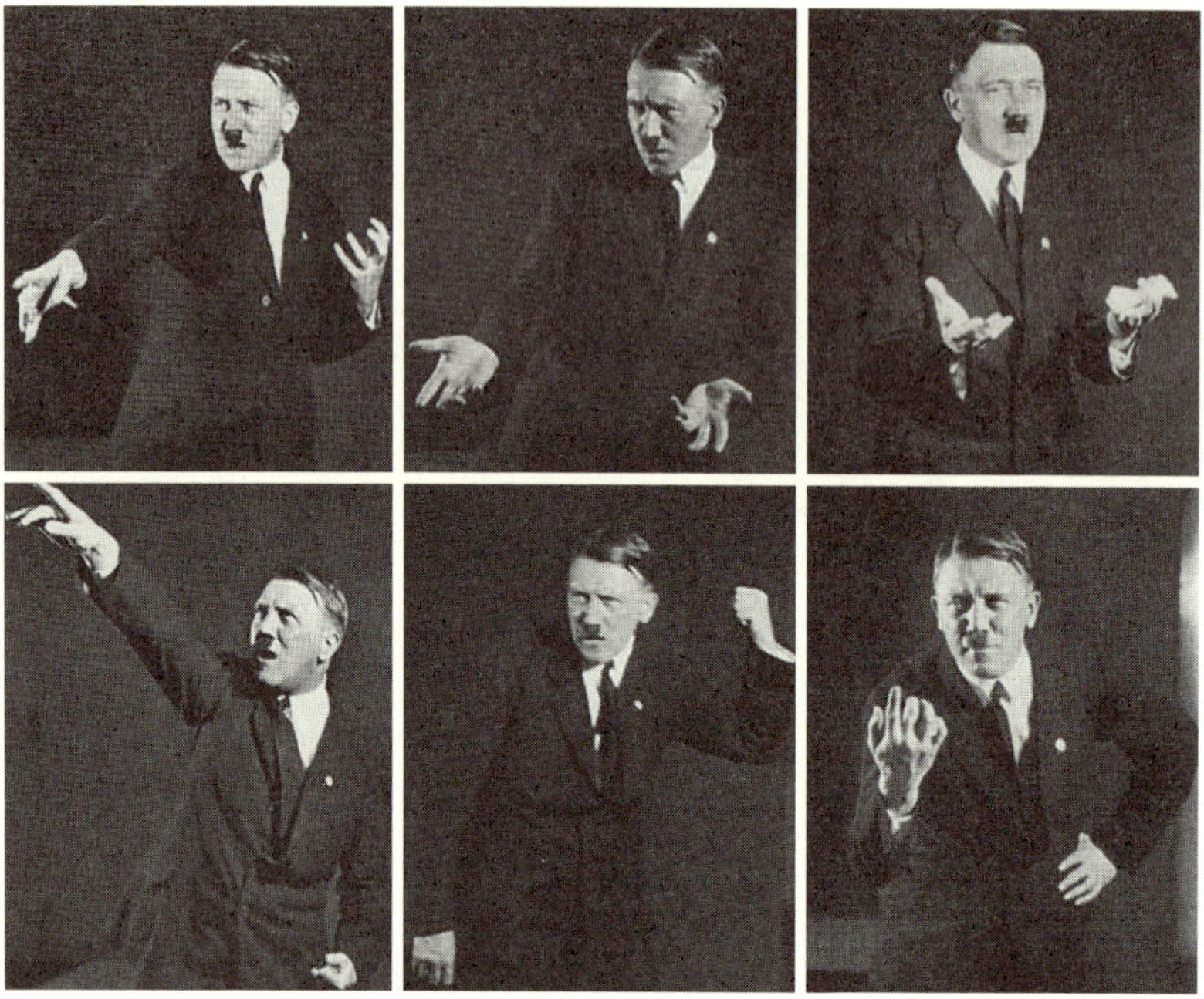

ヒトラーの大仰なゼスチュア。無声映画で俳優が見せるボディランゲージに類似する。ヒトラーがこの6枚の使用を許可したのは、目的へ邁進する姿勢を誇示するためと思われる。肖像のようなポーズは、敬虔、献身そして不動の信念という総統神話を象徴する。

も途方もない奴だな」とひとりの判事が同僚に言った[15]。それから六週間、粗っぽいアジテーターのヒトラーは自分をリメークして、民主主義に裏切られた純粋無垢の愛国者に仕立てあげた。あまりにも無力でドイツの名誉を守れない憂国の士、というふれこみである。卑下することも忘れず、自分を太鼓たたきと呼んだが、起立して高潔なる志を仰ぎ見る姿を演出するところなど、トランペット吹きに似ていた[16]。

ヒトラーは自分のパブリックイメージを怒り狂う反ユダヤ主義から、フォルクの護民官に変えた。それも断固たる決意をもって一歩もひかぬ姿であり、さらに「どこも清潔、清潔な政府、社会生活の清潔、そして我われの文化も浄化されて清潔……この清潔こそが我われの（民族の）魂を我われの手にとり戻す」というビジョンで、聴衆を魅了した。ユダヤ人についてははっきり言っているが（例えば〝人種結核〟を駆除して〝ゲルマンの肺〟を治すと約束するなど）、初期の演説にみられる非難攻撃は避けた[17]。質疑応答形式が、後年、彼の商売道具になったが、この型に磨きをかけ、批判家の主張を戯画化して皮肉り、自分自身の美わしき志をもって、反撃するのだった。共謀者たちは自分たちの無罪を主張したが、ヒトラーは、自分の軽蔑する憲法に違反した責任を認めた。国家の法を破ったことに対して、彼は「神と世界に誓って自分の道義が正しい。これは道義の問題であって、多数決の問題ではない」と弁明した[18]。

ヒトラーはヒステリックな激情をもって絶叫し、ドイツ史を民族の犠牲的行為と苦しみ、そして道義のメロドラマに仕立てあげた。カール・マイ作の西部開拓史物の愛読者で、生涯、何度も何度も読みかえした。さらにワーグナー劇の英雄たちも敬慕してやまなかった。ヒトラーはこの二つから、民族の道義劇をつくりあげたのである。主な登場人物は、足蹴にされた犠牲者のフォルク、異質の悪漢、そして一匹狼の英雄であり、この主な配役が、戦時プロパガンダのテーマとして再演されるのである。ヒトラーは自分の雄弁術から〝ユダヤ〟を省き、専らベルサイユ条約とボルシェビズムを罵倒し、リベラル派は軟弱すぎてフォルクを守れない、と一蹴した[19]。自分の政治生命がかかった裁判を境に、彼はどこかの馬の骨のアジテーターから道徳復興運動家に変身した。この運動家は、階級、宗教そしてイデオロギーの垣根をとり払う倫理再誕を説くのである。後年述懐したところによると、彼は「鍛冶屋と大学教授に同時に話をする方法」を学んだ。それも「彼らを興奮の渦にまきこみ、嵐のごとく狂わしいまでに拍手する姿に変える」のである[20]。

判事たちは彼に充分な演説時間を与え、〝二つの哲学〟の違いを開陳させた。即ち、意志薄弱のリベラリズムと道義の名誉であるが[21]、ヒトラーは怒鳴り声を張りあげ、「リベラル派は、復讐心に燃えた敵の課すべルサイユ条約をのみこみ、国家の法にしてしまった。そのような時、道義に一体何の意味があるのか」とわめき、この条約を「四一四ヶ条で背徳を唱え不道徳を擁護する悪法」と斬って棄てた。この四一四の条項に違反することは愛国的行為である。[22] ヒトラーは自分の民兵隊の謀反性を否定しなかったが、その犯罪行為を「名誉、自由そして祖国」というレトリックの雲に包みこんでしまった。ヒトラーは、ワイマール共和国という民主体制のもとでの「法と道義はもはや道義ではない」と繰返していた。なぜならば、ワイマール憲法が民族を弱体化し、民主主義――外国の列強ではなく――がフォルクを裏切ったからである。骨のないリベラル派と社会主義者に支配されて、国家は物質主義的機関、即ち「互いに日々のパンを保証すること以外には目的を持たぬ人間どもの組織」に退化してしまったという。[23]

けばけばしいレトリックと入り組んだ語法が、緊急感を生みだし、聴衆を「生かしからずんば死か。生存をかけた決戦」という急迫感に追いこんでいくのである。ヒトラーは何度も何度も「二つの基本哲学の苛烈な戦い」を描いてみせた。それは「血統で結ばれた新しい民族（フェルキシュ）運動と……無抵抗派の価値観の闘争」であり、一方に純心熱血のナチス、その対極に「偉大にして高貴かつ神聖なるものを汚した」卑怯なリベラル派と社会主義者という図式であった。[24] 証人席でヒトラーは、ドイツ史が最も輝いていた時代を、渇仰した。それは、例えば一八六〇年代ビスマルクがプロイセン憲法を破ったように、謀反が成功した時のことであった。[25] ヒトラーは、ナポレオン戦争時代の軍事戦略家カール・フォン・クラウゼヴィッツが書いた『戦争論』を引用し、「意気地のない羊さながらに打たれるがままになり」、自ら進んで侮辱に屈する国家の末路は知れてる、としたうえで、「それよりも名誉をもって尊厳のうちに滅んだ方がまし」と言った。

被告席に立つヒトラーは、その弁明のなかで、見るも無惨な一揆の失敗をＰＲ戦の勝利に変えてしまった。おかげで彼の名はドイツのみならずヨーロッパに知れ渡った。証言台に立つこと六週間以上、反逆罪を愛国的行為と弁明するヒトラーは、最終弁論で、成文法の上にある道義について語り、居並ぶ判事たちに「たとい我われに何千回も有罪判決をくだそうとも……永遠なる歴史裁判の女神は、いつの日か微笑みながら検察の論告と法廷の判決を引き裂き、我われを無罪にするであろう」と結んだ(26)。一九二三年一一月九日のあの戦略的大へまは、ＰＲ戦の勝利となって結実した。

一九二四年四月一日、判事たちは、ヒトラーを移送しないと発表した。なぜなら大戦時バイエルン軍に従軍して戦い、それに「ドイツ意識がきわめて高い」からである、と判事たちはつけ加えた(27)。マルキスト達が国家反逆罪に問われた裁判では一五年から終身刑までの判決がくだされている。これに対してヒトラーがうけた判決は五年、前者に比べればまことに軽い。時には彼自身が「厳重に錠のかかった」ところで苦しんだ殉教者、というイメージを前面に押出す場合もあったが、たいていはバイエルン拘置所での生活を楽し気に回想し、国家丸抱えの大学生活にたとえている(28)。

聴衆が信頼できる指導者

ナチスのなかには、ヒトラーの法廷演説を読んで、運動が反ユダヤの刃をなくしたのではないか、と心配する者もいた。それに対してヒトラーは、「ユダヤ問題」に関するこれまでの考え方は「あまりにも生温い……我々フォルクいやすべての人々に対する問題、生か死の問題を解決するには、もっとも非情なる戦闘法に訴える以外に手はない」と安心させた(29)。その年の夏、同志のルドルフ・ヘスが、日々頭に浮かぶヒトラーの言葉を書きとめた。これをまとめて本にする意図で、「嘘、愚行、怯懦《きょうだ》との闘争四年半」と題して出版される予定だったが、ナチの出版者が縮めて『我が闘争』（マイン・カンプ）とした。それは、ヘスを唯ひとりの聴き手として、ヒトラーの毒々しい人種主義が再び前面に強く出ていた。彼は、「自己の種保持のため、ほかの種にとりついて養分を吸いとる寄生虫……そいつは今もそうだが今後も変わりはない……たかり専門の居候、細菌のようにひろがっていく典型的な寄生虫だ……そいつが発生すれば、宿主たるフォルクは早晩滅びてしまう」と怒り狂った(30)。彼は、「裏切り者、ポン引き、下衆、傲慢な知ったかぶり」とさまざまな形をした「人倫と道義の汚染源」の撲滅運動を再編成するのである。病的恐怖が彼にとりついていた。「膿瘍を注意深く切開すると――突然、光をあてられてもぞもぞ動く腐肉のウジ虫のように――そこにカイク（ユダヤ人の蔑称）がうごめいているのだ」。室内を行きつ戻りつしながら、ヒトラーはこの大傑作をヘスに書きとらせた。この独学者は、自己流のマニ教的二元世界をつくりあげた、そして、「我がフォルクの魂のために敢然として戦いをいどみ、この国際毒殺人を抹殺する」と約束した(31)。

一〇ヶ月足らずで釈放されると、党機関紙は「フォルクに対するクリスマスプレゼント」と称え、ヒトラーはばらばらになった運動の再編に着手した(32)。一九二五年二月、ヒトラーはビュルゲルブロイ・ビアホールで信奉者三〇〇〇人を前に演説した。それは再統一の勝利となった。ヒトラーは、ベルサイユ条約に対する憎悪で聴衆の怒りを沸騰させた後、血統でつながるドイツ人の連帯を訴え、自分に対する部下の忠誠をあらためて誓わせた。聴衆は陶酔し、万雷の拍手と歓呼の声でこたえた。かくして新しい針路が定まった。今までより教育程度の高い人々も相手にするようになったから、毒々しい憎悪をむきだしにすることは控えた。もちろん、「唯一の敵」といった言葉を使う時、同志たちはその意味を理解した。当局が公共の場で話をすることを禁じたり、あるいは国外へ追放する恐れもあったので、用心するにしくはなしで、ヒトラーは慎重に言葉を選んだ。反ユダヤの罵詈雑言《ばりぞうごん》を延々と浴びせる代わりに、人種主義濃厚な警句や添えもののコメントで、話に景気をつけた(34)。医学用語風の隠喩で、警戒を呼びかけることもあった。例えば「奴隷の世界をつくろうとするユダヤ」という表現のほかに、「血統でつながる我らが民族の体（フォルクスケルパー）に、毒素入りの汚れた血を感染させる」とも言った。[35]〃ユダヤ〃を、唾棄すべき都市生活者、物質主義、貪欲と結びつけることもよくやった。滑稽な味付けも忘れず、「ユダヤの成上がりチンドン屋、へっぽこ文士、我らフォルクをばかげた糞溜めに投げこむペンキ屋絵かき」について、冗談をとばした。[36]三時間の演説はごく普通で、ヒトラーはその長時間演説で、ちょくちょくユダヤ人に触れた。「デカダントのジミー文化」を宣揚しているとして、「ユダヤの新聞」を激しく非難するのは、その一例である（ジミーはたぶんジム・クロウのことと思われる。黒人差別用語で黒ん坊といった意）。[37]ヒトラーは、ユダヤ人と非ユダヤ人の性交を道徳の退廃として非難し、これを称して「人種的裏切りの汚辱」とか「雑種化、粗悪化」と呼んだ。[38]例は何であれ、ヒトラーはアーリア人を悪徳ユダヤのペテンにひっかかり易い正直で（すぐ人を）信用する者、として描きだした。[39]

一九二〇年代後半、ナチの運動組織家たちは、猛烈な勢いで組織拡大キャンペーンをおこなった。ナチ候補者に対する投票率は六％足らずであり、その枠を超えようというのである。このキャンペーン時代、ヒトラーは、表向きの新しい人格像をつくりあげた。あらゆる機会に人種主義を宣言する方法はとらず、総合戦略に合致したと思う時に限り、敵意をむきだしにした。例えば一九二八年初め、バイエルンのカトリック中央党がヒトラーを反ユダヤ主義の持主として非難し、「政治僧」ここにありと嘲笑した。するとヒトラーは、二月と八月の二回にわたり、長々と反駁して、カトリック党を槍玉にあげた。いずれの場合も二〜三時間の長い演説で、ぎっしりタイプした原稿が枚数にして四七頁もあった。反教会および反ユダヤのジョークに場内は「爆笑」し、気をよくしたヒトラーは、数年前の中央党選挙ポスターに書かれた反ユダヤスローガンを引用し、キリスト教聖職者の偽善を激しく非難した。さらに、キリスト教諸派の連帯と「ドイツ人のためのドイツ」の必要性を説き、二月の演説では話の終わりに近づいたところで、ユダヤの「ペテン師」と卑怯者、そして「暴利をむさぼるユダヤの金亡者と権力亡者」を激しく罵倒した。八月の演説の結びでは、「ユダヤの血と文化が流す害毒に対する戦い」を誓っている。ヒトラーは、人種の脅威を否定するマルクス主義者を非難し、「彼らの子供たちがユダヤの桎梏に苦しみ、笞打たれながら働かされる日が来て、初めて理解する」と警告した(40)。この二つの演説で、ヒトラーは憎悪を発散させた揚句、「昔と同じように、血統で結ばれたドイツに、この不幸なフォルクに君たちの愛を捧げよ……このナチ運動に己の命を捧げた者に感謝の言葉を送れ」と結んだ。ヒトラーは鳴りやまぬ万雷の拍手に包まれ、ハイルという叫び声に送られて会場を後にした。ヒトラーは、このような例外的状況を別にすれば、たけりたつ反ユダヤの怒りは控えた。

ヒトラーは、党綱領の特定要求事項に関心を寄せるよりは、聴衆が信用できる指導者として売り出すほうに腐心した。献身的な信奉者たちは、彼の言葉を見事なポスターにした。そこには、「滅亡か将来か?」「民族統一の名において」とか「自由もパンも!」あるいは「岐路に立つドイツ　運命の決する秋」といった殺し文句のスローガンが躍っていた。小躍りして拍手する聴衆に向かって、ヒトラーは「個々人としての幸福を望むのであれば、まず君たちが自由のうちに生きるようにせよ」と訓戒し、「信念と粘りをもってすれば、よみがえりも可能になる」と繰返すのであった(41)。

「フォルクに寄せる無限の信頼」

ヒトラーは、毒々しい反ユダヤ主義は避けながら、血統で結ばれた民族原理主義の美点を説いた。ゲルマンの独自性を寿ぎ、有機体をシンボルとして使って、内部から不純物で支配されている生ける屍のフォルクを描き、二心ある外敵を非難し、そして殉教者たるフォルクの義に訴えた。ヒトラーは複雑な諸問題を、一風変わった訓戒に卑小化してしまった。例えば、自分を帝国主義的フォルクの代表と規定する時は、息子の将来を保証したい良き父親にたとえた。あるいは、貪欲な「社会の俗物」を非難する時は、「心身共に健全なフォルクがどうなってもよいと考える不逞の輩《やから》」と規定した。貧農に対しては、「難儀なことは忘れて、フォルクのため働け」と言った。(42)演説によって登場する悪漢は変わったが、ヒトラー式メロドラマに欠かせない配役は二人、即ち絶体絶命の状態に追いつめられた乙女役のフォルクと、白馬の騎士役のヒトラーである。

一九二五年三月から首相になった一九三三年一月三〇日までの間、ヒトラーは国民に向かって、不和分裂を避けて「大同団結せよ、ひとつの意志にまとまれ」と呼び続けた。「統一した善意をもって、フォルクは存在をかけて戦う」というのである。(43)あの裁判の前まで道徳汚染源としてユダヤを激しく攻撃したが、一九二〇年後半からは、高潔なるフォルクの賛美に力点をおいた。一九二八年の大会後、付き合いの長い信奉者のひとりは、この変貌ぶりを次のように語っている。

この数年ヒトラーは確かに変わった。演説は、いつものように情熱と火のかたまりで、皮肉なウィットもあって面白い。ジャブをかます。連打だ。しかし以前に比べると、ずっと穏健になっている……中傷キャンペーンはもうない。ユダヤ非難は一言もなしである。やみくもにだんびらを振りまわすこともない。だが、ヒトラーの演説は以前より格段に力強く、説得力がある。二時間に及ぶ演説は、選挙演説とかプロパガンダ話というよりは、国家経済と政治に関する哲学的思索に近い。(44)

好奇心からヒトラーの演説大会に出たある若いユダヤ人女性も、同じように驚いた。「ハイルと叫ぶ声は場内を圧して轟きわたり、天井も落ちんばかりであった」と回想する彼女であるが、前者とは違った印象を抱いた。彼女の意見によると、ヒトラーは中味のあることはほとんど言わなかった。彼は「見かけだけのでたらめな告発を前面に押しだし、それを非難するだけ。延々とスローガンを並べたて、自画自賛に終始し

（上）果てしない人の海に迎えられたヒトラー、ルストガルテン公園、ベルリン。（下）ヘムニッツの南草地に集まった10万以上のザクセン住民。1932年、ヒトラーが飛行機を使った選挙キャンペーンを開始すると、総統付き写真家ハインリヒ・ホフマンが「ドイツを飛ぶヒトラー」と題する写真集をだして、歓喜の模様を伝えた。

た。自分を褒めあげること以外何も言わなかった……反ユダヤ発言もなしである」と書いている[45]。

ヒトラーは、信奉者たちからは絶賛され、反対派からはつまらぬ代物と一蹴されたが、一九三〇年代の初め頃は、三本柱で演説にバランスをとった。第一はベルサイユ体制の勝者側に対する怒り、第二は政敵罵倒、第三が名誉、闘争、栄光そして道義の讃歌である。むきだしの過激な隠喩は姿を消し、ヒトラーは、公の義と血統でつながる民族の純潔を融合した理想、を語った。我われは、テオドル・アーベルによる調査研究のおかげで、このようなテーマに心をうたれたナチ古参の姿を、鮮明にみることができる。一九三五年、アーベルは、ナチ古参を対象に模範エッセイコンテストを行った。「なぜ私は国家社会主義者になったか」がテーマで、約六〇〇名が応募した。その分析によると、党古参は道徳問題がナチ党（彼らは「我らの自由運動」と呼んだ）入党の動機としている。ワイマール民主主義とモダニスト文化はヘドがでるようなデカダンス、と軽侮感をあらわにし、原理原則に立脚する信念の人の行動を切望した、と書く[46]。ある女性は、「気づく気づかぬは別問題にして、あれほど待ち望んだ理想主義」の出現に、雷に打たれたような気持になったと回想し、「そう、私たちのフォルクはその存在の意義を知る必要があるの。特定のフォルクに所属することがどういう意味をもつのかをね」と述べる。(47) 別の古参は、一九二六年にヒトラー演説を聴いた後、「ドイツの魂がこの人を通してドイツの男に語りかけていた。以来私はヒトラーに対する忠誠を誓い、信義の道を踏みはずしたことはない。ヒトラーには、フォルクに寄せる無限の信頼、そしてフォルクを解放しようとする願いがある」と述懐する。(48)

『我が闘争』の各版で、反ユダヤ主義の記述個所が検閲によって削除されたわけではないが、比較的穏健なヒトラー支持者にとっては、時間がたつにつれ本書の俗悪な人種主義はヒトラーの人生では過去に属する言辞、と言いやすくなった。しかしそれでもナチ党二五項目計画に人種主義綱領があるのは確かで、読み通す気がある人なら、誰にでも分かる。例えば、「ドイツの血をもつ者だけがフォルクの成員である」とか、ユダヤ人は公務員になれず報道機関でも働けないとか、あるいはまたデパートは没収され（一九一四年以降に移住してきた「非ドイツ人」は、ドイツから追放されるとか、ナチスはユダヤ人が経営していると信じこんだ）、小売業者に引渡されるといった方針であった。方法、手段は不明だったが、長期目標は明示してあった。「党は国の内外でユダヤの物質主義と戦う」とも述べている。(49) 粗野な反ユダヤ主義は部下の手にまかせて、ヒトラーはもっぱら道義の政治を語った。かくすることによって彼は、自分が統制する党機関の上に鎮座することになった。

ヒトラーは、『我が闘争』でつくりあげた伝記を、数年かけて念入りに仕上げた。明らかな失敗の数々を、地味でつつましい出身とか、恐るべき障害の数々、そして鉄の意志といった神話に変質させた。三人称で語る形で、ヒトラーは、党誕生秘話の決まり文句をもって、演説を始めるのであった。名もなきひとりの男、ドイツ兵が、良心の命じるままに政治活動を開始する。まさに徒手空拳である。(50) ペーソスあふれる語り口で、「敵が何故私を憎むのかよく分かる」と前置きし、恐れを知らぬ正義の戦士という自画像を描きだす。一九三二年の選挙キャンペーンでは、ナチの武装組織がライバルを襲撃し、著名なユダヤ人をつけまわしている時、ヒトラーは、八三歳の大統領ヒンデンブルクに代わる、恐れを知らぬ血気盛んな指導者というイメージを前面に押しだしていた。彼の宣伝チームは、百万人といえども我征《ゆ》かんといった大胆不敵なヒトラー像を、広く大衆の心に植えつけた。飛行機を利用した華々しい一大遊説で、その作戦は見事図に当たった。空の旅はかなり危ないと考えられていた時代、ヒトラーは文字通り雲中より舞いおりて、大都会なら一二万から三〇万の大観衆を前に、一席ぶちかますのである。空中移動遊説〝芸術〟写真集と銘うった廉価パンフは、一版で五〇万部も印刷され、集会に行けなかった者に、擬似体験ながら空中宣伝飛行のスリルを味わせてくれた。ヒトラーはこの決戦投票には負けたが、自分のイメージを大衆の心にしっかりと植えつけた。

道義の再生を説くヒトラー

一九三三年一月、ヒトラーはナチ党の相対多数票を利用して首相への選出交渉をおこなった。裏口の政治取引である。当時を振り返ってみると、彼の立場はすきがなかったように思われるかも知れない。しかし当時は磐石にはみえなかった。一九三二年七月と一一月の総選挙で、ナチ支持が初めて減り始めたのである。ヒンデンブルク（個人的にヒトラーが嫌いであった）は、その気になれば彼を棄てることができた。(51) ヒトラー政権の閣僚一一名のうち、ナチスは（ヒトラー本人を含めて）わずか三名であった。国会ではナチ党議員一九六名に対し、非ナチ党議員は三八八名であった。しかしそれでもヒトラーは、現代メディアの威力を利用して巧みに売りこみ、統治権を手にしたのであった。

首相任命から数時間もしないうちに、推定二〇〇〇万のラジオ聴取者に向かって、二人のアナウンサーが、ベルリン市内のたいまつ行列の模様を報じ、働き者新総統の誕生に声援を送った。スポーツキャスターの息もつかせぬ早口、絶叫調で、二人のアナウンサーは「湧きあがる歓声、夜空をついていよいよ高まります。アドルフ・ヒトラーは窓辺に立っています。真剣な表情です。ニコリともしません。仕事で消耗し尽したのです。表情には、勝利気分は全然うかがえません。さまざまな障害がありました。しかし、その目は光り輝いています。覚醒するドイツの将来を見すえているのです。そして、ここに集まった大群衆に注がれています……ラジオをお聴きの皆様、この壮大な光景、雰囲気がお分かりいただけるでしょうか……」と伝えた。[52]二日後ヒトラーは、「家族……名誉そして忠誠心、フォルクとファターラント（祖国）、文化と経済」の再興と、「我われの道義と信念の永遠なる基盤」の回復を誓い、「精神的、政治的、文化的ニヒリズムに対する容赦なき戦い」を宣言した。二月一〇日、ヒトラーは二時間に及ぶ演説を行った。それは政治問題ではなく、道義の再生に関する話である。彼は「神を正しく認識し、フォルクを正しく評価するために、我われは再びゲルマンフォルクへ戻らなければならない」と述べ、会場にこだまする大歓声のなかで、「我われは自分のためではなくドイツのために戦っている」と結んだ。[53]

1932年の選挙ポスター、「もうたくさんだ！　ヒトラーを選ぼう！」とある。商業グラフィクデザイナーでナチ古参ミョルニル（本名ハンス・シュヴァイツァー）の作品。たくましく男らしいナチの意志が、死にかけた民主主義に代わるとポスターは語る。

一方、ナチの武装組織は処罰されることもなく、法破りの乱暴を働いていた。日刊紙の一面には「党の武闘で四人死亡」などといった見出しが躍る。イギリスの駐独大使サー・ホーレス・ラムボルドはロンドンの本省宛に、ナチスの「前例のない無責任、まともな感情を踏みにじる無礼、暴虐」について報告書を送った。[54]アメリカの一外交官は、現地状況に関し「シュトゥットガルトの通りでは、国家社会主義軍の軍服を着たファシスト連中が、四~五人一組となって徘徊し、傍若無人の振舞いをする有様について、報告した。[55]ベルリン在住のユダヤ人、ルドルフ・シュタイナーは、「市中の雰囲気がすっかり変わった。市民が三々五々のどかに散策していた通りは、今やSAつまり突撃隊が、褐色のシャツを着用して行進している」とし、警官はこの武装隊がユダヤ人を追い払っても傍観している、と書いた。[56]ナチの犯罪行為は目に余るものがあったが、ヒトラーは、一九二四年の場合と同じように、熱血愛国者の勇敢な行動と言い逃れた。

ドイツ国首相ヒトラーは、白シャツにネクタイを締め、黒の洋服を着用して胸元にはカギ十字のピン留めをつけた。このようないでたちで、外国の敵対勢力を激しく非難、攻撃し、ボルシェヴィキの脅威を説き、文化的退廃を嘆き、そして気骨なきリベラル派を罵倒した。彼は、血統の原理主義をにじませながらも、ユダヤについてはほとんど口にしなかった。[57]そのため多くの観察者が、ヒトラーは円熟して丸くなったと判断した。ラムボルトは、ほかのベテラン外交官と同じように信じこんだくちで、「ヒトラーが、例のくどい話から反ユダヤの文句を削除したのは、なかなか興味深い」と書いた。[58]一九三三年二月一〇日ベルリンの国立競技場における演説はラジオで全国中継された。この演説でヒトラーは「人種の敵」を罵倒せず、その代わり一時間以上も「国体（フォルクストゥーム）の主柱」について称えた。寄せては返す波のごとくヒトラーは殉教者フォルクのメロドラマを語った。それは、金で動く小汚い政治屋――「往時の光輝ある帝国を抹殺した……腐敗した……党のボス共」――の手にかかって呻吟するフォルクであった。ヒトラーは「疑う気持ちのない純心無垢のフォルクをだまし、なぐりつけ……八つ裂きにしたあげくバラバラにした腐敗諸政党」を激しく非難、攻撃し、質疑応答の形をとって、平然として嘘をついた[59]。

一九二四年の裁判で、彼は「個人的な権力、物質的願望、あるいは個人的復讐心に影響されない」と自慢した[60]。そして一九三三年にも、同じパフォーマンスを繰り返した。権力を奪いとったのか？　ナイン。首相就任要請を受入れることは、「これまでの人生で最も苦しい決断であった」。批評家たちが言っているが、ほんとうに貪欲なのか？　全然そのようなことはない。「給料や賃金目あてで働いたことは一度もない。君たち国民のためにやってきたのだ！」とヒトラーは言った[61]。物質的要求はきわめて小さいから『我が闘争』の版権だけで生活している。「私はスイスの別荘やら銀行口座など欲しくない」とヒトラー。その言葉を疑う者に対し、「我々は嘘をつかないし、人をだまさない」と胸を張った。批評家たちが言っているが、経済危機を解決する具体的政策がないというのはほんとうか？　ほんとうである。「ゲルマンフォルクスケルパー（民族の体）の徹底的精神粛清を済ますのが先決であり」、それまでは経済問題に本腰を入れない。「健康」とは一体何か？　その問いにヒトラーは、まじり気のない純粋な民族の文化について、自分の審美的ビジョンを長々と開陳した。一揆裁判時、一介の歩兵というふれこみの人物は、今やフォルクの首長として、指揮台に登りつめたのである。

ヒトラーは、非ナチスに手をさしのべるため、日頃は唾棄する二つの立場、即ち平和主義とキリスト教にとり入った。自分について戦争屋と悪口を言った者に対して、ヒトラーは「私は、血に飢えた煽動演説をやる男といわれてきた……諸君、私は今まで煽動演説など一度もやったことはない……ゲルマンフォルクほど平和を愛し平穏を願う者はいないのだ」と答えた[63]。彼はキリスト教を「倫理的健康の基盤（バージス・ウンゼレル　ゲサムテン　モラール）」として称え、家族を「血統でつながる統治体細胞」と定義した。彼は

「我らが最後の希望、ヒトラー」と題する1932年の選挙ポスター。不況と政治停滞のなかでミョルニルは、市井の有権者を絶望し去勢された群衆として描いた。変化をもたらす指導者として、ヒトラーの登場を待ち望んでいるという構図である。

「我われの政治、倫理および経済上の生存にたちふさがる恐るべき困窮」からの回復を呼びかけた(64)。そして崩壊状態の時、「この主権国家は、その政治、倫理および経済力と重みを、人類が負った傷の治療だけでなく……協力にも喜んで投入する用意がある」と強調した(65)。国立競技場における二月一〇日のヒトラー演説は、その調子からラムボルド大使の目には「信仰復興集会のように」見えた。フランスの駐独大使アンドレ・フランソワ・ポンセは、この大衆歓喜を「道義の力に起因する」と考えた(66)。ヒトラーが道義の最高権威とみなされ得ることは、矛盾しているように見える。特にナチの武装隊が罰せられることもなく、敵と称する者を殴打し、拷問にかけ殺している時であるから、非常識もはなはだしいと思えるのである。しかし、無秩序の混沌を恐れる気持ちが広く大衆にしみこんでおり、ヒトラーのレトリックは魔法のように利いた。

　一九三三年二月二七日の深夜から二八日早朝にかけて、テロリストの攻撃によるとする火災で国会議事堂が炎上した。新聞は共産革命の第一段階と呼んだ。ヒンデンブルク大統領は、ヒトラーの〝勧告〟と内閣の承認で、市民権の一時停止を命じた。ナチの機関紙は「犯罪人コミュニストの魔手に鉄槌をくだせ」と叫び、ヒトラーは「卑怯な襲撃」を非難し、国会議事堂を全壊から守った「命知らずの献身的消防隊員」を称えた。ヒトラーは、ヒンデンブルク大統領から委任された非常時指揮権を発動して、ヘルマン・ゲーリング（当時無任所相兼プロイセン内務相代理）に、重武装のSA隊員一万人を警察補助隊として使用する権限を認めた。ゲーリングは、少しでも不審な動きがあれば、〝敵〟を撃て、と命じた。[67] 彼らの背後には一〇〇万近い突撃隊員が控え、いくつかの退役軍人団体も待機していた。いずれも、戦いたくてうずうずしている連中である。四人の弁護士が釈放を求めると、ヒトラーは裏切り者に権利なしと宣言した。[68] ラジオ放送でヒトラーはボルシェヴィズムの恐怖をかきたてた。ペテルブルグで発生した一九一七年の革命は、ベルリンからわずか二〇〇〇マイルのところで起きた。レーニンの共産党にはごくわずかの党員しかいなかったが、一九三二年一一月の選挙では、有権者の一七％（約六〇〇〇万）が、共産党を支持した。全国の主要紙はいずれも一面トップで国会議事堂炎上を伝えており、このようなイメージをもって悪の二者択一を考えれば、ナチ支配がまだましということになるのであった。数週間前、ヒトラーは「一〇年もすれば、ドイツからマルクス主義者はいなくなる」と約束したが、その実現に向けて驀進《ばくしん》中であった。[69]

弾圧規模の算定は、外部の観察者によってまちまちである。これは当時の状況が混乱していた証拠を物語る。アメリカの歴史学者シドニー・B・フェイは、四〇〇〇人の〝敵〟が三月

ハインリヒ・ホフマンの写真集『誰も知らないヒトラー』の一場面。「この13年間、私はドイツで説いてきた。数百数千万の国民が我らの計画を知っている」と語りかける。ヒトラーの大言壮語を不快に思う国民に、道理の分かる人のイメージを与えた。

初旬に投獄された、と報告した。[70] ニューヨーク・タイムズの推定によれば、四月初旬までに二万人が予防拘禁所に留置された。内務相ヴィルヘルム・フリックは、一〇万人と報告している。ラムボルドは三〇名から四〇名ほどの人が殺された、と考えた。しかし複数の情報は二〇〇名に近い数字をあげている。[71]

各地でナチ突撃隊が、ユダヤ人と共産党員を盛んに襲撃した。使用するのは牛追い棒（電気ショックをうける）、ピストル、鞭、チェーン、鉄パイプ、ズボンつり、革ベルトなど、うとましい気持に襲われたある傍観者の言葉を借りれば、「精神注入兵器」を使った乱暴狼藉である。[72] 政府は、ミュンヘン近郊のダッハウ、ベルリン近郊のオラニエンブルクに、大型の強制収容所をつくった。小型の強制収容所なら、それこそ雨後の筍のごとく迅速かつ多数つくられたので、ゲシュタポ長官すら、その実態を正確につかめないほどであった。[73]

この暴力行為は、ならず者の蛮行と常習的サディズムがまざりあったものであった。十代を含む若い突撃隊員は、まさに常軌を逸しており、相手を身心ともに苦しめて楽しんだ。ドイツを旅したあるフランス人が、旅の途中で出会ったひとりの社会主義者について記録を残している。その人は「あたかも夢の中をさ迷うように、ゆっくりと話をした……〝連中は私を台の上にのせました。調教された犬のようにです。囚人たちがまわりをかこみ、見物役になりました。それから連中は私に、私はこの町最大のユダ公ブタ野郎です、と大声で叫べと命じました。それから長時間四つん這いになって、テーブルの下を歩かされました。やがて、ひとりの若いSA指導者が部屋に入ってきました……乗馬用の鞭を手にして……がなりたてました。やあ、こいつか。長い間自分の手で締めあげようと思っていたんだ、このブタ野郎！〟」と。[74] 三月初旬、ヘルマン・ゲーリングは「同胞ドイツ国民よ……私には、法に対する絶対服従の必要はない。私に関わりがあるのはただ一つ、抹殺し破壊することだ」と言った。[75] この宣言を読んだ人であれば誰も、憲法がもはや国民を守ってくれないことを、理解したはずである。いろいろな噂がとびかった。探究心の強い外人ジャーナリストは、身の危険を感じながら取材し、報道内容を確かめた。

血統でつながる民族の首長へ

一九三三年三月五日。この日、国会選挙が実施された。それはドイツ有権者にとって、新体制に対する気持ちを表現する機会であった。ボルシェヴィズムの恐怖は、猖獗《しょうけつ》するナチの暴力より耐え難いのか。しかし、この選挙キャンペーンは全然といってよいほどフェアではなかった。ナチスは無尽蔵ともいえるほどの資金があり、国営放送網を統制しており、一方の左派評論家は刑務所に入れられていた。ヒトラーはラジオを通してフォルクに「国民よ、再び胸を張り頭をあげ昂然として前を見ることができるのだ……君たちはもはや奴隷ではない」と訴えた。ナチの運動組織家たちは、各地で数千の大がかり火（自由のかがり火と称した）をたき、勝利の前祝いをやった。ゲッベルスは日記に「ドイツ全体が、ひとつになって光り輝くたいまつのようである……〝民族覚醒の時〟が……ついに来たのだ」と書きとめた。ゲッベルスは、「筆舌に尽くし難い熱狂状態」に気をのまれて、圧倒的勝利を予想するのである。(76)

しかし、選挙結果が判明すると、選挙本部のムードは一変した。ドイツの有権者は、記録的な八九%が投票したが、〝大勝利〟を与えてくれなかった。脅迫や検閲で工作したにもかかわらず、ナチ候補者を選んだ者は半数にみたなかった（四三・九%）。スペクテーター誌の記者は、この選挙結果を「モラルで政府は負けた」と評した。(77)五六%が恐れずに敵意を示したのである。ヒトラー自身、呆然自失した。(78)しかしそれでも三月六日の新聞一面には、「ヒトラーとともに第三帝国驀進！　桁外れの勝利、大勝利！　フォルクが求めた結果！」といった文字が躍っていた。(79)非ナチスの民族諸派（パーペンおよびフーゲンベルクの二派、ヒトラー支持にまわった）の票を加えて、半数を越えた（五一・八％）のだ。ニューヨーク・タイムズの記者は「本選挙の特徴は、あからさまな弾圧と執拗な脅迫行動にある……これによって、中立的立場の有権者をナチ支持にまわらせた……そして五一％というわずかに過半数を越えたところで、反民主主義連合をやっと組めた」と論評した(80)。独裁権を握るためには、ヒトラーにはワイマール憲法の手直しが必要であった。それには国会の三分の二の支持を必要とした(81)。

ヒトラーは説教壇から説教するように、国民に向かって話した。国民の間には混乱に対する恐怖心がみられ（もとはいえば国会議事堂の火災とナチ武装隊によって混乱が生じていたのである）、ヒトラーはその恐怖心を煽り、その一方で血統の信仰を熱っぽく語った。「私は、自分のフォルクを心の底から信頼し、その結びつきをたち切ることはできない。私は、この国が再び立上がると確信している。この確信を棄てることはできない。私はフォルクとの愛を断ち切ることはない。いや、岩石のごとく堅くしっかりと私は自分の信念を捧持する。私は確信する。今日我われを憎悪する数百万の人々が、いつの日か我われの後に続き、力を合わせてともにつくりあげ、困難なもとで戦い、多大の犠牲を払いながら、栄光に輝く壮大かつ崇高なる正義の新ゲルマン帝国が生まれると。アーメン(82)」。

共産党は非合法化され、ナチ指導者は、独裁的強権の掌握を目的として、カトリック、リベラルおよび民族諸派政党と交渉した。議会が政府に権限を委任する法律（授権法、四ヶ年間）をめぐって議員投票が行われると、わずか九一名しか反対票を投じなかった。全員が社会民主党員であった。三月二四日、ポツダムで野外記念式典が催され、ヒトラーは恭順したような表情で、ヒンデンブルクと並んで立ち、「神と我らが良心に従うため、我われはここに再びゲルマンのフォルクへ回帰する」と宣言した(83)。彼は、こうべをたれた姿勢で、「我らが心中に、この聖なるドイツの空間を我らがものとして受けとめる勇気と力が与えられますように、神の祝福を」と言った[84]。

数千名の共産党員とナチズム反対の左翼数百名は監獄にいるか、さもなくば国外に脱出した状況のもとで、ヒトラーは武装隊の暴力阻止を求める演技を行った。しかし古参の隊員たちには、落着く気などなかった。ナチ党員一五〇万（半数以上は新入り）は、三三の管区と八二七の党地域支部に分けられ、中央の統制は末端に行届かなかった。地方の顔役は我がもの顔に振舞い、管区を仕切っていた。ベルリンのフリードヒシュトラッセに面したところに、ＳＡの兵舎があった。近くの住民の話によると、「選挙後数日間、兵舎の中から悲鳴やうめき声がきこえてきた。近所の人や通行人もよく耳にした」という。警官隊が突入すると、兵舎の中には共産党員七〇名がころがっていた。数名は既に死亡、ほかの人たちもひどい殴打で負傷していた[85]。このような暴力は、フォルク保護キャンペーンの不幸な副作用、と言い訳がなされた。

ヒトラーのラジオ演説が一番効果を発揮したのが、ちょうどその頃である。ヒトラーはたんなる首相から、血統でつながる民族の首長（フォルクスカンツラー）に自分を格上げしたのである。彼は、自分が首相に指名されたあの卑しい政治交渉を、〝天下の大変動〟と美化し、ついでそれを民族精神の発露とかほとばしりと呼ぶようになった。三月までにナチの権力奪取は〝民族革命〟となった。「大変動」から脱線気味ながら「革命」へ転換させたのは、普通なら犯罪行為である数々の行動を、規律、統制のとれた革命の副産物にすぎないと言いかえたものであり、言語操作にあたる[86]。

この言語操作は非常にうまくいった。英人記者の言葉が、その間の事情を物語る。ナチのテロは、通常の政変劇の一環とみなされたが、それは恐るべきものであった。「しかし、この数週間ドイツで起きたことはまさに民族革命であり、それに人が気づくならば、政治および議会活動の正常な規準は、当面のところ適切な判断基準にはならないと、認めるであろう」とし、「考えてもみてもらいたい。イギリスで共産主義者がウェストミンスターの議事堂を焼いたらどうなるか」と書いた[87]。ナチの権力奪取を〝革命〟と銘打ってしまえば、突撃隊の犯罪は、安定した将来にとって二次的なダメージにしかならなかった。ナチの殺し屋たちは罰せられもせずテロ支配を続けた。

腐った民主主義から救い出す

道義に対するヒトラーのレトリックはさらにエスカレートする。一揆裁判の時と同じように、先の大戦で殺された二〇〇万の愛国者について語り、死者を悼む国民の気持ちに訴え、ワイマールの政治家が負けた戦いは、民族共同体の血の浄化によって、あるいはその頃から使いだした「血統でむすばれた統治体（フォルクスケルパー）」によって、雪辱する、と誓約した。腐った民主主義システムの泥沼からフォルクを救い出すのは、「有史以来ドイツの政治家が直面する最も難しい仕事、至難の業である」と言う。ヒトラーは預言者の口調で「この一四年間待ち望んできた偉大な時代の夜明けが来た。ドイツは覚醒したのである」と発表した[88]。このところで歓呼の声をあげたのが、従来ナチズムと関係のなかった人々、社会的に尊敬されている人々である。これでヒトラーのイメージがあがった。プロテスタントの神学者オットー・ディベリウスは、それまでヒトラーを支持したことはないが（後年抵抗運動に参加した）、ベルリンにおける三月二一日の礼拝説教の冒頭、第一次大戦の開戦日にドイツ帝国議会で読上げられた宣言文を読んだ。神の思召しのままに、ついにすべてのドイツ人が「ひとつの帝国、ひとつのフォルクそしてひとつの神のもとで」生きるようになった、と喜びの言葉を述べたのだ[89]。ほかのキリスト教団の神父、牧師あるいは大学の学長、保守系政治家も、同じように感謝の気持ちを表明した。テロリストの烙印を押された人々に対する犯罪行為は、幅広く歓呼して称えられたのである。

ユダヤ人に対する暴力行為は、マルクス主義弾圧に歓呼した同じドイツ人たちの間に、全く違った反応をひき起こした。マルクス主義の〝犯罪〟に対して、ヒトラーはおどろおどろしい言葉で大仰にわめき、激しく非難した。しかしユダヤ人については、ほとんど何も言わなかった。特に国会議事堂炎上後、国民の大半は共産革命の脅威を本物と考えた。しかし、本気で〝ユダヤ問題〟を暴力の正当化に使ったのは、中核の人種主義者だけであった。そしてその中核、即ちヒトラーの党支持の中核がSAの戦闘性であった。突撃隊は、何年も法律に違反する行動を続け、暴力に馴れ親しみ、むしろそれを渇望した。[90]『我が闘争』から分かるように、ヒトラーはマルクス主義をユダヤ勢力の体制破壊のマニフェスト、と考えていた。しかし当時、彼は反ユダヤの暴力を強く非難していた。「個人に対する嫌がらせ、車の交通妨害、商売の邪魔、妨害は、完全にやめなければならない……我われの主張であるマルクス主義潰滅の標語から、一瞬たりとも気を抜いてはならぬ」とヒトラーは言った。[91]ナチの人気が低い地域では、武装した連中は比較的控え目に行動した。しかしナチの拠点では反ユダヤ暴力が増えていた。[92]突撃隊は、ホワイトカラーの反ユダヤ団体としばしば共闘し、ユダヤ人経営の商店、事業所を襲撃、略奪し、〝ユダヤ的風貌〟の人を襲い、あるいは嫌がらせをした。[93]

ドイツ東部州シュレージエンは、ナチズムの人気が高い地域で、州都ブレスラウでは、まちの与太者たちがひとりの家畜取引業者を〝逮捕〟し、頭髪をそり落としてカギ十字の焼き印を押し、傷口に塩をすりこんだ。[94]突撃隊たちが、ゲーリングのサイン入りビラを配ったこともある。「突撃隊員は日没後、路上にいるユダヤの娘、女を襲っても処罰されない。責任は私がとる」という内容である。[95]ナチはユダヤ人囚人には特に残忍であった。当時七歳だった歴史学者フリッツ・シュテルンは、父の患者のひとり、過激社会主義者エルンスト・エックシュタインの最期を回想しているが、それによるとエックシュタインの家は爆破され、本人はナチの監獄にぶちこまれ、拷問で殺された。[96]突撃隊はヴェルトハイム百貨店を襲い、地方裁判所に突撃をかけた。この連中は「ユダヤ人は出ろ！　うせやがれ」と叫びながら、法廷や検事執務室等へ乱入し、ユダヤ人検事あるいは弁護士を追い出したあげく、裁判所のまわりにバリケードを設けた。そして一週間以上も所内にたてこもって、「ユダヤ法制度の影響を排除せよ」と要求した。市の警察署長が警察本部に対応方針を求めたところ、戻ってきたのは「SAとの衝突は避けよ」という返事であった。そして一週間後には問い合わせをした署長本人が更迭され、筋金入りナチ党員が後釜にすわった。シュレージエンのユダヤ人協会は国際連盟に提訴したが、ユダヤ人攻撃は続いた(97)。ナチの拠点では全国で同種のことが繰返された。

アメリカのジャーナリスト、ドロシー・トンプソンは、この三月のポグロムでユダヤ人数千人が海外へ流出した、と報じた(98)。指揮者A・トスカニーニはナチの犯罪に抗議して、バイロイトのワグナー音楽祭における指揮をキャンセルした。アインシュタインは、ナチの残虐行為に対する「倫理裁判」を開催した。警察がユダヤ人神学者・哲学者マルチン・ブーバーの自宅に乱入した時、ユダヤ、キリスト教、双方の国際団体が抗議した。イギリス、フランス、ギリシア、オランダ、ポーランドおよびルーマニアで、ナチの反ユダヤ主義に対する抗議者が、ドイツ製品のボイコットを呼びかけた。三月二七日、ニューヨークのマジソンスクウエア・ガーデンで抗議集会が開かれた。これは、アメリカ・ユダヤ人会議、ユダヤ人退役軍人会が後援した。この集会ではドイツ製品の不買運動が提案された(99)。

共産主義者に対する暴力は、ドイツ内外で歓迎する向きがあったが、人種主義のテロは裏目にでた。ダメージコントロール戦略が新しく考えられた。具体的危機に対しては、厳しい措置が是認されるが、脅威が偽あるいは空振りであれば、世界の人民がその措置に反対するのである。世界のメディアは、左翼弾圧を大目にみた。しかしユダヤ人に対する暴力には嫌悪感を示した(100)。ゲッベルスは「ドイツの孤立ははなはだしい」と叫んだ。ヒトラーの勧めで、副首相のフォン・パーペンがアメリカ商工会議所へ公開状を送り、ドイツのユダヤ人は安全であると請合った。経済相ヒャルマー・シャハトはユダヤ人指導者とニューヨークで会った。ゲーリングは、ドイツの主要ユダヤ人団体に謝罪し、ナチの暴力ではユダヤ人より共産党員の方がもっと苦しんだ、と言った。[101] ドイツの政治代表団はアメリカの経済団体と会い、新聞各社には確約の手紙を送った。[102] ヒトラーは公の場では韜晦《とうかい》を決めこんだ。アメリカ大使館のベテラン観測者すら、「首相のヒトラー氏は、ユダヤ人に向けられてきた差別および全般的な反ユダヤ行動を是認していない。信じるに足る充分な理由がある……この点ではきわめて穏健であると信じられている」と述べている。[103] ニューヨークタイムズの記者は「ヒトラーは彼の反ユダヤ主張を放棄するだろう」と予想している。[104]

対ユダヤ政策を公にしないヒトラー

ナチ指導者は、いつもドイツ内外の世論に敏感に反応した。すでに一九三三年時点で、モニター網がつくられている。ナチスはこれを「空気と態度」と呼んだ。このモニターから、ドイツ人の大半は、ユダヤ人に対する無法行為を嘆いていることが、すぐに明らかになった。ヒトラーは、人種の話を避け、きわめて一般的な形で、「フォルクは、我らの信仰と文化、我らの名誉と自由を守る門衛として永遠なる活動を続ける」と誓った。[105] 突撃隊がユダヤ人を襲撃し、その資産や施設を破壊している時、ヒトラーは何時間も「豊かな稔りと繁栄」とか「新生活」、「ルネッサンス」、「民族統治体の倫理的清掃」あるいは「名誉と尊厳」、「精神と意志の統一」などといったことを延々と喋っていた。[106] 反ユダヤ攻撃のニュースは検閲をうけていたものの、ポグロムは公衆の面前でおおっぴらに起きていた。ヒトラーの論理からいけば、反ユダヤのテロを擁護するはずである。国会議事堂火災の後、ボルシェヴィキ弾圧で男をあげた前例がある。しかし、この重大時期に、自分の絶大な人気をポグロム擁護で使い果たしたくはなかったのである。

国会が授権法を採択し、ヒトラーに四年間の独裁的強権を与えてから数日後、ユダヤ人に対する国家ボイコット計画が、新聞に発表された。四月一日のボイコット声明は、ヒトラーの手でまとめられたようであるが、署名はしなかった。その代わりにゲッベルスが全国キャンペーンを主導した。それは、「外国の新聞でナチ支配を誹謗するユダヤ人文筆家、学者および不当利得者から身を守る自衛策」と銘打ち、[107]反共テロに対するナチスの弁明と同じく、プロパガンダでは、「万やむをえない自衛、保護措置」というふうに強調された。三月二八日、ゲッベルスは日記に「ボイコットの組織作り完了。あとはボタンを押すだけ。それですべてが始動する」と書いた。[108]三月の選挙前夜と同じように、自信満々であった。ラジオ放送でゲッベルスは買物客に「反ドイツの汚らしい中傷キャンペーンを推進するトラブルメーカーどもと不当利得者」から身を守れ、と命じた。[109]新聞も負けてはいない。「世界を股にかけたユダヤの反独キャンペーン」とか、「外部のユダヤ勢力殺人教唆」といった文字が一面に躍った。自動車は「ユダヤ、ドイツに宣戦布告」とか「ユダヤ人はドイツの災難」といった標語を掲げて走った。街角のポスターは、ドイツの女性買物客にユダヤ人商店を避けよと呼びかけ、「この一四年間、ドイツの女性は突撃隊と肩を並べて進撃の第一線にたってきた……戦いは困難、非情である。個人的考慮は棄てなければならない……ユダヤの店ではビタ一文使うな！　ユダヤ人は、今日といわず未来永劫にフォルクと国家から追放せよ！」と呼びかけた。[110]四月一日、ＳＡ隊員が二人一組になって〝ユダヤ的〟店舗や事務所の入口に立ち、顧客を入れさせなかった。[111]

三月三〇日、文学博士ヴィクトル・クレンペラーは、日記に「中世時代の暗黒あるいは底知れぬ帝政ロシアの深奥の暗闇で起きたポグロム前の空気が漂っている。我われは人質である」と書きとめた。[112]ラビのレオ・ベック（当時ドイツ・ユダヤ人代表会議理事長）は、一〇〇〇年の歴史をもつドイツ・ユダヤ人社会の終焉を直感した[113]。しかし、二人のいずれもドイツを出ることは考えなかった。次に何が起きるのか誰にも予想がつかなかった。アメリカ大使館のジョージ・A・ゴードン暫定臨時大使は、「当地の模様は、カレイドスコープのような速さで変化する可能性があり……潜在する災いがいつ表面化するか……油断できない」と報告した[114]。

ボイコットは、開始される前から、忠実なナチ党員と白けた非ナチの間に混乱がみられた[115]。何をもって「ユダヤ的」事業というのか。株主なのか、社名なのか、それとも所有者なのか。熱狂的ナチは「ドイツに八二ヶ所もあるウールワース雑貨チェーン店やハリウッド映画などのような海外の〝ユダヤビジネス〟を除外するのか」と問うたが、ボイコットは逆効果とみるナチスもいた[116]。大都市で、例えばケルンのように熱狂的な反ユダヤ主義者のガウライター（管区長）が支配するところでは、突撃隊の幹部が店舗の窓を叩き割って、「ドイツ人よ、自衛せよ！　ユダヤ人から買うな！」と書いた注意書きを、張りつけた[117]。しかし、ナチズムの弱い地域では、突撃隊員が持ち場を離れ、ビールを数杯あおり、反ユダヤ歌を放歌高吟しつつ一杯気嫌で市中を行進した。例えばベルリン市内を歩きまわったあるアメリカ人は、ボイコットを「おとなしい」と観察し、「通りを歩く人の大半は、本件を一種の冗談とみなす傾向があり（個人的にかかわりがなければの話であるが！）、ボイコットの有無に関係なく今後も好きな店で買うだろう」と分析した[118]。別の目撃者は、普通のドイツ人は二派に分かれていた、と回想する。即ち、「頭を横に振って」嫌悪感を示す人々と、「ユダヤ人を呪う」人々である[119]。

期待外れの結果に終わったが、ゲッベルスは勝利宣言をおこない、「ここに帝国政府は、ドイツ敵対勢力の煽動に対する対抗ボイコットが成功したことを、高らかに宣言する」と発表した[120]。しかしイギリスの記者には、「自衛措置としてのボイコットは刀として頻繁に使いすぎると、なまくらになってしまう。ドイツ系ユダヤ人の影響力は、ほかの漸進手段で排除しなければならない」と認めた[121]。全国ボイコットは二度と発動されなかった。ボイコットを許可したヒトラーは、一九三五年九月にニュルンベルク人種法を発表するまで、対ユダヤ政策を公には一切口にしなかった[122]。雑誌ビジネスウィークの記者は「ベルリン一の情報通である当局者は、反ユダヤ強硬論者の行動が漸減するとの見通しをもつ」と報じた。一方、イギリスの保守系ジャーナリストは、「ヒトラー氏が党一番の穏健派といわれるのは、けっして間違ってはいない」と類似の意見を書いた[123]。

〝冷たいポグロム〟の実験

ナチ指導者は、国内外の異論に適応し、今日いうところの〝冷たいポグロム〟を実験した。非ユダヤ人に対する割当枠の優遇と優先権、そして職業と社会団体におけるユダヤ人の加入制限条項をもって、体裁のよい反ユダヤ主義の組織化がおこなわれたのである。当初、この方法には混乱がみられたようである。あるイギリス人記者は「今日ドイツでは粗っぽさと馬鹿馬鹿しさが入り混ざっている」とし、多くの馬鹿馬鹿しい措置の一例として、「ユダヤ人学生（その頃まではユダヤ人にまだ医学の勉強が認められていた）は、非ユダヤ人遺体の解剖が許されていない」点を指摘している[124]。医師は、国家医療保険制度から払い戻しをうける権利がある。しかし、ケルンとベルリンでは市の役人たちは、ユダヤ人医師からこの権利をとりあげてしまった。チュービンゲンとケルンでは、ユダヤ人企業との公共事業と建設の契約はキャンセルされたし、キリスト教徒の父母のなかには、ユダヤ人教師が教えるクラスから子供を引揚げる者もいた[125]。ナチの犯罪者はユダヤ人裁判官に裁かれるのを拒否した[126]。指揮者のブルーノ・ワルターとオットー・クレンペラーは、コンサートシーズンの途中で降板せざるを得なくなった。続行を許されなかったのである[127]。歴史学者フリッツ・シュテルンは、交響詩「英雄の生涯」で知られる作曲家リヒャルト・シュトラウスが、追い出されたユダヤ人指揮者に代わってすぐさま指揮台に立つようになった、と苦々し気に語っている。[128]

地方の散発的反ユダヤ措置は、国家の「四月法」によって、全国規模となった。この法律は、ユダヤ人法律家の人数を制限し、ユダヤ人医師から医療費払い戻しの権利をとりあげ、ユダヤ人家系の国家公務員（教育者を含む）を解雇した。この反ユダヤ法は、自他ともにマルクス主義者と認める者を同時に公務員職から解雇し、より広汎な「大掃除」の一環となった。学校教育の「すし詰め禁止」法で、ユダヤ人子弟の入学制限が決められ、併用させてユダヤ人教師も追放された。新卒者の三分の一が職につけない時代にあっては、このユダヤ人排除は、非ユダヤ人にとって歓迎すべきことであった。地域の職場協会は、ユダヤ人と思われる「敬愛する同僚」に手紙を送り、家系調査の質問用紙に記入し、公務員証を返却、会員番号を放棄のうえ、軍隊手帳および身分証明用写真を同封して送り返せ、と要求した。[129]

四月法は、思いがけぬ方面から反対をうけた。ヒンデンブルク大統領がヒトラーに、ユダヤ人を先祖にもち「私と第一線で苦労をともにした戦友」を追放することは、「私にはまことにもって嫌悪すべき措置である……彼らは召集をうけドイツのために血を流した。国難に殉じる価値ある存在であるのであれば、同様に職場に残り祖国に尽くす価値ある人材と考えるべきではないか」と言ったのである。[130] ヒトラーは慎重な言いまわしで回答し、前線勤務体験のある退役軍人とその子弟は除外される、と伝えた。この思いがけない〝温情〟で、多くの人が安心した。主張をきいてもらえる可能性が残っているのであれば、民族浄化は基本権を侵害する法律を憲法違反とする条項の解釈問題である。[131] たちの悪い反ユダヤ行動が続いていたものの、新しい法律は、例外条項で柔らげられ、希望をもたせた。俗悪な反ユダヤ主義は封じこめられる、と多くの人が考えたのである。

冷たいポグロムに対する反応は、さまざまであった。アメリカのベルリン総領事ジョージ・S・メッサースミスは、五月四日付報告で、ユダヤ人の「このような心の苦しみは、今まで見たことがない。いかなる状況下でもこのようなことはなかった」と書いた[132]。ほかの人たちはもっと楽観的な見方をしている。例えばスペクテーター誌の記者は、「ドイツ全土で専門職のユダヤ人数千人が飢えに苦しむことになるが、その数は当初予想された人数より少ない」と報じる[133]。多くの人にとって、この四月法は、どこでもみられる締めだしを、法令化したもの、と映った。アメリカの例えばハリウッドでは、〃人種上〃の出自をあいまいにするため、名前を変えたし、連邦最高裁判事ジェームズ・マクレイノルズは、ユダヤ人判事と話をすることを拒否した[134]。イギリス大使館のラムボルドは、ドイツのユダヤ人多数を個人的に助けた人物であるが、この四月法に関し本省に「誰も否定できないが、（ドイツの）法曹界、医学および教育界はユダヤ人であふれ、銀行重役会はユダヤ人に支配され、新聞は……彼等の手中にあり、映画はいうに及ばず劇団、放送局、あるいは証券取引所のように純然たるユダヤ組織は、金髪碧眼のチュートン系には閉ざされている」と報告した[135]。ジャーナリストたちは、ヒトラーお気に入りのスローガンたる「倫理浄化」と「清掃」という用語を、無批判に借用して送稿した[136]。あるアメリカの外交官は、「さまざまな濃淡の共産主義的、社会主義的および共和制的信念をもつユダヤ人と非ユダヤ人公務員は、公平かつまんべんなく解雇された」と報告した。この外交官はドイツの「人種カルチャー」について語り、自分の語彙に「浄化」という用語をつけ加えた[137]。外国人が冷たいポグロムを抵抗なく受入れたのは、ユダヤ人に対する彼ら自身の固定観念が奈辺にあるかも示している。

一九三三年四月の後、大半のユダヤ人市民にとって、日常の生活は秩序が戻ったように思われた[138]。口うるさいSA隊員のあざけり声を無視すれば、生活は元と変わらない。非ユダヤ人の買物客と商人は、店主の人種に関係なく品質、価格ともにベストの品を選んだ。治療費を払える患者は、引続きかかりつけのユダヤ人家庭医の世話になった。ユダヤ人の退役軍人は、「ヒンデンブルクの例外人士」と呼ばれ、前の地位を維持した。ドイツにいるユダヤ人の法律専門家四五八五人のうち三分の二は、職務にとどまった。前線で戦ったことのある退役軍人であったからだ。(139)ユダヤ人学校（数はきわめて少なかった）の近くに住むユダヤ人子弟だけが、公立学校から追放された。登校拒否法といわれる所以である。結局、将来を予見する不吉なパターンが形成されたのである。即ち、潰滅的打撃を与えた物理的暴力の後、政権は許可していない人種攻撃を抑制し、代わって反ユダヤ諸法を制定した。官僚機構を通すこの行政戦略は長い間でみた場合、散発的攻撃に比べて、はるかに強力な凶器となるのであるが、当時犠牲者も傍観者もその脅威を正しく評価し得なかった。

後年ドイツを逃れたある人物は、一般市民の反応を回想して、「住民が非常に熱心だったわけではないが、しかしその施行をどうこうしようと行動をおこす人はひとりもいなかった」と述べている。(140)ナチの反ユダヤ主義に対するドイツ人一般の無関心は、ゲシュタポ報告をみればよく分かる。農民たちは、「イデオロギーを実利に優先する理由が分からない、特にこの不景気ではイデオロギーなどと言っておれないとして、取引先をアーリア人種の商人にかえるのを拒否した」のである。(141)反ユダヤ色濃厚なタブロイド紙デァ・シュテュルマー（突撃隊）は、読者の手紙数百通を連載した。いずれも住民の態度に憤激した内容で、買物客が入口に立って通せんぼをしているSA隊員の間をすり抜けて店に入ったとか、公務員、ナチ指導者の女房たちが恥知らずにも、ユダヤのところで買物を続けている等の投書である。

ドイツ人の大半は、過激な反ユダヤ措置を是認しなかったが、戦闘的ナチスは、意のままにユダヤ人を迫害できる権利がある、と考えていた。自制命令がでていたにも拘わらず、夜間にショーウィンドーを割ったり、ユダヤ人家庭の家のまわりに反ユダヤの落書をした。ヒトラー・ユーゲントの少年たちは、路上でユダヤ人に向かってイッド（糞ユダヤ）とかユーデンザウ（ユダヤの豚野郎）と嘲りの奇声をあげた[142]。暴力団まがいのナチは徒党を組んで荒しまわり、ユダヤ人を襲い、建物や施設を破壊した。ナチ指導者は、革命家と同じようなジレンマに直面した。暴力は中核の忠誠分子にエネルギーを与えるが、政治的安定のかなめとなる新入りが寄りつかなくなる。

ヒトラーは、高度のメディア網をもつ強国の首長として、道義の政治を展開した。それは、党の過激派を自分の仮面である社会的人格から引離し、自分をフォルクと直結させる方式に拠った。継続的なパワーベースとなる国民の合意をとりつけるために、ヒトラーは清く正しい道義の人という神話にみがきをかけ、フォルクには血統でつながる民族の再生を呼びかけ、自分の非ナチ的イメージを国民の間に植えつけた。

Ⅲ　学問ふうの反ユダヤ主義——学界の味方

我われは哲学がめざすゴールを隷属の中にみる……総統はこの意思を民族全体に呼びさまし、それをひとつの意志に融合された。総統が己の意志を示される時、何人といえど不参加を決めこむことはできない。ハイル・ヒトラー！

「大学教授の信条　一九三三」
マルチン・ハイデガー

ヒトラーに惹かれる学者たち

ヒトラーが首相に指名されてから三ヶ月後、カール・ヤスパースは、友人のマルチン・ハイデガーに会った。ハイデルベルクへ会いに来てくれたのである。ヤスパースはその時の様子を回想録のなかで、次のように書いている。

挨拶をしようとハイデガーの部屋へ行った。開口一番私が「まるで一九一四年の時のようだね……」と述べて、「人を迷わす大衆陶酔が再び……」と言いかけると、ハイデガーは冒頭の言葉で途端にしゃんとなり、そうともそうともと強くうなずくのである。私は二の句がつげなくなった。

「重箱の隅をつつく人」。多くの学者が（ハイデガー、シュミット、キッテルを含め）ナチ支配を歓迎したが、ナチのユーモア作家は、瑣事にこだわり、男らしくて戦闘的な政権がなしとげた業績が見えないと、臆病な教授をからかい続けた。

あの陶酔感に彼自身がひたりきっており、その姿を目のあたりにして、私は、道を踏みはずしているよとは言わなかった。以来私はさま変わりした彼の人格を全然信用しなくなった。私は、ハイデガーの参加している暴力を考え、身の危険を感じた[1]。

あの陶酔感に襲われたのは、ハイデガーだけではなかった。アメリカの神学者ラインホールド・ニーバーは、騒動を現地で体験した人であるが、「ドイツの空気に触れていない外部の観察者には、一連の事件にまつわりついている濃厚かつ強烈な感情のたかぶりを、推し測ることが難しい」と書いた[2]。この運動は、つい五年前までは、社会の周辺でうごめく評判のよくない団体で、選挙では六％にもみたない得票率しかなかった。近代民主主義が五年にしてそれに乗っ取られたのである。信じられぬほどの成果である。

我と我が目を疑う気持ちは、ヒトラー現象はすぐに消えると解釈され、納得する気持ちに変わった。イギリス大使ホーレス・ランボルドは、教育をうけたエリート層は絶対に屈服しないと予想した。大使は「科学者、作家、法曹界、教会、大学等々、この国のインテリゲンチャ全体が、ごくわずかの例外を除いて、この（ナチ）少数派に反対している」と報告している[3]。三月下旬、ランボルドはその確信を変えず、インテリは大丈夫とまだ考えていた。「失業者、青年男女、農民、小売店の店主などは比較的転向させやすい。しかし、インテリゲンチャの説得はもっと難しい。至難の業といってよい」というのが、大使の判断であった。[4] 大使は、六五〇〇万の人口を擁する国家で、八五万くらいならナチ党に入党しても、さほど異常とは思えないと考えた。政治的混乱が渦をまく状況下にあっては、有権者のうち一七三〇万人がナチ候補者に投票しても、別に驚くことではない。しかし、年季の入った観察者たちは、インテリがひとりの政治家にどうして惹かれたのか、想像だにできなかった。いつも〝頭でっかち〟とか自己不信にとりつかれた〝弱腰の悲観居士〟などとからかわれ、嘲りの対象にされながら、終身在職の身分を保証されている大学教授たちが、自分たちを嘲る男の独裁をなぜ歓迎したのであろうか。中等教育も終えずにドロップアウトし、四四歳になりながら四年間の軍務以外は定職をもたず、公職についたこともない。なぜそんな人物を迎えたのか。軍靴の音も荒々しい、軍国主義的運動に共鳴する世代があったというのも、答の一部になるかも知れない。逆説的なことであるが、先の大戦に従軍しなかった三人の著名な学者が、突然ナチズムに転向したことは、ひとつのことを示唆する。即ち、汗くさくて男っぽい政治運動は、ラムボルドが絶対に反対すると考えたインテリ層に、強く惹きつけるものを持っていたということである。

哲学者マルチン・ハイデガー、憲法学者カール・シュミット、神学者ゲルハルト・キッテルの三名の人生軌道をみると、高度の教育をうけたドイツ人たちが、一九三三年一月までナチズムを支持しなかったのに、ヒトラーの魅力を感じた理由が明らかになる。この三人の学者は、ナチズムに〝改宗〟すると、公然とヒトラーの独裁を是認しただけでなく、彼の反ユダヤ主義も支持するようになった。[5] 各人をナチ支配の受容に走らせたのは何か。理想主義、自己欺瞞、御都合主義の混合物を見分けるのは不可能である。しかし、ハイデガー、シュミット、キッテルは世に聞こえた知識人であり、個人の過去を探る手掛かりの記録を残している。これからナチ体制に対する最初の頃の反応が分かる。一九三三年以前、この学者たちはユダヤ人の同僚、学生と親しく肩を並べて働いていた。彼らにどんな偏見があったにせよ、人種主義が彼らの学問に現れていたことはない。しかしながら、ヒトラーが政権の座について数ヶ月もすると、血統のつながらぬアウトサイダーを、統治体から追放せよと呼び始めたのである。ハイデガー、シュミット、キッテルは、いずれもナチズム支持の前歴がなく、尊敬されていた。その信頼度においては、アルフレート・ローゼンベルクやヨーゼフ・ゲッベルスなどの追従者より高かった(6)。この新入りたちは、粗雑な人種主義をぶちまける古参のナチ闘士と一味違っていた。一九三三年まではなかった〝合理的〟反ユダヤ主義の基礎部分を、ヒトラーに与えたのが、この新入りたちである。

出身と分野など何もかも違う三人が惹かれたことは、次の事情を物語る。即ち、カリスマ性をもつ力は、普遍的な使命観的魅力に富み、しかもそれはきわめて可塑性が高いので、聴衆はそれぞれに自分の総統神話を組立てることができるのである。ハイデガーにとって、ヒトラーは信頼性の権化であった。シュミットにとっては、決断力に富む指導者であり、キッテルにとっては、キリスト教戦士であった。三人三様のヒトラー観の違いは、主張のごった煮性に関係がある。つまり、ヒトラー反対派によってつまらぬ代物と馬鹿にされたごった煮の主張が、〝ヒトラー神話〟に弾力性を付与した。しかし、ナチズムに対する三人三様の考え方は、一点に収束する。ワイマール共和国の市民社会を破壊したのは、ナチの武装民兵隊であったのにである。

ハイデガー、シュミット、キッテルは、同世代(ヒトラーも)の人間で、一八八八年か八九年に生まれている。第一次大戦時、この世代は国家総動員体制下の大同団結を経験し、その一体感にいっときの至福感を味わい、我が身をかえりみず、国家存亡の危機に馳せ参じた(7)。従軍した壮丁《そうてい》は一七〇〇万。うち二〇〇万が戦死し、四〇〇万が重傷を負って身体障害者となった(8)。同年配の者が前線で戦っている頃、ハイデガー、シユミット、キッテルは、高度の知的能力を発揮して学問に励み、比較的若い年齢で、名誉ある学位をうけ教授となった。彼らには凄惨な戦争体験がない。エーリヒ・M・レマルクが『西部戦線異状なし』で描きだした、「精根尽き果て、身も心もぼろぼろとなり、希望も何もない根なし草」たる塹壕戦の生き残りと、体験を共有していなかった[9]。この三人は、復員兵として戻った同世代の者と、教室で出会う。戦場の露と消えた友人たちの死を嘆き悲しむのは戦後である。大学の他の同僚と同じように、ワイマールの民主体制や二〇年代のモダニスト文化には、疎外感を抱いていた[10]。おそらく塹壕戦の体験がないためであろうが、この三人の教授は、ドイツ兵に特別な畏敬心を抱いた。彼らは戦争の英雄を讃仰し、ベストセラー作家エルンスト・ユンガーを称え（ハイデガーとシュミットはユンガーを緊密な親友のなかに入れている）、レマルクの平和主義を軽蔑した[11]。彼らがものする文章は、好戦的な隠喩にみち、力、武勇、犠牲、名誉を称える言葉であふれていた。

ハイデガー、シュミットそしてキッテルは、ワイマール共和国の政治活動とは距離をおき、孤高を保ったが、一九三三年にナチが権力をとると、群衆と一緒になって歓呼した。三月、三〇〇人の教授が、ヒトラー支配の支持請願書に署名した。三人はこの三〇〇人のなかに入っていないが、二ヶ月足らずのうちにナチ党員になってしまうのである[12]。三人は、古参の闘士が〝遅咲き組〟とか〝三月のとりこ〟と見くだしたカテゴリーに入る。ほんとうの戦いが終わった後でナチズムに命を捧げたので、そう呼ばれたのである[13]。ナチの党員にはさまざまな特典があった（例えば人種研究助成金、人種、政治パージで空席になったポスト、が提供された）。しかしこの三人は、大学でしっかりした教授のポストを確保していたので、その特典を必要としなかった[14]。三人はそれぞれ数年のうちにナチズムのどこかに失望した。しかし、三人の誰ひとりとしてナチの政策を批判しなかったし、党員証を消滅させもしなかった。一九四五年以降三人は、ナチズム信仰は強くなかったとし、深入りを否定した。しかし、ヒトラー支持、権威主義的で民族主義であるばかりでなく皆殺しの思想をもつ教義の信奉について、公に遺憾の意を表明したことがない。

ヒトラー賛美以前のハイデガー

マルチン・ハイデガーは、南西ドイツの村に生まれ育ち、少年時代、その素質に教師が注目した。カトリック教会の奨学金で、コンスタンツ湖畔の全寮制学校コンラディハウスに学ぶことができた。一九〇九年、二〇歳になったハイデガーは、フライブルク・イム・ブライスガウの近くにある神学校に入学した。しかし、病弱のため、そしておそらくは信仰上の疑問から退学し、大学進学の準備に着手した。組織としての教会に疑問を呈し始め、それでいて財政上教会の金に依存しながら、学問の道を進んだのである。時期はまさに疾風怒涛の時代で、ハイデガーは秘かに婚約し、詩を草し文芸批評を書き、数学者になることを考えていた。[15] 学問の道を中断することはなかったが、詩歌からみると、情緒的な危機を経験しているのがうかがえる。[16]

第一次大戦後、ハイデガーは一九一四年に軍に志願したと話すようになる。しかしながら、一九二〇年代、大学の人事課職員がハイデガーの年金記録を調べたところ、裏付け資料を見つけることができなかった。その後の調査で、一九一四年に徴兵されたことが判明した。しかし心臓が弱く神経衰弱症で軍務不適で、即日帰郷となった。このような人たちは、〝兵役忌避者〟と笑われないために、軍事関連の仕事を与えられた。彼らの〝動員精神障害病〟が、ほかの者に感化しないように、部隊から引き離されたのである。[17] ハイデガーの戦争貢献は、地方の一郵便局で手紙の検閲課で働いたこと、戦争末期の数ヶ月間気象台に勤務したことくらいである。[18]

フライブルクの学生と教職員は戦争支援団体を結成したが、ハイデガーは当時、国内にみられた戦争熱をほとんど感知していないように思われる。もっとも、親友が戦死すると、次の研究論文にその思い出を付記することはしている[19]。ハイデガーは、短軀（約一六二センチ）のうえ病弱であったから、前面にたって行動することはなく、傍観的立場に終始した[20]。学生のひとりは、「自分には、当時のスローガンを使えば、〝逞しき兵士〟タイプではないように思われた。前線勤務のできなかったことが一種のコンプレックスになり、これが、一線将兵の体験を、英雄神話ふうに美化することにつながったのであろう」と回想している[21]。

戦争時代は、ハイデガー個人の生活からみれば、それなりに多事多端な時期であった。ハイデガーは秘密の婚約を破棄し、フライブルクの女子学生エルフリーデ・ペトリと結婚した。プロイセンの裕福な家に生まれた育ったプロテスタントであった。ハイデガーは結婚後すぐ、カトリック教会との関係を断ったが、カトリックの信仰を棄てたわけではない[22]。指導教官エドムント・フッサールの推薦のおかげで、マールブルク大学に哲学講師のポストを得た。大学では、おそらく復員学生のムードに同調したと思われるが、大学の階級構造がもつ弊害に反発する集会に、顔をだしている。ニーチェ、ショーペンハウエル、キルケゴールの伝統にならない、その硬直性を激しく非難した。しかしこの三人の哲学者と違って、その保護壁の中に閉じこもって、外に出ることはなかった。ハイデガーは、プラトン論講義や一九二七年にだした傑作『時間と存在』のなかで、唯我独尊的自己満足の世界を破壊し、精神的再生をひき起こしうる大学の復活、を夢見た。多くの文化評論家が抱くニヒリズムを否定し、ハイデガーはひとつの確固たる基盤を模索し、死ぬべき運命と道義心と向き合おうとした[23]。この時代ハイデガーは自分を哲学者ではなく〝キリスト教神学者〟と規定している（引用の強調符はオリジナル）。

ハイデガーは、いろいろな報告から判断すると、カリスマ的で型にはまらぬ教授であった。ヤスパースが一九二〇年に初めて会った時、ハイデガーの「緊迫感があり、きびきびして簡潔な話し方」に強い印象をもった。ひとりの院生は、「ハイデガーは学生との関係で、従来と全然違うスタイルの接し方をした……我われは一緒に遠足やスキー旅行をやった」と回想している。授業の時、しばしば話を中断し学生の意見を促すのであった。[24]彼は学生と教師の関係を、賢い年長者と疑問を抱く学生との戦い、あるいは闘争と位置づけた。ハイデガーは学問の世界では途方もなく男っぽく振舞い競争心にあふれていたが、二〇年代の内輪の手紙は、凝りに凝ったセンチメンタルな文章で、学生時代の詩歌そっくりであった。[25]

ハイデガーは哲学の討論になると「闘争」、「危機的」、「大激変」、「追随」、そして「統率力」といった言葉で、散文体をドラマチックに表現した。[26]彼は自分の半生を、決闘につぐ決闘と規定する。カトリックのドグマ、哲学界の因習、でこぼこのスキー道、険阻な山岳道、そして学問上の階級体制がその相手である。若い頃ハイデガーは、悪を夜、暗黒、ぽっかり開いた虚空にたとえた。〝無の状態〟に恐怖感をつのらせたが、それでいて、それに惹かれるのであった。彼の信じるところによれば、存在（ダーザイン）自体は夜と無の状態のなかで生まれるからである。文化の明かりは暗黒を変容し、個々人をたかめ善へ導く。ハイデガーは、一哲学者として、「誰もが抱き、こっそりと常習的に逃げこむ偶像からの解放」を誓った。

若き偶像破壊者は、学問の世界と型にはまった哲学を厳しい批判にさらした。数年後、ハイデガーの教え子のひとりが、「彼から発する陶酔の力は、心の闇の世界からわきあがっていた……彼のわずか半分が学問であった。残る過半分は闘争性と伝道者であった。そう、逆らうことで相手を惹きつける。その術を心得た伝道者であった」と回想する。[27]ハイデガーは講義で「聖職者、兵士、為政者の三位一体」が国家を救うという希望を語った。彼の抱く切迫した危機感は、講義ホールでは、特定の党派に偏った陰影をおびてはいなかった。しかし、一九三一年以降、彼はヒトラーを賛美するようになったようである。週末ハイデガーは学生たちと一緒に遠出することがあった。これに参加したあるゲストは、ハイデガーの妻がナチズムを前向きに評価したと述懐し、「ハイデガーは政治についてはあまり理解していない」とし、「おそらくそのためであろうが、平凡で月並みな妥協はいっさい御免で大嫌いということが、何か断固としたことをやり……共産主義と徹底して戦うと約束する党に、多大な期待をかける」に至ったとつけ加えた。(28) 一九二九年、この哲学者はあからさまな人種偏見を開陳した。記録からみると、これが最初であるが、文部省宛の手紙で、「大学生にひろがるユダヤ化」について不平を述べた。(29)

「ハイデガーは完全に変質してしまった」

ハイデガーは、ヒトラーが首相に任命されて数週間のうちに、エルンスト・クリークの設置した委員会に加わった。クリークといえば、猛烈な反主知主義のナチ教育理論家である。メンバーになって間もなくして、ハイデガーが「寄る辺なき盲目的相対主義」を激しく糾弾し、「血統につながる者の真理に対する責任によって形成されたドイツの学問」を求めた。ヤスパースに宛てた手紙には、「人は自ら関与しなければならない……哲学者の任務は、歴史の参加者として行動することにあり」と書いている。(30) 三三年四月、ハイデガーはフライブルク大学の学長に指名された。名誉ある地位で、地域のナチ指導者の承認を得て、運動していたのである。ユダヤ人家系の同僚や左翼系の同僚が選挙会議に出席しなかったこともあって、ハイデガーは圧倒的多数の票を獲得した。(31) ハイデガーはこの学長職を足掛りとして、国家レベルの参画を狙うようになる。(32)

学長としての最初の公開講演は、ナチ殉教者、レオ・シュラゲター賛美の講話であった。ヒトラーも讃える人物である。シュラゲターはハイデガーと同じようにシュヴァルツヴァルト（ドイツ南西部森林地帯）地方に生まれ育ち、コンラディハウスで学んだ。シュラゲター処刑の一〇周年を記念して、ハイデガーは青年殉教者の「堅固にして清澄」なる精神を追憶し、「自分のフォルクに見放され、独りさびしく」死を迎えた時、粗削りの懐かしき山河がいかに心の支えになったことであろう、と殉教者の心境に思いをはせた。ハイデガーは、説教のように抑揚をつけ、聴衆に殉教者の思いを「しっかりと心に刻むよう」に求めた[33]。

口髭をつけ黒シャツを着用におよんだハイデガー。ヒトラー賛美を思わせるスタイル。青年時代のカトリック信仰に対するノスタルジアを窺わせるポーズでもある。

その日、新学長は、シュラゲター賛美の講話の後、就任演説をおこなった。出席者は、いついかなる時にナチ式挨拶の「ジーク・ハイル」を叫ぶかについて、指示をうけ、ナチの行進歌「ホルスト・ヴェッセル・リート」の歌詞までもらった。まるで信者が教会の日曜礼拝に備えて、儀式要領の指導をうけているようであった。教授たちは、きらびやかなガウンをまとい、ぞろぞろと入ってくる。迎え撃つのは、褐色のシャツを着こんだナチスたち。伝統など糞くらえと考えている連中である。ハイデガーは、開襟シャツに遠足用のニッカーボッカー姿で、天にも届けとばかりに高らかな声で「知の召命に応じて立て」と叫び、「時勢に合わせて歩調をとれ」と獅子吼した。彼からみればワイマールの民主主義は浅薄皮相であり、その中味が死滅するのは喜ばしい限りであった。ハイデガーの喜びは、〃本質〃(ヴェーゼン)という言葉の使用に反映している。「真理の本質」とか、「科学の始源的本質」、「本質へ向かう意志」、「本質を忘れた知識」といったふうに、スピーチに必ず挿入した。彼は感情を表にだし、言葉使いは凝りすぎて、小うるさかった。ハイデガーは、戦場の雄叫びのごとく、「精神を作興」し、「学部間の障壁を取り壊し、皮相浅薄な教育の欺瞞と退廃を叩き潰せ」と叫んだ(34)。彼のスピーチは、「打倒」、「危機的状況」、「あくまでも清澄、明快」、「規律」、「絶体絶命の境地、土壇場のふんばり」、「威力」といった武張った用語がぷんぷん匂っていた。古くさい前提は「粉砕」されねばならぬのであり、学生、教職員は、労働、武そして知識を融合する戦闘的共同体の編成に馳せ参じるのである(35)。

ハイデガーは、「血で結ばれた力、フォルクの存在を深奥より深く強くゆさぶり呼びさます力」を祝福した。彼が「始源に同調する精神（ガイスト）」を「中味のない小利口」や「当たり障りのない気転の遊び」あるいは「細部にこだわる推論的分析の果てしなき漂流」と比較する時、彼の話を聴く者で人種的あてこすりを嗅ぎとれぬ者はいなかった。彼が文章から直接引用する文句は、哲学からではなく、クラウゼヴィッツの『戦争論』だけであった。ハイデガーは、カリキュラムの全面的改革を求め、労働奉仕と兵役は、伝統的な文芸および科学と同等の学問的ウェイトをもつべきである、と提案した。若者たちは歓声をあげ、教授連は憮然としてほとんど拍手をしなかった。

一番前の席に陣取ったヤスパースは、その憮然組のひとりであった。お祝いのレセプションの後、この二人の友は民族と知的生活について意見をかわした。その後ヤスパースは、友人の熱狂ぶりに愕然となる。「ヒトラーのような無教養の人間がドイツを支配できるとは、いったいどういうことか」とたずねると、ハイデガーは「教育とは全然関係ない」と答え、「あの素晴らしい両手を見たまえ」と言った。著名な哲学者の発言としては何とも筋違いの論である。もっともヒトラー付きの写真家ハインリヒ・ホフマンは、ヒトラーの手にイコン的意味をこめ、一般市場向けの出版物に使った。このコメントから察するに、高尚な思想家

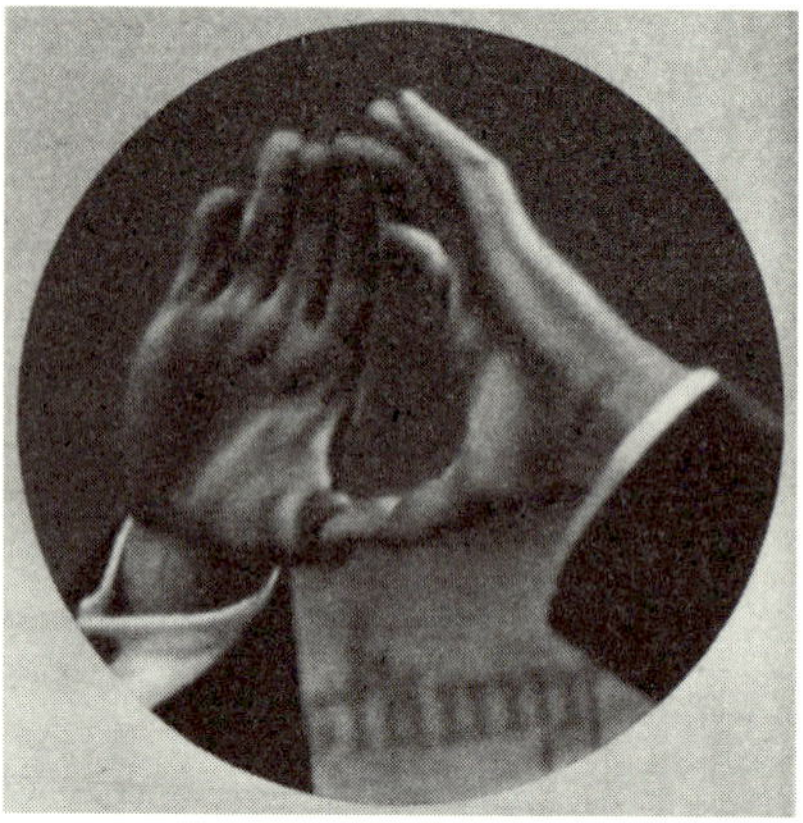

ハインリヒ・ホフマンは、ヒトラーの手を芸術的に表現して、創造的天才というイメージをつくりだした。新総統紹介写真集の1枚で、ホフマンはマスメディアの黎明期に革新的なPR戦略の才能を発揮した。

ハイデガーは、時代の通俗文化を吸収していたわけである。それでヤスパースはハイデガーに、よくも君はナチスの反ユダヤ主義に耐えられるものだね、とたずねた。シオン長老の議定書など全くのでたらめで、ナンセンスではないのか？　するとハイデガーはそれに答えず、「国際陰謀の危険」を口にした。そしてヤスパースは痛切な思いで「ハイデガー自身が完全に変質してしまったようだ」との結論に到達する。[36]

その夏ハイデガーは、ベルリンの全国委員会と一緒に大学の改革に取組み、主要大学を巡回してナチズム支援の演説をおこなった。ハイデルベルクの公開講義で、カール・シュミット、ナチ党の人種専門家ヴォルター・グロスとともに、〝闘争〟の召に応じるのである。[37] 一〇月、ハイデガーは非ユダヤ人の男子院生（大半はナチの制服を着用）を率いて自分の山荘へ赴き、五日間の知的静修を行った。ハイデガーは署名する時はハイル・ヒトラーと書き添え、ユダヤ人学生にはほかの指導教官を探せと引導を渡し、さらに彼らの奨学金も停止した。自分の指導教官であったフッサール（ユダヤ人であった）が一九三七年に死去した時、ハイデガーは葬儀に参列しなかったし、未亡人に悔やみ状を送ることもなかった。

一九三三年秋、ハイデガーは国際的に名の知られた八名のドイツ人学者と共に、ヒトラー指導体制を正当化する小冊子に、それぞれ文章を寄稿した。なかなか凝った体裁のパンフレットであるが、辛辣な質問に答える形式になっており、ハイデガーは批判に答える役割を果たしている。曰く、ナチズムは「未開状態……バーバリズム」の無法時代……へ回帰し……伝統を叩き潰しているのではないか?

違う。ナチズムは秩序を守る側にたつ。

ヒトラーはよこしまな動機で行動しているのではないか。

ノーである。我らの総統が国際連盟の脱退を決められたのも……野望や光栄を追い求める貪欲な動機、あるいは頑迷と盲目的突っ走りではなく……自己の責任を完うせんとする純粋な意志による。

ハイデガーは、色褪せ、すり切れた民主主義など無用の長物とし、新体制の〝男らしい自力本願〟を称え、「ルーツに回帰した純化青年の爆発」に期待するとし、「国家に対する彼らの誓いが、やがてこの国を強固にする」と述べた。(38)

カール・シュミットの議会制民主主義批判

一九二〇年代、確実なものを求めるキリスト教神学者と自己規定したハイデガーであるが、自分の探し求めた血統でつながる民族再生の具現を、ヒトラーの中に見たのである。一九二〇年代ハイデガーと一緒に学んだカール・レーヴィトは、確実なものを追い求める願望を、決断する指導者に対するカール・シュミットの渇仰と比較する。(39) 一九三三年八月、ハイデガーはシュミットに、協力し合おうと提案し、「精神総動員は、かくあるべきことを成就するためのものだが、ますます緊急性を帯びるようになった」と共闘の必要性を説いた。(40) しかし、提案からほとんど何も生まれなかったようである。とはいえ、ハイデガーが誘ったことは、両者の間に類似性のあったことを示唆する。シュミットは、ハイデガーのように、自分の神学上の仕事に闘争をとりこみ、トーマス・ホッブスの闘争肯定を、社会の本質そのものとして称えた。シュミットは、第三帝国の支持にあたり、ライバルに勝つためには、派閥や党派で構成される国家より一枚岩のフォルクがずっとよいとして、多様性を排撃した。シュミットは、二〇世紀を代表する政治理論家で、トップ五指のひとりにかぞえられ、オリジナル性では二〜三人のうちに入るが、公けにナチズムを熱烈支持し、一九四五年後は強情に自説撤回を拒んだ。そのために賛美する者、悪態をつく者双方の間に波紋を呼んだ。

シュミットは、ハイデガーと同じように、田舎のカトリック教徒の家に生まれた。ハイデガーはカトリック教徒が圧倒的に多い地域で育ったが、それと違ってシュミットはプロテスタント色濃厚なウェストファリアに住んでいた。法律専攻学徒として、現代社会の道徳状況を憂慮し、バイエルン地方で発行されている反ユダヤ色濃厚な定期刊行物に、尊大なインテリを皮肉る辛辣な風刺を書いて、鬱憤を晴らした。シュミットは、一人の友人と一緒に、たまたまその人がユダヤ人であったが、〝ユダヤ的〟成り上がりとか、西欧に共通する〝体裁のよい〟反ユダヤのステレオタイプで、現代文化を風刺した[41]。当世ふうの詩は、アカデミックで誇張がきつかったが、このような流行と違って、シュミットの詩は歯切れがよく明快なスタッカート調で、後年シュミットは〝流行前のダダ〟と名をつけた。

一九一四年、戦争が勃発すると、二七歳になっていたシュミットは公務員の仕事をもち、学位試験の準備中で、軍に志願しなかった。試験に合格し、三回目の専攻論文を書きあげると、志願した。一九一五年二月である。初年兵の訓練期間中、ミュンヘンで軍法務局の仕事を与えられた。デスクワークである。後年シュミットは、精鋭の騎兵連隊で勤務中、落馬した、と回想するようになる。しかし、その記録はない。下級将校の地位をどうしてすぐに得たのか、北西ドイツ出身の短軀男が、まず第一にバイエルンの儀仗隊にどうやれば勤務できたのか。そのような点に疑問を抱く人たちもいる[42]。

シュミットの言葉を借りれば、「ヨーロッパ世界が四分五裂」し、「戦争による形而上的、形而下的破壊」

で荒廃している頃、シュミットはミュンヘンでシュワーベンのボヘミアン的サブカルチャーにのめりこみ、前衛派の作家、印象派の画家、そしてダダイストとまじわった。シュミットは、エウジェーニオ・パチェルリ（後に教皇ピウス一二世）や作家で平和運動家のアンリ・バルビュスと手紙をやりとりし、社会学者、経済学者マックス・ウェバーの講義に出席し、文芸批評を書いた。セルビア系ドイツ人詩人テオドル・ドイブラーと親交を深めた。ドイブラーは、だらしない恰好で粗野に振舞い、巨体を揺るがせて闊歩した。一二〇〇頁の超弩級《ちょうどきゅう》巨編の詩集「ノルトリヒト」（北の光）でドイブラーは、ダンテ、ゲーテ、ニーチェはもとより古代ペルシアの伝承、聖書の舞台と縦横無尽、はてはワーグナー的オペラから前衛画風まで総動員した。まさに破天荒の代物であった。シュミットは、解読不能に近いドイブラーの詩を蒸留して、六六頁の簡潔なエッセイにまとめあげた。そのエッセイに登場するのは、騎士と龍、太陽と月、光の力と闇の戦いである。[43]シュミットは、ドイブラーのどしゃ降り的言葉の氾濫に底流する本質的メッセージを掘り起こした。シュミットの感知したのは、まさにドロドロした統一願望であった。ドイブラーの武勇詩にあるペルシアの古代神話を引用して、シュミットは一九一六年当時のドイツにあてはまる状況を描いた。フォルクは、「統一へ向かって努力する代わりに、隷属への道を盲目的に突き進む」のである。[44]

シュミットは、美学と倫理学を当世ふうに対する憎悪とブレンドした。彼からみれば、当世ふうはえげつない物質主義を意味した。[45]彼はブルジョア生活とは絶対に縁を切る、と決心する。それは「人々がすべてに関心をもつが情熱を燃やすものが何もない……物流、技術、組織」の空虚な世界である。[46]世俗の文化は、善悪の区別を教える宗教がなく、ために人々は、血みどろの戦いを挑む諸勢力のなかで、右往左往せざるを得ない。「善悪の区別に代わって、実利と破壊のひどいコントラストがあるばかり」なのである。[47]シュミットは（後に自分をカテコンと呼ぶようになる。ギリシア語で、反キリストを寄せつけぬ力の意）超越的価値観を探し求めた。シュワーベン時代、シュミットはパウラ・ドロテアと恋に落ち、結婚した。ウィーン在住の女性だが、セルビアの貴族出身と称し、その奔放な〝解放〟ぶりには、さすがのシュワーベンの芸術家もショックをうけた。亭主となった青年は、異常な行動にでて、彼女の姓を自分の姓にくっつけて、カール・シュミット・ドロテアと称した。

戦争が終わり、ミュンヘンで共産革命が勃発すると、シュミットはボヘミアン的シュワーベンの生活を棄て、妻と離婚した。一九二四年に再婚、この年教会とも縁を切っている(48)。同僚で友人でもある経済学者モリッツ・ユリウス・ボンが奔走してくれて、シュミットはミュンヘンで教職のポストを得た。大学では、講義、著作ともに整然たる論理と明快な語り口で知られるようになる。シュワーベン時代を一区切りとして、これに訣別し、今やこの少壮教官は身だしなみのよい、堅苦しいが誠実なドイツ人教授に変貌した。若い頃からユダヤ文化を嘲笑していたが、学問の世界で人種上の背景をもって人を評価した形跡はない。例えば一九二八年、最も重要な著作のひとつ『憲法論』を出版した時は、ユダヤ人のフリッツ・アイスラーに捧げた。一九一四年に戦死した学友である。

シュミットは、研究論文のなかで議会制民主主義を明快に分析し、その欠点を鋭く指摘した。選挙で選ばれた指導者は紛争に超越するという主張は偽善だと非難し、国家の中立性と称されるものは、風土病的ともいえる敵対する利益集団間の権力闘争を隠蔽するのみだとした(49)。シュミットにとって、国際連盟に具現される普遍的権利という考えそのものが、呪詛である。ぶつかり合う価値観と主張をますます競争せしめ、不協和音をたかめるからである。国内政治も同様で、多元主義は異論百出を招き、危機時には決断と断行のみが状況を救えるのに、議論好きの政治家たちは論争に明け暮れ、肝腎な時間を無駄にしてしまう。世界経済の危機時、ワイマール政界は麻痺していた。これを目のあたりにして、シュミットは、国家が崩壊しようとしているのに議論をやめぬ政治家は、議論を中止するくらいなら国を崩壊させたほうがましと考えている、と憤慨した。

シュミットによると、人類の歴史は、アダムとイブではなく、カインとアベルをもって始まる。[50] 普通、政治理論家は静的な政治形態のなかで考えるが、シュミットは彼らと違って〝政治〟を具体的な権力闘争のギブ・アンド・テイクのなかでとらえる。美学が美と醜を区別し、倫理学が悪から善を分けるように、政治の世界はつきつめれば味方と敵の二つであり、政治行動はこれをめぐるものとなる。[51] 第二次大戦後に書いた文章で、よく引用される個所がある。「誰が君の敵か言って見たまえ。そうすれば君が何者かが分かる」と述べたくだりである。[52] 政治理論家レオ・シュトラウスによると、一九二〇年代のシュミットの著作は、すでに紛争愛の徴候を示し、第三帝国時代、それが顕著になる。[53]

血統上純粋な国家を求める

一九三二年、プロイセンで反動派によるクーデタ騒ぎがあり、政治危機が発生した。相対主義を排する、シュミットの政治理論を適用する機会が生まれたのである。クーデタ擁護の力強い主張が、ヘルマン・ゲーリングの目を惹いた。[54] シュミットは、ヒトラーが首相になったと聞いて、「苛立ちを覚えるも、どこかほっとした気持」と書きとめただけである。[55] プロイセン政府にいる知り合い数名は、ヒトラーに忠誠を誓い、シュミットにもそれを勧めた。五月一日、シュミットは「私はＰＭ（党員番号）二九八八六〇になった。一九三三年の四月末から、ケルン班とともに活動している。長蛇の列だった。私もほかの多くの人たちと同じように、出向いて登録した」と書いた。[56]

シュミットがナチ党に入党して間もない五月一〇日の夜、ドイツの全大学でナチ学生がユダヤ人の書いた本を焼いた。シュミットは、国家社会主義党の地方紙に記事を書き、この焚書を熱烈に支持した。デカダント時代の〝非ドイツ的精神〟と〝反ドイツの汚物〟が焼かれたのは喜ばしい限りとし、国外生活者（その人たちの著書が焼かれた）の市民権を剥奪せよと、政府に求めた。〝敵〟に通じているからというのが、その理由であった。シュミットは、「ドイツ語で書いたからといってユダヤ人著者がドイツ人になるわけではない。ドイツの偽造紙幣でドイツ人がつくれるわけがないのと、同じ理屈である」と書いた。[57]若い頃の皮肉っぽさを思わせる文体で、シュミットは、ユダヤ人著書をありがたがる者は軟弱と冷笑し、「我われの教養ある祖母や叔母たちは、ドイツ人とばかりに思っていたハインリヒ・ハイネの詩集を読んで、ブルジョワの目に涙をたたえた」と皮肉った。シュミットは、本を焼く者に対しては批判しない。いや一つだけはある。つまり、火の中へ投げ込んだ著書の数があまりにも少ないとした。〝非ドイツ人〟の著書だけを焼くだけでなく、科学その他の分野でユダヤ人の思考に毒された非ユダヤ人の著書も火中へ投じよ、とシュミットは主張した（この種の分野は、ユダヤ人の影響が強く、害毒をばらまいているとシュミットは考えた）。シュミットはベテランだがナチ政治には新入りであったから、人種主義を声高に叫ぶことで、運動に対する肩入れの深さを示せる、と直観したのかも知れない。あるいは、もはやタブー視されないから、思いきり偏見をぶちまけてもよいと思ったのかも知れない。いずれにせよ、憲法学者として知られる高名な教授が焚書を支持したことで、ヒトラーの体面に磨きがかかった。

シュミットの次なる貢献が、『国家、フォルク、運動——政治的統一体の三構成』という著作である。一般読者向けのパンフレットで、なかなか説得力をもつような書き方である。理論上から、ヒトラー独裁を正当化しようというものだが、まず第一に彼は政治自体を、血統で結ばれた味方と敵の戦い、と定義し[58]、政治リベラリズムと「アスファルト文化」（ユダヤの影響なるものの記号化）に対し、手短に「軟弱」のレッテルを貼り、それは決断力のある総統の「断固たる意志」によってしか排除できないとした[59]。第二に、シュミットはナチ社会の姿について説明した。彼によると、それは二つの構成要素をもつ。即ち「同質性」と「誠実」である。くだらぬ口論に終始する政治家に代わって、ドイツの力が血統でつながる民族の（フェルキシュ）意志を押しつける。シュミットは、「ユダヤ人」という言葉を避け、控え目な言いまわしで、「非アーリア人」という表現を使いながら、「同種」と「同質」が、血統でつながるドイツ人を新しい共同体（フォルクスゲマインシャフト）で統合した、と書いた[60]。市民は全員グライヒ（同種、同質）であるべきで、この至上命令が、ユダヤ人を先祖にもつドイツ国民の公的組織からの追放を、予告する。同質性を求める声は、行政上の「ナチ化」以上の〝深い〟意味をもつ、とシュミットは書く。そして彼は、「基本において異質の非アーリア人を排除して公共生活を浄化すれば……ドイツの新しい世代は純粋となる……そしていかなる異質種も内なる緊密性がある成長過程に介入できなくなる……我われの一番大切な任務は、敵と味方の識別法を学ぶことである……（我われは）公共生活から非アーリア人、異物を駆除し、浄化しなければならない」と主張する[61]。民主主義の粉砕とともに、シュミットは、血統上純粋な国家を求める。

シュミットは、カトリックの環境で生まれ育ち、新カント派の教育環境で学んだ。いずれも万人救済の倫理観をもつ。彼はそれと衝突しつつ、法規範ではなくフォルクに束縛される正義論をつくりあげた。血統でつながる共同体は、その〝血と大地〟（ブルート・ウント・ボーデン）にふさわしい法的価値観を築く。シュミットの見解によると、誠実は自分の所属するフォルクに対する信義、と同定される。道義と法の基礎としては、抽象的な普遍性よりは、倫理行為を強要する。これがシュミットの期待するところである[62]。彼はヒトラーを名差しで指摘したことはほとんどない。しかし、腐敗物を除去して社会（単に国家というだけでなく）そのものを浄化する強力な指導者が誰であるかしっかりと示唆している。シュミットは闘争を奉じたが、ドイツの政治生活における紛争の中止、を歓迎した。腐りきった政治紛争が続いた後、血統でつながるドイツ人は、シュミット言うところの三位一体（精神、頭脳、感情。理、知、心と言う場合もあった）のなかで、再び生きることになったとする。シュミットは（「政治神学」と題する研究論文を書いていた）、政治局面を宏大無辺の絶対境として描いたので、それは中世ローマ・カトリック教会の教義に似ていた。

シュミット（そしてハイデガー）のフォーマルな哲学には、ペンティメント（制作の途中で塗りつぶされた形象やタッチの残存、塗りつぶされた下絵）がある。それは、宗教上の祈りのタッチである。腐敗する当世ふう。それをくいとめることのできる血統上の統一体。そして、それを夢みる姿である。

キッテルの理性的な反ユダヤ主義

ゲルハルト・キッテルは、反ユダヤ神学を築いた。これはシュミットの政治・法理論とハイデガーの哲学と三位一体ふうに補完し合う。キッテルは学者の家に生まれ育った。一九四八年に死亡し、彼が書いた研究論文の数々はすぐに忘れ去られたが、一〇巻物の大著『新約聖書の神学辞典』だけは、死後数十年、重要な文献として使われた。キッテルは、ハイデガーやシュミットと同じように、学生時代、思想上の両極性へ引きずられた。エマヌエル・ヒルシュ、パウル・アルタンスといった他のプロテスタン系神学者は、ナチズムを信奉したが、自分の学識を正面きって反ユダヤ主義の御用学問に変えたのは、キッテルだけである。

キッテルはライプツィヒに生まれ育ち、学者として知られる父の足跡をたどって、プロテスタント神学を学んだ。博士号を取得した後の研究課程で、イエス・キリスト時代のユダヤ人社会を研究した。一九一四年、二六歳の時、大戦が勃発した。キッテルは、キール大学で教鞭をとるかたわら、海軍の従軍牧師としても働いた。その頃まとめたのが「司牧者イエス・キリスト」と題する論文である。そのなかでキッテルは、テキスト注解に明け暮れるラビの生活を拒否し、フォルクとともにあってその司牧者（ゼールゾルガー、魂の司牧者）となったイエス、を称えた。[63] 一九一七年、ちょうど父親が学長に就任したばかりのライプツィヒ大学に、勤め口を得た。ハイデガーやシュミットと同じように、前線勤務の経験はない。

キッテルは、研究活動のなかで、ユダヤ教の聖書とキリスト教の寓話、奇跡、道徳律、および民間伝承の類似性をさぐった。[64] ユダヤ教の聖書（旧約）に対する熱中は、父譲りのリベラリズムを反映している。しかし、同世代の多くの研究者と同じようにキッテルはワイマール共和国に疎外感を抱いた。学生時代だけでなく若手の教授になっても、反動的なドイツ・キリスト教学生運動に所属し、傾向色の強いシリーズ論文の編集にあたった。それは、キリスト教と血統でつながる民族（フェルキシュ）伝統との調和、をテーマとした。[65] キッテルは、ハイデガーやシュミットと同じように、哲学上の対当関係に取組んだ。彼の場合は、敬虔（彼は信仰と関係づけた）と学び（理性と結びつけた）の緊張である。[66] 一九二〇年代キッテルは、キリスト教とユダヤ教の和解について数本の論文を書き、神学辞典をまとめた。病弱にもかかわらず、ストックホルム、ロンドンおよびウィーンで開催された国際会議に出席している。

キッテルは、当時のどの聖書学者よりもユダヤ・キリスト両宗教の協調を推進し、二つのエシバ（ユダヤ教神学校）で同時に学ぶという並外れた行動をとった。それは、「キリスト教文化とキリスト教倫理はすべて旧約聖書の道徳観にルーツをもつ」からである。[67] 学位論文では、ユダヤ系学者である指導教官に謝意を表明し、一九二六年に出版した本は、その頃死去したひとりのユダヤ人同僚に捧げられた。キッテルは、研究仲間たちの反ユダヤ主義を批判し、「我らが神学研究ギルドのメンバーは……我われの研究に対する不可分成分としてユダヤ教学を受入れ、珍奇でぶざまな鳥に接するような扱いをやめよ」と呼びかけた。[68]「手に手をとって一緒に研究しよう」とよびかけたのである。彼いうところのユダヤ贔屓《びいき》に怒るキリスト教徒もいた

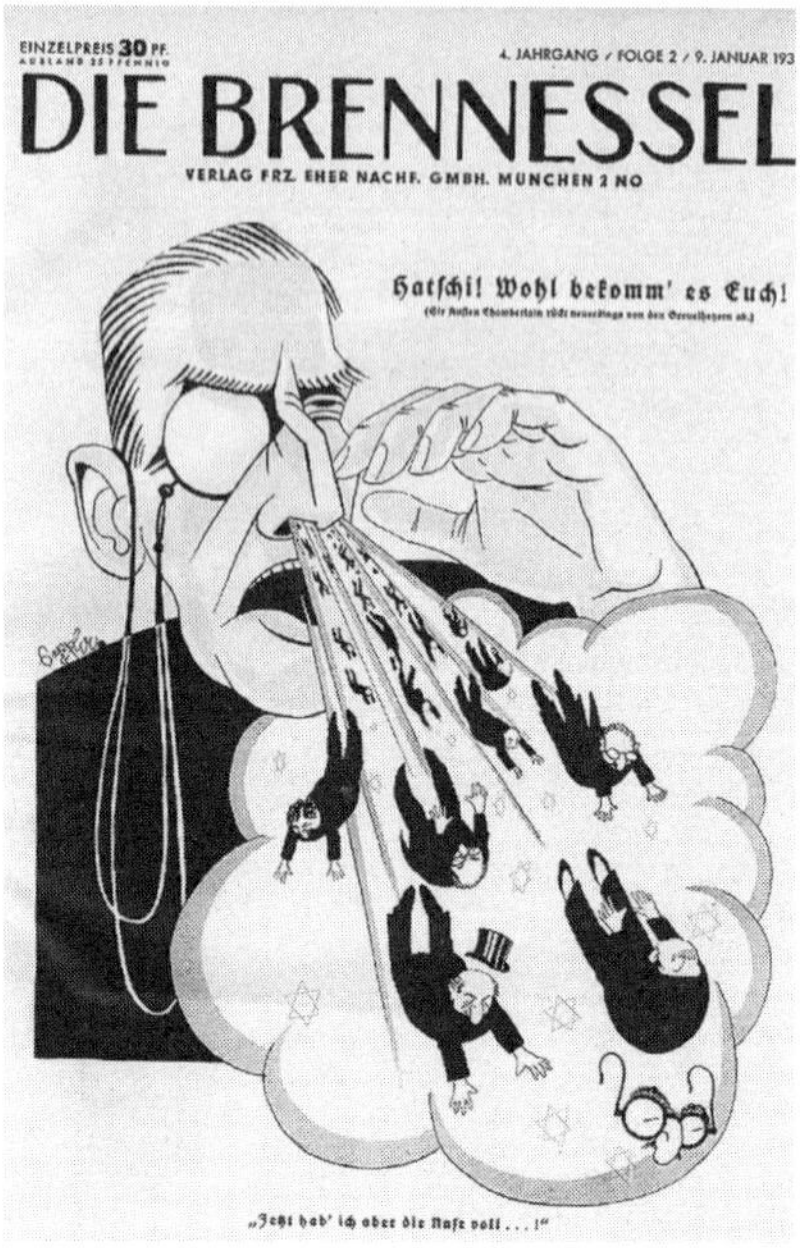

「ハクション、鼻詰まりだ！」、ドイツ語のスラングの鼻詰まりはもうたくさんという意味。洗練されたナチの風刺雑誌「ディ・ブレンネッセル」掲載の漫画で、前英外相チェンバレンがくしゃみをしている。英国が金持のユダヤ人（盛装で表現）を追放したと嘘の情報をいれて、ナチのユダヤ人追放を正当化した。

が、キッテルは、イエスはユダヤの〝フォルク、民族および宗教〟に所属していたのみならず、イエスの倫理、教えの本質はユダヤ文化を直接の基盤として、そこから育まれたもの、と主張した(69)。キッテルの比喩によれば、ユダヤ教神学が、「我らの主が飲まれた源泉」そのものであった。

リベラル派は、全体的に保守的な分野でもキッテルが示した度量を歓迎した(70)。彼は、キリスト教神学者として、キリスト教はユダヤ教にまさると当然視していた。しかし、伝統の相対的長所について論争は不毛にして無意味、と一蹴した(71)。一九二九年、キッテルは次の四つを軸として、キリスト教徒とユダヤ人の関係を規定した。三つの軸はポジティブで、「継承物、起源としての旧約聖書、内なるルーツ」をさし、残る一軸は「根本的正反対」である。こちらは一九三三年まで扱わなかったが、前三者の方はその年の後、忘れ去ったのである(72)。

一九三三年六月、ナチ党に入党して数週間しか経っていなかったが、キッテルは学生時代に入会したキリスト教団体の創立五〇周年記念行事で、「ユダヤ問題」について自分の見解を明らかにした。キッテルは、反ユダヤ主義の問題が浮上した時、「ある種の不安」を告白し、教育のあるエリートがユダヤの有害な影響の徴候をあちこちに認めている、と述べた。しかし、彼らは、目撃しているものの意味を理解するには、分析手段を欠く。つまり理論武装をしていないから、ちょっとしたジョークにするだけである。教養人がフォルクの英知としての無骨な反ユダヤ主義に、留意する時が来ている。[73] キッテルは、前段であいまいなことを言っている。ユダヤ人に対する敵意は道徳的でないようにみえるかも知れない、と認め、結局のところキリストは、全人民の〝人間らしい〟扱いを命じられただけでなく、兄弟愛の福音を説かれたとした。そこでキッテルは、反ユダヤ主義者の〝罪の意識〟をなだめようとして、大胆なことを言った。

彼は、訓練の行届いた神学者にふさわしく、自分の意見を分類し番号を打った。彼は反ユダヤ主義を三種類に分けた。即ち、「無害」、「俗悪」、「非感傷的」である。過ぎ去りしリベラル時代の無害の反ユダヤ主義は、俗物根性丸出しのきざな文化サークルにたむろする退廃的知識人、芸術家、リベラル人士によって信奉された。無害といっても実際には些細なことではない。この種の〝退廃的〟知識人が、ユダヤ人を招き入れたことによって、初めて「ユダヤ問題」をつくりだしたからである。彼らは「割礼その他のユダヤの儀式」について「仲間内の」ジョークをとばしはするが、無頓着なからかい程度の反ユダヤが歯止めにはならず、ユダヤ人と結婚したり、あるいは「大量のユダヤの血」を血統でつながるドイツの血と混合させてしまう。キッテルは二番目のタイプを感情的で無知な憎悪を抱く者とし、中味のない大言壮語しか生みださないので、俗悪な反ユダヤ主義者とさげすんだ。

第三の対ユダヤ観は、「冷徹な理性」と学識に裏づけられたもので、ユダヤの脅威を回避する唯一の希望が、これである。キッテルは、ユダヤ人に対する感情移入、あるいは共感を「感傷病」と冷笑し、排除は理性、知識および愛によって触発されるもの、と主張した。神の啓示する愛の戒律は、「神が我われにセンチメンタルになれと望まれていることを意味せず」とし、厳格かつ男らしい秩序を守る時が来たと述べた。ナチ理論家ゴットフリート・フェダーは、「ユダヤ問題を完全にマスターした者だけが、公に発言する資格がある」と言ったが、キッテルはこれを意訳して、同じようなことを唱えた(74)。キッテルは一〇年余に及ぶ学究生活の後、ヘブライ文化に関する自分の学識を、新しい血統国家に捧げることにした。

ユダヤ人の徹底排除を主張する

ユダヤ問題に対するアプローチ法として、キッテルは四つの方法を考えた。即ち、完全抹殺、シオニズム、同化、隔離である。彼は第一の方法を拒否し、「力による抹殺は真剣な考慮対象になりえない」とする(75)。スペインの異端審問と帝政ロシアのポグロムがユダヤ人を抹殺できなかったのであるから、二〇世紀のドイツが成功するわけがない。シオニズムも成功しない。なぜならば、パレスチナはきわめて小さく、すでにムスリムが住んでいるからである。さらに、砂漠の環境はつらい肉体労働を必要とするが、これはユダヤ人が嫌う。第三の解決法は同化であるが、これは最悪の選択肢である。キリスト教徒は、識別できないユダヤ人から自分を守れない。さらにユダヤ人は自分の家でくつろぐような気持になれず、民族遺産から永遠に切り離され、かといって借りものの文化が、ぴたりと身につくわけでもなく、疎外感しかない(76)。

キッテルが勧めるのは第四のオプションである。ユダヤ人を、彼いうところの〝ガイジンの地位〟に格下げするが、一九三三年時点で市民であったユダヤ人は、外国人として永住できる。地域をゲットー化するのは実行不能としながら、キッテルは事実上の文化および経済追放を提唱した(77)。この〝除け者〟は、フォルクの支配社会に住んでもよいが、あらゆる面で劣等民として扱われる。キッテルの言葉によると、ユダヤ人を祖先にもつ住民は（現在の宗教が何であっても）、こびへつらって生きる〝客分〟である。間違っても〝主人〃の気に障ることをしてはならず、ごまかしは不可で、必ずユダヤ人という身分を明らかにしておかなければならない。キッテルは自分の主張を説明するため、イタリア人の音楽指揮者を仮定例として紹介した。バイロイト音楽祭のシーズンが終わると、この指揮者はイタリアへ戻る。しかしユダヤ人は、戻るところがないので、居座ってしまい、主人たる受入れ側を〃汚染〃してしまう。彼は〃寄生虫〃という言葉を使わないが、きざっぽい口調で述べられる比喩は、はっきりしている。しかし、読者が基底の意味を読み違えないように、ドイツの〃客分〃が行儀よくしないと、「情け無用である。我われは断固として彼らをドアまで連れて行く」とキッテルは言った[78]。

キッテルは、真実を語る人、たいていの者が口を噤むことでも正々堂々と真実を明らかにする人間というふれこみで、知的面での現代ユダヤ教に疑問を呈した。世俗時代においては、ユダヤ教はリベラル派も正統派も中味がないとし、ユダヤ人神学者マルチン・ブーバー、ハンス・ヨアヒム・シェプス、ヨーゼフ・カーレバッハの著作は、その証例とした。フランツ・ヴェルフェル、アルフレッド・デブリンのようなユダヤ人知識人の自己批判を借用して、ユダヤ教正統派と改革派を十把ひとからげにけなした。彼によると前者は不毛、後者は偽物である。キッテルは、ユダヤ人の窮状はユダヤ人のせい、と責任を転嫁しつつ、二〇〇〇年に及ぶ宗教上の孤立主義が、流浪のユダヤ〃人種〃を刻みつけ、これがキリスト教徒に脅威を及ぼし、ユダヤ人の不幸のもとになっているとした。そして、「瞥見《べっけん》しただけでは、非キリスト教的に見えるかも知れないが」と前置きして、自分の提示する解決が究極の道義、と主張するのである。彼は質疑応答の形を使い、まず「何も悪いことをしたことのない人を追放するのは、非道徳的か？」とたずねる。答はノー、即ち非道徳ではないのである。なぜならば、反ユダヤ法は集団に適用され、個々のユダヤ人は個人的に罰されてはならない。ユダヤ人の先祖をもつキリスト教徒が、曽祖父が享受していた諸権利を失う時に、苦痛を感じるだろう。キッテルはそれを認め、犠牲者は突然の追放を不当に感じるだろうとした。しかし、すべてを考慮し長い目でみると、そのほうがキリスト教徒とユダヤ人にとって良い、とキッテルは説く。

キッテルは、ひとりの神学者として、烙印を押された人が抱く苦悩を公然と認める一方で、最も中心的な倫理問題を心配するキリスト教徒の良心をなだめる。何世紀もキリスト教伝道師は、救い主としてキリストを受入れよ、とユダヤ人に呼びかけてきたのである、と。そしてそのキッテルは、誠実な改宗者とその子供に対して、今や「教会は一片の誤解も生じないようにはっきりと、洗礼がユダヤのアイデンティティに影響しないことを明言しなければならない……改宗ユダヤ人はドイツ人にはならず、ユダヤ系キリスト教徒になる」と強調するのである。[79] この裏切りを合理化するため、キッテルは二つの相似性を使う。即ち性差別と人種差別である。聖パウロを引用して、キッテルはユダヤ系キリスト教徒とドイツ系キリスト教徒を、男と女にたとえる。男と女は、役割と地位に違いがあるものの、キリストの目からみれば平等であり、それと同じことだとキッテルは主張する。第二は、中国、インドおよび合衆国における伝道活動に由来する。伝道師は、このような地域の改宗者がヨーロッパの社会に統合される、とは考えない。アメリカ南部の前奴隷と同じように、ユダヤ系キリスト教徒は、血統でつながる教派をつくってもよい。「ユダヤ系キリスト教徒は、ドイツ系キリスト教徒たる私と同じように、あらゆる面からみて（一人のキリスト者として）本物となる。しかし、ドイツの教区のなかではドイツ人として存在できない」とキッテルは唱える。[80] 彼は、「血統を原理とするキリスト教徒は、いつか全員がこの方式のありがた味を理解するようになる」し、「ユダヤ人にとってもこれが一番よい」としたが、「もちろん、このようなやり方は反キリスト的と言うのは、正しくない。この規制を課すのは無情にはあたらない。ただし、ユダヤ系キリスト教徒が、〝愛、英知そして機転〟をもって振舞う限りは、である」と書いた。[81]

キッテルの考えによると、迅速かつ徹底した浄化のほうが、少しずつの分離より与える苦痛が小さい。穏健派は、メディアと公務員のような特定職域からだけのユダヤ人排除を望んだが、キッテルはこれと違って、あらゆる分野からの徹底排除を主張した。ユダヤ人はフォルクとのどんなコネクションでも、それを手掛かりにして勢力を拡げようとするから、完全遮断が必要とした。さらにキッテルは、ユダヤ人はイタリアの音楽指揮者の例に従い、〝客分の地位〟がなくなれば出て行くべし、と明言した。キッテルは、出て行く時のタイミングをユダヤ系キリスト教徒に任せることによって、追放の責任をナチ迫害者から犠牲者に転嫁した。しかしそのキッテルは、血統で結ばれたドイツ系キリスト教徒に、「我われは気弱になってはいけない。我われは、ドイツ人とユダヤ人にとって失敗と分かっている状態の継続を許してはならない。たといユダヤ人が苛烈きわまる難儀とひどい結果に苦しむことがあっても」、このままの状態はいけないと訓告を垂れた。キッテルは、「尋常ならざる多数のユダヤ人が厳しい状況に直面し、肉体的にも飢えるに違いない……立派で高貴、高い教育をうけた人間が、精神的にうちのめされ、崩壊するだろう。彼らの専門職域が破壊され、収入源が消滅したからである」点は認める。[82]そして、良心の呵責《かしゃく》に苦しむキリスト教徒には、心配するな、「金をどっさり持っている国際ユダヤ福祉機関が絶対に救いの手を差しのべる」と安心させた。ハイデガーとシュミットは、迫害によって生じる個々人の苦しみなど眼中になかったが、キッテルはこの二人と違って、面と向かって反論した。ユダヤ人の苦痛は短期間のことであり、長い目でみればキリスト教徒にためになるという主張である。彼にとって、血統で結ばれたドイツの血が引続き「汚染」されるのは、明らかに危険であるから、厳しい心で臨むのが時の要請なのであった。[83]

初版『ユダヤ問題』はたちまち売り切れ、嵐のようなキッテル批判が生じた。[84]穏健派の目からみると、キッテルほどの名声ある学者がひとりでも反ユダヤ主義を表明すると、シュトライヒャーやローゼンベルクの

「ジギ、逃げろ。あれが最後の望みだ」。カリカチュアによっては、ナチ政府がユダヤ人を追放する構図があるが、こちらはユダヤ人自身が国外脱出を望む絵になっている。キャプションではアウスフルフトとなっている。逃げ道、口実の二つの意味がある。

ような低俗な反ユダヤ主義者が束になって披瀝《ひれき》する長口舌よりも、影響が大きく、深刻である。マルチン・ブーバーは、抑制の利いた態度で、キッテルの「ユダヤ教およびユダヤ人中傷」を咎めた。ブーバーが過度とも思えるほど丁重な調子で書いたにもかかわらず、キッテルの反応はひどく、ユダヤとキリスト教の伝統を比較するのは「魚と鳥を比較」するようなものと、肘鉄をくらわせた。ヘブライの聖書（旧約）自体、アウトサイダーに対して「客分の身分」という概念を正当化しているとし[85]、自分がいかにブーバーの聖書翻訳を尊敬しているか、ご本人がお分かりにならぬとは、とんと解せないと皮肉った。キッテルは批判の度に、独善的態度をしだいに強めていった。著書『ユダヤ問題』の第二版では、キッテルは初版に少し手を加えた。まず、ブーバーの手紙と自分の激越な反論を加え、ついで一行だけ表現を変えた。即ち、プラグマチックな理由による「抹殺」という個所を除外し、「キリスト教の理由」という表現に変えた[86]。

学問ふうに仕立て直した反ユダヤ主義

ハイデガー、シュミット、キッテルの個人的および政治的軌跡は、中産階級ドイツ人の一世代の価値観を反映していた。多くの同輩と同じように、この学位を持つ教授たちは、文化的多元主義のなかで政治、経済がともに大混乱状態にある時、血統でつながる団結を望んだ。彼らは講義室と学術研究で、漠然とではあるが調和ある共同体（ゲマインシャフト）への憧憬を語っていた。パワフルな点では人後に落ちない三人の思想家は、政治を外側から観察した後、前兵士に自分の運命を託すことに決めた。その男は先の戦争の前線勤務兵で、耳障りな甲高い声で男っぽい価値観と血統の純正を語っていた。ハイデガー、シュミットそしてキッテルが、一九三三年に血統でつながる連帯ムードに同調したのみならず、築かれる未来について三人三様にビジョンを語ったおかげで、ヒトラーの社会的人格はぐっと良くなった。彼らは戦闘ムードに圧倒された。戦う相手は共産主義、文化的デカダンスそしてユダヤ人であり、このムードに屈服した三人は、男っぽいエトスを受入れた(87)。

一九三三年初め、ほかの社会的関心事はさておき、ナチ革命が、世間に知られた知識人三人のエネルギーを触発した。この三人は、一九一四年時の戦争熱とは明らかに距離をおいたが、この世代が経験する二度目の全国規模動員では、熱狂した気分で参加した。彼らはそれぞれの傾倒を示すために、個人に優越する共同体、理性にまさる本能、合理性に優越する血統の純正をベースとし、共感より冷徹無情を行動原理とする英雄的価値観を称揚した。普遍的人間性に対する啓蒙主義の信念に対して、彼等は生物学的ヒエラルキーを信じた。人間の価値をこれで決めるのである。アーリア人種はユダヤ人とスラブ人にまさり、遺伝学的に健全な者は〝先天的欠陥〟者にまさり、男性は女性にまさるという図式である。彼らは、以前まず認知することのなかったある種のヒロイズムの再誕を、ヒトラーのなかに認めたのである。

シュミット、ハイデガーそしてキッテルは、ヒトラーのために重要な役割を果たし、彼の政治的成り上がりに手を貸した。一九三三年当時ナチ指導者は、過激な反ユダヤ主義の効果的普及法を身につけていなかった。問題は非ナチスの国民である。暴力に訴えると、往々にして犠牲者に対する同情が強まる。ボイコットはさまざまな分野に不便を生じ、消費者を怒らせる。ナチ発行の新聞にでる下品なスローガンは、教育水準の高いエリート層の反発をかうだけであった。党古参は、ユダヤ人に対するむきだしの怒りをもっていた。しかし、抑制のきいた、いわばオブラートに包んだアプローチは、ヒトラーや幹部たちが編みだせるものではなかった。それを提供してくれたのがハイデガー、シュミットそしてキッテルである。一九三三年の一年間、ヒトラーは二〇〇〇万を越えるラジオ聴取者に対し、文字通り説教を続けた。そのなかでヒトラーは血統でつながる民族再生を賛美したが、ユダヤ人についてはほとんど一語も口にしなかった。この重大岐路の時に、ヒトラーはユダヤ問題に沈黙を守ったが、その間ハイデガー、シュミット、キッテルは知的味付けに精をだし、粗雑なスローガンと嫌悪感を催すイメージを、体裁のよい学問ふうに仕立て直し、独裁体制と反ユダヤ主義の正当化に一役かった[88]。

中産階級出身で教育のあるメンバーが自ら進んで加担したことは、信頼していたサークルから追放された同僚、友人を悲しませた。同時代人のひとりヨーゼフ・レヴィは苦い思い出をもつ。自分と自分の友人であるユダヤ人たちは、ドイツ人の大半がナチズムを歓迎しても、それほど驚かなかったが、「我われは知識人には期待していた。彼らはもっと勇気があり、潔癖であると思っていた。しかし……。彼らが日頃から唱えている隣人愛とか人道は、一体どうなったのであろうか」と悲痛な思いでコメントしている[89]。ハイデガー、シュミットそしてキッテルは、教養ある同僚たち――ユダヤ人の友人や同僚をもつ人々――に対して、四月ボイコットの後をうけた一連の反ユダヤ規制の倫理的ベースを、提供したのである。彼らは、血統で結ばれた共産社会のユートピアを賛美し、ナチ的良心の価値観を大いに称揚した。三人は各人各様に、勇気の新しい定義づくりに貢献した。その新しい定義にもとづく勇気とは、フォルクの名のもとにたじろぐことなく弱者を傷つける力量、である。

Ⅳ　ひそかに進む日常生活の変容——政治文化の征服

我が党は単なる組織ではない。我らがフォルクのなかに燃えあがる、炎の信念が具現化したものである。

アドルフ・ヒトラー
一九二二年一一月二一日

識字率の高い市民に働きかける

一九三〇年代のスラングによると、ブラウン（褐色）はナチを意味し、ローテ（赤）は共産主義者の意であった。一九三〇年代初め、ドイツを自転車でまわったあるフランス人は、「褐色の疫病」について書いた。アメリカのジャーナリスト、ウィリアム・シャイラーは、ヒトラーの話に耳を傾ける三万の人の群れを「褐色体」と表現した。ヨーゼフ・ゲッベルスは、彼の伝記作者によれば、国家に「褐色のまじない」をかけた。ヒトラーは自分の私兵である突撃隊に話をする場合、「私の褐色ＳＡ隊員」、「私の褐色軍」、「私の褐色防盾」、「私の褐色防壁」などと言った。ある女性ナチは、自分のことを誇らかにヒトラーの「褐色の小鼠ちゃん」と称した。ナチに敵意を持つあるドイツ人ジャーナリストは、「褐色の甲虫類」と称し、ベルリンの社交界に大挙群れをなす状況を描いた。(1)　一九三三年の夏の段階で、反対派は、公共生活を押し潰してしまった褐色のスチームローラーについて語るようになる。ドイツ人作家ハンス・カロッサは、友人宛の手紙で、モノクロームの世界になった有様を、皮肉な筆致で、「ここドイツではさまざまなことが進行中である。我われは洗濯水をぶっかけられ、ごしごしと手荒くもまれ、濯ぎ清められ、漂白のうえ類別され、ノルマンふうに手荒く仕立てられ、そしてふと気づくと、自分自身が疎外されかかっている」と書いた。(2) 国民の画一化を目のあたりにした人は、「人間それぞれ独自に生活する権利があると考える人々がいた。今はけしからぬ信念になってしまったが……国家の大標準化、鍛造機械が、そのような人々を打ち直し、レディーメードの人間を製造している」と観察した。(3)

ワイマール時代の特徴である活気あふれる文化的多様性は、一九三三年に消滅した。第三帝国の犠牲者と批判者は、荒涼たる政治景観を非難したが、党古参と新参のナチ改宗者の群れは、ナチの権力奪取もスリル満点の経験と考えた。反ナチスたちはスチームローラーと称したが、ナチスは時流の先頭に立つ楽隊車と呼んだ。商業文化は、時代の新流行に合わせてさまざまな大量生産品を提供した。カギ十字のロゴマークが旗、襟ピン、懐中時計の鎖、ブーツ、お守り、ブローチ、本立て等々に使われた。煙草会社は(おそらくヒトラーの煙草嫌いに気づかなかったのだろうが)、コマンド、アラーム、ノイフロント(新戦線)、トロムラー(鼓笛手)、カメラートシャフト(戦友愛)といった新しい銘柄を次々に売り出した。一番最後の銘柄は、「いつまでもどこでもK・Z」というスローガン付きで売られた。K・Zは、戦友愛煙草と強制収容所の略字であるから、特別の含蓄をもって読まれた。市場開拓用煙草のプレミアム付きクーポンには、ヒトラーとその戦友たちの写真がついていた。蒐集家はこれを野球カードのように交換しあった。(4) 頭のよい工芸家は、大量に売れ残った共産党の記章を巧みにカギ十字につくり変え、これを煙草屋で売り出した。(5) 店のショーウインドーには、祭壇状のしつらえで総統の写真が花に囲まれて飾られ、キオスクでは、ヒトラーの写真が絵

ハガキあるいは財布サイズのキャビネ型で売られた。『我が闘争』の廉価版は、本屋に並ぶとたちまち売切れである。(6)

地方自治体も新時代の到来を祝福した。あちこちの市や町が新時代とかでヒトラーを名誉市民にした。ワイマール共和国の初大統領フリードリヒ・エーベルトを冠した通りは、ヘルマン・ゲーリングの名に変えられた。国民愛唱歌のひとつ「ローレライ」は禁止になった。歌詞は詩人ハインリヒ・ハイネの作。両親がユダヤ人であった。フランクフルトの住民は、ハイネの墓を目障りと考え、ほかへ移してしまった。(7)アルプス山中のある村は、村名をヒトラースヘーエ（ヒトラーハイツ）に変えた。一九三三年四月二〇日（ヒトラー誕生日）、ヒトラーは支持者たちに、自分を称えた公共の場の呼称変更をやめてほしい、と懇願した。数週間後ゲッベルスは、俗受けするナチキッチュがナチズムの偉大な大義を卑俗化している、と日記で嘆いているが、ヒトラーの姿、形の勝手な使用を禁じた。(8)それは、〝革命〟の無秩序な発散を統制し、もっと総合的な見地で推進しようとする第一歩であった。

ナチ指導者は、上首尾の成果をあげたほかの革命家と同じように、勝利後のジレンマに直面した。狂信者ナチスを鼓舞する過激思想は、その過激性の故に普通の市民から忌避される。長期の安定には普通の市民の支持が必要なのである。それまでの三年間ナチ党は、選挙で赫々たる勝利をおさめた。人種のような偏狭な諸問題は抑え、伝統的基本理念を強調する根本主義を全面に押しだして、勝った。具体的計画性が漠然としている「自由もパンも」とか「国内に秩序、国外で拡大」といったスローガンは、感情に強く訴えて、ドイツ人すべてを惹きつけた。(9)しかし、運動を動かしたのは狂信派の情念であった。彼らは、決まり文句などはムカつくのである。彼らにとってナチの勝利とは、ユダヤ人に対する積年の恨みを晴らす時であった。ヒトラーはまだ倫理的な建前を唱え続けていたが、ナチの地方ボスたちは、小暴君と化し、ナチのちんぴらたちはユダヤ人を威嚇していた。

ナチ候補者に投票し、共産党弾圧を歓迎した数百万の穏健な有権者は、ユダヤ人に対する暴力には反対であった。集団としてのユダヤ人がドイツのフォルクに危険を及ぼしているといっても、具体的で明確な証拠もないのに、ボイコットやポグロムをやれば、人口の多数を占める非ナチ国民が離反する恐れもでてくる。党の核心層はユダヤ人に対する過激行動を声高に要求したが、新参は無法の抑制を求めた。ナチ指導者は、両立できない要求に直面し、パワーの源泉を別のところに求めた。運動の初期に党員がもっていた革命家的エネルギーではないもの、即ち大衆の力である。そのために最新技術を駆使した報道ネットワークを活用し、識字率の高い一般市民に直接働きかける方法がとられた。

ヒトラーは、最新の科学技術と革新的市場開拓戦略によって、ナチ党を越え有権者全体に直接訴えることができた。市民は、ニュース映画や放送を通した経験から、〝本物のヒトラー〟――自分自身の見解に合った人物像――を目と耳で知ることができる、と信じるようになった。ナチの武装私兵がわずかに残る自由を破壊しつつある時、ヒトラーは彼らの犯罪を、国内の道徳的退廃と国外の敵から身を守る行為、と強調した。労働組合は、これまで数十の組織が群立してライバル関係にあったが、ナチの運用するドイツ労働戦線（DAF）に一本化された。ローベルト・ライが指導者で、一九三四年時点で、被雇用者、経営者合計二三〇〇万人が所属した。一九一九年に選挙権と男女平等の権利をかちとった女性は、別個の〝婦人〟分野に格下げされた。女性団体は慈善事業、教育、レクリエーション、職業団体など一〇〇を越える全国組織があったが、婦人局長ゲルトルート・ショルツ＝クリンクの統一、指揮下におかれた。芸術家、作家、映画界関係者、知識人はたいてい組織嫌いであるが(10)、八種類のギルドのいずれかに組みこまれた。監督官庁は、ゲッベルスのつくった人民啓蒙宣伝省である。物もらいすら中央集権化され、乞食には「ノーと言おう」、金は全国慈善団体「冬期貧民救済機関」へ寄付しようと呼びかけるポスターが貼られた[11]。焚書と検閲が出版文化を規制し、標準化した。異議を唱えるメディアは駆逐され、自己規制が常態化した。宗教界も宗教改革以来のカトリックとプロテスタントの対立が、ドイツ信仰運動の会長たる国家主教ルートヴィヒ・ミュラーのもとに一本化された。ヒトラーは、抑制は血統でつながる民族を分裂と衰退から救済する、と繰り返し強調した。

ひそかに進む日常生活の変容

一九三三年七月一四日、革命的な一括法令が導入され、ナチ支配を安定させた。法は通例、可決日で確認されるから、一連の立法化は、フランス革命（七月一四日のバスティーユ襲撃）に対するドイツの歴史的回答ともいえるが、それは象徴的なねじれといってよいだろう。この一連の新法は、公共生活と私生活に土足で踏みこんできた。例えば挨拶は、伝統的なグーテン・ターク（今日は）に代わって、軍隊式に体を硬直させて手をさっとあげ、語気鋭くハイル・ヒトラーと叫ばなければならなくなった[12]。ナチ党以外の政党および政治団体は非合法化され、民主主義の赤・黒・黄金色の三色旗は、赤・黒・白の帝政ドイツ旗に替わった。連邦法は昔からの地方色、地域のアイデンティティ、そしてかつての同盟諸国の権利を守ってきたが、ベルリンの中央支配に屈した。新法は国家に特定住民に対する市民権剝奪の権利を認めた。特定住民とは、ナチ・ドイツを離れた亡命者、一九一八年以後ドイツへ移住した帰化ドイツ人（法では〝東方〟の〝ユダヤ人〟と確認される）である。ヒトラーは、バチカンと協定を結んで、カトリックの支持を求めた。健全で衛生的な統治体の建設運動が法令導入で始まった。それは、公衆衛生担当の役人に、断種の権限を与えるもので、対象は〝遺伝学上の欠陥〟をもつ住民全員である。

政治上の大激変にもかかわらず、ドイツ人や外国人の多くが、ワイマールとナチ・ドイツは継続性があると考えた。一九三三年から第二次大戦が終わるまでの全期間、選挙が実施され、市議会は開かれ、帝国議会では議員たちが議論した。ナチ革命の後、公務員は、ユダヤ人を先祖にもたぬ者、共産党との強いつながりがない者であれば、引続き同じ職場で働いた。一八七二年の法律とワイマール憲法は矛盾するのであるが、正式に無効にされたわけではない[13]。突撃隊が共産党幹部を本部から追い出した後、その本部はホルスト・ヴェッセル館と改称された。その前は、虐殺された共産主義指導者カール・リープクネヒトの名を冠した建物だった。名称が変わっただけで、たいした変わりはなかった[14]。映画監督は、一九二〇年代以降イデオロギーむきだしのテーマは避け、強力な指導部を待ち望むとか、闇の力に対する恐れといった大衆受けのするポピュラーな作品を制作した[15]。アメリカ文化の崇拝もそのままであった。ドイツ人はヘミングウェー、トーマス・ウルフ、フォークナーの作品を愛読し、コカコーラをすすり、ジャズのスイングに合わせて踊った。「風と共に去りぬ」といったハリウッドの大作は大入りを記録した。ナチの独裁体制は、表面的にみれば、破壊した筈の大衆文化の枠組のなかで機能しているようであった[16]。

ナチスは、この特異なプロセスをグライヒシャルトゥンクという用語で、説明した。ほかの言語には該当語のない表現である。画一化、画一統治、前へならえ、ナチ化といった意味が含まれるが、いずれもぴったりしない。グライヒは、同じ、平等、均等、同質、同量の意味で、シャルテンは切り替えるの意である[17]。電流を交流から直流に転換するいわゆる整流は、一種のグライヒシャルトゥングである。国家を「汚した」りあるいは「しみをつけた」者の除去は、アウスシャルトゥング即ち遮断である[18]。遺伝で受け継いだ不具、非ドイツの血統者、あるいはマルクス主義信仰の故に「望ましからざる者」と判断された者は、「遮断」される。即ち主流派社会から追放される。「生物学的に劣った」行動をとる者は、パラノイアから同性愛、放浪者まで含めうるが、やはりアウスシャルトゥングされる。ロンドン紙記者として働いた匿名のあるドイツ人は、グライヒシャルトゥングの決まりきった意味と生物学的含蓄を併せて「血統でつながる統治体（フォルクスケルパー）を通って同じ流水が流れる意」と説明している。[19]

日常生活の変容を鋭く突いた観察者のひとりが、ヴィクトル・クレンペラーである。ドレスデン大学に籍をおき、ロマンス語系の言語を専攻する教授であったが、一九三五年、ユダヤ人であることを理由に地位を追われた。ナチの強要した孤立状態のなかで、クレンペラーは演説、映画、ラジオ番組、新聞を丹念に追跡調査し、ナチの思想伝達資料蒐集に、執念を燃やした。そのおかげでクレンペラーは、ナチ信仰教理に関する初の批評家となった。当代の反ナチスは、たいていが警察力によるテロとか熱狂する大群衆など、過激な現象に注目したが、クレンペラーは彼らと違って、日常のなかで語られる静かなグライヒシャルトゥングを調査、研究した。クレンペラーは、「個人の機械化は、〝グライヒシヤルトゥング〟のなかにまず最初の徴候が現れた……あたりを見渡し、耳を澄ますと、スイッチの切り換え音がする。これですべてが始動する。組織、機関、オフィスだけではなく、個人も作動するのである」と書いた。例えば晴れの日を「ヒトラー日和」と称するなどナチ式慣用句がすんなり入ってきて、日常の会話のなかでごく自然に使われた。[20] ナチスは「真価、言葉の波調を変え、かつては個人や仲間うちで使っていたのに、これを一般の共通語にした。彼らは党の言語用に言葉を私し、これに彼らの毒素を混入して加工し、放出する。彼らは言語を恐るべきシステムに奉仕させる。彼らは言語を支配し、これをもっとも強力な宣伝手段として、投入する。それは公然たるものであると同時に、全然気づかれぬものでもある」とクレンペラーは書く。[21] グライヒシャルトゥングはひそかに進行し、ほとんどの人が気づかぬほどであった。

制度的なグライヒシャルトゥングは、公然かつ迅速に生起した。すべての市民団体、クラブ、運動競技チーム、行政機関、職業関連団体は、厳しい選択をせまられた。グライヒシャルトゥングか解散かである。前者の場合、職員はナチ党所属かその系列にあるものでなければならず、議題はナチの承認を要する。そして非アーリア人は追放される。不服従は〝スイッチ・オフ〟で消される。[22]少しでも独立独歩の態度をみせると、スイッチ・オフと資産没収の口実にされかねない。[23]アメリカの臨時大使ジョージ・A・ゴードンは、「グライヒシャルトゥングが公然と得られなければ、ナチスはほかの手段を使って、影響力を浸透、拡大した」と簡潔ながら要を得た観察をしている。[24]ゴードンが指摘したほかの手段には、物理的な暴力、強奪、脅迫が含まれていたので、ナチスは新入りがほんとうに党の教義を理解したのか、それとも単におどされて入党したのか、確認に困難をきたした。

世論の反応を詳しく調べる

ヒトラーは血統でつながるドイツ人の外観全体を変容しようと狙っていたから、相違が重要なのであった。一九三四年三月二五日、ヒトラーはアメリカのジャーナリストに、超多忙の身ながら〝市中の人〟と接触を絶やさないとし、その秘密を説明した。彼によると、あらゆる分野、階層の人々が一目見ようと何時間も列をつくって待っているので、その人たちと頻繁にランチタイムトークをやる。ヒトラーは、世論を解説してくれる専門家の存在にも触れた。[25]世論の反応を詳しく調べる習慣は、一九二〇年代に始まる。参謀役のルドルフ・ヘスが、地方の指導者から士気について情報を求めたのが、その嚆矢《こうし》である。一九三三年以降はもっと高度の、手のこんだ方法が開発されている。宣伝省の役人たちは、映画、演劇、展覧会、集会の参加者、出席者をモニターし、図書館の蔵書、読書傾向を調べ、本の売り上げをチェックした。ゲッベルスは、頻繁におこなうスタッフ会議で催事参加者の反応を必ず討議した。[26]ハインリヒ・ヒムラーは党保安機関ＳＤ

(ジッヒャーハイツディーンスト)をつくったが、この機関には特別調査部が付設された。この調査部は一九三九年時点でスタッフ三〇〇〇人を擁し、五万人を越えるナチ確信層から送られてくる世論報告を分析した。[27] ゲシュタポは郵便物を検閲し、住民に対しては隣近所のスパイを奨励したし、無法行為に対する〝国民感情〟や望ましくない意見を知るために、草の根情報も蒐集した。市民集会は全国ネットに組織され、ナチの政策に対する反応を支所を通して、すいあげた。ドイツ警察のエージェントは、反政府組織等がだしている報告のコピーを入手して、警察情報と照合した。国内で集めた情報を追放された社会主義者たちが、謄写版で世論調査月報としてだしていた。警察はそのコピーを入手していたのである。ちなみにその反政府組織は、ひとつが頭文字をとってSOPADE、あとひとつは〝新しい始まり〟と称した。[28]

このように、西ヨーロッパ最強の独裁体制は、民主主義国家の政治家が支持率に一喜一憂するように、臣民の意見をこと細かに調べる男たちによって、支配されていた。[29] その意味で一九三四年夏の調査は、彼らをひどく落胆させた。ナチ支配に対する熱狂ぶりが冷めていたのだ。かつてヨーロッパを暗くした「一九一四年精神」は、やがて戦争の現実を理解するに至る。それと同じように、一九三三年の沸きたつような熱気は、権力奪取の興奮が冷めると、消散していた。[30] しかしドイツ国民は、プロパガンダの総動員で一九一四年以後、困難に負けず奮闘した。ナチ革命の興奮が冷めた後、ナチ支配の支持者は、やはりプロパガンダのおかげで踏みとどまった。

公務員、専門職、教育者、労働組織は(ユダヤ人あるいは公然たる共産党員でない限り)圧力をかけられてナチ組織に加入した。ユーモアを解する者は、このような人々を「ビフテキナチ」とからかった。外側では褐色だが中は赤というわけである。ナチ党の頭文字NSDAPは「おやまあ、君も小さな事務所を探しているのか」(Na, suchst Du auch 'ne Pöstchen?)の略語だ、とジョークをとばす人もいた。SOPADEのある報告者は「表面的には順応服従がみられるが、底の方では官僚が昔のスタイルに沿って仕事をやっており、しだいに新しい指導者は彼らの実務知識、経験および組織を通した影響力に依存せざるを得なくなりつつある」と観察した。[31] ヘッセン州のある村でひとりの酪農家が、排斥を避けるため、こっそりと牛乳を届けていたが、それと同じように、商売人たちはナチ党の圧力をかわして、抜け道で仕事をやった。[32] ナチズム反対派のルドルフ・シュタイナーは、「国家社会主義はひとつの組織としては勝利した。おそらく物質的にも確立しているだろう。しかし、政治面と知的面では駄目である」と評し、いわゆる第三帝国で何が変わったかといえば、「人民が自分の姿を変えたこと……彼らはマスクをかぶった。個々人が何を考え、どう感じているか、誰にも分からない。この政権の崩壊を望んでいるかどうかも分からない……最も声高にナチス支持を語るスポークスマンが、熱狂的に気勢をあげたところで、それがナチ思想を信じている証拠にはならないからである……大衆は何を考えているのか？ 推測すら難しい……大衆は、そして非ナチスの個々人もまた沈黙し、待ちの姿勢である」と分析した。[33] ドイツ人作家フリッツ・シュテルンは、人々が求められもしないのに、いとも簡単に「スイッチを切り替える」さまを、日記に書いた。その頃の流行語でいえば、自力ナチ化である。[34] シュテルンは劇場からの帰り道、「けっしてナチではない」ひとりの同僚が、カギ十字の襟ピンをつけているのに気づいた。なぜ？ 一体どうしたのだとたずねると、「なぜって？ 分かるだろう。危険は冒したくないんでね」という返事であった。[35] 社会主義者の国民動向モニターは、「（ナチ指導者が）見渡すところ、いずこも褐色に染まっている。しかし、その褐色が本物か単なるカモフラージュなのか、彼らが確信のもてるところはどこにもない」と観察した。[36] フランスの駐独大使アンドレ・フランソワ・ポンセは、名ばかりのナチスをあまりにも多数補充したため、国家が「策略、不満、恨み、不服従行為」に弱点をさらす可能性を指摘し、至るところで「雑多なカギ十字記章」が見られるとしながらも、期待をこめて「ヒトラーの勝利の力が、そのなかにある種の弱さを内包する」と報告した[37]。

しかしながら、全般的な幻滅感にもかかわらず、ヒトラーの個人的人気は衰えなかった。ワイマール共和国の政治家たちは、税金、社会福祉政策のような現実的問題について猛烈な論争を展開したが、ヒトラーは議論の多い国内問題は無視して、民主主義の荒廃で汚れた道義を洗い清めると約束した。一～二の経済、外交イニシアチヴを別にすれば、ヒトラーは何時間も「フォルクと祖国……我らがフォルクの道義と信仰の永遠不滅の土台」と「我らがフォルクの保護」について熱弁をふるうのであった。彼は純心無垢のフォルクの物語を繰返し、「徹底的な道徳清掃」を求めた。ヒトラーのメッセージを陳腐として一蹴するのは容易であるが、生きることの意味、社会の道義的責任、血統の栄光といった説教の平凡性にこそ、惹きつけるものがあった。ハインリヒ・アウグスト王子（退位させられた皇帝ヴィルヘルム二世の息子）は、ヒトラーを世に送りたもうた神の摂理に感謝した[38]。ドイツ在住の一アメリカ人は、「ある小さな町で、ヒトラーは天によって送られてきたという話を聞いた……確信にみちた至極真面目な顔でそう言われるのである。当然私は、たかが片田舎の住民の話すことではないか、と考えた。しかし一週間後、午後五時のお茶に招かれ、洒落た応接間で同じことを聞いた時は、心底驚いた」と感想を書き綴った[39]。ユダヤ系市民マルゴット・リッタウェルは、「ヒトラー演説

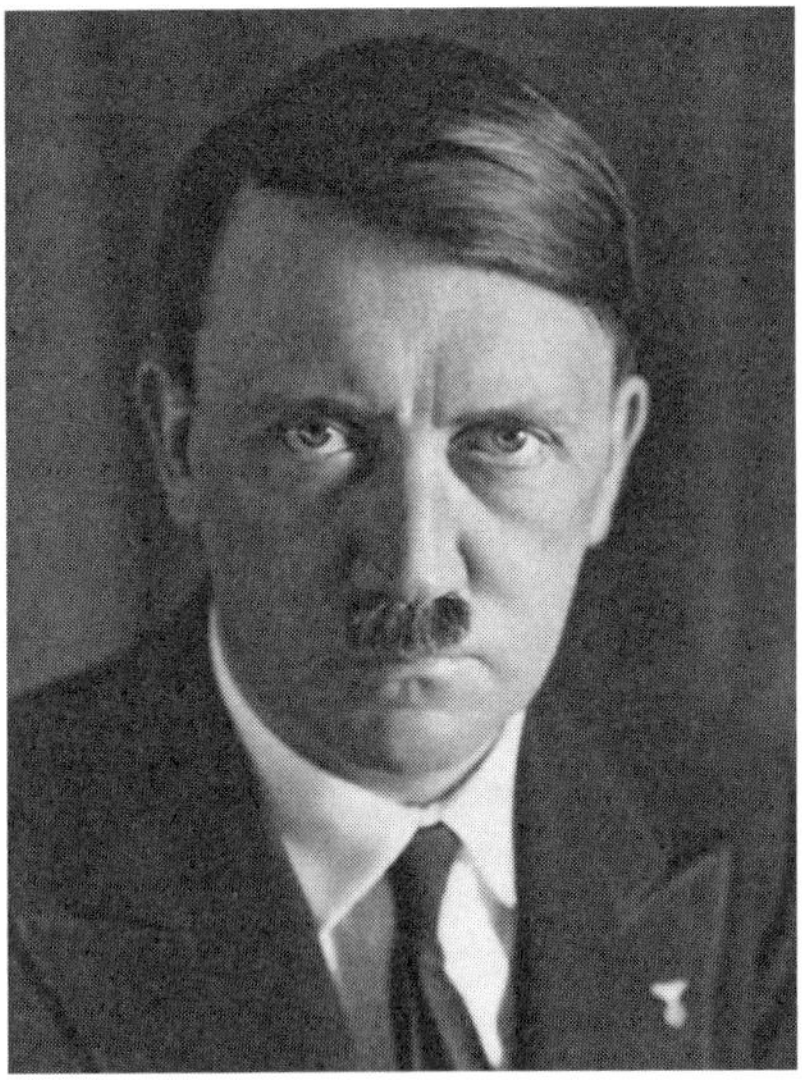

「大統領選挙直前の総統写真」。1932年、ヒトラーはこの写真のほか数十枚のスタジオ写真をとらせた。以後数年、ホフマンはこの手のイメージを使った。

は、中味より演説がかもしだす喜びと良いムードの方が大切であった」と書いている。[40]一九三四年のSOPADEの七／八月報は、ヒトラーの公式写真入りのポスターがにぎにぎしく飾られ、町中にあふれかえっている、と報じている。[41]

孤愁漂う総統像

巧妙なPRキャンペーンがシリーズで展開されたが、おかげでヒトラーの弁舌の才に磨きがかかった。ドイツを訪れる人が必ず気づくように、ヒトラーの肖像写真がどこにもあった。会社、店、学校に飾られ、切手やポスター、ビラになった。そして（特別な行事の時は）巨大なスクリーンに投映された。フォーマルな肖像写真なら、その眼差しは遠くを見詰めて至極真剣な表情である。しかし、総統神話を強めたのは、別種の写真である。その名も高きジャーナリズムがまだ揺籃期にある時代、ヒトラーの宣伝チームは、私生活では普通の人という点を強調した。ヒトラーの日常生活を紹介する一連の事業が始められたが、そのひとつが、煙草会社の協賛で発行された写真集である。シリーズ物だが最初のものは大版で、しっかりした装丁だった。初版は一九三四年、家族アルバムや旅行アルバムを思わせる、家庭ふうの設定である。切手蒐集家のアルバムのように空白のページがあり、キャンデーや煙草の付録写真で、つぎ足しができるように工夫されていた。ヒトラー専属の写真家ハインリヒ・ホフマンは、どこへでもヒトラーに随行して写真をとった。茶の間の雰囲気に合った〝人間〟ヒトラー。もの思いに沈む総統、独りぽつんと佇み、孤愁漂う人。大衆のなかに生き甲斐を有し、大衆に囲まれる時、初めて笑みを浮かべ幸福になる人。ホフマンはそのイメージでヒトラーの姿を追った。「アドルフ・ヒトラー――写真で綴る総統の生活」は、初版七〇万部で、一九二〇年代のスナップ写真から首相になった最近の姿まで、さまざまなアングルで紹介した。超多忙の寸暇を盗んで、

支持者達と談笑する総統、といった写真もある。(42)

イタリアではマッチョ的ムッソリーニのイメージで写真がとられ、それが全国にあふれ返った。それと違ってドイツでは、ヒトラーの私生活写真は、人生の哀歓を漂わせた普通の人の雰囲気、を伝えた。(43)ヒトラーは、自分の唱える美徳の具現化であり、しわくちゃの洋服姿で、気恥ずかしい笑みをうかべて読者の方を見つめている。そのような写真がよくでた。「ヒトラー——日常からの脱出」とか「誰も知らないアドルフ・ヒトラー」といった大量発行の写真集は、私生活の一端を垣間見せる内容だが、入念なアングル写真で編集されている。いずれもインフォーマルなスナップ写真で、ヒトラーは普通の人という姿で登場する。愛犬とたわむれ、アウトドアの活動を楽しみ、高速車の趣味があるといった趣向である。(44)時には、独り物思いに沈む総統、あるいは新聞を読む姿（眼鏡が必要だったが、掛けたところは絶対紹介されなかった）、あるいはまたバイエルンアルプスを背景に遠くを見つめる姿が紹介された。血統でつながる民族の再興を賛美する一五〇頁の写真集「目覚めよドイツ！　背景と戦い、そして勝利」は、一九三三年から翌年にかけて四版までだされ、一〇万部が売れた。(45)この種アルバムにはナチス幹部のエッセイが掲載されるので、読者には時代の〝偉大な思想〟がすっかりおなじみになった。理論的な論文と組合わせる形で、突撃隊の写真や絵、ナチ指導者の写真、著名ドイツ絵画の複製画、少年たちに囲まれたヒトラーといった写真が挿入された。父親のように慕う姿と慈愛にみちた表情の組合わせである。写真説明のひとつに「総統だって人間、幸せをつかむ権利がある」というキャプションがある。これが、インフォーマルな姿を写したスナップ写真のすべてに共通する、隠されたメッセージである。カラー写真の到来前のことであり、着色写真がモダーンな感覚をかもしだした。このアルバムの末尾は、小じかとともに立つヒトラーの写真である。動物を愛護するヒトラー。宣伝省はこのエルザッツ（代用、差しかえ）のヒューマンタッチの生活を製造して、ヒトラーが視野から完全

「都市の喧騒をのがれ、闘争のストレスを癒すべく息抜きされる総統。写真は小さな自宅の近くにある広大な草地に腰をおろし、反対派の新聞に目を通されているところ。曰く総統邸にワイン貯蔵庫がある、ユダヤ人の愛人に囲まれている、豪邸だ、フランスから金を貰っている等々。荒唐無稽な話に思わず苦笑される総統」。この写真キャプションと裏腹に、ヒトラーは豪奢な生活をしていたが、高級車を持ち芸術品のコレクションを持つ贅沢な暮らしは公衆の目から隠した。この種の写真は小冊子として大量に市場へだされ、人間味のある身近な人というイメージをうえつけた。

に削り去った青年時代の現実とさしかえた。

一九三三年後半から一九三四年にかけて、書店には、『我が闘争』だけでなく廉価版のヒトラー演説集、ナチ党の歴史、総統伝記が山積みとなった。この大衆向け刊行物には、どれにもフォルクがあふれ返っていたが、人種（ラッセ）はほとんど登場しなかった。一九三四年、「建設と平和の都市、アドルフ・ヒトラー統一の一年」と題するシガレット・アルバムがだされた。全国で進む巨大な公共事業、インフラが着々と整備され、豊かな未来を約束する。そんなことを物語る写真集であった[46]。一九三三年九月のニュルンベルク党大会でおこなったヒトラーの「大文化講演」は、「統率力と忠誠」として普通の出版社からだされた。ヒトラーは、「平和と安全」とそのものずばりの題をつけたものでは、軍国主義反対を繰返している。「法の平等と平和、ヒトラー演説集」は五四頁の小冊子で、ヒトラーが戦争を望んでいると心配する人々に、大丈夫だ安心せよと強調する内容であった[47]。「ヒトラー首相演説・若きドイツは仕事と平和を望む」といったポケット版の小冊子は、経済復興を予見する[48]。この種の廉価版小冊子は赤と白の筋模様入りクロス張りで、教条主義的言葉を避け、人種闘争が歴史を決めるとか、偉大な人物が歴史をつくる、ドイツは領土拡張権があるなどと教える[49]。人種政治局局長ヴァルター・グロスは、『我が闘争』の引用で構成するパンフレットを作ったが、人種主義を削除するなどトーンを弱めており、団体の配布用として出版市場へだされた。この一連の大量発行出版物では、入念につくりあげられたヒトラーの社会的人格は、血統でつながる民族の再生、個人の犠牲、文化生活の浄化を求める姿である。この時代ヒトラーは物議をかもす三つの問題に、文字通り全然触れなかった。三つの問題とは、粗野な反ユダヤ主義、キリスト教侮蔑、征服戦争の準備で、ひそかな政治課題として固まるのであるが、当時表面にはださなかった。

一九三三年は、党古参の耳障りな狂信に代わって、ソフトイメージのナチズムが全面に押し出された年であった。ヒトラーは、権力奪取に成功した革命家のように、新しい信奉者の獲得に向けて、過激分子を公けに非難した。ナチ演劇は、あたかも説教場から総花的娯楽に転換したかのごとくに、素早く新しい方向を打ち出した。一九二〇年代後半、アマチュア連中がナチ戦闘舞台をつくった。それは、「気晴らしと娯楽を通した教導」を目的として、闘争劇を制作した(50)。脚本の大半は失われてしまったが、演目から内容がうかがえる。例えば「毒ガス」、「ロスチャイルド、ウォータールの戦いに勝利す」、「レオ・シュラゲター」、「人間皆兄弟」、「放浪者」などがある。放浪者はゲッベルスが一九二六年に書いた小説「ミハエル」をベースにしている（注、シュラゲターは、ラインラントでフランスに捕まり処刑された人物、ナチス殉教者として称えられた）(51)。巡回演劇隊が、この「戦う対話劇」をドイツ全土にひろめた。一九三三年、この准自主演劇が正規のものとして整理整頓され、演目も変えられた。従来の教条主義的寸劇は、「暮らしのなかの生々としたならわし、遊び、歌や踊りなど、民族の知恵と生活の実相を伝えるもの」に変化した(52)。数百に及ぶ青空劇場がつくられ、そこでは、民衆劇と呼ばれるまがいの中世劇が演じられた。「英雄的精神力」を民族の舞台に戻すのである。一九三三年秋、人気女優のひとりヘッダ・レンバッハは、ナチの政権引継ぎが「基本的に全面的に異

jenes ärmsten Sohnes bekennen und in einem grandiosen, gemeinsamen Opferwerk ihm die Gewißheit geben, daß er nicht vergessen wurde, sondern daß eine ganze Nation aufstand, um ihm zu helfen.

Das großartige Winterhilfswerk des deutschen Volkes, das Dr Goebbels organisiert, legt Zeugnis ab von der tiefen Verbundenheit des ganzen Volkes.

Es ist das größte freiwillige Hilfswerk, das die Welt jemals gesehen hat.

Der vornehmste Grundsatz des Nationalsozialismus, daß Gemeinnutz vor Eigennutz gehe, erfährt mit diesem Hilfswerk seine schönste Erfüllung.

Keiner in Deutschland soll in diesem Winter das Wichtigste entbehren: die Hoffnung, daß auch er im kommenden Sommer zur Arbeit zurückkehren kann.

Bis dahin bestätigt ihm das ganze Volk, daß es fest entschlossen ist, ihm über den Winter hinwegzuhelfen.

Am 13. September 1933 verkündet im großen Festsaal des Propagandaministeriums Dr Goebbels im Beisein des Führers das Programm des Winterhilfswerks.

「仕事と平和の国」と銘うったおまけ用の交換カード集。冬期貧民救済キャンペーンを扱ったもので、老いも若きもあらゆる階層のドイツ国民が、献金だけでなく、調理、寄付金集め、クリスマスの飾りつけ、無料スープ配給所の開設等に精をだす様子が紹介されている。このてのカード集は色刷り写真で広告主の煙草会社の銘柄入り。大量に発行されたが、切手集と違って、ナチ指導者の横顔、ナチの政策、目的等の説明がついていた。

質の」ユダヤ合理主義から道義を救い出したと喜び、「今や合理は私たちの先導をやめ……英雄的ゲルマンの情念が私たちを指揮する。機は熟したのです！」と書いた。[53] ナチの年次党大会、一九三六年のベルリンオリンピック、五月一日のメーデーや感謝祭あるいは英雄追悼記念日といった国祭日には、派手な野外音楽劇が催され、多数の人々を魅了した。

暴力に走るなと説くヒトラー

一九三四年、秘密情報蒐集組織ＳＯＰＡＤＥと「新しい始まり」の月報報告者たちは、ドイツ国民がナチイデオロギーへ惹かれていくさまを、無念げに認めた。彼らが落胆したのは、労働者がヒトラー演説に酔いしれ、あるいはメーデーに祝杯をあげたことである。五月一日はナチ政権下で初めて有給祭日になった。報告者たちは、階級の線を越えてドイツ国民を統合していく民族再生力、を記録にとどめた。[54] 地方ボスの腐敗を非難する者でも、ヒトラーを賛美した。なかには頑固な反ファシスト活動家が楽観的に「古参」はまだ背後で操っていると主張しても、フォルクがヒトラーに属していることは認めた。しかしながら、ナチズムの大衆支持は、それなりの高い代償を伴った。民族感の高揚が新入りを惹きつけたが、古参党員は暴力的行為を渇望した。大企業に対する攻撃を求める者がいる一方で、〝ユダヤ〟に対する究極の決定的打撃を与えようと主張する者もいた。気の向くままに荒らしまわる自由に慣れ親しんだ古参党員は、勝利に面喰った。

入党申請者の数があまりにも多く、それによって新旧間に緊張関係が生じ、組織上の構造問題がその緊張をたかめた。さらに、勝利はとうてい党が実行できぬ過大な期待感を生みだした。党古参のなかには、政敵とケリをつけたいと願う者がいたし、ユダヤ人に怒りを爆発させる者もいた。多年におよぶ犠牲的行為の補償として、古参の多くの者がデスクワークをもらえるものと考えた。政治ないしは人種上の理由で公務員が追放され、公務員職の一〇%が空席になった。それをもらえるという期待である。党古参が地位をうまい具合に手に入れると、たいてい肩で風をきる〝褐色のボス〟となった。威張りかえり腐敗することでも有名であった。論功行賞を得た古参ナチスのうち、必要な実務能力を備えている者はごく少数であったから、きちんと仕事ができず党の信用を傷つけた[55]。ミュンヘンの党本部では、三〇〇名たらずのフルタイム事務職員で、山のようなペーパーワークをさばかなければならなかったから、入党申請者の資格要件を審査することはほとんど無理であった。一九三三年六月、ナチ党の党員名簿は締切りとなった。内部混乱を暗に認めた行為である[56]。個人で入党を勧められるケースはあったが、一般の入党公募は一九三七年まで中止された。

一九三三年に党員が爆発的に増え、おかげで党古参の多くが除け者にされ、気分を害した。突撃隊は一〇年以上も、運動を推進する軍隊的活力の源泉であった。ところが突如として人数が急増し、既存の指揮機構では対応できなくなった。エルンスト・レーム大尉が指揮する突撃隊は、一九三一年の約七万一〇〇〇人が、一九三二年後半には四〇万人に膨張し、さらに鉄兜団（シュタールヘルム）の戦友会メンバーを吸収し

「全国から、ブラウンハウス（ナチ党本部）へ参集したSA隊員たち。総統を囲む若者たちの真摯な眼差しに注目」。この写真は「ヒトラーを囲む若者たち」と題するホフマンの写真集に掲載されたもの。SA参謀長エルンスト・レームの人気をおとし、ヒトラーへの忠誠に一本化するためのキャンペーン用。

たので、隊員数は一九三三年に前年比三倍となった。突撃隊では多くの隊員が、ナチ党に入党手続きをするような面倒臭いことはしなかったし、ほとんどの隊員はナチの教義で教育されていなかった(57)。突撃隊員は文化的政治的にマージナルな存在であり、ブルジョワ生活の快適な暮しを軽蔑し、ボルシェヴィキ、資本家そしてユダヤ人に対する武力攻撃を渇望した。ヒトラーの素早い勝利に、不意をつかれたのが彼らである。党古参は、多くの者が戦争を経験した退役軍人で、ナチの大義に共鳴したと称する新入りを、うさん臭い目で見た。古参のひとりが言っているように、「古参のSA隊員は、忠実で勇気があるのに、数百万の若者が入隊したため、わきへ押しやられたように感じ」ていた。多くの古参が、次第に疎外感を強め、政治策略や路上乱闘に色どられた古き良き「闘争」時代を、ノスタルジックに振り返るのであった。グライヒシャルトゥングというバラ色の外見の背後で、士気は落ちるばかりであった。突撃隊員は無法行為に慣れ親しんできた。地方のナチ党のボスとして君臨してきた彼らは、自分を法の上にある存在と認識し、警察と政府の役人たちを見下していた(58)。ナチで凝り固まった者は、かつては敵と考えた公務員の上級管理者に、従いたくなかった。党の支部長ヴィルヘルム・クーベは、「国家社会主義革命の立役者であり勝者である我われが、官僚どもの指示に従わなければならぬとは、馬鹿げている」と不満をあらわにした(59)。忿懣《ふんまん》や

「じゃがいもの皮むきもSAの仕事のひとつ」。おまけ用交換カードのひとつで、ナチの権力奪取後のヒトラー私軍の“ニュールック”を伝えるもの。

るかたない民兵たちは、その不満のはけ口をユダヤに向け、ユダヤ人社会を襲撃し、個々人に乱暴狼藉《ろうぜき》を働いた。多くの者が、大資本家撲滅を目的とするエルンスト・レーム大尉の「第二革命」の呼びかけを支持した。ヒトラーは、一九三四年六月にSA粛清を命じるが、それに先立つ一年間、自らのりだしてSA隊にたがをはめ、その独断専行に歯どめをかけようとした。

ヒトラーは、政治上の勝利の後、武装民兵隊はその存在意義を失ったとして、SAそのものを非合法化できたはずである。しかし、党の機関を廃止するのは、ヒトラーのやり方ではなかった。さらに、私兵保持は彼の目的に合致していた。ヒトラーはSA隊員に対して、許されざる暴力に走るな、思想の兵士たれ、と躍起になって説いた。彼は、SA隊員の忠誠心を確かめるためドイツ全土をとびまわり、突撃隊の集会に顔をだして、自分の人気を固めた。「我われは権力を掌握した。我われに抵抗できる者はもはやいない。今は、この国家のためドイツのフォルクを鍛える時である。きわめて困難な仕事であるが、我われはやらねばならぬ」とヒトラーは言い、これまでの忠誠心を称える一方で、将来に向けたSAの新しい任務を説明した。「我われが三ヶ月で成し遂げたことは奇跡である……前途の事業もこれに劣らない……我われはドイツの心と精神（ダス・インネレ）を守る闘争に邁進しなければならない……我われは困難な時代に突入しつつある。生活のあらゆる場面が闘争になる。諸君は戦いのなかで育ったのだ。すぐ平和になるとは考えるな」とも言った。新時代には、うんざりするような伝道が待ち構えている。ヒトラーは、闘争を強調することによって、これを男っぽい仕事にしてみせた。

ヒトラーが忠誠分子を前にした演説で述べたように、立身出世主義からナチに加入した名目的なナチスの「心からの改宗」を成しとげられるかどうか、成功は忠誠分子の達成能力にかかわっていた。(61) 彼は、政治的に信用できないことを理由に有能な公務員（教師を含む）を解雇するなと言い、ナチの役人に彼らを味方につけよと命じた[62]。どんな馬鹿でも権力を握ることができる。それを維持できるかどうかが、偉大かどうかの分かれ目だ、とヒトラーは言った[63]。一九三三年七月一四日の法とは制度的グライヒシャルトゥングの頂点であると述べたヒトラーは、賢者の役割を演じ、「最初の段階で成功した革命なら、いくらもある。だがその後その成功を生かしきれたものは少ない。革命は同じ状態で永続するのではない……一度放出された革命の流れは、しっかりした進化の河床へ誘導されなければならない。フォルクの教育がもっとも大事であるゆえんは、ここにある……我われの計画にある根底思想は、我われが馬鹿な真似をしてすべてをぶちこわしてはならないということだ……今や党は国家となり、すべての権限はライヒ政府に所属する」とし[64]、革命の「驀《ばく》進《しん》機関車」の速度をスローダウンする時が来たと言った。一九三三年一〇月、ヒトラーは民兵たちに「ナチ支配に忠誠を誓っているかつての敵に、手をさしのべよ」と求めた[65]。民兵たちは、「フォルク全体にひとつの理想を注入する」任務を与えられているという。実際問題としては、旧敵を〝転向〟させることである[66]。

反対派を説得によって味方に

ヒトラーが新しい挑戦について熱っぽく語っている時、ゲッベルスはスクリーン上でSA兵の素姓をリメークした。一九三三年初め頃、ナチズム礼讃の長編映画三本が制作されたが、その扱いをめぐる問題が、SAの隊員の役割変化を反映している。最初の二本の内容、三本目の手直しが、新しい時代の夜明けを示唆した。「ますらおSAブラント」と「ヒトラー青年クヴェクス」は、一九三三年の初め頃、制作された。ゲッベルスが映画産業の支配を固める前のことである。作品「ブラント」は、殺害された突撃隊員の物語で、低予算で制作された。「ヒトラー青年」はナチの青年殉教者を描いた小説が、ベースになっている。過去二年間に二〇万部近くも売れた本である。この二本の教訓映画では、主人公の青年が、労働者階級の両親と縁を切り、勇ましいナチのタフガイ連中に自分の人生を賭け、不埒な与太者の共産主義者の手にかかって死ぬ。その英雄的死によって、主人公はナチの神殿に祭られる。映画検閲委員会は、一九三三年六月一四日にブラント、九月一九日に「ヒトラー青年」をそれぞれ認可した。

三作目の映画は、突撃隊員ホルスト・ヴェッセル讃歌である。ホルスト・ヴェッセルは、一九三〇年、ブラントやクヴェクスと同じような状況下で殺された人物である。一〇月九日に賑々しい特別試写会が予定され、ナチエリートも招待されていた。ところが、九月下旬に却下されたのである。大幅な手直しの後、このホルスト・ヴェッセル物は「ハンス・ヴェストマル――群集の中のひとり」と改題して、一九三三年一二月一三日に公開された。主人公の氏名の頭文字はH・Wで同じだが、それを別にすればオリジナルの作品とはほとんど別物になった。巧妙な編集で、堕落したならず者が殉教者ヴェッセルに変貌する伝記物が、嘘でかためたヒトラー自伝に驚くほど類似した、高潔な青年の物語に変わった。中産階級の環境下で生まれ育った主人公ハンス・ヴェストマルは、家族と離反せず、共産主義者と乱闘するどころか、階級和解を説くのである。第三帝国の徳義は抑制を基調とし、蛮勇を必要としないというわけである。映画の中でハンスは、「もう階級という言葉では話ができない。私たちだって労働者だ。頭脳労働者というだけのことだ。私たちの所は、手を使って働く兄弟たちの隣」と語る。そして映画はハンスが野放図な共産党員たちに惨殺されるところで、クライマックスを迎える。

ナチスの勝利は和解という新しい記憶に鋳直しされ、堂々公開の初日にくばられたプログラムには、それが強調され、「労働者を完全に（味方に）引き入れるには、彼（ハンス）自身労働者のひとりにならなければならなかった……ハンスは特権生活への誘惑を断ち切った……赤の殺人鬼どもが射殺する。しかし、労働者、学生が墓へ参り、ともに祈るのである」との解説がついていた。(67) 数ヶ月後、インタビューに応じたヒトラーは自分自身を、離反したマルクス主義の〝大衆的人間〟と脂ぎった強欲の資本家を統一した偉大な調停者、と自画自賛した。そしてハンス・ヴェストマルのように、「赤い労働帽の同志」と「山高帽の市民」との融和を公約するのである[68]。ヴェストマル・ヒトラーは民族の覚醒を象徴する。階級間の調和が、ゲッベルスお気に入りの映画のテーマで――それには例えばフリッツ・ラング監督の「メトロポリス」、セルゲイ・エイゼンシュテイン監督の「戦艦ポチョムキン」があるが――これが政治闘争に代わる武装隊の存在基盤になったのである[69]。反ユダヤ主義は、残忍な突撃隊員とともに公式見解から薄らいでいった。

一九三三年の冬から翌三四年の早春にかけて、ヒトラーはひっきりなしに地方を巡回し、地方の支部長や武装民兵幹部と話をした。ベルリンにいる時は、官邸に地域指導者を招いて話合った。小さな集まりや突撃隊の大集会など会合の大小にかかわらず、ヒトラーは内輪で話をしているような幻想の世界をつくりだし、聴く者は閣内閣議のメンバーとして特別扱いをされているごとくに感じるのであった。この内輪的雰囲気をもつ会合で、ヒトラーは「国家社会主義者の従順なる息子たち」に承認されない暴力をやめよ、と熱心に説き、私の権威に服せよ、転向者としての新しい地位を受入よと繰返し求めた。反乱寸前の突撃隊を前にして話をした時、ヒトラーは新約聖書のヨハネによる福音書の言葉（一四章二〇）を借り、「あなたがたが私の内にあるように、私もあなたがたの内にいる」と述べ、さらに「ゲルマンフォルクの戦士として忠勇義烈、軍律正しき由緒ある革命の鉄衛団」に対して、敬意を表した[71]。

ヒトラーは、演説につぐ演説で強迫観念にも似た態度で、つましい自分の出自を別の言葉におきかえて説明し、執拗に党史の追体験を繰返し、「昔の」国民の記憶を、ハンス・ヴェストマルのイメージで作り変えた[71]。一九三三年以前に書かれた突撃隊の記事では、ナチ戦士は共産党員と命がけで戦ったことになっている。ユダヤ人に暴力を振るい、プチブルの平穏な生活を乱した。若者たちは両親をあなどって反抗し、壮年の者は妻や愛人を無視した。全体を通して第一兵士の反抗精神をもち続けたのだ。ところが一九三三年の夏を境にヒトラーは、別種の新しい名誉を持ちだして、こちらを称え始めた。戦闘とか殉教に代えて、崇高なる目的のため窮乏に耐えてきた男たち、理想に燃える規律ある男たち、献身の男たちが前面に押し出された。首相就任後の一年間、ヒトラーは党の忠誠分子に対する演説で、毎回自ら手本役を果たした。「一五年前、私は一握りの同志とともにドイツのための戦いを始めた……フォルクのための一五年におよぶ闘争である……今日私がここへ来たのは、ほかでもない。やむにやまれぬ私の気持からだ。ドイツのフォルクがいかに幸福か、そしてまた私がその幸福をいかにしみじみと味わっているか。皆に伝えたい」とヒトラーは言った。(72)

道義は、「闘争時代」の公式回想では、愛国主義、血統でつながる民族の理想主義、自己犠牲――ナチ支配の安定化に必要な特性である――に顕現されていた。一九三四年二月、ヒトラーは英人報道記者ワード・プライスに、「誰でも知っているように、砲撃で建物を破壊することはできる。しかし、この方式では、反対派を納得させえない。むしろうらみを買うだけだ。革命を立派に成功させる唯一の方法は、反対派を説得によって味方につけることだ」と語った。(73)

ナチの無頼漢どもは、批評家とディベートをしたり、非ナチスに信念を注入できるようになるため、頭の改造が必要であった。一九三三年六月、ヒトラーは国家社会主義精神涵養所を、ベルリン近郊のベルナウに設置する、と発表した。(74) ナチ組織の後援で、全土にリーダーシップ訓練センターがたくさんつくられた。党の教義にもとづくこのワークショップでは、ヒトラーが突撃隊員に敵意にみちた批判の回避法などを教示した。ヒトラーは、「自由主義、マルクス主義、そして反動」の悪を、ひとつずつ詳述した。(75) 党古参には、自分を利他主義の守護者と考えよと求め、一九三四年三月一九日開催の党古参点呼では、参集者に対して「ヴェルトアンシャウング（世界観）の勝利は革命を爆発させ、それが、フォルクの中核と性格そのものを変える」と述べ、真面目な国家社会主義者になるためには幅広い勉強が必要と説き、「ドイツの革命は、全ドイツのフォルクが、全面的に生まれ変わり、つくり直された時に初めて、完結する」と叱咤した。[76]

ナチの理想は道徳上のこと

公共精神の教宣流布は、大々的な組織づくりでもあった。それには、一九二〇年代にはとるに足りぬ小さな仕事とレッテルを貼られていた、さまざまな事業が含まれる。党古参は、役得の新しいオフィスにふんぞり返る代わりに隣組づくり（地区の組織化）を奨励された。一軒一軒の家庭調査、寄付金集め、集会案内等々で、一九三三年まではナチの女性メンバーがやっていた仕事である。[77]男たちは反抗的戦闘的サブカルチャーに慣れ親しんできた。今やそれが禁止され、代わりにそのような雑用をやれといわれても、唯々諾々と従えるものではなかった。ゲッベルスは、一九三四年の新年メッセージで、この種のきまりきった雑務に男っぽさを付加し、「国家社会主義は、ゲルマンフォルクの精神的肉体的向上をめざす戦い、不撓不屈の闘争である」と述べた。「剣なき戦士」「無名のナチ雄弁家」といった響きのよい謳い文句が、そのメッセージに重味をつけた。[78]「法の枠」を越えるなというヒトラーの命令を守り、怒りを抑えてヤジをとばす者どもの挑戦を一蹴した人は、世に隠れた勇敢なイデオロギーの戦士と称えられた。[79]

ゲッベルスを支える有能なスタッフのひとりヴァルター・ティスラーは、褐色の戦士たちに新しい仕事「教宣の番人」を与えた時、「我らが理想を伝える」新しい使徒が入用であることを、よく理解していた。[80]この駆け出し伝道者たちは、「意志と道」と称する資料シートを、毎月受けとった。これはルーズリーフ式の帳面にとじこんでおいて、政治講演の、参考資料として使用するのである。[81]民兵のなかには、この「作業療法」（ベシェフティグングステラピー）を嘲る不満分子がいたが、不断の活動がアナーキーな衝動を抑え、

W・H・Wは国家後援の冬期貧民救済の頭文字をとったもの。「さあ冬期救援から石炭を持って来ました」とSA隊員。「おや、まあ」と歓声をあげる母親。「今まで新聞でしか読んだことがなかったのに」。ナチの権力奪取後、SAの独立性が抑えられ、政治闘争からフォルクに奉仕するSAというイメージの転換がおこなわれた。

反抗的古参を指揮統率の枠の中へ組入れた。番人たちに対する指示は、軍隊調の言葉で部隊命令式に書かれ、こと細かに指図されていた。例えば集会なら会場の選択法に始まり、場内飾りつけ、宣伝映画の使い方、慈善活動のキャンペーン法等が微に入り細にわたって説明してあった。[82] 指示文書作成者は、もちろん思想は大事だが、しかし、「調和のとれた雰囲気づくり」がカギとし、「住民は、お義理や体面では参加しない。彼らの参加動機は……勉強したいとか……フォルク社会を支援する同志愛を共有しようとする気持ちにある」とした。ポスターの作り方も細かい指図があり、巨大な透明用紙に大胆なスローガンを書けば、くすんだ町の単調さに色どりをつけ、いかにも見栄えがするなどと、説明がある。薄暮時には、拡声器付きの宣伝カーで巨大な看板を引っ張って回れば効果的といった指示もある。いかに細かいことでも一点たりとも疎かにしてはならないのである。

教宣の番人たちは、党の宣伝活動のほか、労働問題の会合、事務方の会議に参加し、チェスクラブから運動競技団体に至るさまざまな民間組織の活動に関与した。一九三四年の三月から五月にかけて、ドイツ西部の小都市ヴィスバーデンでは、ナチ指導者が会合を二六三回開いたほか、学習の夕べ六〇〇回、支援集会を四〇〇回近くも組織した。[83] ナチ女性はドイツ全土で詩の朗読会、幼児教育ワークショップ、裁縫サークル、読書会等を組織した。アメリカの駐独大使ウィリアム、エドワード・ドッドは、この戦術の有効性をしぶしぶ認め、「ドイツ人成人の大半は少なくとも数団体の組織に所属しているので、協会や団体を通した住民教育法が非常に効果的なことは間違いない」と評価した。(84)

　秘密調査のＳＯＰＡＤＥ月報だけでなくナチ党支部活動調査も、評価はまちまちである。党古参が根性一本槍で、教育程度の高い聴衆から総スカンをくらうケースがあるかと思えば、ぶっきらぼうで山だし的風采が逆にうける場合もあった。(85)室内テニスコートで開催された講演の夕べに、ベルリン・ライヒスバンクの職員たちが駆り出されて出席したが、「講演レベルのあまりの低さにショック」をうけ、ある出席者は「この方式は講演者にとって全くの逆効果」と評している。(86)ミュンヘンの教師たちは、この強制的会合について、不満を表明している。会合ではナチの筋肉男たちが、戦争の前線体験ばかり語り、学問などくそくらえと、武張るからである。(87)しかし同じミュンヘンでも別の聴衆たちは、「人種は命！」という転向者の呼びかけに同調している。この転向者は、生物学的研究を「死ぬほどうんざり」とし、「人種の情念」について弁舌さわやかに語った。そして、遺伝子を研究する代わりに、自分たちの「血統でつながる健全な本能」を信じよと説き、完璧なアーリア人種の体格を流線型の美しい自動車にたとえ、「見れば、外見からその質が分かる。両方とも息をのむ見事さだ」と結んだ。(88)

　ナチの運動家が一九二〇年代に気づいたように、失望は党戦略の改善機会を与えてくれた。一九三三年初め、宣伝活動が数回失敗した後、無能な人種教宣者は隣組（地区）で話をすることが許されなくなった。下手なことを喋れば、「批判的なインテリ」から突つかれるからである。「ノルマン人種」、「アーリア人」あるいは「異質の血」といったカギ的概念について、ナチの素人理論家は混乱していた。これを直すため、人種教育が講師訓練コースにつけ加えられた。(89)理論指導者は、反ユダヤ主義、戦争準備、強制断種、体系化された宗教に対するナチ指導者の敵意など、微妙な問題はわきにおくことを学んだ。講演の場における面と向かった話合いは、散発的に不満や非難の声があがりはしたが、大きな可能性を秘めていることを証明した。ナチ活動家を組織化された民間ネットワークとリンクさせれば、相互の信頼強化につながることが分かったのだ。善意の連帯、共同体メンバーの合同プロジェクトは、党古参と新入りナチスとの冷たい関係を改善しているように思われた。

ナチの報道をみると、市民の美徳を強調する傾向が、数十本の感傷的エッセイに反映している。このジャンルの典型例が、ナチ官僚の書いた作文で、革命としての「国家社会主義が求める道義」を称えた内容である。[90]それによると、民主主義に対する「バリケード戦」と違って、新時代の党古参は名誉を重んじ、これを鼓吹する。ルドルフ・ヘスはナチスの理論誌に、ナチの理想は政治ではなく道徳上のことであるとし、「私利私欲を党の関心に先行させるな」と書いた。[91]エッセイの作者たちは、自分たちの記憶から血で血を洗う乱闘の数々を抹殺し、血なまぐさい用語もメンバー拡張の「戦い」とか地区集会出席者確保の「闘争」というふうに使った。ある作者は、一九二〇年代にひとりのメンバーを獲得するのは、一九三三年時点で一〇〇〇人が申込むよりずっと難しかった、とこのような形で昔を回顧し、「ナチズムが勝利したのは、鉄の規律とアドルフ・ヒトラーの価値観に対する不動の信念が、意志と思想で国民を統合したからである」とし、今や「イデオロギー制覇は非暴力的精神革命を必要とする」と書いた。[92]国会議員そして労働戦線幹部は、「我らが一大事業は、信じ難いほどの結果を生みだした」と称えた。即ち、「我らがヴェルトアンシャウング（世界観）を、共同体としてのドイツフォルクの根底へ着座させる」仕事が、成果をあげたというのである。[93]

Ein Antlitz-
vom Kampf geformt

「闘争で鍛えられた容貌」。ヒトラーのカリスマ性を売りこむために使われた。人種理論家は、人間の性格、行動、体型は生物学的起源を有し、不変であると主張したが、通俗宣伝家は人生の体験が個々人の面相も変えると唱えた。

ラジオキャンペーン

教宣の番人と並んで、放送の番人と称する者もいた。世論制覇を目的として軍隊の命令口調で指示をうけ、それにもとづいて行動するのである。「拡声器の威力発揮点に着目のうえ、攻撃目標をそこに定め」、番組を「ショッピング時間帯と連繋調整」し、特に「世論動向に関する情報蒐集に努めよ」といった調子である。[94] 地方にいるナチの支部長は、それぞれ独自に週間番組を制作したが、テーマ音楽が過剰な場合が多かった。ゲッベルスの伝道助手には仕事熱心な者がいて、自分たちの布教使命を世界史にかかわる事業、と考えていた。近代化が共同体の生活をばらばらにしてしまい、農民は都市化したゲゼルシャフト（社会）で疎外された。ラジオキャンペーンは、失われたゲマインシャフト（共同体）を再建できるのである。放送専門家のオイゲン・ハダモフスキは、突撃隊員たちに向かって精神（ガイスト）について語り、「今日、史上初めて我われは、ラジオという媒体手段を得た。これによって我われは、日々いや時々刻々住民に影響を及ぼし、かくすることによって、多数の人口を擁する国家を造型できる。老若男女、工場労働者や農民、兵士、役人等々さまざまな人間がラジオを前に聴き耳をたてるのだ……拡張器を使えば、運動場、都市の広場、通り、中庭、工場そして、兵営全体に、意志を伝えることができる。国家全体が聴く」と放送の効果を説き、「近代化はシニシズムとアノミー（無規範状態）をつくりだしたが、しかし同時に手段も与えてくれた。それを使えば、全く新しい規模で共同体を再建できる。現代人は、同じように感じ、同じように考え、同じように反応する人間集団のひとりでありたいと願う。放送を聴く者は、無数の意見で四分五裂したのではなく……基本の関心事を中心としてまわる偉大なる存在の一員と感じる」と言った。(95) 政府はラジオ購入に補助金を出し、「国民受信機」の組立てキットを売出した。最貧層の国民でも入手できる値段であった。ヒトラーの誕生日には、プライムタイムの放送は、お祝い番組と伝統物を組合せたものとなった。一九三三年の場合は次の通りである。(96)

一六・二〇　交響曲
一七・〇〇　民族の戦い
一七・三〇　古典オペレッタ
一八・二〇　ヒトラー・ユーゲント全国宣誓大会
一八・三〇　モーツアルト弦楽四重奏曲
一九・〇〇　放送劇「ホルスト・ヴェッセル」
二一・〇〇　フィルハーモニーの夕べ

一夜にして、グライヒシャルトウングが空中波を褐色に塗りつぶした。

ドイツは一九三四年時点で、人口比ラジオ保有率が世界一であった。秘密の士気調査をしている反体制派のモニターたちは、ラジオを聴く住民の態度にひどく失望した。工場、学校、町の広場で、ヒトラーの声が拡声器から響いてくると、住民は直立不動の姿勢となり、恐れ畏まって拝聴するのである[97]。トーキーのニュース映画とドキュメンタリー映像は、観客と指導者の距離を縮め、指導者が身近な存在となった。ドイツ国民は毎年、映画のチケットを三億五〇〇〇万枚も購入していた。都市圏ならどこでも席数千席以上の映画館が、少なくともひとつあった。巨大なテレビスクリーンをもつスタジオが設計された。ある夢想家はヒトラーに「総統閣下の姿をすべてのドイツ国民の心に焼きつける」計画を語った[98]。ゲッベルスのスタッフたちは入念な計画で、全国で同じ時間にいっせいに不動の姿勢をとる宣誓式を挙行した。一九三三年四月八日、突撃隊六〇万人がラジオの前で宣誓し、その日の夜、ゲッベルスは「樹木のごとく、ヒロイズムの大森林のごとく、男らしい断固たる面持で集結」したさまを想起し、それを日記にしたためた[99]。一年後、同じ儀式が繰り返された。今度は党幹部七五万、ヒトラーユーゲント一八万、学生指導者一八〇〇、労働戦線メンバー一万八五〇〇人が、ラジオの前で直立不動の姿勢をとり、いっせいにヒトラーへの忠誠を誓った。

箱から出てくる声の新奇さは、次第に褪せていき、ラジオ聴衆の多くは、ワイマール時代の放送へ戻れと要求した。ハダモフスキが悲しげに認めたように、「番組に不満な聴衆は、簡単にスイッチを切ってしまう。聴衆がいなければ、ラジオはその力を失う」のである。ゲッベルスは、数ヶ月に及ぶ重苦しいイデオロギー番組を放送した後、国営放送の内容を軌道修正し、政治教宣から娯楽番組中心に変えた。「ラジオ放送で政治メッセージを伝えることは……広くあまねく行われるに至り、そのため番組が頻繁に変わり、聴衆者は簡単にスイッチを切ることができる」とゲッベルスは考えた。プライムタイムのナショナルアワーすら短縮された[100]。ポップ音楽、消費者情報、ドラマ、連続小説、ニュース番組、主婦、青少年および農民を対象とした人生相談が再び前面にでてきた[101]。ナチのメディアは、広く一般大衆から聴取されることを期待して、生きの

「総統の獅子吼に耳を傾けるフォルク」。ヒトラーが演説を開始する前に、第三帝国の全土にサイレンがいっせいに鳴り響き、国民は家庭のラジオ、工場、事務所および公共施設にいる者はラウドスピーカーの前に集まった。

「カロリンガ広場の新オベリスク、ミュンヘン」。ミュンヘンで発行されていた風刺雑誌「ジムプリチシムス」の1932年5月に掲載されたカリカチュア。ヒトラーの記念像マニアをからかったもの。著名兵士像よし、サロメよし、あるいはネジ式鼓笛手も可とある。当初は、軟弱の徒としてからかわれても気にしなかったようであるが、総統としてのセレブな地位を確立した後は、この種の不敬は断固取締まることが大切になった。

いい地方番組を制作し、あからさまなイデオロギー番組をカットした。

人倫の体現者が大量殺人を命じる

一九三四年初め、ナチ指導者は新党員獲得の話をあまりしなくなり、手に負えない反抗的ナチスの規模問題に触れることが多くなった。ヒトラーは、「気狂いの馬鹿ども、虫ケラ、愚痴野郎、ピグミーの下衆ども」について暴言を吐いた。ゲッベルスも負けてはいない。「興ざめども、あら探し野郎、サボタージュ男、アジテーター」を激しく罵った。ゲーリングは「財閥」と「非生産的批評家」を非難した。[102] ラジオ聴取者は、非難を浴びている人々が一体どういう連中なのか、疑問を抱いたに違いない。一九三四年六月下旬、ヒトラーはSSの特別隊にSA大尉エルンスト・レームと側近四〇名の殺害を命じた。この特別隊は六月二七日の夜から二八日にかけて宿泊地を襲撃、この粛清が終わるまでに八〇名から一〇〇名が殺された。レームと突撃隊員四〇名のほか、ヒトラーの政敵、公務員、ヒトラーに批判的なジャーナリスト、旧同志、退役軍人も殺された。そのほか約一〇〇〇名が逮捕され、告訴もされずに数週間なかには数ヶ月も留置場にぶちこまれ、この間、被逮捕者のオフィスが荒らされた。ヒトラーにとって都合の悪い、さまざまな犯罪の立証資料を破棄すべく、探しまわったものと思われる。(103) 当時、ヒトラーが複数の恐喝者に金を払っていた事実もあり、これと併せ考えると、ヒトラーには、葬り去りたい過去の前歴があって、あばかれるのを恐れたと思われる。ヒトラーの祖父がユダヤ人であったという噂を恐れていたのかも知れないし、奇矯なセックス癖をもつという噂を消す意図であったのかも知れない。演説では人倫に悖《もと》ることのない完璧な道徳家と自画自賛する総統にとって、スキャンダルはまことに都合が悪い。あるいは、資本家と軍部をターゲットにするレームの「第二革命」の脅し、と関係があったのかも知れない。(104) しかし、徳義を説く人倫の体現者が大量殺人を命じたわけであり、ナチスだけではなく普通のドイツ国民が納得できる説明が必要である。ヒトラーは、背後で指図しつつ、一九二四年の裁判弁論方式に準じて、事後処理法を行った。一九二四年には、政治的混乱を克服すべく、勇気ある政権打倒の行動をおこした、と弁論した。それと同じやり方である。一九三四年六月の粛清は「長剣の夜」として知られるようになる。事後処理がうまくいくかどうかは、ヒトラーの腕しだいであった。明らかな犯罪行為から政治的意味合いをはぎとり、道義の行為と銘打って仕立て直すのである。

この殺人事件の直後から、ヒトラーは表に出なくなった。一方、事件後にだされたプレスリリースは、ヒトラーが「心の葛藤に苦しんでいる」としたうえで（それ以上の説明なし）、二七日未明「変態性欲者ども」が就寝中に殺害された模様を、毒々しい筆致で詳述した。ゲッベルスはドイツ国民に「疫病、悪性腫瘍、腐

ナチ批評家が退廃芸術の典型と呼んだエルンスト・ルートヴィヒ・キルヒナーの「兵士の自画像」(1915)。軍の栄光を讃える代わりに、キルヒナーは煙草をくわえた自分を描いた。切断された右手は、絵を描くことが妨げられている状態を象徴する。ヒトラーお気に入りの画家たちは新古典主義の女性裸像を描いたが、キルヒナーは売春婦のイメージで女性の品位をおとしたと批評家はけなした。

敗の温床、堕落症候群……は、焼尽されつつある」と、病理上の処置として説明した。七月一三日、やっと表に出てきたヒトラーは、一時間に及ぶ議会ラジオ演説を行った。一九二三年の反乱の場合と同じように、粛清を行った責任は自分にあるとしたうえで、自分はおそろしい脅威からフォルクを救った、と主張した。それはまことに恐るべき性質のもので、断固とした行動でしかストップできなかったとし、「国家社会主義国家は、フォルクをあざむき毒すこの現象……怠け者……裏切り者と暴徒の小さな集団を、必要とあれば徹底的に叩き潰す。一〇〇年かけても根絶する」と述べ、「フォルクの道義を必ず守る」と結んだ。[105]

ヒトラーは、レーム粛清後、腐敗追放、華美な宴会や高級車の取締り、酔っ払い退治を命令した。[106] タブロイド紙「デァ・シュテュルマー」で彼は、突撃隊員に路上で「暴れる」ことをやめ、代わりに「内なる心に嵐」をおこせと言った。[107] 隊員に面と向かった形で、「私は決心している……フォルクの魂と統一を守る戦いを遂行する決意だ。君たちは、この一五年そうであったように、私とともに戦うのだ。我われはドイツフォルクの九〇%を国家社会主義の味方につけた。残る一〇%をかちとらなければならない……我われは必ずそうする……それは輝かしい勝利となる」と語っている[108]。路上乱闘の戦いは、魂と精神を守る運動戦と化したのである。

「暗号」で反ユダヤ主義を伝える

国家承認の殺人に知性のお墨付きを与えたのが、二人の高名な法律家である。ひとりは法務大臣ハンス・ギュルトナー。ナチ党員ではなかったが、行動しなかったならば国民が政府を信用しなくなるとして、この一連の殺人を正当化した。憲法学者のカール・シュミットは、ヒトラーの意志は国家至高の法であるから、「誠実なる総統は判事でもある。判事の地位は総統の地位に由来し……総統の行為は即ち法の行使である。それは法に従属するのではなく、それ自体が至高の法である」とした[109]。ヒトラーの自己弁護は、ナチ法理論のベースとなった。つまり、道義の危機からフォルクを守るという名目で罪を犯すのは合法なのである。ヒトラーは、その危機の識別とそれにもとづく執行の最高権限をもつと宣言し、さまざまな自由の制限を、無秩序から守る行為と正当化した。一年少し前ヒトラーは、血統でつながる民族ポピュリズムを動員して、立憲民主主義を新しい体制と取替えた。その体制は道義の名のもとに人を殺すことができるのであり、大半のドイツ国民の目にその正当化をもっともと思わせるのである。

哲学者アレクサンドレ・コイレは、第二次大戦末期、民主主義は、国民、臣民を欺くことに全く良心の呵責を感じない冷酷なインサイダーの破壊行為に傷つきやすい、と警告した。コイレは、嘘をつくことは文明と同じくらい古い現象としながらも、「現代人——ゲーヌス・トータリタリアン——は嘘にひたり、嘘を吐

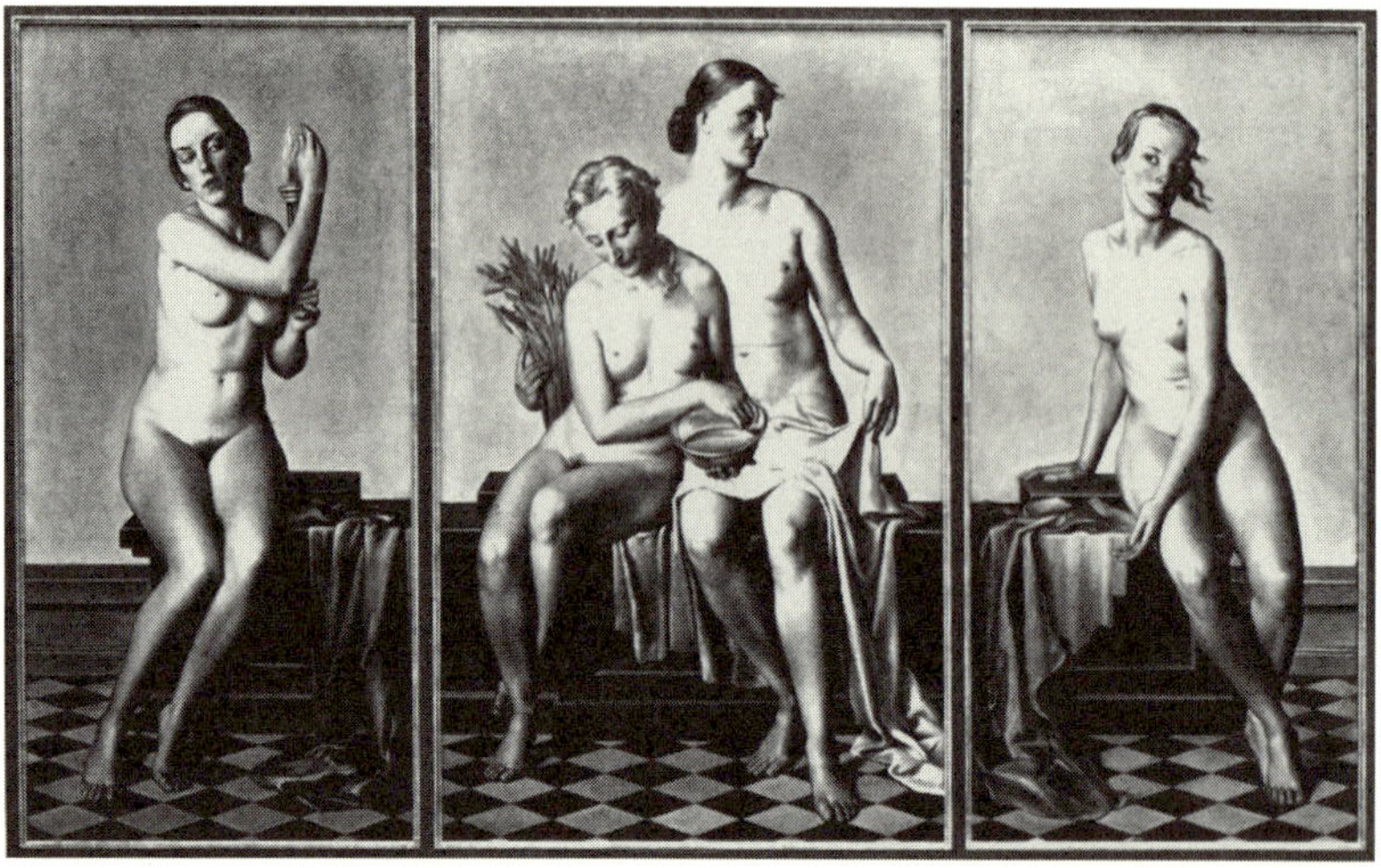

アドルフ・チーグラーの「四つのエレメント」(1937)。ヒトラーは月並みな趣好の芸術作品が好きで、個人的に国家社会主義写実主義画家の作品を蒐集し、大規模な展覧会を後援した。ミュンヘンにあるヒトラー邸の居間には、チーグラーの三幅対祭壇画が麗々しく飾られた。ルネッサンス時代のイタリア絵画を思わせる構図であった。

き、嘘の虜になっている」とした。インサイダーの例としてコイレは、ギャング団、信徒団体、ロビイスト、思想的同調者の集団、政治派閥を指摘している。中核のメンバーは、指導者が公の場では真の意図を否認すれば幻滅するかもしれないが、大衆社会では指導者が思慮分別を働かす必要のあることを、しだいに理解するようになる(110)。「事実はいつも隠し、洩らさない」が、直観で分かる。公然の秘密である。ヒトラーは公の場では、自分の抱く反ユダヤ主義の根深さを明らかにしなかった。ヒトラーには党の忠誠分子は、公の場での沈黙の背後にひそむ真の意味を理解しているとの確信があった。彼とその取り巻きは、コイレのいう「あからさまな陰謀」を案出した。それには二つの意図が隠されている。即ち部外者を慰撫し安心させる一方、部内者にはそのメッセージが正確に伝わるように工夫された「暗号」として、組織の根底にある目的を表明するのである。

ヒトラーは一般大衆向けの演説で、経済と外交問題について相当詳しく論じた。一九三三年四月から一九三九年九月のポーランド侵攻に至る六年余で、病的な人種憎悪を表だって直接口にしたのは、わずか三回しかない(111)。即ち三度の機会ということであるが、一回目は一九三五年のニュルンベルク党大会における議会演説で、ドイツにおけるユダヤ系国民の法的地位を剥奪する法律の序文にあたる話をした。ヒトラーは、スペイン市民戦争（一九三六―三九年）とムッソリーニのニュルンベルク党大会出席（一九三七年九月）を機に、ユダヤ・ボルシェヴィスト、国際犯罪連盟「文明開化した」西ヨーロッパ諸国の指導者に、対「ユダヤ・ボルシェヴィキの「伝染病」を罵り、陣をきる自分に続け、と呼びかけた。三回目は、首相就任六周年の機会で、ヒトラーはラジオ演説で、世界大戦勃発の暁にはユダヤ人が「抹殺される」と予告した。演説は二～三時間続く。数十回に及ぶ演説のなかで、ヒトラーは一連の問題に必ず触れたが、それに比べると人種政策については、公開演説でほとんど触れていない。

それでもヒトラーは、ナチス中核分子に「暗号」を送る手段を有し、表向きは控えているが、信仰の中核である人種問題を放棄したわけではないと伝えていた。よろしくないという評判の思想を非難する時は、何気ないふうにそれを「ユダヤ的」と言うのであった。例えば一九三四年のニュルンベルク党大会では、出席した女性ナチスに対し、「〝女性解放〟というキャッチワードは……単にユダヤ人インテリが捏造した一片のフレーズにすぎない」と述べている(112)。ユダヤ人憎悪を自分の犠牲者に投映するのも、ヒトラーのレトリック戦術であった。ユダヤ人は、第三帝国に対する「最終闘争」に至るまで「生きるか死ぬかの戦い」をいどむ者どもと、二重写しにされた。このような経過のなかで、ヒトラーは潰滅的人種戦争の概念を、体制文化に注入していった。

著書『我が闘争』自体、暗号の一種であった。ヒトラーが公の場でほとんど人種政策を口にしなかった時

厳しい表情で突撃隊員の目を見詰めるヒトラー。突撃隊を讃える大判（12×22インチ）写真集の１枚で、ハインリヒ・ヒムラーのSSと比べて地位がさがっても、ヒトラーとは特別の絆で結ばれているとのメッセージを伝える。

代、敵意にみちた毒々しい反ユダヤ的表現が『我が闘争』から引用され、ナチの党機関誌などの出版物を飾った。ヒトラーの言葉は、人種問題の記事の前付けやカコミに使われ、文章のリード役を果たした。その『我が闘争』はやがて聖典化する。一九三六年四月二〇日、ヒトラーの四七歳の誕生日、ドイツ公務員連盟が、重量三四キロの特別版『我が闘争』を贈った。羊皮紙に中世書体で筆写され、鉄を使った製本である[113]。この九六五ページの大巻は、明確なシグナルであった。即ち公務員は、ヒトラーが公に言ったことが何であれ、『我が闘争』に明示された人種関連の約束事は、一九二四年の時同様、一九三六年の今でも、中心課題であると理解しているということである。

言うまでもないが、ヒトラーの反ユダヤ主義を疑う者は誰もいなかった。しかし、統制のとれた巧みなPRキャンペーンのおかげで、穏健派ドイツ人はナチ支配の支持を合理化できた。彼らは「イエス・バット」のナチにならされた。血統で結ばれた民族の原理主義と経済復興を歓迎する一方、ナチの犯罪は偶発性として一蹴する程度にならされたのである。市場開発戦略によって、二つの矛盾した考えをともに妥当として受入れ、この種の二重思考が可能となる。そしてこの戦略は、一九三四年末までに確立し、ナチ支配の崩壊まで維持された。ユダヤ人資産の「合法的」略奪、強制収容所送り、あるいは殺人のいずれを問わず、犯罪は公然と行われた。ヒトラーは自分の意図を『我が闘争』にはっきり言明していたが、慈悲深そうなヒトラーのパブリックイメージと慎重に処理されたニュース報道で、衝撃度は局限された。強制収容所や大量逮捕に関するメディアの報道は、この種ナチのテロを保護という用語で表現した。犠牲者の罪と称するものは、政治ではなく道義上の言葉で組みたてられ、抗議の声は腹に一物ある外国の干渉として一蹴された。ヒトラーは政治宣伝の専門家チームに守られ、公的立場を自分のネガティブな支配像から引き離しておきながら、ナチ忠誠分子に「暗号」で真意を伝え、その一方、大衆には自分の意図は寛大、慈悲深きものと安心させていた。

「ドイツ万才！」。SAの褐色シャツで盛装したヒトラーが、ナチズムの旗をしっかりと掲げ、軍規厳正にして忠誠なるSA隊員を率いて前進する構図。スワスチカと鷲を中心におき、額縁の葉は古代ゲルマンの起源を示唆する。平和の鳩が旭日の中を飛翔するところだが、この図柄では鷲が舞いあがっている。

V　フォルクという血の大河――民族の再生と人種主義者の懸念

国家の生物学的生命現象について、我われはその重要性をフォルクの意識にたたきこもうとしてきた。その運動は大きな成果を収めたのである。

ヴァルター・グロス、人種政治局会議における講演
一九三五年

強制断種を正当化する

一九三三年六月末、内務相ヴィルヘルム・フリックは、人口・人種政策特別委員会（有識者会議）を開催した。招かれた者は、さまざまな分野の人で、共通項がほとんどないようであった。ナチ女性指導者、内務省人種問題専門家、芸術史家、ナチ党綱紀裁判所主任判事、ダルムシュタット市長、国際的に知られる優生学者、ナチ党理論家、医事改革者が含まれる。ナチ党員もいたが、大半は党員ではなかった。(1)集まった人々は、フリックが新しい反ユダヤ政策を提案すると考えたかも知れない。しかしフリックは、四五分に及ぶ挨拶のなかで「人種混淆と人種的劣化」と「異質の外国系背景をもつ人間」の危険性について、遠回しに言っただけであった。ユダヤ人は、新しい人種政策の対象ではなかった――不完全なアーリア人はそうだった

が。

フリックは、野心的な計画を説明した。「血統でつながる我らが民族統治体（フォルクスケルパー）を、その遺伝子上の価値に従って」評価するのである。共同体の価値観を再生する総合的な道義革命。その唯一の方式がこれである。フリックは、ひとりよがりをいましめ、新政権がフォルクを政治的崩壊から救い出した時、その任務を終えたと考えれば、大変な誤解であると警告した。任務は終わっていない。ナチが権力をしっかりと掌握すると、民族再生の「積極的事業」が始まる、という。フリックは、執拗に社会ダーウィン主義のレトリックを使いながら、ドイツ人は生存をかけた戦いをしている、と強調した。彼によると、生存に及ぼす脅威はドイツ国境の外に潜伏しているのではなく、フォルクの中にひそんでいる。ワイマール時代の物質主義と嘆かわしい道義の退廃の故に、三つの有害な流れが生じ、その始末が焦眉の問題となった。即ち第一は産児制限の問題で、「二児家庭システム」の奨励によって、フォルク人口が減少してしまった。第二の問題は過度の社会福祉政策で、いわゆる処置なしの給付対象を過剰に優遇し、金を無駄に使っている。第三が性の解放で、おかげでおとこ女みたいな人間がやたらと増えた。ついでにフリックは、東方圏からのユダヤ人移民と「人種混淆」の危険に、憂慮すると言ったが、焦眉の脅威ではないとつけ加えた。フリックの考えによれば「民族の死」の危険は、道義の退廃にあるとし、それをのさばり返る自己中心主義と同定した。また、（進化の観点からみて）適者たる人が家族のサイズを制限し、不適者がどんどん増えるおかしな環境になっている。都市化、機械化および道義の退廃がもたらした荒廃からフォルクを救いだせるのは、全く新しい市民のエトスしかない。

フリックは、悪いものを「駆除」し、良いものを選別する野心的計画に触れた。産児制限のバースコントロールと妊娠中絶にはもっと厳しい法律を施行し、結婚前の厳重な医学検査と強制的断種を実施する一方、出産奨励策、遺伝カウンセリング、高度の健康管理を導入するという。一週間後、フリックは全国放送で、血統で結ばれた民族の道義を称揚した。昔は、自然の摂理で、一番弱い者は成熟前に死滅した。ところが現代の医学は、病弱者でも「人工的に」生存させ得るので、長い目で見るとフォルクの心身ともに健全な体質を傷つけている。フリックは、「汝の隣人を愛せよ」という「時代遅れの」戒律を批判し、自然の望みを実行する国家承認の優生学的介入、を提唱した。(3) 国家の強制手段がいかに強力であっても、民族の回復は個々人の協力意志によるところが大である、とフリックは結んだ。

その後一〇年、ナチ・ドイツの思想家と医学倫理専門家は、健康管理、遺伝カウンセリング、強制断種そして安楽死のメリットについていろいろ考えた。いずれもナチの党計画に漠然と言及されていたが、党機関誌では無視された課題であった。かつて一度だけ、一九二九年の党大会の時であったが、ヒトラーが断種の倫理について討議したことがある。一〇〇万人の新生児のうち、望ましからざる子供一万人が死ねば、フォルクにとって正味でプラスになるとした。(4) ヒトラーは公の場ではそれ以上のことを言わなかったが、フリックの講話（三三年六月）から数週間して、道義の問題に没頭していることを明らかにした。それは非公開の閣議での発言であったが、断種を「道義上議論の余地がない」と正当化した。ヒトラーによると、遺伝性の病気をもつ者が相当に子孫を増やしていくのに、健全な子供が何百万という単位で生まれぬままというのは解せぬ話で、断種は遺伝病者の増加と比べて、罪が軽い。(5) 特定の民族種の改良計画を公にしなかったのはヒトラーが反対を予期したためと思われる。(6)

国家指導の断種は、深く根をおろしている二つの原理原則と、真っ向から衝突した。その第一は、ジョン・ロックの「市民政府二論」にある世俗の教え、即ち「すべての人間は自分のなかに個有の資質をもつ」という言葉である。第二が、生殖にかかわる人為的干渉を否定する、宗教上の禁止である。教皇ピウス一一世は、一九三〇年の回勅「貞潔な結婚について」で、繰返し力説している。ナチの断種計画の立案者達は、別の前例を探した。一九二七年の合衆国最高裁判決（オリバー・ウェンデル・ホームズ陪席判事）が、その一例で断種を正当化している。ホームズは世界大戦の勃発で、「若い世代の選り抜きが命をかけて国のために戦っている時……無能な者を山のように抱えて身動きがとれず、これを防止するため……国が、既に国力を弱めている者に小さな犠牲を求めることができないとすれば、奇怪というほかはない……低能者が三代続けば充分ではないか」と言った。(7) ナチの断種計画は、アメリカの二八州とヨーロッパ数ヶ国で実施されている優生学政策の大ざっぱな文脈のなかで、発展した。(8)

ナチの「血統でつながる民族の改良」計画は、その論理よりむしろ規模に特徴があった。アメリカ（一番類似性の近い）では、一九〇七年から一九四五年までの間に、四万五一二七人が断種手術をうけた。しかしドイツでは、国際的に知られる優生学者フリードリヒ・レンツの計算によると、一〇〇万の知的障害者（全人口六五〇〇万）が断種されるべきであり、農務相ヴァルター・ダレ（SSの人種・再定着中央局の責任者でもあった）は、その一〇倍の数をあげている。(9) フリックは全国放送で、五人に一人の割合と国民に覚悟を促した。(10) この規模の優生学政策を円滑に推進するためには、夫婦が進んで協力して家族の保健記録を提出し、健全遺伝裁判所の判決に従わねばならない。医師とソーシャルワーカーは、抵抗する者に対して受胎だけでなく結婚も放棄するよう強制しなければならない。結婚も、ナチの法律では、不妊なら除外される。教師、ソーシャルワーカー、医療従事者は、「疑わしい者」を自治体の役人に報告する義務があった。法務、医学および社会福祉の専門家で構成される審査団が、その疑わしいケースを調査する。控訴手続きもつくられた。(11)基準レベルに合わせるため、基本的価値観を変える必要があった。ヒトラーは『我が闘争』のなかで、個人にかかわる問題に対する態度を変えるのは至難の業、と認めている。ヒトラーは、「民族国家は、最も巨大な教育事業を遂行しなければならない。そしていつの日か、これが、どの戦争の勝利にもまさる偉大な行為であったことが分かるだろう」と書いた(12)。

人間の優劣品種概念を広める官僚

倫理上の価値観変容という「偉大な行為」の遂行責任は、二九歳の医師ヴァルター・グロス（一九〇四年—四五）の双肩にかかった。グロスは三ヶ月前、「国家社会主義人口政策・人種厚生啓蒙局」の創設責任者に任命されたばかりであった。ヴァチカンの態度を気にして、たとい一時的にでも断種法を秘密にするにしても、グロスは一九三三年七月一四日に全国放送で、人種政策について話した。ちょうど内閣が断種法を承認した日である。ナチイデオロギーの中核にある人種計画を推進するうえで、それを支持するコンセンサスづくりが必要であったが、この放送は、責任を負わされた男のデビューとなった。以来一二年、グロスは体制文化に、人間の優劣品種概念を注入していくのである。それは、優越した存在と考えられるフォルクと、望ましからざる「その他大勢」であり、後者にはユダヤ人、「欠陥遺伝子」の持主、アフリカ系ドイツ国民、ジプシー、同性愛者、「反社会」分子（性犯罪者、放浪者など）が含まれる。

グロスは、ナチの階級では中間レベルの官僚であった。この中間管理者の多くがそうであったように、教育程度が高く、党古参よりも若いが、党歴が長かった。グロスを始め、一九三三年以前、党員となった若手の「古兵」は、ヒトラーの側近より冷静であり、民族改良思想の普及には、うってつけであった。特に、ナチ支配に敵意を抱き、あるいはしらけているドイツ国民に対して、説得力をもつと思われた。この世代は、先の大戦では低年齢で従軍できなかったが、多感な思春期に戦時の愛国主義を吸収していた。一九二〇年代に大学教育をうけ、今やノウハウを駆使し、てきぱきと仕事をこなすキャリア組である。ヒトラーの建設総監（後に軍需相）アルベルト・シュペーア（一九〇五―八一）、ナチス女性連盟の指導者（ナチ女性局長、女性赤十字連盟の会長等を兼任）ゲルトルート・ショルツ＝クリンク（一九〇二―一九九九）、映画監督レニ・リーフェンシュタール（一九〇二―二〇〇三）、SS法律家（ナチス保安警察本部長等を歴任）ヴェルナー・ベスト（一九〇三―八九）、国家保安本部（RSHA）本部長ラインハルト・ハイドリヒ（一九〇四―四二）、法律家でポーランド総督府領長官ハンス・フランク（一九〇〇―四六）、ルブリン・ゲットーを含むルブリン地方担当SSおよび警察指導者オディロ・グロボツニク（一九〇四―四五）、第二次大戦時のユダヤ人移送責任者アドルフ・アイヒマン（一九〇六―六二）は、いずれも同じ世代の実力者であった。(13)

一九三三年から一九四五年まで、グロスは二つの意図をもつ野心的なPR作戦を監督した。第一は、血統でつながる民族意識を一般大衆に叩きこむことであり、第二は中核ナチスに抜本的対策の準備をさせることである。グロスとスタッフ一同は、人種浄化の有力な宣伝家であると同時に、人種政策の立案に舞台裏で相当な影響力を行使した。(14)科学史家ロバート・プロクターは、「当時ドイツに住んでいた者が、この部局の活動にひっかからぬようにするのは難しかっただろう」と述べている。(15)それなのに、グロスは歴史の表舞台から消えてしまった。見落とされたのには、いくつかの理由がある。まず第一にグロスはチームプレイヤーのひとりとして、アルフレート・ローゼンベルク、ユリウス・シュトライヒャー、ヨーゼフ・ゲッベルスといった、はなばなしい長老格幹部の影に隠れていた。中間管理職のひとりであり、アイヒマンのような悪名高い事務屋の人殺しやヘスのような強制収容所の所長と違って、グロスは実施権限を行使する立場になかった。(16)グロスはSSに入らなかったので、ハインリヒ・ヒムラーの権力固めのなかで、実力者グループの外におかれた。(17)一九四一年五月にルドルフ・ヘスが英国へ飛び、そこで捕まったことは、グロスが重要な後ろ盾を失ったことを意味した。見落とされてきた一番大きな理由は、一九四五年四月に自分の資料ファイルを焼却し、自殺したことである。おかげで、三〇〇〇名を越える人種教育者の全国組織メンバーの有罪を立証する証拠資料が、なくなってしまった。口述記録と地方の資料館における調査がなければ、グロスの作業史は消滅したはずである[18]。

ヴァルター・グロスは、教育のある中産階級という環境のなかで、生まれ育った。一九一九年、彼が一五歳の時、両親はドイツ東部から移動した。ベルサイユ条約によって、その地域がドイツから分離されたためである。ドイツの大学でも最右翼の保守的なゲッチンゲン大学に入学、医学生となったが、当初から学内でも一番反動的かつ反ユダヤ的といわれる学生クラブに所属した[19]。二一歳の時、この真面目な青年はナチ党に入党した。二年後の一九二七年、グロスは友人たちと謀って、国家社会主義者学生連盟ゲッチンゲン支部、を設立した。グロスのもっとも緊密な同志のひとりが、アヒム・ゲルッケである。過激な反ユダヤ主義者で、ユダヤ系ドイツ国民五〇万のデータを集め、索引カードでデーターベースをつくっているところであった。人種と遺伝的特徴に関する情報で、そこからユダヤ人の体制破壊力をつきとめようという魂胆であった。この青年ナチたちは、医学生という立場から、国際的に名の通った三人の優生学教授に影響をうけた。三人とはオイゲン・フィッシャー、フリッツ・バウエル、フリードリヒ・レンツである。医学倫理の専門家マルチン・シュテムラーの影響もある。この人は、血統でつながる民族社会から〝不適〟要素を駆除せよ、と提唱していた人物である。グロスは、一九二七年に初めて一文を草したが、そのなかで、人種改良が道義の本義とし、ニーチェを師と仰いだ[20]。

一九二九年、グロスはブラウンシュヴァイクで専門医学実習生となり、エルフリーデ・フェーゼンフェルトと結婚した。十代の頃からの知り合いである。その頃グロスは突撃隊に入隊し、国家社会主義医学者連盟では以前にもまして積極的な活動家となった。政治活動が認められ、間もなくしてミュンヘンへ移り、ナチ党民族健康委員会で働いた。[21] ここでグロスは人集めの才能を発揮する。医師向けの週末講習会を開き、政治イデオロギー、観光、医学、協力問題をブレンドした講習会で、組織化をすすめた。[22] 初期の講演内容からみると、グロスは、聴衆に合わせて話のトーンを変えている。非ナチスに話をする時は、民族原理主義を発散し、ナチの同志を相手にする時は、反ユダヤ主義をぶちあげた。

グロスは自称人種哲学者として、一九三〇年の危機的状況を、「価値観の大激変」と規定した。ニーチェの道徳哲学は、因習打破、偶像破壊の世俗主義であるが故に、コスモポリタンのリベラル派が自分用にしていたが、グロスはニーチェの倫理観を保守派用に再利用した。グロスは、大げさな表現を得意とし、大哲学者のインパクトを、「暗黒の虚空を切り裂く電光一閃にも似て、ニーチェはリベラル時代のおどろおどろしい灰色世界を一撃した」と言った。[23] それでもグロスは、無法の突撃隊員がもつ傲慢なエトスに我慢がならなかった。価値観の変容は強要できないとし、市民のすべての争いに結着をつける「血と人種の社会的慣習」によって緊密に結ばれた力強いフォルクと、それがもつビジョンによってのみ可能とした。血統で結ばれた新しい民族の「良心の声」（ゲヴィッセンスビッセン）が個々人を導き、フォルクの利益を個人の利害の上におくのである。[24]

「ユダヤ人」という言葉を使わない脅威

ナチの中核分子を読者対象とするアルフレート・ローゼンベルク編集、発行の反ユダヤ誌「世界の反ユダヤ闘争」に、グロスはペダンチックな筆致で、自分の深遠なる人種主義を開陳し、「ユダヤ人の性質は我われのものとは違う。いくつかの側面では真っ向から対立する。これが私の冷静な結論である」と書いた。彼は、歴史上の事例を使いながら、人種的退化を国際ユダヤと関連づけ、世界大戦を引き起こし、ドイツの敗北と「ドイツ的性格を破壊した」ワイマール民主主義をもたらした元凶はユダヤ人、と口をきわめて攻撃した。グロスは、いんちき統計をもちだして、ユダヤ人が医学、メディア、金融を支配していると主張し、この恐るべき敵は、「英雄的ゲルマンの神」にかえて己の「復讐する神」で代用し、フォルクを秘かに毒してきた、と主張した。(25) グロスの記事は、見えすいたごまかしを施したキリスト教に対する敵意から、いかさまの証拠資料を使うところまで、変わりばえがしない。多数のナチ小冊子にみられる粗雑な人種主義を、なぞったにすぎない。

しかしながら、グロスには時と場所をわきまえる識別力があり、ナチに傾倒していない聴衆に対しては、自分の人種主義を隠した。グロスは、イデオロギーのカメレオンで、市民団体に対しては、敬虔と道義の誇りを説き、ナチ傾倒の医師たちを前にする時は、毒々しい人種主義を吹きまくった。医学の学位、アカデミックな風貌、エネルギーそして熱気ほとばしる雄弁の才があったので、グロスは人種主義宣伝家として、まさにうってつけの人材であった。さらに、彼の党籍番号二八一五（入党日の順）は、一九二〇年代中頃に入党したナチ約二万七〇〇〇からすれば、初期のメンバーであることを示し、それも党幹部たちの信用を得る要因となった。(26) 間もなくしてベルリンから声がかかり、副総統ルドルフ・ヘスは、人口政策・人種厚生啓蒙局の創設を命じた。多くの自称専門家がこのような部局の開設を提案していたが、(27) ヘスが選んだのはグロスであった。ヘスは、若さとダイナミックな行動で、批判に耐えられる、と読んだのであろう。(28) ヘスは、「我らが敵の嘲笑は、ナチの世界観（ヴェルトアンシャウング）の核心に集中してくる」と考えた。グロスに与えられた仕事は、全ドイツ人にナチの政策を納得させ、人種問題に関する提案の情報収集・伝達センターの役割を果たし、ナチ核心層に対する人種問題の特別コースを運用すること、であった。ヘスはグロスに「リベラル派と一切妥協せず、血統でつながる民族の価値観を全国民に叩きこみ鍛えあげよ」と命じた。しかしそ

パイオニア的存在の人種科学者たち。シャーロッテ・ケーン・ベーレンスの小冊子「人種とは何か」に紹介された４名。1933年以前に学者としての地位を確立していた３人の研究者と並んで、青年ヴァルター・グロス（右上）が代表的専門家として登場している。写真は左まわりに、アドルフ・バルテルス、マルチン・シュテムラー、パウル・シュルツェ＝ナウムブルク。

の後数年の経過をみると、ヘスとグロスは批判者の「嘲笑」と「憎悪」について相変わらず不満をもらしている。つまりそれは二人の挫折感を示唆している。[29]

一九三三年、ジャーナリストのシャーロッテ・ケーン＝ベーレンスが、グロスに彼の責任分野をたずねた時、彼は「調査研究ではない。それは科学者の仕事である。法務関係でもない。それは内務省がやっている。（私の仕事は）生物学的考え方と情念をもってフォルクを陶冶し、鍛えることで、これが専門領域」と答えた。[30]ドイツ語の動詞「エルツィーエン」は「鍛える」および「教化する」を意味し、名詞の「エルツィーウング」は、知識のみならず価値観の中で人間を教育するの意である。これに近い用語を探すとなれば

「道徳教育」である。グロスは、医師たちに向かって「人間に影響をおよぼし、人間の情念をとらえ、滔々《とうとう》と流れていく……全く新しい、特異かつ前例のない……」仕事、と自分の任務を説明している。(31) ヘスは、グロスの仕事を「プロパガンダ」といわず「啓蒙、教化」と称した。英語でもドイツ語でもそうであるが、「啓蒙」という用語は、意味深長であった。明らかにされた自然法の含蓄をもち、一八世紀の理性の時代を想起せしめる。「プロパガンダ」は、その時その時のいわば短期の政治ニーズに従って、変動する。ナチの言語使用によれば「プロパガンダ」は速やかな行動を求めるが、「啓蒙」は知識を通して新しい態度を形成するという考え方で。(32) 前者は首尾一貫せず、気まぐれで、うさん臭いところがあるが、後者は真理を明らかにする。グロスは「ドイツのフォルクは、人種の繁栄について何を知っているのだろう。今日に至るまでフォルクは何も知らない。彼らは自分を個人として考え、偉大なる生命の鎖にリンクしたひとりということすら気づかない」と言った。(33) グロスの描く自画像は、公と私、科学と政治を総合した国民生活の新しい分野の創造者である。

断種法が承認された一九三三年七月一四日、グロスは全国放送で二〇分の講演をした。その中で彼は「価値観の再評価」というニーチェの言葉を借用し、「始まったばかりの（ナチ）革命は、新しい政治形態を創出するのみならず、新しい人間を生みだし、歴史の新しい理解をつくりだす。新しい価値観と判断基準が、未来のみならず過去に対する我われの認識を変える。この価値変化が我らが時代の特徴であり、真の精神革命として正当化される」と語った。(34) このラジオ放送で、最初の一〇分間は、「歴史に脈打つ血の声」と「己の国と正義を求める血の叫び――かくも長期にわたって欺いてきた異質の精神からの解放」と叙情詩ふうにうたいあげ、「えせ人間性」と「過剰なあわれみ」はためにならぬとしたうえで、グロスは人種政策を「リベラル哲学の腐ったエゴイズムに対する戦い、純血をかちとる道義の聖戦」と定義した。それからグロス

Gesetz zum Schutze der Erb-
gesundheit des deutschen Volkes
vom 18. Oktober 1935.

1935年10月18日、「ドイツフォルクの健康遺伝子保護法」が導入され、結婚するカップルは、事前に遺伝学的スクリーニングを義務づけられた。反ユダヤのニュルンベルク人種法の導入より数週間足らずで保護法が制定された。フォルクの成員は人種上の精密な審査をうけなければならない。写真の影像はこの保護法を記念するもので、72枚組のスライドのひとつ。スライドには「健康生活」をどう送るかについて、説明テキストがついている。人種政策、人種的純血の美、欠陥人間の写真、ナチ指導者の発言付きである。

は、戦いは大別して三つの分野にあり、いずれも長期におよぶとした。その三つは、「軽率な繁殖」、「適者の間にみられる出産率の低下と、一般に不適者と考えられる者の間にみられる無拘束の出産」、「人種混淆」である。人種的衰弱に苦しんできた国（即ちドイツ）が、史上初めて生まれ変わろうとしている。なぜならば、生物学者が血統でつながる永遠の民族の生命の秘密を発見し、人種意識の高い政治指導者は、その知識を応用する決意であるからだ、とグロスは言った。[35] 彼は、「ユダヤ人」という言葉を使わずに、「身勝手で精神的にホームレスの連中」を誹謗し、「人種混淆は人類の原罪」というヒトラーの意見を引用した。鋭い聴衆者であれば、彼のコメントの背後にひそむ脅威を感じとったに違いない。グロスは「開花しないバラは引き抜いて火中に投じる。庭師は果実の稔りなき樹木を切り倒す」と言ったのである。[36]

ナチの報道機関は、グロスのラジオ講話を「ドイツ史に流れる永遠なる血の声」という見出しで、報道した。これが話の主旨というわけである。[37] 一九三三年夏、グロスは何度か話をしたが、二つの点で特徴がある。第一は道義面を強調した点、第二は国家社会主義については一言も触れなかった点である。グロスは人種について語るよりも、ヒトラーお気に入りの用語のひとつ「フォルクスケルパー」を使った。その年の七月、ハイデルベルク大学で、カール・シュミット、マルチン・ハイデガーと共に演壇に立ったが、学問上の実績や知名度のない青年党員にとって、このうえない名誉であったに違いない[38]。それから数週間して、医師を相手に喋った時、グロスは、「啓蒙キャンペーン」の発動を発表した。「温かい心を奮いたたせ、一〇〇〇年に及ぶ歴史的悲劇と屈辱から、我がフォルクを救済せんとする、熱情あふれる人々の願望」をかきたて、総動員するという[39]。

グロスは「医師にとって偉大なる新時代の幕開き」と述べながら、「個人ではなくフォルク総体に対する医療ケアを至上命令とする革命的職業倫理」を呼びかけた[40]。

狂信的人種主義を専門家に納得させる

グロスは、新しいポストについて数ヶ月もしないのに、一九三三年九月のニュルンベルク党大会に招かれ、講演する機会を与えられた。まことに名誉な話である。党大会の前日、ヒトラーは演者の草稿を読んだ。ゲッベルスに対しては、荒っぽい反ユダヤ表現の削除を命じたものの、グロスの血統でつながる民族の道義説教は、検閲をパスした。この演説は全国放送で流され、グロスは「価値なき者のために財政上培養上の支出を余儀なくされ、国庫の無駄使い」になっている現状を嘆いた。彼は、ひとつの健全なフォルクを絶滅寸前まで追いこんだ「リベラルの実験」を嘲笑し、「連中は、世界の全人種はそれぞれ神の御業……と口ぐせのように言う。我われも、まさにその通りであると信じる。かく信じるが故に、血と血の清らかな分離を要求するのである。混淆種で神の御業を混乱させるようなことがなく、恐るべき奇形へ退化していくこともない」と言った[41]。ヒトラーとその同志たちは、独習型の偏執者で、夢想的北欧人種主義と粗雑な反ユダヤ

「遺伝学上健全な子孫のみが、フォルクの存続を保証する」。男性が楯を手に母親を守っている図柄であるが、その楯には「遺伝子欠陥子孫防止法、1933年7月7日」と書かれている。「我われは孤立していない」というキャンプションで、優生法を導入した近代国家の旗が描かれている。アメリカ、日本、英国、スイス、フィンランド等が仲間だ、安心せよというわけである。

主義を一緒くたにしていた。遺伝子型（ジェノタイプ）、表現型（フェノタイプ）、頭蓋骨測定、メンデルの遺伝法則といった難解な用語はちんぷんかんぷんで、どうでもよい話であった。しかしナチ古老たちは、技術問題を避け、壮大な形而上学的言葉で話をする科学青年を称賛した。ニュルンベルク党大会後、ゲッベルスは前向きの評価をくだし、「グロス博士は人種問題について大変上手に語った」と言った。[42] 数年後ゲッベルスは「非常に分別があり、一緒に働ける」人とグロス本人を評価する。[43] ある有力な優生学者に対する評価に比べると、対照的である。ゲッベルスはこの人物について、「遺伝上のケアとか家族とか、くだらぬ無駄口をたたくのをやめるべきだ」と批判した。[44] グロスのセンチメンタルな言葉のほとばしりと、生物学比喩が、正しい路線なのであった。

　一九三四年の晩春、ヘスは弟分のグロスの働きに報いて、国家社会主義者人種政治局（ORPラッセンポリティシェス・アムト）創設を命じた。公共生活のあらゆる面に、血統で結ばれた民族という思考を普及させるためで、ORPの下部組織リストをみると、その活動規模がよく分かる。それは、教育、プロパガンダ、対外関係、カウンセリング、応用人口統計学、広報、科学、対婦女子活動を担当する。その後一一年、グロスはナチエリートの錚々《そうそう》たる連中と、時に協力しあるいは競合しつつ、仕事を続けた。例えば、内務省のユダヤ人問題の専門家アヒム・ゲルッケとベルンハルト・レーゼナー、国際社会主義医学者連盟会長のゲルハルト・ワーグナー（党本部保健衛生全権も兼任）、教育相ベルンハルト・ルスト、ナチ理論指導者アルフレート・ローゼンベルクがそうである。(45) グロスは、混沌としたナチ国家にあって、その混沌に理論性を付与する責任を与えられた。即ち、ヒトラーとその同志たちの狂信的人種主義を、市井の人と専門家双方を納得せしめる、首尾一貫した政策へ変貌させる仕事である。一九三四年五月一五日、ヘスはグロスに「人種政策に正統の筋を通し、専門家教宣の指針役を果たす以外に……経験的人口統計上および人種政策上の問題にかかわる論争を解決」するよう指示した。(46) ヘスは、指導者訓練コースで、民族の意思を分かち合わない科学者は、忠実な国家社会主義者であっても人種上の諸原則に無知な者も然りであるが、人種上は無価値な存在であるとコメントし、グロスの任務の重要性を強調した。(47)

ＯＲＰは、ベルリン本部に二五名を越える職員をおき、ナチの管区三二ヶ所に支部を持っていた。立派な公的性格をもち、実務者間同士のコネも築いていた。草の根レベルでは管区や地区の事務所を通して活動した。全国レベルでは人種政治教育者と医学部教授を訓練し、資格証明書を付与した。グロスは、労働戦線、国家社会主義者女性連盟といったナチの全国組織と協力して、人種教育プロジェクトを開発した。(48) 一九三〇年代末までに約三六〇〇名のＯＲＰ代表がドイツとオーストリアで活動し、人種問題に関する相談に応じるほか、人種問題の訓練施設を運用し、調査に任じた。

グロスは二つの顔をもって任務を遂行した。大量配布用の刊行物に記事を書き、あるいは非ナチスに向かって話をする時は、民族原理主義を語り、フォルクを賛美し、人種上の危険について簡潔な警告を発するのである。一方、ナチの党機関で教育する時は、フォルクについてはあまり語らず、声を大にして「ユダヤの脅威」を説くのであった。今日の宣伝マンと同じように、グロスはメディアと聴衆の種類に応じて、伝える内容と話し方を調整した。ごく普通の市民に向かって話をする時は、気さくで愛想のよい態度をとり、批判者には、それはナンセンス、間違っているとか、馬鹿馬鹿しいと一言のもとに切り捨てるのであった。質疑応答の形式をとる場合は、批判家の言葉をパラフレーズし、しごく柔らかい物腰で叱るのであった（相手に対する呼称も、親しい間柄を示すよう、ドゥという二人称を使った）。例えば、「しばらく話を聞いてもらえれば、我らの大義がお分かりになると思います」といった調子だが、「こんなに目茶苦茶なのは……阿呆しかいない」と言う場合もあった[49]。そしてまた、いかにも理想家肌といった口調で、「偉大なる新時代の立場から物事を考えることができない者、永遠なる生命のいぶきを感知しない者、普通の人の健康的な大地の匂いをもたぬ者は、この大事業に大混乱をもたらすだけである」と大げさに宣告するのであった[50]。

グロスの情熱を最も強くかきたてて、情感のほとばしりを誘発するのは、女性聴衆のようであった。女性を「繁殖用の家畜」に仕立てているとしてナチを「野蛮人」呼ばわりする者に対しては、「人間の物質的富ではなく、人種的質によって地位が決まる平等主義の新秩序」を称揚した。女性にもドゥという二人称を使い、「今の君、今の私、そして自分のなかで一生をかけて成長していくものは、すべて遺伝によって予め決められているのです」と説くのであった[51]。グロスは、「フォルクがあってあなたがある」という女性向けテーマでは、まさに説教を垂れ、「フォルクという滔々《とうとう》たる血の大河の一滴」であるのは、何と幸いなことであろうと語った[52]。縁なしめがねをきらきらさせながら、グロスはフォルクの「体と魂の改良」の聖戦をうたいあげた。

後年、職員のひとりがグロスの失望を指摘した。才能に恵まれた若手研究者たちの数が少ない、とよく不満を洩らしていたようである。新卒の医師は過剰なほどいたから、応募者の数に不足はなかったであろう。人種政策の各種プロジェクト（ヘスは応用生物学とよく言った）に予算がつくことを見越して、応募が絶えなかったのである。[53] しかしグロスは、応募の動機が不純と考えた。信念ではなくご都合主義で応募する者が多い、とみたのである。党および国家機関に首尾一貫した人種政策を押しつける点でも、最初は強気であったが、時間がたつうちに彼の楽観主義はしだいにしぼんできた。就任した最初から、ナチの党諸機関のなかに強力なライバル組織が生まれて、グロスの人種教義の標準化努力を、妨害していた。人種問題が新体制の中心課題になると感じて、国家社会主義者教師連盟、軍、外務省、SS、法務省、労働戦線がそれぞれ人種問題局を開設した。一九三三年七月、ゲッベルスは、人種問題に対する「絶対に客観的、冷静かつ明快」な態度と取り組み方を普及するため、ナチ党員医師と協力し、「一大プロパガンダキャンペーン」を展開する、と発表したが、すぐにその意図をひっこめた。[54] 内務相フリックは、自分で人口・人種委員会をつくり、グロスの権威を削ぎ落した。SS国家指導者ハインリヒ・ヒムラーは、グロスのオフィスとは距離をおき、自分のところの人種専門家とグロスの計画との間に将来起こりうる「摩擦」を探った。

学生時代からの同志ゲルッケは、「いわゆる〝人種局〟が無制限に乱立し、人種思想がうまくかみあわない」懸念を抱いた。ゲルッケの考えによると、無資格者による活動が多数競合し、人種改良の名前に傷がつくのであった。国民は、自己を過大評価する尊大な「人種コミッサール」に憤慨し、「そこいらにごろごろしている人種オフィス」が唱える突拍子もない主張を嘲笑した。[55] グロスが張り合ったのは、国家社会主義医学者連盟（会員数三万）、内務省公衆衛生局管轄の公衆衛生協会（六二〇支部）であった。管区レベルでは、グロスの連絡事務所は管区長の善意に依存した。

人種教育のネットワークづくり

このような背景のなかで、グロスは低姿勢でネットワークづくりに徹した。遺恨や敵意で動くナチ幹部の間では、珍しいことであった。ナチ党と行政機関のすき間で静かに行動しつつ、グロスは横へ横へと影響力をひろげていった。縦方向ではないので、高位高官になることはなかったが、同輩レベルのネットワークで隠然たる勢力を築いた。一九三〇年代末、国会議員五〇〇名のうち医師系議員はわずか六名しかいなかったが、グロスはそのひとりであり、中央局指導者（ハウプトアムトスライター）の称号を与えられていた。ナチ官僚のトップから一ランク下の地位である。グロスはきわめて重大な時に、人種政策のコンサルタントに迎えられた。この立場と前述の背景で、彼は終始一貫して抜本的な長期目標に向かって進み、抑制のきいた——即ち官僚的手段をとった。多くの党古参と違ってグロスは、一九三三年以前にナチズム支持者をかちとった戦術が、第三帝国では逆効果であることを、理解していた。「闘争時代」においては、耳障りな声でわめき散らすナチスは、リベラルな機関を非合法化するため、脅しを常套手段にした[56]。しかし、一九三三年一月以降は状況が変わったとグロスは認識した。制度の整備でことを運ぶべきであり、腕ずくのやり方は逆効果で、人種思想への転向を期待できる人々の間に怒りをかい偽善の心を生みだす[57]。

グロスは、自分の抱くビジョンを血統でつながる民族の「改良」あるいは「革命」と規定し、自分の任務を、鉄の溶解精錬、鍛造によく例えた。この後数年、彼は、広汎な人種政治の教育ネットワークを整備運用し、フォルクの形成に努めた。それは、普通のドイツ国民が、そのフォルクのためなら身の犠牲を厭わぬものになるはずであった。

ＯＲＰ（人種政治局）は、創設一年目に一四種の教材を編集発行した。人種教育ワークショップ、指導者訓練コース、学校の補助教材用で、種類によっては五〇万冊も印刷した。グロスは、七〇〇頁もあるヒトラーの『我が闘争』から三二頁分を選んで掲載した。それは偏執性のない像で、そこいらの政治家とは違う、群を抜く存在、高くそびえ立つ聖者として描かれていた。表紙は、はるか彼方を見つめ、理想を追い求める背広姿の総統である。グロスは序文でヒトラーを、純潔と清浄の人格化、キリストのごとき救世主、「宇宙の偉大なる真理、即ち人間が遺伝上永遠の違い、不平等性をもつ事実の発見者、現代を代表する史上最も重要な人」と認められる天才、と記述した。ヒトラーの人種模範は、新しい理解の道を開いた。それは健在な民族統治体、母なる自然の法則、ヨーロッパの科学・技術および芸術の発展、自己を犠牲にする献身力の凄さ、英雄的行為にみちたドイツの過去におよんだ。グロスは「ユダヤ的」という形容句を控えめに使った。使う時は、傲慢、無礼といった性格特徴を表現する場合が主であった。ヒトラーが人種混淆（ラッセンシャンデ、シャンデは屈辱の意）を人と猿の結合と比較したくだりがある。その頃の教材には、その引用がある以外、人種問題はあまり登場しない。ＯＲＰは、一九三五年から優生学に関する教育映画、スライド、特大ポスターの制作を開始し、全国に配布した。

官僚組織のあらゆるレベルに、新しく人種専門家が任命されたが、それぞれに人種教育を必要としたので、グロスは友人ゲルッケに注解付き参考図書目録の編集を委託した。駆け出し講師の指導用である。ゲルッケは、グロスと同じように、ドイツ国民に、例えば「自分自身の種に対する熱い愛」を感じよ、と強く訴えた。そして、優生学者の間ではおなじみのテーマをとりあげ、「我らがフォルクは病んでいる。悲惨なほど病んでいる」と述べ、道義の変換のみが治せると強調した。(58) むやみやたらに多くの奇形や欠陥人間を生かし続けている福祉は、見直す時がきているとして、ゲルッケは「人種思想が……我らが時代の治療教理で」あり、「人種問題こそ国家社会主義者の観念界の基軸」であると書いた。ゲルッケが編集した参考図書目録には、「科学および哲学」書二三三点が採録されたが、そのうち人種および「ユダヤ問題」に関する本は、わずか三二点であった。ゲルッケは、グロスのように、反ユダヤ感情が胸中に渦巻いていたが、「ナチの見解を反映しない」本を数点加えることによって、公平のふりをした。

一九三三年、グロスは一般読者向けの絵入り雑誌「ノイエス・フォルク」（新しいフォルク）を発行した。体裁がアメリカの「ライフ」や「ルック」に似た大衆向け豪華雑誌で、ドイツの女性向け大衆雑誌にも類似するつくりであった。中程度の教養誌でさわやかなトーン。これが「ノイエス・フォルク」の編集方針だったが、人種に関する通俗科学物が掲載され、ナチの週刊誌「デァ・シュテュルマー」をがらくたと一蹴し、ナチのメディアを全然信用しない読者層に、読まれた。一九三三年時点で七万五〇〇〇の発行部数は、三〇年代末には三〇万を越えるまでになり、一般家庭だけでなく病院等の待合室、学校、公立図書館にも常備された。[59]グロスは、「ノイエス・フォルクが読者にいにしえの真理を教えるが故に、我らがフォルク回復も可能となる。総合性をもち、しかも単純明快であるから、読者はいろいろなことを学ぶだろう。我らの血をいかに清める必要があるのか、価値ある強い新世代をつくり未来につなげるには、我われは何をしなければならないのか。こういったことを学習するのである」と書いている。[60]時々ヒトラー語録が引用されたが（通常、警句として囲みで掲載された）、それ以外はヒトラーの名をあげたり、ナチの人種教義に触れる著者は、ほとんどいなかった。著者は、ナチ党の肩書ではなく職業上の肩書と専門分野の学位をつけた。ＯＲＰスタッフは、写真にでる時は通常背広を着用した。

記事にはたくさんのイラストがつけられ、ヒトラー・ユーゲントのキャンプの一日、「イタリアフォルクの父、ムッソリーニ」の人物描写、旅行情報、ゲルマン芸術の精華、聖人絵の複製画、純朴古風な農夫、勇気凛々突撃隊員、健康スキーヤー、健康美に輝く笑顔がまぶしい母親、まるまる肥った丈夫な子といった記事が、紙面を飾った。観光の宣伝広告や皆の衛生、スポーツといった話題も盛りこまれており、健康志向で進歩的かつ愛国的な人々を、読者のターゲットにしていたことが分かる。しかしこのような紙面構成のなかに、目立たぬように人種問題のメッセージが織りこまれていた。親譲りの遺伝を図表で紹介したり、浪費に狂奔する消費者や、子供のいないカップルをからかった漫画のなかに暗示したり、あるいは上層部にくいこんだユダヤの影響摘発といった記事で、扱われた。生命倫理研究者は、断種がキリスト教倫理と調和する理由を説明し、新約聖書にある黄金律（マタイ伝七章一二、ルカ伝六章三一）は、あなたの「人種上の同志」にしか適用されない、と読者に伝えた。(61)

さまざまな話題を提供するなかで、この雑誌はひとつのライトモチーフで貫き通されていた。即ち、フォルクのためになる集団プロジェクトに参加すれば、血統でつながる民族意識の高いドイツ人は、より意義のある生き方ができる、というメッセージである。(62)「ノイエス・フォルク」は、視覚に訴えるレイアウトで、「望ましいもの」は美しく、「いとわしいもの」は醜悪

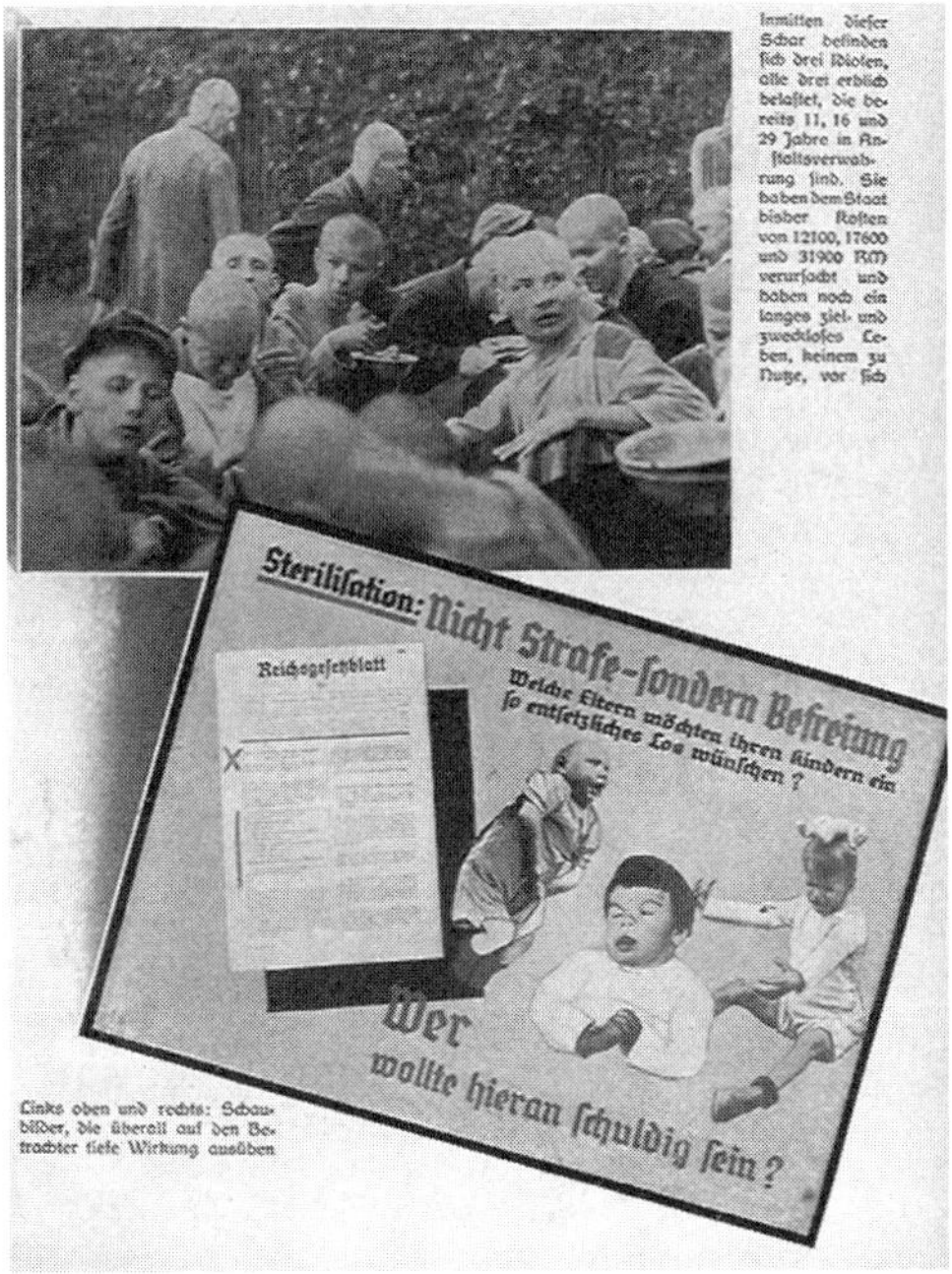

「断種：処罰ではなく解放。子供に何でこのような恐ろしい重荷を負わせたいと思う両親がいようか？」。ナチの人種訓戒は、人命の尊厳をベースとした伝統的道徳に反する。フォルクのためには、国家管理による出産防止は望ましくないとされた。この写真にでている個々人はジェンダーマーカーがなく丸坊主にされて汚名を着せられるが、断種されたアーリア人は尊敬せよというただし書がついている。

に描いて、並列させた。六号までは民族の誇りを集中的にとりあげ、一九三三年一二月発行誌に「人物的に望ましくない者」に関する記事が登場した。第三帝国警察本部長クルト・ダリューゲは、自分の開発した「犯罪的ユダヤ人」の追跡技術を紹介した。警察の顔写真が列挙され、「スリ、信用詐欺、ヤクの売人（これだけは女性の顔）、故買屋、旅券偽造屋」が「ユダヤ的容貌」の犯罪人、と同定された。(63) 残余の頁は、健全なアーリア人種の写真、珠玉のゲルマン芸術の写真集で、この対照的構成は人種上の道義の善と悪、美と醜のコントラストを伝えた。この雑誌は、〝前向き〟のイメージに力を注いだ。しかし、この前向きの誌面のところどころに、おどろおどろしいキャプションをつけたいやらしい写真が、挿入された。それはいわゆる不適格者に関する懸念に、不安の劇薬を注入した。

記事の力点は、肉体的に適者で人種上の理想であるアーリア人種。これに関する記事はいろいろあったが、時々「情報」写真エッセーなるものが掲載され、単調になりがちな健全ムードに、刺激を与えた。例えば「フランスと黒の脅威」と銘打った記事は、フランス女性とセネガル出身兵とのまじわりを写真付きで警告したもの。アメリカインディアンとアメリカ黒人の写真を並べた人類学者は、「人種の値打ち」を説明し、人種的相違を異国ふうに解いてみせた。(64) 断種上の生命倫理に関する記事では、精神遅滞の障害児童と健康な児童の対比写真が掲載され、「あなたはどちらを望むか」というキャンプションがつけられた。(65)「ノイエス・フォルク」の読者向けに、理想的ドイツ人の写真募集もあった。それにはサンプルの家系図がつけられ、その写真のうち数枚は「障害」者の顔で、もっとも健康的な家族にも、「遺伝子の欠陥、障害」が生じる場合がある、と示唆した。(66) 人口統計図の使い方も特徴があった。利己的な都市生活者と善良で寛大なアーリア系農民のイラストがつけられ、開放農地は消滅しつつある、ユダヤ人が伝統的な農民社会を消していると警告した。「スノッブ、えせ紳士、ダンス狂の不良、ただ酒をせびるアル中」、全力疾走するドイツのアマチュア選手と瞳を輝かせたヒトラーユーゲントの隊員たち。この二種を対比させた写真エッセイ。パリの舞台にたつアメリカの黒人歌手ジョセフィン・ベーカーとファンをとったスナップ写真は、ドイツの少年合唱団の写真と対比して掲載された。[67] 人種混合の交歓写真には、「悪趣味、それとも人種忘却？」というキャプションがつけられた。[68]「遺伝病におかされた」顔が、悲しげに読者の方を凝視し、その対面の頁は、二人のスケーターが、氷上をすいすいと気持ちよく滑っている写真もある。[69] 雑誌「ノイエス・フォルク」は、高潔でたくましく、健康的な人を称える一方、危険かつ退廃的な「アウトサイダー」について警告を発した。

「遺伝子欠陥は共同体を破壊する。健全な遺伝子がフォルクを保持する」。イラスト入りSS訓練マニュアルには、「ノイエス・フォルク」からの転載写真、いわゆる不要タイプと理想タイプを左と右に並べた対比も再録された。

一九三六年、ニュルンベルク法がユダヤ人の市民権を剥奪し、ナチ幹部がユダヤ人資産の没収を加速していた頃、「ノイエス・フォルク」は読者に、ユダヤ人の友人や同僚が苦しんでいても、同情は禁物と忠告した。パリに住むユダヤ人難民は贅沢三昧、デカダン的生活を送っているとする記事が、写真付きで連載されたが、ゲルハルト・キッテルとカール・シュミットの主張を裏づける編集の仕方であった。キッテルは、困窮難民を世界のユダヤ人社会が面倒を見ると言っていたし、シュミットは流出ドイツ人の旅券を無効にせよ、と主張していたのだ。(70) 公共のレクリエーション施設で遊ぶユダヤ人、と称する一連の写真には、「ドイツでユダヤ人が迫害されている?」というキャプションがつき、「我われのまわりにどれだけ多くのユダヤ人の生活があるか」自分の目で確かめられたらよかろう、と雑誌は問うた。(71) ある年若のユダヤ人女性は、ナチ・ドイツでの生活を回想し、「ノイエス・フォルク」が与える印象を、「この暗示的タイトルのもとで、写真と記事は人種混淆による被害を強調した。写真は、白人と黒人種の混淆という一番忌むべきタイプを浮きぼりにしたが、それと対照的に記事はユダヤ人に狙いを絞った。そしてユダヤ人は、少なくとも黒人と同程度に大きな脅威として扱われた」と述懐している。(72)

民族原理主義に人種の恐怖を注入する

社会全体を相手にしたグロスの活動を、一九三五年分でまとめてみると、二方面での努力の大きさが分かる。第一は、一般大衆の間に血統の原理主義を普及させること、第二が政策担当者の間に一貫した人種教義を叩きこむことである。その年グロスは、最初の講演をベルリン大学で行った。二月には、ドイツ全国から集まった一四〇名のプロテスタント系牧師に「前向きの人口政策」を説明した。(73) それから数週間後、今度は北欧協会で二万の青年に話をした。(74) 教師の年次総会では、「優越人種」の学生は飛び級コースに編入教育し、卒業を早めよと求めた。(75) 内務省では、人種改良第二特別委員会で講演し、フランス国籍黒人の父とドイツ人の母から生まれた子供の秘密断種を進めよ、と激励した。(76) 外務省のレセプションでは外交官に「ドイツの人口政策と海外に及ぼす影響」と題して講演した。それから数日して、グロスはＯＲＰの年次総会を招集した。[77]六月、一週間のＯＲＰワークショップを開催し、参加者に「民族の良心は、国家社会主義の概念でみたされている」と語った。[78]ケルンでは、国家社会主義女性連盟で「血と人種」について講演した。[79]八月、グロスはベルリンで開催された国際人口研究会議に出席、ニュルンベルクの党大会では人口政策ワークショップを組織した。[80]全国ラジオ放送では「聖なる血」と題して語り、その内容は翻訳されて海外で配布された。チューリンゲンでは医師団に講演、人種優劣の価値は強制できないので、教育で浸透しなければならない理由、を説明した。[81]一一月、グロスは医師を対象とする短期コースを開催した。健全人種にまつわる肉体的精神的特質が、研修テーマであった。[82]

ドイツ国民は、自分をナチと認識するかどうかに関係なく、さまざまな仕掛けの中でグロスの考え方に逢着した。ＯＲＰは或る人種研究所と一緒に、人種博物館の建設を計画した。場所はフランクフルトである。[83]ＯＲＰの後援で巡回写真展も実施された。いわゆる障害者と理想的アーリア人種を比較し、民族の誇りと人種上の懸念を喚起する展示であった。キャプションには「これまではどうだったか？　これからはどうあるべきか？」と

「ユダヤ人はドイツで迫害されているか？」。もちろんそんなことはない、とこのコラージュは答える。ユダヤ人はレジャーを楽しみ、海辺にも行ける。バーでは煙草、公園の施設では飲物。法律で医療活動を禁じられているユダヤ人医療は追放されていないとする新聞の切抜きもつけてある。

ある。[84]一九三七年の展示は、「歴史の鏡に映ったドイツの顔」が中心テーマで、優秀フォルクの顔面構造は不変として描かれている。毎年ORPは絵入りカレンダーを発行している。こちらも「人種上理想的な」ドイツ人が描かれており、一五万部から五〇万部を売上げた。

ORPは、人種教育者隊の養成訓練も行った。ベルリン近郊のキャンパスで、一九三〇年代一四〇〇人以上の講師が、八日間の人種科学集中講座に参加した。インストラクターのひとりが「厳しいがやりがいのある訓練」と述べたように、この集中講座は、宗教伝道の熱意と軍隊的規律を組合わせたもので、自分の担当地区で自信をもって喋れるように、参加者に人種問題を叩きこんだ。[85]SSなら毎年一〇〇〇人以上が、この学校で訓練をうけた。医学部新卒者も、ここで人種科学を学んでから任務についた。一九三八年の四月から六月の三ヶ月間を例にとると、グロスのORPは一一六〇回の会合を実施した。一回の会合には平均して約一〇〇名のナチオルグが出席している。[86]グロスの計算によると、その年の活動は集会六万四〇〇〇回、ナチ党幹部を対象とする人種政策教育受講者数四〇〇〇人以上（三分の一は女性）であった。[87]パンフレットもいろいろだした。「戦時下の人種政治」、「人種の観点から考えることができますか」、「過去を未来につなぐ農民」、「ドイツの人種管理」、「人種と宗教」、「人種思想と植民地問題」と題し、民族の健康と人種の傷について通俗的知識の普及に努めたのである。どの出版物にも、ゲルマン民族の優秀性を証明する「客観的」事実があふれ返り、ユダヤの脅威が強調された。そしてその危険はきわめて大であり、勇敢なるフォルクも蝕まれる可能性大、という警告がつけられた。

グロスは、宗教的信条にも似た民族原理主義に、人種の恐怖を注入した。その才能がよほどあったのであろう。非ドイツ人向けの人種政策説明会に、解説役としてたびたび選ばれている。一九三四年から一九三七年にかけて、チューリヒ、ロンドン、ベルリン、パリで開催された人口学、優生学関連の主な国際学会には、全部出席した。一九三八年八月、コペンハーゲンで開催された国際人類学会総会では、すべての人に共通する普遍的人間性を信じる人類学者フランツ・ボーアズに対して論陣をはり、生物学的人種主義を猛烈に弁護した[89]。外国の批評家にナチの人種政策を説明する時、グロスは、アメリカで実施されている強制断種プログラム、黒人差別、反人種混淆法をきまって称えるのであった[90]。

一九三五年二月、アメリカの駐独大使ウィリアム・ドッドは、グロスの話をそのまま報告した。肩書を「人種・政治局長」とし、「人種知識と人種衛生は、科学的研究や専門家のための研究というよりは、ドイツにとってプラスかマイナスかの観点から考える精神問題である、とグロス博士は述べた。これまで民族と文化が消滅したのは、政治的あるいは経済的問題に起因するというよりは、生活実態の退廃によるところがずっと大きい。国家社会主義は、この法則を認めた最初（の思想）である。そして、この法律を全国民の心と頭に染みこませることが重要である」、と発言した旨報告している[91]。数ヶ月後グロスは、同じ主旨の話をロンドン在住のドイツ人七〇〇人に伝えた。一九三六年一〇月、ベルリン大学で催された留学生集会で、グロスは、かつてナチの民族改良計画に反対した批判家が一八〇度意見を変え、今やドイツをうらやむようになった、と胸を張り、「活動は続く。我われは今、死という暗黒の勢力に敢然と立向かう生命を助けるべく、支援の旗を再び翩翻《へんぽん》とひるがえした。聖なるかな血、それは全能の主が我われに与えたまいしもの。これが我われの信仰であり、この信仰告白を通じて我われは未来を守る」と言った[92]。

一九三六年、グロスは海外向けに月刊ニュースレター「ＲＡＫ」（ラッセンポリティッシェ・アウスランツ・コレスポンデンツ。人種政治対外通信の意）を発行した[93]。発行部数は一年のうちに二万五〇〇〇部に達した。グロスはこのドイツ語版のほか英語版「ＲＦＣ」（レーシオ・ポリティカル・フォーリンコレスポンデンス）の発行も開始した。奥付の発行人はグロス、人間改良・優生学局局長という肩書である。当時の国際優生学論に沿った名称である[94]。RFCに掲載されたトピックには、他国の優生法、医療倫理、イタリアの人種政策、フランスの植民地人種主義、日本の大和魂、国際反共闘争、ヒトラー、内務相フリック、グロスその他の人種専門家の演説要旨などがある。「ドイツは主張する」と題する英語版アンソロジーが、対外宣伝用に発行されたが、そのなかでグロスはナチの総合的人種計画を賛美したし、ミルウォーキーで発行したパンフレット「血と人種」では、人種政策を神の意志と称えた。「我われが、ほかの人種の違いと特異な長所――天によって与えられたものである――を保持しようとすれば、それは創造主とその律法にかなうことになる。学者のお歴々よりずっと信仰に沿った仕事をしているからである。学界の連中は、息づき躍動する現実の生命より観念論を上におき、議論に明け暮れるだけである」と、グロスは書いている[95]。グロスは、納得しない人々に対しては、自分の人種主義を薄めて、当時ヨーロッパでありふれた「上品な」ユダヤ忌避言語で語った。

グロスは、聴衆の反応を直観的につかんだ。さらに彼は、上司の意図や関心が奈辺にあるのか、注意を怠らずにフォローした。一九三〇年代、ヒトラーが平和主義を前面に押しだすと、グロスは貴重な血統を絶滅させるとして、戦争を呪った[96]。ゲーリングが一九三六年に経済四ヶ年計画を発表すると、グロスはそれが民族の改善につながると説明した。ヒトラーとムッソリーニが独伊協商を結ぶと、グロスは早速ローマの伊独人種研究アカデミーと協力した[97]。一九三八年一一月、反ユダヤ暴動「クリスタル・ナハト」(水晶の夜事件)が勃発した後、ORPはいわゆるユダヤの脅威資料を、地方のメディアに配布した[98]。時勢に明るくダイナミックなグロスは、その時その時の動向に合わせ、幅のある世論の口に合うように工夫して、健全人種を説いた。

買物ならアーリア人の店に行くべきだ

ナチ支配が始まって数ヶ月、グロスはラジオを奇跡の媒体と称えた。しかしながら、ゲッベルスとそのスタッフと同じように、グロスはその価値を考え直すのである。ラジオの聴取者は、「染色体とかメンデルの法則」に関する講演にうんざりすると、すぐスイッチを切ってしまう。グロスはそこに気づいたのである(99)。それに対して視覚メディアは、視聴者をつなぎとめる可能性がある。その後一〇年、グロスのオフィスはスライド講演をシリーズで制作するようになった。一点千単位でつくられ、公立学校と地方の党機関でまわされた。それより有効なのが映画である。暗い室内で上映されるフィルムは、視聴者の心を奪う。グロスはほかのナチ教宣担当者と同じように、フィルムのもつ可能性を知った。フィルムは、「体と心を同時にのみこむ」と認識するグロスにとって、人種的直感力の培養上理想的な媒体であった(100)。いわゆる欠陥を持つ障害者や望ましからざる人種が無気味な姿で、大型スクリーンに投与されると、視聴者は思わず息をのみ、ショックをうける。おそらく「過去の犠牲者」と題するORP作品であると思われるが、このフィルムを観たゲッベルスは身震いして、「ぞっとした。身の毛がよだつ」と感想を洩らした。「過去の犠牲者」は、一九三三年の党大会でおこなったグロスの演説の引用で始まる。生きるに値しない「無価値の」人間が次々と映しだされ、それにグロスの言葉が重なる。「リベラル派平和主義者の時代精神は、世にも恐ろしい、忌むべき果実を生みだし、ここにそれを残した。国家と社会が憐憫、慈善と称して莫大な金を使い、犯罪者と精神障害者を養ってきたのである。この事実に我われは全員がショックをうけた。彼らは、知的障害の低能と精神障害者を守った……一方、健全なるドイツ人家族の子弟は、一きれのパンさえ買えない。我われは、知的障害者用の宮殿を作る」とナレーションが続く(101)。ヒトラーはこの「過去の犠牲者」にいたく感動し、この種フィルムをもっと制作せよとグロスに命じた。

一九三〇年代中頃、ＯＲＰはドキュメンタリー映画を次々と制作した。作品に「血と人種に対する罪」、「父親たちの過失」、「あなたが受け継ぐもの」、「生きることはすべて戦い」、「踏み固められた道をはずれて」、「精神病者の宮殿」、「遺伝病」がある。[102]重度の障害者が、「退廃」感覚スタイルを真似たグラフィックデザインで、グロテスクに描かれている。雑誌「ノイエス・フォルク」の場合と同じように、できそこないは、健康美あふれる運動選手と並列された。男性の専門家が医者用の白衣を着用し、ムービートーンの朗々たる声で説明する。それが精神病舎の大混乱と重なる。ＯＲＰの主要作品はそれぞれ五〇〇本つくられ、配給された。二万に及ぶ地方のナチ関連団体が上映するのであるが、一九三四年だけで、この団体が合計一一万回の上映会をおこなった。一九三五年に実施されたある指導者訓練静修コースでは、ＳＳインストラクターたちがＯＲＰ映画を絶賛した。[103]ＯＲＰの短編ドキュメンタリーは、映画館で予告編とニュースおよび劇映画の合間に、きまって上映された。年平均約二〇〇〇万の人が、ＯＲＰフィルムを少なくとも一本観ている計算になる。テーマはさまざまだが、どれにも共通するのが、感傷的な民族賛美と暗澹たる預言のブレンドである。グロスは、「空虚な演説と純粋科学」は聴衆を退屈させるだけと考え、無味乾燥な理由を並べるよりは、感情に訴えるように工夫せよ、とスタッフを督励した。

グロスは、「破壊的精神の抹殺」を怠るな、といつも呼びかけた。一九二〇年代多数の医師や自然科学者はユダヤ人の同僚を自ら進んで仲間に加えた。グロスはその真実に落着かず、彼の心は千々に乱れ、一九三三年以降も彼らが秘かに関係を維持しているのではないか、と心配であった。ユダヤ人には情け無用とグロスは警告した。[104]女性奉仕隊を前にして、グロスはフォルクを花にたとえて賛美したが、女性の忠誠分子である女性連盟（フラウエンシャフト）で話をする時は、声のトーンまで変わった。血のつながりを大切にする民族意識の高い消費者として、女性はユダヤ人をビジネスから駆逐しなければならない。買物ならアーリア人の店に行くべきだ。「数ペニー高くてもよいではないか、数メートル遠くても、それが何だ」とグロスは言った[105]。グロスは、時々不満を洩らすことがあった。ナチ指導者たちがごちゃまぜの見解を抱いているので、これが、「敵」に批判材料を与えているという[106]。グロスは、代替医学を別に悪いとは思っていなかったが、選択をせまられると主流派の医師側につき、反主流派を変人と一蹴するのであった[107]。彼は、科学者が単一の「北欧人種」は存在しないことを証明しているとして、北欧人種運動を心得違いと手厳しく批判した。

ＯＲＰは、約五〇〇〇人の人種インストラクター用に、隔週のニュースレター「インフォマチオンスディーンスト」（情報サービス）を発行、「ユダヤの血」と「欠陥遺伝子」に対する「非暴力的」戦いを続けよと激励した[108]。一方、発行部数四万のナチ医学誌「ツィール・ウント・ヴェーク」（目標と方法）にも、定期的に情報をだした。グロスはこの医事仲間に、積極的反ユダヤ手段をとる心の準備をさせた。彼の指導下で、ＯＲＰは医師とスタッフに断種の訓練を施した[109]。医師免許の取得には、人種に関する生命倫理ゼミ参加が必要であった。グロスは数十講座あるこの種のゼミで、ナチの人種政策を説明した[110]。一九三七年、フォーゲルザング城の野営訓練地でナチ指導者たちと行動をともにした時、グロスは約八〇〇名の医学生に、血統でつながる民族共同体を「望ましくない」要素から「解放」せよ、と語った[111]。グロスは豪華なつくりのアルト・レーゼ会議場で医師向けのコースを定期的に開催し、陸軍士官学校でも、「国家社会主義の人種政策の基本」について講演した[112]。

グロスとスタッフは、文字通り行政機関のあらゆる組織に浸透し、コンサルタントとしての影響力を相当に築きあげた。ＯＲＰは、ナチ教師用にガイドブックを発行した。それは障害をもつ学生、生徒を識別し、監視下において「特殊教育」を与えるための、指針である[113]。グロスとスタッフは、人種上のさまざまな定義づけにも、専門家の意見をだした。「ユダヤ的」とは何かに始まり、未婚の母の身分、ドイツ国籍黒人の精神的特徴、ジプシーの人種起源、ドイツのユダヤ系混血（ミシュリング、ユダヤ教徒とキリスト教徒の混血ドイツ人）の人種的価値等が、その定義対象となった。政策上の問題が何であっても、グロスのオフィスは人種政策と結びつけた提言をした。

ユダヤ人の異質性の生物学的証拠は？

グロスは、ナチ党の上部階層すれすれのところに位置して活動し、一般のドイツ国民に人種的価値を知らしめる役割を荷ったが、対象者に応じてアプローチを変えたので、彼の対応の仕方から指導部の方針、対象者の関心や態度をうかがい知ることができる。一般大衆に話をする時は、グロスは民族の誇りを強調し、ナチ党員には人種憎悪を煽った。部内向けの刊行物では、熱心でない同僚に怒り、彼の人種哲学を悩ます難問に頭を痛め、人種生理学的根拠を確認できない生物学者に、いらだちを隠さなかった。自分が声を大にして叫んだ三つの行動目標——人口増加、断種、反ユダヤ主義——に関して、グロスは特にナチ医学の現場で幻滅感を強めていった。人口増加の点では、出産率が一九三四年—三五年に増加したものの、その後は期待値を下回るようになった。世界に冠たる出産奨励策をもってしても、このざまであった。ナチ高官の間では、出産が人口補充出生率に達していなかったので、四人の子もちであるグロスはさぞかしいらだったことであろう。

強制断種の分野も、カトリック教会が強硬に反対したため、順調に進まなかった。[114] 当初、ひどい症例の断種が提案された時、多数の非カトリック教徒と少数ながらカトリック教徒が、断種政策の必要性を認めたようにみえた。[115] しかしながら、一九三五年の時点になると、頭をかしげるような症例が、欠陥遺伝子の持主として、どんどん断種対象にされ、それに比例して反対も強まった。教育、内務両省の資料、ＳＳ保安機関の調査およびSOPADEの月報は、断種に対する恐怖心のたかまりを、ひとしく認めている。[116] ORPのある女性連絡員は、「地域の青少年福祉事務所のソーシャルワーカーとの協力は、時々うまくいく場合もあるが、主として思想上の原理原則の故に、不充分である」と説明している。[117] 断種統計は一九三四年に大々的に発表された。しかし一九三五年以降、統計は秘守された。ナチ自身がこの計画に失望した一証左と思われる。

第三の行動目標である反ユダヤ主義も、ORPのニュースレターによると、満足のいく状況ではなかった。あまりにも多くの国民が、「人種上のアウトサイダー」を親切に扱ったらしいのである。[118] その後数年のうちに、ORPスタッフは、世論は自分たちが考えている程重要ではない、と気づいたようである。納得ずくの人種専門家を率いる幹部が不退転の決意をもつのであれば、世論の理解や支持がなくても、司法、警察力のバックアップを得て、人種計画を推進できるということである。成否のカギは、大々的な大衆教育キャンペーンではなく、粛々と進める手順とそのような幹部の存在である。

「真の信仰者」をもって任じる熱誠の人グロスは、測りかねて、大いに悩んだ。心からナチ精神を受入れているのか、単なるご都合主義者にすぎないのか。会合の場で「ハイル・ヒトラー」と叫び、家の窓辺にカギ十字の旗を掲げ、ナチの党チャリティに献金する人がいても、その同じ人物が産児制限具を使い、ユダヤ人と交流を続け、人種政策を嘲笑し、性差別といった問題に「卑猥なジョーク」をとばすことが、充分に考えられる。ナチ党に入党することもできるのである。しかし、グロスの見解によると、真のナチとは、ヒトラーの経済復興や憎むべきベルサイユ体制の打破を認めるだけではない。根本から転向して、闘争が人間の将来を形成し、人種階層が人間の価値を決めるという不動の信念をもたなければならないのである。

グロスは、ほかの党古参と同じように、規則や手続きを嫌った。これがナチズムの精神を殺すという認識である。しかしグロスは、信頼する同僚に対して、ナチ支配にはびこる無秩序に絶望する、と言っている。[119]

「官僚主義的近視眼のため、しごく重要な人種問題が、あれかこれかの引出しにしまい込まれ」てしまい、忘れられてしまう。このようなことがあまりにも多い。忠実なナチであるならば、人種教育の教材を率先して購入するはずである、とグロスは書いたが、しかし「洪水」が彼らを圧倒してしまった。(120) ナチの定期刊行物「デア・アングリフ」で、グロスは人工受精の実験を「退廃」で「ユダヤ的」と批判した。なぜならば、「創造主の原初的神秘に対する、慎み深い敬意のベールをはぎとってしまうから」とグロスは理由を述べた。(121) 一九三〇年代の個人主義的倫理観を強調する映画がつくられ、それを宣伝省が承認したという。(122) グロスは、自分の仕事の能率を妨害する内部のイデオロギー分裂と内部抗争、縄張り争いを、くよくよと考えた。しかしながら、いろいろ不満があったとはいえ、自分の人種信仰を考え直すことはなかった。むしろ逆で、挫折感を味わうたびに、人種の敵に対する怒りを強めていくのである。

一九三三年、グロスは、金をかけて実験調査をすれば、思想の明晰さもはっきりする、と考えた。科学データの合成者で人種思想の普及家として、グロスは（そして恐らくは後援者のヘスも）、ＯＲＰが人種主義正統派の調停者として振舞える、と信じた。しかし三年におよぶ調査の後、グロスは「病理学上の遺伝形質の起源は、新しい発見が次々と発表され示唆しているように、平坦かつ明瞭であるわけではない」と告白するのである。(123) 人種上の性格に関する客観的証拠について二〇年も講演したのに、個々人の人種評価は依然として「ユダヤ的」容貌と家族名をベースにせざるを得ないのである。グロスはうんざりしていた。彼は、リベラリズムとマルキシズムを物質主義としてボロくそに非難していたが、自分の人種パラダイムも、実際には物質主義的ではないか、と疑い始めたように思われる。例えば、遺伝子が性格を決定するのであれば、人々に人種を意識して考えよと教育したところで、一体何の意味があるのだろう。ジプシーが遊牧的ライフスタイルを放棄して定住するようになっても、彼らはそれでも人種上危険なのであろうか。ヒトラーの見解は、進化論的人種生物学の先覚者であるダーウィンやゴルトンのような非ドイツ人の考えと、適合したのであろうか[124]。グロスはいかにも確かなように振舞ったが、結局「人種」は彼が自分の世界を解釈する隠喩の役しか果さなかった[125]。ある時点でグロスは、他者としてのユダヤ人の異質性の証拠が生物学にあるのではなく、敵意の歴史のなかにある、と感じていたに違いない。

グロスは、一九三三年に意気揚々として新しいポストについたが、政治と科学の板ばさみに悩まされるようになった。二つの求めるものは互いに矛盾する。政治の世界では実効性をもつ指導部は、平明性に依存する。一方、科学の世界では、研究を発展させていくには、常に疑問を抱くことが必要である。グロスは、政治に自分の運命を賭けたのである。「ナチ党は……基本的事実を肯定することによって偉大になった。民族の存在について党は、その教えを最も一般的で基本的な事実に限定することによってのみ、統一を維持できる」とグロスは考えた[126]。科学者はくだらない批判やあら探しをするだろうが、政治指導者は、「理想は混じり気なしで不変のまま残ることを、保証しなければならない。そうしないと、どんな発議も内側へ向かって破裂してしまう」とも考えた[127]。グロスにとって、幻滅の解毒剤即ち失望をまぎらす対策は、寸暇を惜しんで動きまわることであった。人種政策の講師として、編集者、組織の管理者そしてコンサルタントとして、不安を押さえるように活動した。

グロスの挙措動作は、一般人が抱くステレオタイプの学者のイメージに、ぴったりであった。彼をみると、党の狂信者といわず非ナチスも、人種汚染の危機からフォルクを救出するナチの任務に忠実で、信念に燃えて行動する理想家のように思った。聴衆の大半は科学など漠然と理解しているだけである。彼は、およそ学術用語とは縁遠い言葉で、ドラマチックな比喩を使いながら、科学の大躍進や最新の発見を解説した。図表を使い、主要点を個条書でまとめ、自分の考えを理論的に組立て、聖書の言葉を引用し、時には終末論的黙示録的言語を使いながら、血で結ばれた民族の原理原則を説明した。そして、その原理原則に従って、「望ましからざる者」は、道義上の考慮から削除せねばならぬと説いた。平信徒つまり素人を相手にする場合が多かったので、律法（法律）を云々するよりも、「正義、公平と不公平に対する新しい気持、真理を愛するまともな人々」に、人種改良時代の新精神の感触をつかんでほしいと願うのであった[128]。グロスは、ゲルハルト・キッテルと全く同じ言葉で、キリスト教改宗ユダヤ人の追放を弁明した。長い目でみれば、まじり気のない等質的フォルクが集団の利にかなう、と考えたからである。グロスとＯＲＰのスタッフは、物理的殲滅の具体策が立案される前に、抹殺正当化の路線を敷いた。フォルクを危機に瀕した有機体とみなし、その危機の元凶たる夾雑物を除去するという論理である。後年（一九七三）ノーベル生理・医学賞を受けた、動物行動学者で、ナチ党員のコンラート・ローレンツは、グロスのナチ機関ＯＲＰに寄稿した記事のなかで、「障害」者のいるフォルクスケルパー（民族の体）を、悪性腫瘍のできていた健康体の人と比較し、「幸いなことに、このような要素の摘出、除去は、外科医が個人の体から剔出《てきしゅつ》するよりも、公衆衛生にとって比較的容易であり、前記有機体にとっても危険性が比較的低い」と書いた[129]。フォルク自体が浄化された体となる。「望ましからざる」人は、単なる腫瘍である。

一九三〇年代のグロスのメモ、記事、講演は、貴重な手掛りを与えてくれる。官側よりする残忍な対ユダヤ戦争の支持者の間に、ジェノサイドの総意が形成されていくが、グロスの与える手掛りで、その過程を垣間見ることができる。彼は、中級管理者レベルで活動し、油断なく注意して上司の期待を察知し、草の根レベルの世論をモニターした。グロスは、抜け目のない市場開拓の専門家にも似て、聴衆に合うようアプローチ法を調整した。一般国民が党古参の粗雑な人種主義に辟易《へきえき》しているのを見てとると、グロスはフォルクの義を賛美した。しかし部内者に対しては、自分の提案の実験的ベースに疑問を抱くようになっても、感情を排した行動を求めた。認知上の混乱が生じても、これを見直しの機会とせず、むしろ傾倒を強めた。グロスはフォルク純化と、イマジネーションの世界で現実味をもつ人種危険分子の削除に、いよいよ執念を燃やすようになった。グロスの恐るべき意図は、後になって考えれば明々白々である。民族改良という高遠高潔なる計画と、それへ至る感傷に流されないアプローチ。彼はその一環としての役まわりを与えられたのである。

VI 新しい教科書の登場――少年の心に刻むカギ十字

反対派が「わざわざ君の側につくことはしない」と言っても、私は静かに言ってやる。「君の子供はすでに我われの方についている……君はいずれ死ぬ。しかし君の子供は、今や新しい陣営にいるのだ。すぐに彼らはこの新しい共同体以外の存在を知らなくなる」と。

アドルフ・ヒトラー
一九三三年一一月六日

教師たちのナチ支持

一九三三年春、ヒトラーとゲッベルスは、自分たちが駆使する説得術の巧みさを、互いに称えあった。この説得術をもってすれば、血統でつながるドイツ人全員の忠実なるナチ化も夢ではない。一九二九年から一九三三年までを考えてみれば、社会の周辺部でうごめく狂信的な信奉者の一団を率いて出発し、四〜五年のうちに政治権力の主流を形成するに至ったのである。この勢いは継続し、やがてフォルク全員が転向すると判断してもおかしくない、と二人は考えた。しかしながら、権力の座について一年もしないのに、ナチ指導者の威勢のよい予想は、ものの見事にはずれてしまった。ヒトラーは、大人の多くがナチズムに忠誠を誓わなくても、子供がいると自分を納得させた。政権がドイツ青少年を教化すれば、未来はナチズムのものと考えたのである。一年後、映画「意志の勝利」のなかの演説でヒトラーは、すぐに青少年が、過去の「我われの有害な政党システムの悪影響」を想像することすらできなくなるとし、「青少年は、この異質の時代の言語すら理解しなくなる」と述べたうえで、「青少年はすでに我われに託され、我々の体と魂になっている。彼らは誇らかなカギ十字（スワスチカ）のドイツに生きる。彼らの心からスワスチカがもぎとられるようなことは絶対にない」と言いきった(1)。

未来のナチスの「体と魂」を鍛えあげるに際して、その成否のカギは、ナチ思想を捧持する教師にある。そしてその思想には、人間の本性を闘争と人種におき、アーリア人種の絶対的優越性、フォルクと総統を結ぶ共産社会のエトスに対する信仰がある。血統で結ばれた共同体意識は、ユダヤ人と「劣等」人種の蔑視、普遍的ヒューマニズムに対する軽蔑、キリスト教に対する敵意など、憎悪、反感で支えられている。ナチ青少年は、カギ十字（スワスチカ）を胸に、アーリア人の同胞を愛せよ、アウトサイダーを道義の共同体から駆逐せよ、と教えられた。一九三三年七月、内務相ヴィルヘルム・フリックは、ナチの狙いを率直に語り、「学校の基本任務は、国家社会主義の精神をもってフォルクと国家に奉仕するように、青少年を育てあげること」と述べた。フリックによると、進歩派の教師は「一見したところ客観的な」選択をあまりにも多く与えて、子供たちを混乱させ、退廃文化の荒野の中に無防備のまま放り出す。フォルクが一丸となって人種上の危険と戦えるように、学校は個人主義教育と、民族同胞間の競争に終止符を打たなければならない(2)。国家社会主義ドイツファターラント（父祖の地）の「遺伝的健全性」の回復。これが私の夢である。どうか私の夢を共有してほしいと言ったフリックは、読書を最小限にとどめ、真理の教育によって児童生徒の性格を鍛えあげよ、と教師に求めた。

教師のヴェレーナ・ヘルヴィヒは、後にユダヤ人の夫と共に海外へ移住することになるが、教師同士の会話を書きとめた。それは、ナチ教師の傾倒ぶりを記録した内容である。一九三三年、ヘルヴィヒが、さまざまな意見が消えるのは悲しいと言うと、同僚教師のひとりが「ヒトラー総統によると、信念はひとつしかない。ほかの考えや意見を全部棄てて、それだけを受入れない者は、真の国家社会主義者とはいえず、なんら良心に恥じることなく叩き潰さなければならぬ敵となる」と言い返した。ヘルヴィッヒが人間の尊厳について触れると、その教師は話を遮り、「危ういのは個人の命運ではない。民族全体の命運がかかっているのだ」と言った。(3)第一段階は、制度上からする教員団体のグライヒシャルトゥング（画一化、ナチ化）と、好ましくない人物と思想の駆逐であり、完了まで約三年を要したが、全体的にみれば円滑に進んだ。次の段階が、ORPスタッフのように教員たちが「部内」グライヒシャルトゥングと呼んだもので、こちらはもっと難しかった。

「我らが精神の根幹精神」。ヒトラーとその彼を父と仰ぐ少年少女たち。ホフマンの写真から。未来は国家社会主義に属するというヒトラーの主張を写真で表現したもの。

一九三三年初め教員団体は、地域連合、宗教系および教科別団体が、すべてひとつに統合されNS（国家社会主義者）教師連盟となった。ナチ教師の見解からすると、移行は幸先がよかった。メンバーが飛躍的に伸びたのである。一九三二年末から一九三三年前半までに、メンバーは五〇〇〇から一万一〇〇〇人と倍増し、その後、急増して三三年後半までに二二万となった。メンバーにならなかったのは八万人だけである。会長ハンス・シェムは、「ナチズムに誓いをたてる者が続々と加入する。何とすばらしいことか」と有頂天になった[4]。一九三三年には、全メンバーの三分の一弱（八万四〇〇〇人）がさらに一歩進んで、ナチ党に入党した[5]。この割合は、公務員および医師の入党比率とほぼ同じであるが、一九三〇年に入党したドイツ成人は全体の割合が一〇%弱であるから、これからみると相当に高いといえる[6]。しかし、一九三三年に入党しなかった教師は、その後もその気にならなかったようである。一九三四年以降の教師入党の大半は、ナチ教育機関の卒業生であった。ヒトラーが権力を握る前、主な教員団体は、ナチの影響をくいとめていたし、メンバーもおそらくグライヒシャルトゥングを歓迎していなかったのであろう[7]。

会員申請が洪水のように押し寄せ、シェムは大喜びした。しかし教師のナチ支持は、突然起きた現象ではなかった。洪水は隠れナチが起こしたのである。憲法で教師の政治活動が禁じられており、一九三三年までこの隠れナチは、あえてその禁を破ろうとしなかったのである[8]。ナチの価値観に共鳴したのではないが、ほかの理由でNS教師連盟に加入した者もいる。当時七万を越える教師が失業中で、連盟のメンバーになれば就職上有利、という思惑があった[9]。動機が何であれ、一九三七年までに全教師の九七%がNS教師連盟のメンバーになった[10]。多くのメンバーが、シェムいうところの「ひとつのフォルク、ひとつの教育、ひとつの教師連盟」を本心から歓迎したのは、間違いない[11]。多くの者が、全国組織として一本化した場合のメリットを考えた。つまり、さまざまな教員団体の競合関係が解消され、影響力をひとつにできる。地方町村の初等教育と職業学校の教師は、新体制の約束する平等主義に期待を寄せ、待遇、地位と給与は都会並み、職業高等専門学校と同一水準になると考えた。
党は、大々的な教員組織化と平行して、いわゆる望ましからざる教師、即ちユダヤ人教師と極左教師の追放を開始した。一方、一九三三年の場合、クラス担任教師で失職した者は比較的少数だったが、管理職約三〇〇〇人のうち一五～二〇％が追放され、ナチ党員が後釜にすわった。師範学校の教授のうち約六〇％が教壇を追われた。女性管理者の追放割合は、男性の場合より大きかった。ナチの考えによると、リーダーシップをとれるのは男だけである(12)。大学レベルでは、教授七九七九名のうち一一四五名（約一五％）が失職した。ユダヤ系というのが職を追われた主な理由である(13)。ユダヤ人の復員軍人（ヒンデンブルク特例）は当面現職にとどまったが、一九三四年にヒンデンブルクが死亡した後、漸次追放された。反対した同僚はごくわずか。抗議の声をあげても、返ってくるのは沈黙だけであった(14)。

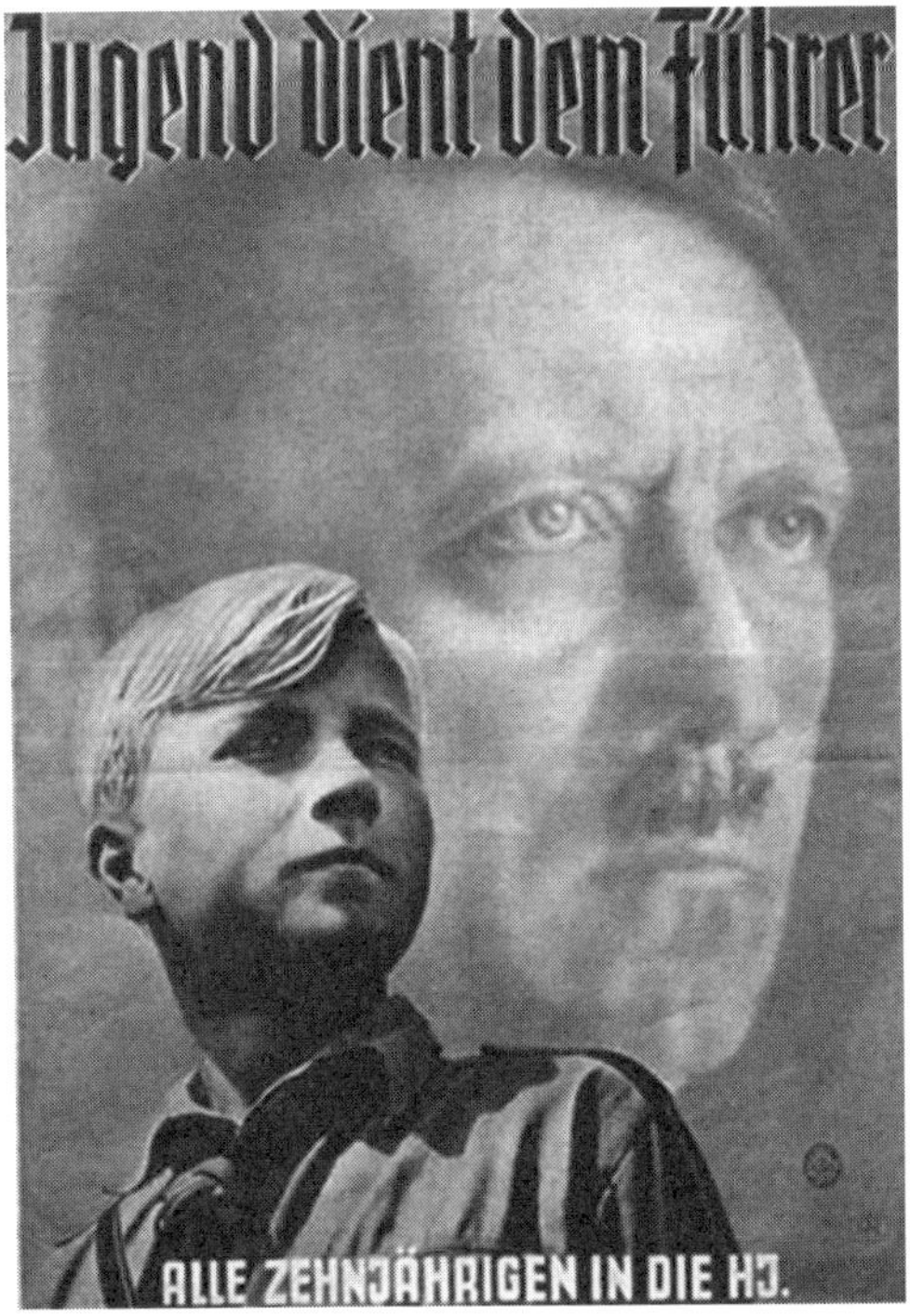

「少年は総統に仕える！　10歳の少年は全員ヒトラー・ユーゲントに所属する」。ヒトラー・ユーゲントへの加入を呼びかけるポスター。1939年に加入が義務づけられた。

好ましからざる思想も、好ましからざる教師と同じような目にあった。ヒトラーが首相に就任して数週間のうちに、図書館は「浄化」され、ユダヤ人著者による図書だけでなく、ユダヤ人を初めいわゆる異質の民族集団を好意的にとらえた本も、廃棄された。一九三三年五月一〇日、ナチの大学生たちがドイツ全土で焚書を行った。学生たちは焚書対象の本数十トンを火中に投げこみ、道義の純化行為と称えて、この蛮行を正当化した。ユダヤの物質主義者たるカール・マルクスは不要、退廃個人主義のトーマス・マンも、エゴ培養あるいは利己主義のジークムント・フロイトも不要。必要なのは「我われ―心理学」や「我われ―時代」であり、これが「エゴイスチックな時代」や「自己中心時代」を駆逐する。自由よりも奉仕。フォルク成員は、健全なる集団の名のもとに、個人的利害を犠牲にして、尽くさなければならない。フランクフルト大学の教育学部長に任命されたエルンスト・クリークは、「鬱陶しく窒息状態になった世界」の死を喜び、「腐敗と分裂をまき散らす都会の文化養老院の吐出物」に宣戦布告をだした。[15] 不要の人間と不要の思想が視界から消えれば、教師の支持が表面的なのか本物かを確かめるのは、難しくなった。

ナチ教師は、ワイマール共和国時代、破壊工作に参加していたが、追放と強制的なカリキュラムでも、教師が教室で実際に教える内容を規制できないことを、理解した。クリークいうところの「全体主義教育国家」の要請に表面的に従っても、それは教師が個人主義を棄て、フォルク思想を喜んで受入れている証明にはならない。教育相ルストが「君の教師たちは一体どうなるのだ」と大げさにたずねると、彼の返事は、根本的変容を示唆するもので、「前の存在とは全く違うものにならなければならない」と答えた。[16] クリークの考える至上命令とは、「国家成員の内なる教育の標準化」と、「態度、立居振舞い、国民としての意識、任務の画一化」である。そしてこれを完遂すべく努力するのは、身も心もすっかり入れ換えた完全転向者だけである。[17] ナチ教師は、思慮深い人間をつくる代わりに、彼らいうところの行動人間を奨励した。[18] 多様性と寛容は排除され、人間の価値が人種尺度で測定される。そしてその尺度は世界を、「望ましき」我われと「望ましからざる」彼らの二つに分ける。

人種主義に従わない教師たち

教師のなかでナチ忠誠分子は、ナチの権力掌握とともにすぐ同志獲得のキャンペーンを開始した。彼等はヴァルター・グロスと同じように、表面的なグライヒシャルトゥングを「深い」人種色に染め抜こうとした。そして、やはりグロスと同じように、そのゴールに到達するために、血統で結ばれた民族の意気と人種憎悪を使いわけた。「内面の」グライヒシャルトゥング遂行キャンペーンの尖兵役が、ＮＳ教師連盟会長シェムと教育相ルストである。一九二九年シェムは、「子供たちの心に、御影石や鉄鋼よりも硬い生ける精神の記念碑、ドイツの知の大聖堂を築く」ために、連盟を創設した。[19] シェムは、大戦の勇士であり、戦後は化学教師、管区指導者、バイエルン州文化相を歴任し、今やＮＳ教師連盟の会長である。カリスマ的雄弁家で、アーリア人種の美しい容貌を称え、個性の力を信じた。「快活で、人種的に価値ある教師、愛をもって学生に接する申し分のない教師こそ学生の心の窓を開くことができる。形式的な教育法に固執する硬直した教育屋より、はるかに立派である」とシェムは言う。彼の振舞はインフォーマルだったが、見解はあいまいにしなかった。シェムは「これからは、真理を決めるのはあなたではない。あなたが考えるのは、それが国家社会主義革命の理念に合致するかどうかである」と断言した。[20]

教育相ルストは、シェムのような派手な言葉を使わない人物であったが、先の大戦で頭部に重傷を負い、後遺症に苦しんでいた。勲功に輝く軍人だったが、一九三〇年に先任教師（オーバーレーラー）としての地位を失った。おそらく政治活動の禁を犯したためであろう。一九三五年にルストをインタビューしたオーストラリアの歴史家スティーブン・ロバーツは、彼を評して、「血色の悪い小男。歯をくいしばるくせがある。

戦いたくていつもうずうずしているような人物で、障害物を倒すまではけっして満足しない。細かいことに無頓着で精緻さに欠けている猪突猛進型。自分の頭を棍棒に使う男」と述べている。[21] この「小男」が、第三帝国の科学・教育・フォルク文化を担当する大臣となり、突撃隊の兵営をモデルに、学校を改革した。ナチズムに対する献身度とカリスマ的教育を尺度として昇進制度を整備した。学業上の成果は二の次、三の次である。ルストは美辞麗句を排し、かといって哲学もなくぶっきらぼうに、「民族の自覚をもつドイツ人を育てよ」と教師に命じた。[22]

教育省は、「学生の本分はフォルクとしての自覚にあり。フォルクの未来は人種と遺伝にあることを認識し、それが自分に課せられた責務であることを理解しなければ、卒業できない」と指示した。[23] 教科書の出版まで三～四年かかるので、シェムとルストは、特訓コースを設け、謄写版のテキストを使って教師の再教育をおこなった。民族の団結を叩きこむ詩歌も使われ、生徒、学生はこれを暗記した。例えば、

純血は君の命
清らかに保て
血はきみだけのものにあらず
はるけき昔に源を発して
明日へと流れ行き
幾多の先祖を
未来へ伝える
清らかな流れこそとわの命[24]

ＮＳ教師連盟の管区支部と労働戦線は、暫定的な教材を発行した。[25] ローゼンベルクのオフィスが配布した

「授業ニュースレター」が、イデオロギー教育の指針として使われた[26]。教室用の図表も作製された。有用ドイツ人と不要ドイツ人の客観的対比と称するもので、その対蹠性が強調された。

ナチ教師は、一連の補助教材で武装して集会を開き、最新の人種科学研究の動きを伝え、ナチの党政策を説明した。例えばミュンヘンでは、一連の夜間集会でＳＡの転向勧誘者が、多岐にわたる話題を解説した。凄惨な塹壕戦の話や、「不毛な」学問糾弾大会の模様、人種的健康体増進の体育教育に関する大演説もある[27]。ブレスラウ（現ヴロツワフ）のＮＳ教師連盟地方支部は、「我らが血の掟」、「一九三三年の民族革命」、「スワスチカ五〇〇〇年史」といったパンフレットを一〇〇点以上も発行し、一部数ペニーで販売した[28]。

一九三〇年代中期以降になると、もっと本格的な教材が出現するようになる。人種政治局（ＯＲＰ）は、「人種の観点から考えることができるか」といったタイトルで、学生向けパンフレットをシリーズで発行した[29]。

Halte Dein Blut rein.
Es ist nicht nur Dein.
Es kommt weit her.
Es fließt weit hin.
Es ist von tausend Ahnen schwer
und alle Zukunft strömt darin.
Halte rein das Kleid
Deiner Unsterblichkeit.
(Will Vesper)

「血は神聖にして犯すべからず」。この写真は、詩がつけられており、ヴァルター・グロス好みの「民族の血は大河のごとく滔々として流れる」とう比喩を、拡大したもの。「汝の血を清く保て。君だけの血ではない。はるか昔から連綿として続き、未来へ向かって流れ行く。それは数千の先祖の血を伝え、未来はその中を流れ行く。汝の永遠の命のケープを清く保て」とある。

教師用指導マニュアルは、「全教育の基本としての人種教育」が説明してある。[30] 一九三六年発行の小冊子「ユダヤ人とドイツ人」は「ユダヤ人の肉体的特質」に触れ、「目はアーモンド形の細目、上まぶたが重く垂れて眼球をかくし、脚はガニ股、ぶざまな歩き方」は〝ゾッ〟とするとし、ユダヤ人は「正常な人の話し方をせず、一種独特のイントネーションで呟くので、しわがれ声となる」とか、ユダヤ人とアーリア人種の心の相違を対照し、「静かな山の風景を眺めている時、アーリア人種であれば、心が洗われたような気持になる。しかしユダヤ人は、その山の材木の総価格を計算する」と強調した。小冊子の著者は、このような対照をした後、「ユダヤ人は居住国に対して敵意を抱く」と結んだ。[31]

　党古参が、ナチの勝利前（闘争時代）の語調で空威張りすると、年期の入ったベテラン教師の多くは、人種主義と民族憎悪を煽りたてるあからさまな言動に、気分を害した。教師のなかには、地方の自治が失われたことを嘆き、体制が決めた教育政策、教科書、カリキュラムに反撥する者もいた。[32] カトリック教徒は、十字架を教室からとりはずすことを拒んだ。[33] 女性教師の多くは、男女別学の復活を歓迎したが、女子学校の管理職が男性に入れ変わってしまった点は、遺憾とした。[34] 中等教育（特に大学入学準備レベルの学校）の教師の多くは、党古参そしてヒトラー自身の反主知主義に攻撃性を感じた。一九三四年秋、秘密調査組織ＳＯＰＡＤＥの世論調査は、強硬派ナチ教師達の混乱を指摘し、「誰も、党指導者すら、国家社会主義の何たるかを、実際には何を意味するかを知らない。初期の精神と内部の秩序は消え去った」と報告した。[35] 一年後、ナチ理論家のローゼンベルクは、教師達の間でもの笑いの種になった。ルスト、シェムは軽蔑され、その侮辱は「信じられぬほど深く」、多くの教師が内輪では二人を「気狂い」とか「ほらふき班長」と嘲った。[36]

　表立った批判は、一九三三年のうちに鎮まったが、教育者の不信感は残った。ルストの厳しい訓戒にもかかわらず、教師全員が教育の画一化に従ったわけではなかった。複数のユダヤ人学生が残した回想記によると、ナチ教師の多くはユダヤ人学生を残酷に扱ったが、人種主義規制に従わぬ教師も多くいた[37]。国家イデオロギー調査チームが電撃的に訪問して検閲するので、教師の士気は大いに落ちた[38]。初等および中等学校にはスパイが潜入したが（党古参やヒトラーユーゲントのメンバーが教育助手に偽装している場合が多かった）、非ナチから「盲腸」と呼ばれた。役立たずだが、危険な代物の意である。学校、大学には秘密の学部委員会（殺人クラブと仇名がついていた）が、教職員を監視下においた。非ナチ教師は、ヒトラー・ユーゲントのメンバーやナチ管理者による告発を恐れた。例えばフライブルクの学長マルチン・ハイデガーは、国際的に知られた科学者を、二〇年前の反戦言動をとりあげて、非難した[39]。一九三五年、シェムは、同僚に「反逆者」として内部告発された教師の「秘密リスト」を、大々的に調べ始めた。しかしシェムは飛行機事故で死亡、調査は中断した[40]。

民族原理主義によるコンセンサスづくり

逆説的であるが、ナチズムに対する表立った反対が減少すると、対立、抗争がナチ自体を分裂させ始めた[41]。準備なしの夜間講演会で、人種問題で党古参の間に意見の不一致（あるいは混乱）が往々にしてみられた[42]。ユダヤ人を生物学的危険として猛烈な嫌悪感を示す者。ユダヤの文化腐敗に警鐘を鳴らす者。インストラクターのなかには、自己流の異論を吐く者もいた。例えばベルリンのあるインストラクターは碧眼かどうかが人種上の帰属性の決め手と主張しながら、青年たちには「君たちが結婚する時は血の叫びを聴け」と熱弁をふるった[43]。地方の独自性と自治を支持する者、イデオロギーの混乱をなくして統一性を強めよと主張する者。両方の間には敵意がくすぶった[44]。党古参とキャリア組の新参との間にも断層があった。内務省と教育省の上級幹部層は、犬猿の仲で、ことあるごとに張り合った。双方は、ＮＳ教師連盟とも互いに喧嘩した[45]。女性教師は、闘争心むきだしの指導者アウグステ・レーバー・グリューバーに率いられ、男性に劣る待遇の改善を求めて争った(46)。ルストは、軍歴とか軍人精神とかはこけおどしで、ほかの省からかかってくる圧力をかわす能力に欠け、教育界を寸断する縄張り戦争を調停する力もなかった(47)。

一九三二年から三三年にかけて、教育者が続々とNS教師連盟に加入した。しかし、ナチ党が一九三七年、新メンバーの募集を再開した時、教師の無関心ぶりは著しかった。一九三〇年代後半に経済復興が始まると、余剰教師はいなくなり、逆にひどく不足するようになった。統計では不足理由が明らかではないが、教育現場に不満を持つ教師たちが、ほかの分野へ流れたものであろう。ナチ教師訓練プログラムを受講した若手の「焼きたて」が、教育現場に進出した。しかし、師範学校の卒業者は年を追って少なくなった。歴史学者ミヒャエル・カーテルは教師を「一九三〇年代中期以降、ドイツで最も幻滅感を抱いたサブグループのひとつ」と呼んでいる(48)。

間に合わせにつくられたナチの教義パンフレットは、しだいに使われなくなった。非ナチスが、ナチの党史上の「偉大なる」日とか、人種類型論、ナチ行進曲の詩歌といったものを暗記することに、教育上の価値を認めえなかったためであろう。しかし民族原理主義は、不協和音のもとになるほかの教材と違って、ナチ支配の支持基盤としてのコンセンサスづくりに、有用であり、いつまでも使えそうであった。新秩序を心から受入れられない教師たちは、ヒトラーやナチの政策を公然と批判しない限り、追従と不同意のバランスをとれることに気づいた。絶対的確信とか不動の精神といったレトリックはあっても、ドグマという鉄鎖で教師ががんじがらめになったわけではない。ナチ支配下の学校に学んだある生徒は、「人々は、キリスト教と国家社会主義的態度の入りまじったどっちつかずの混乱の中を浮動していた」と回想している(49)。

熱心派のナチ教師は、気づいていたかどうかは別にして、直観的にヒトラーのやり方を真似していた。つまりナチ教義で不協和音が生じる場合、世界のユダヤをもちだしフォルクを称えるのである。すると不協和音は局限化される。ナチイデオロギーの表面的な穏健版ともいえるが、陰険であると同時に口あたりもよかった。露骨な人種主義教材と一緒に、耳障りな調子を抑えた教科書も使用された。後者は、ヒトラーは党派を越えた慈悲深い総統、誇り高いフォルクの代表として描きだす。一九二〇年代初期、ヒトラーは「害毒」や「病原菌」に関するたわごとを盛んに口にしたが、ナチの教育者はそれを引用する代わりに、フォルクに

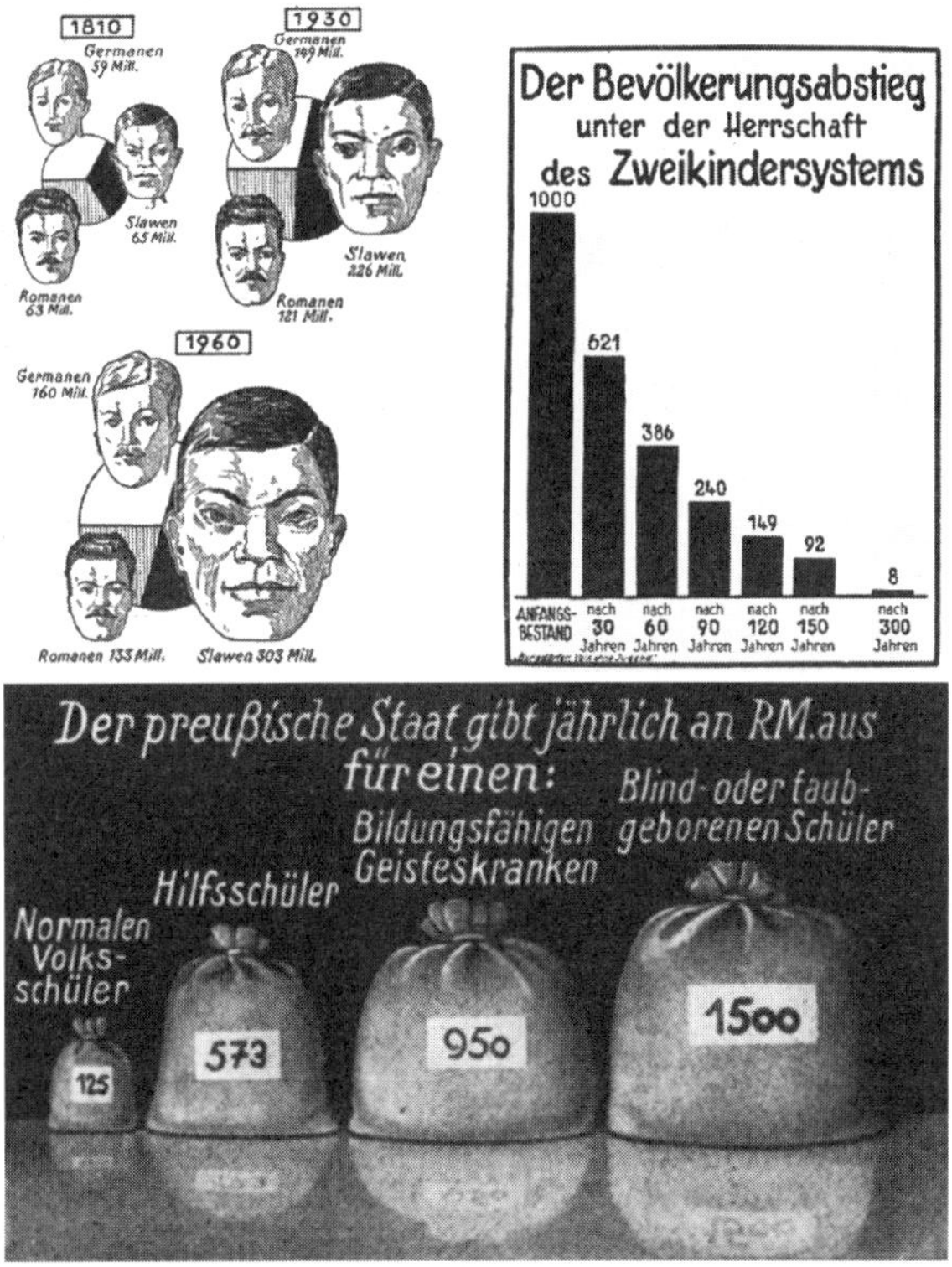

数字で客観性を強調し、人種パニックを煽る統計グラフ。主張するのは、(1) スラブ人はドイツ人より繁殖率が高い（左上）、(2) 子供2人の家庭制度は血でつながるドイツ人の出産率に脅威となる（右上）、(3) 障害をもつ子供は健康児より納税者に大きな負担となる（下）。

対するヒトラーの無私無欲の献身を強調した。初等読本は「ハイルヒトラー」で始まる。カギ十字（スワスチカ）は旗に、塗り絵に使われ、教室に飾られ、玩具の戦車に塗られた。典型的な読本は、総統の訪問に備える子供たちの喜びと興奮を描きだす。八学年の生徒はナチ用語を使って習字の練習をした。例えばHはヒトラー、ヘス、ヒムラー、ヒール（一九一九年、ヒトラーが新軍に雇用された時の上司）、Kはクリーゲルピロート（戦闘機操縦士）、カメラート（戦友）、キール（キール軍港）といったぐあいである。「読本第一」には、子供が母親を助けて、家をバラとスワスチカで飾る絵が描かれている。[50]

名士のヒトラーは、すべての児童、生徒の身近にいた。写真集や写真付き伝記の出版物が、子供の目の届くところにたくさんあったのである。典型的な写真は、敬慕する総統のまわりを囲むヒトラー・ユーゲントである。児童向け図書には慈愛にみちたおじちゃん、高学年の生徒向けには「すべての犠牲の上に凛として輝く栄光は、自分の命を社会に捧げることである」と訓戒する厳しい顔つきのヒトラーである。[51]指導マニュアルは教師に、「人種意識を強め」て、「交通機関や機械など現代ドイツの成果に対する誇りを涵養」せよと指示する。[52]この種のテーマはナチズムとの関連性が比較的薄いので、ビヤホール一揆の「殉教者」に対する追従をためらった教師たちも、一般的な民族の向上なら異論はなかった。

「内なる自由、仕事自体の喜び」

新しい教材にみられる穏健なトーンは、ナチの説得戦略が、対決から隠密法に変わったことを物語る。一九三七年、教育行政が安定し新しい教科書が現われ始めた時、以前の教師養成用講義録と間に合わせパンフレットにみられた扇動的トーンは消えた。客観的と称するユダヤ人誹謗は、冷めた科学用語で書かれたカコミのなかに挿入された。新しい授業計画には、シラーやゲーテといった文豪の名言と一緒に、ヒトラーやナチ知識人の語録が引用され、歴史的人物の説明には、民族を強調する形容句がたくさん使われた。例えばカスパー人形芝居のような伝統的な人形劇は、「人種的に異質」な登場人物、キリスト教の神話的要素（例えば天使や悪魔）、第三帝国の生活を皮肉ったジョークが除去され、換言すれば、これまでユーモアの源であったものが一切排除されて、すっかり性格が変わった。外国人作家の人気作品は、民族の誇りを強調するように編集された。例えばロビンソン・クルーソー漂流記は、主人公とフライデーの関係が支配者と奴隷の視点でとらえられ、ヨハンナ・シュピーリ作『アルプスの少女ハイジ』に特徴的なキリスト教は消された。古代北欧神話に登場する賢者の信義は、犠牲や報復と結びつけられ、しだいにキリスト教の道徳寓話を駆逐した。教師用の学習指導書は、集団の道義を教室で強調すべしとし、「今日みられる通り、忠誠心がゲルマンフォルクにとってきわめて重要である。大きな集団の成員は全員が、総統に近い人々の例にみられるように、強い犠牲心を発揮し、名誉を重んじ、不動の忠誠心をもつべきである。総統から離反すれば、無力となる」と指導した(53)。カール・マイの西部劇小説は（ヒトラーを始めナチ幹部連が愛読したが）、官庁御用達から消えた。ドイツ東方の代りにアメリカ西部を賛美し

Mein Führer! (Das Kind spricht):

Ich kenne dich wohl und habe dich lieb
wie Vater und Mutter.
Ich will dir immer gehorsam sein
wie Vater und Mutter.
Und bin ich erst groß, dann helfe ich dir
wie Vater und Mutter,
und freuen sollst du dich an mir
wie Vater und Mutter!

児童劇の一場面。ここで子供は「私の総統！　私はあなたをよく知っています。そして私の父、母と同じように敬愛しています。私の父、母のようにあなたにいつも従います。大きくなったら、父と母のようにあなたを助けます。私は、私の父と母のように、あなたの自慢の子になります」と宣言する。

ているからだろう。特定の意図を秘めた内容が、さまざまな教科に潜入したのも、特徴のひとつである。例えばラテン語の授業では、練習文がムッソリーニのエチオピア領有を正当化するエッセイであったり、地理の学習では、東ヨーロッパがドイツの生存空間（レーベンスラウム）と教えた。生物の授業では生徒は多数の非ゲルマン系人種の特色を暗記した。そのなかで「ユダヤ人種」は欠陥種とされている。[54]

ナチ忠誠分子は、一般大衆に向かって話をする時は、彼らが抱く毒々しい人種主義に触れず、民族原理主義を前面におした。彼らの語るのは「内なる自由、仕事自体の喜び」であり、「国家社会主義は、豊かになるための単なる手段ではなく、生命を寿《ことほ》ぐ至高の存在である」と強調し、教育については児童・生徒から何もとりあげたくないとし、逆に「すべての教科に深い道義の心を付与する」とした。[56] 彼らは、生物学と人種を詳述する代わりに、フォルクの精神的資質を強調した。ゲルマン再興の呼びかけを含めたことは、ナチの官僚体制にうんざりする非ナチ教師の幻滅感を柔らげ、同僚教師の狂信主義を大目に見てやれるようになると思われた。

教師向けの学術図書や学校の教科書には、「ユダヤ問題」は、多くの生物問題のひとつとして組み込まれた。さりげなく挿入する方が、露骨な人種憎悪よりも、もっと効果的であった。ヒトラー・ユーゲントの教科書「ナチ初歩」は、ナチズムの本性をあきらかにするため、一九三八年に海外へ追い出されたドイツ人たちによって翻訳されたが、悪名高いこの教材でも、ユダヤ人問題には二五六頁のうちわずか三頁しかさいていない。[56] ユダヤ人排除は、主目的ではなくて民族原理主義の副産物という形で扱われている。フォルク、ファタ―ラント（祖国）、フューラー（指導者、総統）といった一般的典型的テーマは、ユダヤ人を対象外とする。ユダヤ人子弟が野外教室でほかの子供たちとの経験共有の機会を奪われたのと似た排除現象であった。[57]

第三帝国における少年時代の回想録は、ナチ党よりフォルクに捧げる歌やスローガンであふれている。欲ばりは駄目、犠牲心を発揮せよといった訓戒や説教が行われ、ヴァルター・グロスのようなレトリックで、青少年に血統の重要性を考えよと教えさとす内容の記録もあった。個人は、未来永劫に続くことのできる民族共同体と、血でつながっているとし、生きとし生ける者は、「人種上異質」の隣人や友人よりも今は亡き祖先に多大の恩義があり、次の世代に対する責任も大きい、と説いた。ナチ色を抜いた民族教育は、露骨なイデオロギー教育よりも効果がありそうであった。

児童・生徒は、「個人の欲よりみんなのために」というスローガンのもとで、党や国家のチャリティのため募金活動をやった。教室中にも、「不和は破壊、協調は建設」といった旗が掲げられた。「フォルクあってこその君」というスローガンもあった（原意は「君は無、君のフォルクがすべて」）。チームのメンバーは「ひとりは全員のために、全員はひとりのために」と叫んだ。ヒトラーの写真には、「余の意志は汝の信頼」といったキャンプションがつけられた。初等読本は、「総統は言われる。自分の祖国のため犠牲になることを学べ。我われの命には限りがある。しかしドイツは生き続けなければならない」という言葉で始まる。[58]一九三三年時点で六歳だったドイツ人アルフォンス・ヘックは、「私にとってファターラントはどこか神秘的で、それでいて現実的な概念で……とても大事な存在で、もろもろの敵の執拗な脅威にさらされている」ようにみえた、と述懐している。[59]父方、母方ともにユダヤ人の家系に生まれ育ったある女性は、少女時代、自分の気持ちが激しく揺れ動いていた、と述懐している。自分が特別であるという誇りがある一方、ナチのドイツ少女団（BDM、ブント・ドイッチャー・メーデル）にいる級友たちと同じでありたいという願望があったという。三人称の形で書かれた彼女の回想記には、「なかでも心の奥底にある本能をかきたてたのは、献身、犠牲心という諭しであったと思われる」と書いている。[60]ナチス支配の崩壊から三〇年後、メリタ・マシュマンは、BDM指導者の言葉が脳裡から離れないと回想した。その指導者は「あなたがたは、太陽や月、銀河が絶対的存在であることを信じる。ドイツの存在も同じであり、あなた方の信念に一点の曇りもあってはならない。強く、しっかりと信じよ。あなたはドイツの分身であり、あなたの魂は未来永劫生き続ける。ドイツの存在を信じなければならない。その信念がなければ、あなたの生命は死あるのみ」と言った由である。[61] BDMメンバーであった別の女性は、「あの夏至の夜、燃えさかる大がかり火の中から、私たちは血を汚さず、国旗、総統、ファタ―ラントに身を捧げることを誓います、という声が響いてきた。切迫した血を吐くような熱い呼びかけに、私達は強く揺さぶられた」と回顧している。[62]

寓話に共同体の道義を組みこむ新しい教科書

一九三三年に至る時代のイデオロギー小冊子が（ゲッベルスの「国家社会主義のABC」を含む）、使用されなくなる一方、一九三六年に登場し始めた新しい教科書は、寓話や伝説といった伝統的体裁の中に、共同体の道義原則を組みこんだ。話は一見したところ古風な趣のある内容だが、その背後に燃えるような熱いメッセージがこめられていた。ユダヤ人はよく郭公にたとえられた。ナチ機関紙「デァ・シュテュルマー」の熱心な愛読者のひとりは、「郭公の曲がったくちばしは、ユダヤ人の鼻を思わせる。足は小さい。走れないのはそのためだ。自分の子をつぐみのように歌わせたいと願って、つぐみに託卵し、雛となってかえる日を待つ。しかし遺伝子は同じで郭公の子は郭公。カッコーとしか鳴けない」と書いている。[63] ひとりの生命倫理学者が書いた児童向け図書は、こうの鳥の話で、民族の道義的価値観を伝えた。渡りのシーズンになって、母鳥は涙にくれる。父鳥はまわりのこうのとりに支えられ、うまく飛べない雛鳥は残らなければならない、と主張する。雛鳥が放置されたのを見て、農家の少年が「むごいのではないの」と父親にたずねる。すると父親は、「そんなことはない。病気の者が健康な人を危ない目にあわせてよいものか……余分の子は、何の役にも立たない。この自覚がなければ、フォルクは成長を続けることができない」と答えるのである。(64)算数の練習問題には、比較の対象になるのは、「五体健全な」子供と「病的」な子供にかかる養育費。つまり、双方に対する国民の負担の違いを、煙草に浪費される金と比較しつつ計算する。(65)このような宿題が意味するのは、費用対効果の高いケアこそが人道的ということである。福祉機関は、民族の「ずっと価値が高い」戦友にもっと投資できるからである。

この寓話集でユダヤ人がユダヤ人として登場するのはひとつだけである。主人公は、「ビャウィストク（ロシア名ベロストク）のユダヤ人街に生まれ、ポーランド語、ドイツ語、ヘブライ語の混成であるイデッシュ語を喋るルーベン・シュムス」で、父親は故買屋、「物事にこだわらず、品物がどこからどういうふうに入手されたかを問わない」人である。その父親はルーベンを始めとする息子たちに機会を与えるため、ベルリンを始め西ヨーロッパ諸国の首都へ送りだす。息子たちは成功し、コネをつくって繁栄し、大学の教授になる高望みすら抱く。しかし「本人たちにとってとても残念なのは、一九三三年一月三〇日、まるっきりの茶番は、突然終わってしまった。ユダヤのやり方には特徴がある。良心のひとかけらもなく、ずるいことばかりやる。ドイツの墓掘だ」と結ぶ。(66)この寓話の作者は、子供たちは一九三三年一月三〇日がいかなる日か分かる、との前提にたっている。その日は即ち、ヒトラーが首相になった日、新しい時代の夜明けの時である。アメリカの子供たちにとっての一七七六年七月四日（独立宣言日）、フランスの子供たちにとっての一七八九年七月一四日（フランス革命勃発日）に同じというわけである。そしてそこに盛られた教訓は、血統でつながる人種社会は弱者を捨てることであり、「不適」の個人はフォルクの力を弱め、血統からはずれたアウトサイダーは、道義の命じる責務の外に存在するということである。この一連の原則は、実際上、強者に弱者攻撃の権限を与えていた。

ナチの教育者は、シェムが言ったようにこの行動規範を「汝の同胞のためなら喜んで死ぬほどに、深く強く愛せよ」というふうにあてはめた。[67] ナチ教師の手引には、「汝が普遍の法になることを望む金言だけに従って行動せよ」というカントの絶対的命令が、「集団的生命のための基盤だけに従って」と言いかえてある。[68] ナチの道徳律は「汝の戦友を、汝が扱ってほしいやり方で扱え」というスローガンに集約される。そこから、戦友ではない者は人間に非ずとする話へは、ごくわずかの距離しかない。ナチの教師は、生徒に「君の仲間の人間は、君が扱ってほしいやり方で扱いなさい」と言う時、ユダヤ人を仲間の人間から暗に除外していた。

学校の教室とヒトラー・ユーゲントの男女分離制が、人種の区分けへ進んだ。解放の一九二〇年代が過ぎて、民族教育者は「女性を女性らしく扱う」ことによって、「失われた世代」の「名誉と尊厳」をとり戻すと誓った。[69] 少女たちは、「奉仕と犠牲という偉大なる母性のわざを実行」し、結婚するまでは純潔を守り清くあれ、と教えられた。[70] ある女性教師は、領土を守り抜いた「荒削りな」ゲルマンの男たちを称えながらも、「フォルクの体と魂そして英知」を保ってきたのは母としての女性の特質である、とつけ加えた。[71] このとりの寓話、算数の練習問題、ルーベンの話は、男女別の任務も強調している。この一連の話のあとがきで、作者は少年たちに「少女たちがいなければフォルクもないから、彼女らを寛大に扱え」と諭した。少女たちは少年たちのことに辛抱しなければならない。少年たちの肉体的精神的規律、鉄の意志のみが、我らの国家を回復できるからである。少年少女双方に対しては「強くたくましくなれ。体を鍛え力をたくわえよ。心と魂を守れ」と教えた。[72]

一九三四年、断種法の施行に伴い、教師たちは、「欠陥遺伝子」をもつ児童・生徒の確認を命じられた。例えばコートのボタン掛けができない子、試験成績が駄目な子はふるいにかけ、欠陥遺伝子を探知し、断種処置の対象とされる。系図に関する教育単元では、遺伝の観点から自分の家系図の評価法を生徒に教え、「我われは、体の扱いは各個人の問題という考えも、棄てなければならない。子孫ひいては血族を犠牲にして、罪を犯す自由はない」とするヒトラーの言葉を紹介した。(73)高学年の生徒は、配偶者選びの十戒を暗記した。それは、人種の健康と適合性を強調したもので、「君の体は君のものではない。君のフォルクに所属する」と生徒に諭した。教師は「血でつながる民族国家は、人種を生活の中心にすえる。それで人種の純潔が保たれる。子供のなかに国家の貴重な品があるのだ」と説明した。中等学校のある教師は、生徒たちに「君に伝えられてきた貴重な遺伝資質を維持、増強」して、「集団の共有財を高め貯えよ」と言い、もし「人種上破壊的な欠陥遺伝子」をうけ継いでいることが分かったら、子供をもつことを誓って断念せよと述べた。この教師はユダヤ人についてほとんど触れなかったが、ドイツ人は自分の血があの犯罪者よりも貴重であることを認識せよ、行動をおこす時であると論じている。(74)

上級の教育者や管理職は、「確固たる鉄の意志」や「徹底した奉仕」といった言葉を盛んに使ったが、ナチの人種価値論を教育現場でどう応用するかは、個々の教師が相当な裁量の幅を有した。一九三三年時点で、公立学校に在籍するユダヤ人子弟は六万人足らず（就学年齢ユダヤ人子弟の七五％）。教師は三〇万人ほどいたから、教師の担当教室でユダヤ人の子供がまじる比率は、きわめて小さかった。またドイツ系ユダヤ人は、ベルリンやフランクフルトといった都市居住者が多く、最初の数年は同じ教師が担当する伝統もあったので、全体的にみれば、その担当比率はさらに小さかった。時間の経過とともに海外へ流出するユダヤ人が多くなり、ユダヤ系の学校も増えたので、一九三八年時点でユダヤ人の就学年齢児は二万七五〇〇人となり、公立学校に通学するのはそのうちのわずか二七％となった。(75)

児童図書「毒きのこ」に描かれた一場面。「眼鏡の奥からいやらしい目がのぞき、ふしだらな口元はにやにや笑う」と説明がついている。「医院のインゲ」と題し、善良な若い女性が危機に直面するさまを描く。不気味な医師の背後には真っ暗な診療室。彼女が手にしているのは、卓上にある退廃ファッション雑誌のひとつ。壁には、このユダヤ人医師は国民健康保険医との張紙があるが、この図書が発行された1938年時点では、もはやありえない話である。

「家を出ると、いやな経験ばかりしていた」

ドイツに残ったユダヤ人子弟の経験は、教師から情けの気持が完全に消滅したわけではないことを示唆する。当時生徒であった人々の回想記には、受けて然るべき優等賞をあげられなくてすまない、とひそかに謝る教師の姿が描かれている。ひとりの母親は、娘のイレーネに対するあるナチ教師の気持を、記録にとどめた。成績優秀を認められながら賞をもらえない。悲しむといけないので表彰式当日は登校しないように、とアドバイスしたという(76)。ハンブルク在住一二年のあるアメリカ人の母親（ユダヤ人ではない）は、娘の通学する学校で、ユダヤ人の子供たちがひどい目にあっていた、と証言する。散々いじめられ、侮辱され、隔離されていたが、それでも「多くの教師がまだ人間性を失わず、こっそりとではあるが、この子供たちを慰めていた。しかし、おおっぴらに同情して他人から見られる危険は避けた。誰もそのリスクを冒すことができなかった」と書いている(77)。ハンブルクのある怒れる党古参は、ヒトラー・ユーゲントのメンバーたちが、まるで反ユダヤ政策がないかのごとく振舞い、まだ

「ユダヤの屑ども」とつき合っている、と不満をぶちまけた(78)。

ナチドイツから流出したあるユダヤ人難民は、一九三三年に生じた変化を全然おぼえていない。目立った変化といえばひとつだけ。教室に飾るヒトラーの肖像写真を購入するため、ユダヤ人とキリスト教徒の生徒が献金しなければならなかったことくらいである。ひとりのナチ教師は生徒全員をわけ隔てなく平等に扱ったが、もうひとりのナチ教師K女史は、ユダヤ人の生徒をいじめ抜いた。ところが皆から嫌われている女史が、祖母のひとりはユダヤ人ということが判明して、首になったのである。彼女の担当生徒は全員が手をたたいて喜んだ(79)。一九三〇年代、ベルリンに生まれ育った歴史学者ペーター・ガイは、一般化に慎重である。敵意のみなぎる環境であるにもかかわらず、「私たちの教師たちは全体的にみて偏狭なところがなく、ユダヤ人生徒に的を絞っていじめることはしなかった」と述懐する。しかしその彼も、ほかの学校ではおそろしい状態になっていることを、耳にした。「日増しにユダヤ人迫害が強まり、教師と生徒が一緒になっていじめ、暴力をふるうこともあった」という(80)。

熱狂的なナチ教師は、三人か四人にひとりであったかも知れない。しかしその比率でも「不要」の烙印を押された子供たちは、充分すぎるほどみじめな思いをした。ある教師は生徒たちにバケツとブラシを与え、ユダヤ人の子供たちが座ったベンチを洗い清めよと命じた(81)。別の学校では、「悪ふざけ」に子供たちがユダヤ人の級友たちに「J」の文字を書いた鉄道の片道切符を渡した。ユダヤ人のJ、エルサレムのJである(82)。モノポリー（不動産の権利を争うゲーム）をモデルにした盤上ゲームで遊ぶ子供たちもいた。その名も「ユダヤ人は出て行け！」である。自伝的小説『模範の少女時代』で、作者クリスタ・ウルフは最愛の教師ヴァルジンスキの思い出を綴る。先生は、「皆さん静粛に。今すぐにです！　皆どこにいると思っているのですか、ユダヤ人学校ですか！　私たちが旗に敬礼する時、私を失望させる人は、本当に罰をうけますよ。私たちの

"kinder von der Saar besuchen den Fuhrer in der Reichskanzlei," JUGEND UM HITLER

学校児童がヒトラー訪問を許されると、このような記念写真をもらった。ヒトラーに会ったことのない子供たちも、このような写真を通して経験を共有した。ハインリヒ・ホフマンの「ヒトラーを囲む若者たち」一場面。

総統は私たちのために日夜働いておられるのです。それなのに君たちは一〇分も黙っていられない」と言う。[83]

ナチで凝り固まった教師は、児童書『毒キノコ』を読本に指定した。一九三七年、SA機関紙デア・シュテュルマー出版局が発行した毒々しい反ユダヤ本で、多くのユダヤ人は表面的には善人のように見えるが、毒キノコと同じである、毒をもっているという内容である。[84]

第三帝国では、教師の行動は必ずしも画一的ではなく、落差があった。集団よりは個人としての思慮分別の幅が大きかったということであろう。しかしそれでも、個々の教師の行動にばらつきがあるものの、平均値でみると、やはりユダヤ人児童・生徒の隔離を指向していた。ドイツ東部の町に生まれ育ったハンス・ヴィンターフェルトは、「家を一歩出ると、いやな経験ばかりしていた」と述懐する。殴打されることはなかったが、すべてに仲間はずれにされた。級友は隣の席に座らず、野外授業でペアを組まなければならない時、誰もが彼と組むことを拒否した。[85]モーゼル河谷のある村の学校長ベッカー氏は、体罰の信奉者であった。しかし、アーリア系生徒のひとりアルフォンス・ヘックの記憶によると、ベッカー先生はユダヤ人生徒を殴ることはめったになく、授業であてることもしなかった。しかし、ユダヤ人の子の行儀が悪いと、「先生は、〝イスラエル〟と嘲り、教室の隅にその子を座らせた」という。[86]ベッカー先生の担任にはユダヤ人の子がひとりいた。その人は、「ほぼ完全な社会的孤立で、私はじっと耐えなければならなかった。級友たちが露骨な反ユダヤ的態度をとることはなかったが、除け者にされ、友だちがひとりもいなかった……先生たちは厳しく、よそよそしく、あてこすりを言った」と回想する。[87]

ナチ教師が、あからさまな残酷は逆効果、と気づく場合もあった。ナチの出版物に描かれるカリカチュアが教室にいるユダヤ人生徒とは似ても似つかぬ顔つきなので、生徒たちに関連がつかめないケースもままあった。生徒たちが除け者にされた子を可哀想に思うことも、時にはあった。あるナチ教師は、「一体どうすれば、仲間という集団の気持ちを人種意識と人種の誇りに変容させうるのか……ユダヤ人の子という小さな厄介物が、たぶん全く人畜無害の存在だろうが、目の前にぶらぶらしているのを見る時、その感慨に襲われるのである」と心中を吐露した。そして馬鹿にされ涙をポロポロ流しながら抗議するユダヤ人の子を見ると、その光景は、「度量ある高潔なドイツのエトスに背く」とも書く。さらに、嘲りが裏目にでて逆効果なのであれば、人種法の「痛みを伴う正義」を説明する「冷静な客観性」が必要と説く。仰々しい党古参の大言壮語的テクニックを暗に批判しつつ、模範的な教師は「火と燃え知識あふれる」者で、タルムードを引用し、古代ユダヤ史をそらんじて語り、人種科学を説明し、ユダヤの不道徳を生徒に納得させうる人であるとし、冷厳な事実のみが、「まともなユダヤ人という神話」を打ち砕く、とその教師は考えた。[88]

倫理教育のパイオニアをもって任じるナチ教師たちは、図書学習の代わりに体験教育を実験した。党員ロイトロフは、「授業のひとつひとつが体験学習である時、教育は成功する。無味乾燥で科学の体裁をとるものは人間を形成しない。経験は人を育てる」と講演した。[89]講義、暗記の練習、教科書の代わりに、教師はクラスを率いて野外のもっと大きい世界へ突撃することをすすめられた。本に依存することなくエミールを教育するジャン・ジャック・ルソーをまねて、ナチ教育者は生徒教育に自然を利用した。しかしナチの教育理論家エルンスト・クリークは自画自賛し、ナチの学校はエミールのような裕福な両親をもつ特権的子弟だけではなく、すべての階層の子供を教育すると述べた。視聴覚教材も、体験学習の一環として使われた。経済復興がすすみ、教育予算等が大きくなるにつれ、教育省は特別に教育映画・レコード局を設置した。その広報には「スライド、視覚教材は心のとびらを開き、深奥の精神的表象力をかきたて、全く新しい生命の造形へ向かわせる」とある。(90)

新しい国定教科書が登場する前から、教育用マスメディアが、教育規格化の可能性を提示した。まず児童・生徒の心をとらえたのがラジオであった。しかしその新奇性はすぐに色褪せた。(91)代わって登場したのが映画で、こちらは長続きした。ルストの教育省は、一九三五年までに八〇〇〇台を越える映写機を購入し、ORP制作の映画を三万本以上も巡回映写させた。(92)最新の映画教材を紹介する定期刊行物もだされた。(93)週末映画会の開催で一〇〇〇万近い児童・生徒が映画を見た。ユダヤ人の子供たちは、この集団体験から排除されたので、レストランや商店に張りだされた「ユダヤ人お断り」というメッセージは、いやがうえにも現実味を増した。

スライドを使った講義、セットになった教育用チャートも、学校でナチズム浸透の新しい教育手段として使われた。添付されたテキストを大声で読みあげて、授業をすすめるのである。この種の教材が大量に生産され、学校に貸出された。教材は、「望ましき人種と望ましからざる人種」を描ききって、「感情、信念そして力」を触発、喚起するように意図された。(94)教材は、不自然な性、人種上の危険性、威張りちらす「おとこ」女、人種混淆のイギリス人レスビアン、猿もどきのユダヤ人、奇形児を嘲笑した。人種政治局はポスター大の人種識別図表を配布した。メンデルの法則をもじって人間の遺伝を説明し、若い女性を誘惑する「ユダヤ的容貌」の男に注意せよ、と警告した。鮮やかなカラー刷りの人種・遺伝チャートもセットで、全国に配布された。ユダヤ人をおとしめる個所はあまりなかったが、毒々しいイラストは、それを補ってあまりあった[95]。子供たちは、教室でうける受身の教育のほか、野外教室ではもっと行動的な学習の機会を得た。一九三三年夏から戦争末期まで、「退廃芸術」、人種の健全性と衛生、「永遠流浪のユダヤ人」といったテーマの巡回展を見に行った。ナチスは、「有害」芸術と「欠陥」人間を公に展示することで、脅威のイメージを子供の空想の世界に組みこんだ。

「人種チャートを使い、北欧ゲルマン系の児童と比較しながら、北欧系の特徴を説明する教師」。使用しているチャートは「世界の人種、第１部――ヨーロッパとその境界域」とある。

「この障害者を汝自身のごとく愛するな」

教師たちは、平等主義を推進するため、通常の形式を破り、生徒の同志となった。プロイセンの行儀作法に慣れた教師には、教えられぬことであった。教育相ルストは、教師、生徒のきずなが生徒の心をつかむ道、と強調し、「子供たちは、自分たちが青年国家社会主義者を教師としてもつ限り、喜んで教育をうける」と言った[96]。ダイナミックな教師は、生徒の健全なアーリア意識を涵養するため、日帰り旅行をおこなった。ユダヤ人の子供たちは除外された。しかし、「人種的に資格のある」子供たちは、いかに貧乏であっても旅行に行けた。福祉基金から金がでたのである[97]。精神病院、知的障害者収容施設、身体障害者施設を訪れると、欠陥遺伝子に対する恐怖が倍加されるのである。通常、中産階級のしつけでは、社会的敗者、除け者を無遠慮にじろじろ見たりしない。しかしこの野外教室はそのしつけを破り、瀕死のハンセン病患者や狂人、奇形児、むち打ち苦行僧を遠まきにして嘲笑し、あるいは公開処刑に集まったような中世時代へ逆行したのである。施設の見学者は、五体満足で健康な自分をありがたく思うと同時に、身心の奇形者が隔離されているおかげで、自分の世界が安全になったと感じた。精神障害者や奇形児の姿は、二〇世紀の初めには、病院や医学書の世界に存在するだけになっていた[98]。ナチの教育インストラクターは全く逆のことを考え、障害者を大衆の面前に暴露することをよしとした。なぜならば、「病者は健康を考える学校とならなければならない。施設を日陰におくことは、やめなければならない。結婚を考えている民族同胞には、男女を問わず少なくとも一回は施設を訪問させ、狂人の悲鳴を聞き、奇形の醜悪な姿を見せなければならない……ここで本人は、自分が受け継いだ神聖な遺伝形質のありがたさを、学ぶことになる」からである[99]。そこにこめられたメッセージは明確で、「目をそらすな。凝視せよ。情に流されるな。この隣人を汝自身のごとくに愛するな」である。

もうひとつの野外教室が郊外への学習遠足であった。この郊外見学の組織者は「共同体づくりは、本を読むよりずっと重要である。経験を充分重ねた後は、集団生活の訓練を最重点課題にすべきであると思う」と書いている[100]。一九三四年には、ラインラントの工業地帯への見学旅行が盛んにおこなわれ、国家計画の一端を子供たちに見せた。この見学旅行は合計すれば一〇三週間を越え、男子生徒一万九〇〇〇人、女子生徒九〇〇〇人が参加し、教師二三〇〇人がかかわった。[101] 旅行日課は午前六時三〇分に始まる。柔軟体操の後シャワーを浴びて朝食をとり、午前八時四五分から午後一時まで野外教練をうける。昼食後三時過ぎまで休息し、午後三時一五分から六時三〇分まで教室で授業をうける。「プラトンの共和国にみる国家政治教育」、「有史以前のドイツ」、「キケロのスキピオの夢」、「君と君の遺伝子」、「先の世界大戦におけるヒトラーの軍務」といった人種教育を含むテーマであった。午後六時三〇分、参加者は号令一下不動の姿勢をとり、検閲をうける。午後七時から夕食。簡素な食事をすませた後、キャンプファイアの時がくる。たき火を囲んで歌や説話で時間を過ごす。午後九時四五分、消灯ラッパが鳴り響き、全員いっせいに眠りにつく。行進、戦友愛、そして集団生活を通して、生徒たちは自己を鍛錬し、団結心を学ぶという仕組みであった。[102]

この野外学習は、大学でも人気があった。[103] 例えば一九三三年の夏、マルチン・ハイデガー学長は、ベルリンの全国委員会の重鎮として、学術山荘の計画を推進した。血をわけた民族の信頼関係を教官と院生の間に築き、意志の疎通をはかると同時に、学問を志す若者に、象牙の塔から出た外の生活を経験させるのである。[104] ハイデガーはこの計画にきわめて熱心で、数ヶ所の学術山荘で話をしている。さらに一〇月にはスキー場の山小屋で、自分

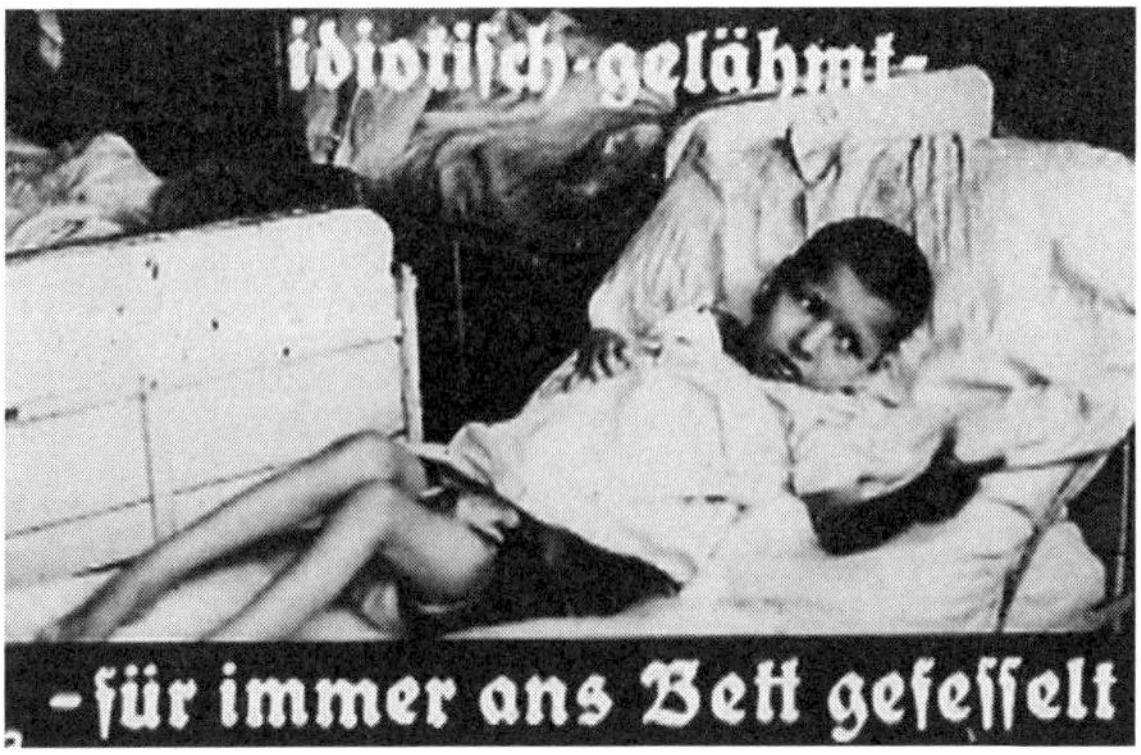

「片輪の白痴。生涯をベッドで終える」。ヒトラー・ユーゲント用のスライド教材の1枚。スライドは障害者に対する同情を喚起するのではなく、費用対効果上マイナスの嫌悪すべき存在、と主張する。フォルクの健常者に使うべき金を嫌らしい障害者が吸いとってしまうという主旨である。

の知識キャンプを開講した。期間六日、ある伝記作家は、プラトンのアカデミーとボーイスカウトのキャンプをかけ合わせたもの、と書いた[105]。この偉大なる哲学者は、あたかも白刃を振って敵地へ殴りこみをかけるように、軍隊調で学生たちに集合をかけた[106]。突撃隊や鉄兜団の軍服に身を固めた男子学生は全員アーリア系、青年将校の気概で歩調をとり、隊列をつくってフライブルクからハイデガーの山小屋「トットナウベルク」へ行進した。午前六時〇〇分に起床ラッパが鳴り響く。消灯ラッパが響き渡るのは、午後一〇時〇〇分である。ある参加者の回想によると、ハイデガーは学生たちの偉大なる「勇気」を喚起し、いつものことだが、含みが多くて分かり難い言葉で、「新しい現実の征服」と「ドイツの存在（ダーザイン）の完全な転倒」について語り、「今や話で時間を浪費すべき時ではない。行動すべき、行動あるのみである」と言った[107]。それはセミナーに似た会合で、参加者たちは、学界の構造、大学改革、総統の思想、哲学について論じあった。ある参加者は、前からあるハイデガーのポピュリスト的本能が、いとも簡単に人種主義のニュアンスを含みだすことを認めた。ハイデガーは「不妊の」キリスト教と「事実の行商人」的実証主義を攻撃した。山小屋では特別な知識を授けることはなく、ナチ革命の成就のための「環境」づくりと「態度」の形成を望むと言った[108]。ハイデガーは、大学を国家に奉仕する機関にしたいと願い、学長として「軍事競技」講座の設置を認め、夏期軍事演習に参加した学生への単位認定に同意した。イギリスの外交官は、ベルサイユ条約に違反する行為ではないか、と考えた[109]。フライブルクでは八月と九月の二ヶ月で、合計三〇〇名の学生が軍事演習に参加した。参加学生たちは日常的に近くの町へくりだし、ナチズム批判者として知られる人々に暴力をふるった。ハイデガーは知っていたが、プログラムの続行を擁護した。

独唱ではなく合唱を

一九三四年、教育相ルストは、「ゲルマンフォルク全体が、遺伝、人種の最高価値に到達するよう身心を鍛錬し、来るべき日に備えよという総統の意を体し、それを実現する」ため、教師にその指導能力を付与する再教育キャンプを設置した。ルストは、人種問題、遺伝学、ドイツ先史、生物学、地政学をベースにした中核のカリキュラムを提示した。学術山荘の組織者は、ナチ教義に疑問を抱く教師にも受入れられるよう、教育相指示を柔軟に解釈した。人種パージ、政治パージで教師の選りわけが行われた後であるが、その教師たちをまとめる共通基盤は、ナチ教義ではなくて、民族原理主義であった。ルストは洗脳指針を発行し、ベルリンから指示をとばした。しかし地方の組織者は、洗脳ではなく士気の回復を最優先課題にした。

ある学術山荘のひとつ（襲撃隊と呼ばれた）の指導者たちは、「アンハルト山脈の原野と森」と題する報告書をまとめたが、「その実感は書けない。体験しなければならない」という冒頭の言葉で始まる。(110) 田舎の生活環境がぜひ必要であった。ある指導者が言うように、「農民はトータルな生き方をしている。一方、集団感情は都会人にとって異質」だからである。(111) 再教育はさまざまな形態をとり、教師を血統でつながるグライヒ（同等、同質）として受入れた。長期休暇の時に開催されるものがあるかと思うと、学期の最中に開かれるものもあった。有給参加型があれば有料参加型もあった。(112) 一九三九年にドイツから亡命したフェレーナ・ヘルヴィヒは、バルト沿岸で開催された、六週間の国家社会主義演習に参加した。「教師、インターン生、大学教師等々さまざまなタイプの人数千人が集まった」が、熱烈参加組もいれば、冷めた目で見る人々もいた。彼女の記憶によると、肉体を鍛える体育は参加者全員に有益であった。食事はおそろしくまずかったが、六週間はあっという間に過ぎたという。(113) NS教師連盟は、一九三七年までに地域修養センター五六、全国修養センター二ヶ所を設けた。後者はラインラントとベルリン近郊にあった。この二つの全国センターは一九三五年から一九三八年まで一五三の特別コースを開催しドイツ人教師一万一〇〇〇人、外国からの派遣数名が参加した[114]。地域センターの総計は不明だが、ある地域センターでは、一九三三年から一九三九年末まで、教師三〇万人のうち二一万五〇〇〇人が参加した[115]。

この修養講座は、活動報告、講義概要（シラバス）、スケジュール表、参加者評価、講義テキスト、参考文献が多数残されており、それから活動の模様がうかがえる。参加者のほんとうの気持、意見を知るうえで、このような資料は信頼のおける手掛かりにはならないだろうが、報告をまとめた人々は、上司の期待するものを書いたとは言える。即ち、何が期待されていたかは分かる。報告は、文化的優越性のにおいが強く、天才ヒトラー礼讃が色濃いが、人種科学にほとんど触れておらず、敵意にみちた反ユダヤ主義は避けている。しかしそれでも、ナチ支配とその人種思想を支持する点については、教養臭の薄い体裁の中で見え隠れしている。

修養講座を主催する組織者は、学問上の課題に触れることはめったになかったが、民話、兵站学、野外活動、観光、地域住民との親睦会には、大いに時間をさいた。ラインラントに設けられた一〇ヶ所の地域センターでは、科目表に、生物学三一、言語および歴史一四、地理一四、地域事情と景観一二の講座数がリストアップされている。生物学の講座は、当時欧米で実施されていた優生学講座の内容と同じテーマを含んでいた。一〇〇項目に近い討論課題のなかで、反ユダヤ的とはっきり分かるのはただひとつ、「ドイツ文化のユダヤ化批判」である[116]。典型的な課目には、「人種思想の要点」、「古代及びゲルマン世界における人種興亡」、「ヨーロッパの勝利と衰退」、「戦争と戦略」、「世界大戦」、「未来に挑戦するゲルマン的信念」、「国家社会主義と農民」、「エルンスト・クリークのゲルマン的政治理論」、「ザール問題」（ベルサイユ条約でフランスへ割譲された国境域）が含まれる。「偉人伝」の授業では、ナチ以前の教科書に登場する軍人、為政者、文学者が扱われた。ナチ殉教者は対象外である。[117]

人種教育は、人種政治局の出版方式にそっくりであった。即ち、人種概念を多くの課題にたくさん含め、反ユダヤ主義は総合的な人種学習の一面として組みこまれた。ナチイデオローグのローゼンベルクは、講習の前、スタッフに「これまで起きた根本的な変化の意味をどう解釈するか、新しい知性の形成と純粋な戦友愛の醸成をどう理解するか。講習は参加者にこの取組方を教授する」、と修養目的を説明している。[118] 副総統ヘスは、人種ドグマ等にはいっさい触れず、一九三四年の特別コースインストライターたちに、「参加者に熱情的献身の心を植えつけ、我らがフォルクと同志の善に対する絶対不動の信念を涵養せよ。かくすることによって、ドイツの運勢に対する確信も生まれる……もちろん未来は、平和と安全、パンと名誉をもたらす」と訓示した。[119]

ＯＲＰ（人種政治局）派遣の講師たちは、フォルクに向かって汎神論的説教を垂れ、弁舌さわやかに、人種の精神的側面を語った。ある教師は、ヴァルター・グロスの講話について、ノートをとり、そのなかで「血をわけた同胞と帰属について高揚した経験」をしたと絶賛した。[120] かがり火を囲んだ夜の集会は、説教を呼びものにした。例えば戦友愛を説く話では、「誰でも望めば行動できる。自分の任務を遂行する戦友は、自分と同じく国家にとって不可欠の人である。これを忘れてはならない。政府があるからとか知識人階級が存在するから、国家が存在するのではない。国家は、全員が力を合わせ調和して働くからこそ存続する」と説く。一九三六年、講習参加者のひとりは、「戦友愛の増進が主な狙い」と感想を洩らしている。[121]

血統でつながる民族の連帯感を強めるため、ざっくばらんなポピュリズムが守られた。一種の平等主義のエトスが公式の作法を打ち破った。女性と男性の敬称であるフラウ・ヘルも省かれた。妻は夫の肩書をつけることもなく、博士夫人（フラウ・ドクトル）、教授夫人（フラウ・プロフェッソル）とは呼ばなくなった。相手を呼ぶ時は、公式的なズィに代って親近感をこめたドゥが使われ、同僚は戦友となった。[122] シェム、ルストあるいはクリークといった党官僚は、平等主義を強調するため、週末の主要講座では、参加教師たちと親睦をはかった。ある参加者は、この特異な歴史的瞬間を一〇頁の感激文にまとめ、「中世の修道院に平等主義の前例がある。そこでは修道僧たちが自由に自分の感情と願望を表明していた」と書いた。[123] ドイツもまた、内輪の共同体であった。血を分けた民族共同体で、しかも同好の士の集まりである。そこからはユダヤ人と左派の同僚が追いだされていた。参加者に対して訓練教官は、共通点として、血統で結ばれた民族の団結を強く訴えた。「人種知識」は単なる知識ではなく、人生観、世界観として説明された。参加者のリポートには、野外活動の改善が要望され、組織側は、士気をたかめ民族の連帯感を強めるため、ハイキング、スポーツ、地方文化、キャンプファイアを囲んだコーラスの増加を提案している。このような要望や提案は、露骨なナチ教宣がうまくいかないことを示唆している。

「自然な」連帯を強めるため年齢や地位を抜きにした男同士、女同士の交流促進も行われた。NS教師連盟の女性部長アウグステ・レーバー＝グルーバーは女性分離主義の信奉者であったから、ドイツのブルジョワ女性運動すら（本来は自己中心的として非難していた）、女性の生来的特徴を称えるものとして、歓迎した。[124] あるグループの女性参加者は、日常生活のきまりきった暮しと孤立を相殺するとして、階級なき修養センターの活気を称賛した。男性用センターの組織者は、「軍人精神の横溢せる雰囲気」を基礎におき、「純然たる軍事行動に求められる厳しき軍律と集団精神」を称えた。[125] 男性参加者の約半分は旧軍人であったから、壮年層が青年層に、地図の判読、戦略、夜間行進、信号技術等を教えた。ある訓練教官は、兵営的雰囲気みなぎる軍律が安全な骨組みとなり、そのなかで集団心を培養できる、と述べている。

参加者の間で人気の高い課目のひとつが歌唱であった。しかし、それは合唱でなければならなかった。独唱や楽器を使った独演は、演じる者と聴く者が一体になれない。それはとりもなおさず、躍動する生命と歌を「ひき離す」からである。これに対し、大勢が参加して軍歌をうたう合唱は、さまざまな声が共通目的のなかで「有機的」に調和できることを、如実に示す。組織者の多くは、「合唱時間」の人気を認識し、タレントの音楽家が少なくともひとりは山荘センターに加わるべし、と提案した。昼のハイキングはフォークソングの合唱を楽しむ機会となり、ナチドグマについて議論がましい論争になるのを回避できた。

山荘センターは、ぎっしり詰まったスケジュール表からみて、整然たる秩序のもとで運用されているような印象を与える。しかし実際には、自発的行動を許す幅があった。参加者たちはそれにまつわるさまざまな混乱を、楽し気に回顧する。ホステルに入れかわりたちかわりやってくるグループで、あたりは騒然とし混乱状態となる。軍事演習や体育の後、教官達が姿をくらましてしまう。「誰かが森の中でファンファーレのラッパを吹き鳴らす。かと思うとグループが台所で合唱を始め、ほかのグループが農民の太鼓を打ち鳴らす」光景が現出した。教師達が集団となって、村の酒場にくりこんだ。山荘センターの基本趣旨とは合致しない行為であった。気どりのないレジャー活動、格闘技の練習あるいは民族ふうの背景が、教師再教育コースから政治色をぬきとり、同時にアカデミー色を薄めた。参加者のリポートをみると、ルストの至上命令とする政治一色化は挫折したことがうかがえる。戦友愛が時の関心事であった。大げさな舞台装置、講演および対話のポイント集、民族の誇りを喚起しようとする感傷的な訴え方をもってしては、国家社会主義の教えを伝播することにはならなかった。詩趣に富む思い出が一般的であった。即ち、

知識を求めて生の躍動を発見し
召に応じ集い来りて戦友となり
真理を語らい無二の親友となる(126)

この種リポートの少女趣味的感傷と気どりのない質朴なたとえは、仲間意識の経験がもたらす高揚感を示す。これからいけば、十数もあった教師団体の解体で地におちた士気も、回復できそうであった。民族精神の再興が、教員のパージと出しゃばりのナチ官僚主義で生じた鬱陶《うっとう》しい雰囲気を、吹きとばしてくれそうであった。キャンプファイアの心地よいムード、気分爽快なハイキングあるいは村の酒場でのむビールの味。教師たちはすっかりリラックスして、集団行動の明るい面を体感し、プラス思考でその面を見るのであった。

ヒトラーユーゲントに誘導した教師たち

ナチ確信層の教官は、士気回復を優先して教義を強く前面にだすことをしなかった。それは、紛糾する問題は避けるとするヒトラー自身の方針を見習ってのことであった。例えば、一九三五年のニュルンベルク党大会でヒトラー・ユーゲントに向かって話をした時、総統は人種の危機にいっさい言及せず、もっぱら道徳の退廃について語り、「今日見られる堕落症状で国民が破滅しないように、新しいタイプの人間を練成しなければならない」と強調した[127]。一九三六年、バイロイトで開催された教師の年次大会では、参加者三万人が性格教育の講演に耳を傾け、六〇〇〇人編成のたいまつ行列を見守り、教育の館の落成式に参列した[128]。教師の年次総会で、反ユダヤのあてこすりならあたり前であったが、俗悪な人種主義は表面にでてこなかった。一九三〇年中頃、普通の教師と確信層のナチは暗黙裡に妥協しあっていた。妥協とは一口でいえば民族の連帯を強調し、粗雑な人種主義を抑えることである。

民族原理主義は、愛国的教師の間では異論のない支持を得ている価値観に立脚していた。それに反対する者は少数であり、偉大なる民族の滔々たる流れを前にした隅っこの小さな存在にすぎないと感じさせられた。それは、血をわけた同じ心の同志が巨大な水流となったものであり、望ましからざる「不要の」市民を押しのけて、流れていくのである。ナチ特有の教義（総統崇拝、粗っぽい反ユダヤ主義、反キリスト教など）の公然たる批判は、影をひそめた。しかし教師たちは、教室であるいは嫉妬心の強い同僚の前で反ナチ言動を避けるならば、気にくわぬカリキュラムの一部を手加減できるし、クラスにユダヤ人の生徒がいれば、ちょっとした方法でヒトラー・ユーゲントのいじめから守ってやれることを知った。

ナチ教師の手にかかって多くの「不要」生徒が苦しんだが、この種の選択的追従が、生徒の苦しみをいくぶんなりとも軽減してくれた。しかしそれは、ドイツ青少年のナチ化にはまさに蟷螂《とうろう》の斧にすぎなかった。一九三六年に非ナチ青少年団体はすべて非合法化され、さらに一九三九年には、「適正」な人種の素姓がある子供たちは、全員ヒトラー・ユーゲントのメンバーになることが義務づけられたからである。この巨大な機構の中で、確信層のナチ教師には、未来を背負う青少年にナチ精神の注入機会が存分にあった。おどろおどろしいナチ教礼拝、ドイツの「生存空間」（レーベンスラウム）権などを、叩きこむのである。若手の――親ナチと考えられる――教師たちはナチ関連団体に加入するだけでなく、ヒトラー・ユーゲントの洗脳を先導することが期待された(129)。少年たちを「革よりも強靱にして猟犬よりも敏捷、クルップ鋼より硬い」人間に鍛えあげようと、一万二〇〇〇人の男性が協力した。子供を産んで未来につながる少女たちについては、七五〇〇人の女性教師が動員されて、たくましい心の女性づくりにあたった。巨大なヒトラー・ユーゲントのほか、労働奉仕キャンプ、ドイツ労働戦線も、ナチイデオロギーの教宣にあたった。将来を背負うエリート候補に選ばれた生徒のため、ナチ党は寄宿学校のネットワークをつくりあげた。フォルクのために挺身する青年の育成を目的に、日常生活のあらゆる側面を設計しておき、それに合わせて二四時間体制で鍛えるのである(130)。

ルスト、シェム、クリークのようなナチ教育家が強調したように、教師動員は学問ではなく感情に訴えることが基本であった。彼らは、ワイマール民主主義を意味する「システム時代」の空虚な物質主義をののしり、「血と大地」に根づくフォルクという感傷的ビジョンを宣揚した。しかしながら、エリートのナチ学校では、工場のような生産工程がまったく違った印象を与えた。ヴィクトル・クレンペラーは、教育相の言葉に、ベルトコンベア式流れ作業の機械音を聞いた。「ルストは、どの演説でも〝気の抜けた知性偏重主義〟の克服、を強調する。〝肉体と性格の鍛錬〟を優先するのである……教師は全員、民族、政治路線に沿って年間四週間のオーバホールをうける。独裁的権威の乱用が疑念をますます強める」とクレンペラーは書いた。[131]工場という表現がふさわしい所で、教師は一緒に集められて整列し、オーバーホールされ、標準化された後、規格品となって送りだされた。クリークは、ナチ教育の「すべての側面の分類と選りわけ、統合」について語ったし、ローゼンベルクは「問題は参加者の知識を豊かにすることではない。要するに、肉体的、感情的、精神的に鍛え直して、国家社会主義で武装させることである」と説明した。[133]教師は、未来の指導者を生産する者として、あたかも探検か航海の壮途につくかのごとく、「武装され」あるいは「装備され」た。[134]

ナチの教育理論家は、第三帝国の初期にはまごついたが、その後、アプローチ法を改造して、露骨な人種憎悪を控え、いわゆる人種的異分子の消滅した「我われ意識」の創造を、前面に押しだした。「完全」にして「絶対」、「不動」の忠誠という言葉の背景には、高潔高遠なる最高指導者とそのフォルクに対する献身が強調され、それをベースとした総意が流動していた。生徒と教師は、党歌「ホルスト・ヴェッセル・リート」の文句を暗記しているかどうか、あるいは「配偶者選択十戒」を一語一句間違いなく暗唱できるかは別にして、ナチズムの概念なら吸収した。以上の点は、グライヒシャルトゥングの表面的穏健版といえるが、これによって個々の教師は、かなり裁量の幅を得た。即ち、自分の直面する状況と好みに従って調整することができた。しかし一方では、至上命令は明確であり、「総統を敬え、異質分子を排除せよ、フォルクのために身を犠牲にせよ。挑戦に立ち向かえ」、と指示していた。従順な教師は、一九三三年時点でナチ指導者たちが自慢した身も心も捧げる完全なナチス、ではなかったかも知れない。しかし、自分の生徒を誘導してヒトラー・ユーゲントへ送りこみ、フォルクのために身を捧げる準備をさせたのは、この教師たちであった。

Ⅶ　官僚たちの迫害手続き——法と人種秩序

国家との関係で個人は基本的に無制限の自由をもつとする説、そして万人平等論。国家社会主義はそのいずれにも反対する。自然の法則にもとづき人間には違いがあり、平等でもない。この厳しい現実を認識する必要がある。

ニュルンベルク人種法　共同起草者
ハンス・グロプケ　一九三七年

ハンナ・アーレントへの異論

カール・シュミットは、「完全総統国家」を宣揚した時、断固たる指揮統率が、舵とりのない民主主義時代から脱して、回復の道筋をつけると予期した。ヒトラーはその期待を裏切らなかった。首相就任より一八ヶ月間のうちに、共産主義者の徹底殲滅に乗りだし、保守派の協力をとりつけ、追跡調査で周辺をさぐるジャーナリストを沈黙せしめ、ライバルの政党を駆逐し、反抗の兆しをみせる突撃隊幹部連を追放、処刑した。ヒトラーは、民主主義の残滓を手早く始末し、返す刀で国際連盟から脱退し、その一方でバチカンと協約を結んだ。すばやい動きに国際社会は唖然とするばかりであった。人種改良プロジェクトもただちに開始され、「望ましい」者同士の結婚を奨励する一方、「望ましからざる」者には強制断種を実施した。失業率が低下し、周辺諸国のヨーロッパ人は、ナチ国家を非難する場合があっても、羨望の目で眺めた。

反ユダヤ策に関してだけは、実行の勢いが鈍かった。特定職域に人数制限が導入されたのが一九三三年四月、ニュルンベルク人種法の導入が一九三五年九月。この間、地方および地域レベルで数百の規制条例がだされて、ユダヤ人住民の権利を制限した。しかし、ユダヤ人を締めつけその基本的権利に影響を及ぼす総括的な国法は、まだなかった(1)。この間隙は「猶予期間」と呼ばれるが、この用語は誤解を招く。実際は、「ユダヤ問題」に関して総体的なコンセンサスを固める重要段階であり、この時期に党員、人種政策専門家、ベテランの公務員および法律専門家――歴史学者ミハエル・バーリがエスノクラートと名づけた官僚カテゴリーである――の間に確固たる共通基盤が築かれたのである。彼らはポグロムスタイルの暴力には一致して反対であったが、秩序ある反ユダヤ策については、意見を異にした。即ち意見がわかれた。人種、法律上の問題が、共同体、帰属意識、市民権といった概念の意味をめぐる摩擦を、絶えずひきおこした。ヒトラーからの明確な指示がないため、このエスノクラートたちには、自己流の順応パターンをつくりあげる余裕が充分にあった。

ハンナ・アーレントが描きだすアドルフ・アイヒマンの肖像は、非常な迫力があるため、デスクワークの場や絶滅キャンプで働いた実行者の態度について、解釈を固定させてしまった。一九六〇年代から九〇年代末に至る裁判で、法廷に引きずりだされた殺人者たちは、内容を信じたわけではないが、命令は命令であり命令に従ったまでのこと、と証言した。この証言類を読むと、仕組みもわからなければ自分で制御することもできない機械があって、大量殺戮者たちはそれに組み込まれた「歯車」として動いていた、との印象をうける(2)。しかしながら、ナチ官僚の会合、会議の議事録、対策班、専門家ヒアリングなど公文書館保存資料は、実行者たちが自分たちの行動を周到に考え、究極目的を注意深く検討し、相当のイニシアティヴを発揮する場合もよくあったことを、明らかにしている。一番残忍なことをやった連中も、行動の辻褄を合わせることくらいはやった。エスノクラートは、堅実さ、首尾一貫性、合法性に万全を期した。法律の枠組のなかで機能することが習性であったから、彼らは市民権をまじめに扱った。当時をふり返ってみると、警察国家の中で憲法上の権利に配慮するのは、まず考えられないように思われる。しかし、たとい言論の自由と公民権が意味を失ったとしても、ほかの権利が以前にもまして意味をもつようになる。市民団体への参加権を始め、軍に奉公し公立学校に通い、私有財産を持ち、セックスのパートナーを選ぶといった権利は残る。第三帝国のエスノクラートは、ナチ強硬派の圧力にさらされた。ユダヤ系の住民に識別のバッジをつけさせよ、ユダヤ人は「特有の」ユダヤ姓にしてしまえとか、店舗や事務所には持主の人種認識票をつけさせよ、と彼らは要求した。特に要求の強かったのが婚姻関係で、彼らは、ユダヤ人との間に生まれた子供は市民権を剥奪せよ、ユダヤ人とキリスト教徒との性交渉は犯罪行為として処罰せよ、と主張した。一九三三年時点のドイツ国内世論は、このような過激な禁令を受入れるまでに至らなかった。

「1935年夏、この2人はハンブルクのホテルから放りだされ、市中を引きまわされた」と説明した絵ハガキ。アメリカのリンチ絵ハガキと同じように、こちらも人種攻撃を讃える。女性の首からさがったプラカードには、「私はこの地で一番大きい雌豚、ユダヤ人しか入れさせないの」とあり、男性用には「私の部屋に入れるのはドイツ人女性だけ」と書いてある。

ヴァルター・グロスの人種政治

局が、人種主義的要素をたぶんに持って、大々的な民族覚醒キャンペーンを開始した時、基本的な態度を変えるには時間がかかると思われた。グロスを始めナチ組織の行動派を除けば、徹底した反ユダヤ運動の展開に必要な世論工作は、ほとんどなされなかった。ゲッベルスは、ユダヤ人祖父母が一人だけの者でも文化事業から追放したが、その彼すらも、宣伝省で制作する作品には荒っぽい反ユダヤ主義は避けた。ヒトラーは、公の場では人種政策を口にすることはめったになかった。当時ヒトラーは外交政策に専念しており、国際ボイコットは経済復興に打撃を与えるとする経済相の警告もあって、抑制していた。しかし同様に重要な点は、一九三三年四月一日に発動した反ユダヤのボイコットが、住民のしらけ、無関心に逢着して期待はずれに終わったことである。一九三四年に、SS保安部（ジッヒャーハイツディーンスト、SD）とゲシュタポが実施した世論調査で、ドイツ人の大半は、粗野な侮辱、暴力、ボイコット、野卑な反ユダヤ主義には反対であることが明らかになった。褐色シャツの与太者たちが弱い立場のユダヤ人たちをいじめると、まわりの傍観者は気の毒に思うのであった。ナチの「低俗新聞」は軽蔑されていた。非ナチスだけでなくナチスのなかにも、消費財の選択をせばめるボイコットに反対する者もいた。ナチズムの根拠地ヘッセン州からシリーズでだされる詳細な世論調査報告で判ることであるが、住民の大半は、抽象的にはユダヤ人に対する蔑視観を抱いていたが、その偏見を日常の取引にもちこむことは考えなかった(3)。

一方、ドイツ人の大半は、法的体裁をとったユダヤ人追放なら、うけいれると思われた。それも公的生活の特定分野からである。そこはユダヤ人がいわゆる「特別な権利」をもっていると信じられ、それを相殺し「調整」するためである。一九三三年の四月法導入に際し、大戦中第一線で戦ったユダヤ人復員兵とその子供は、ヒンデンブルク特例で追放免除となった。それでバランスがとれたと受けとめられ、公平という印象を与えた。祖国のために命をかけなかった公務員、医師、弁護士が特例からはずされ仕事を続けられなくても、公平にみえたらしい。(4) 大半のドイツ人は、欧米の人間と同じように、文化的反ユダヤ主義あるいは「上品なユダヤ恐怖症」を当然視していたが、何も悪いことをしていない人々に制裁を加えるのを是とするのは、ごく少数の過激派人種主義者だけであった。

官僚的手続きを通した迫害

暴力に走る傾向が強い党古参の無法と、「上品な」慣習的反ユダヤ主義。ナチ官僚はこの二つを前にして、これに代わるものを模索した。時代的には一九三三年から一九三五年末にかけてのことである。実際にやろうとしたのは、表面的には非暴力的だが、ほんとうは残酷なゲルハルト・キッテルの処方を、政策へ翻案することであった。エスノクラートたちは、自分の職務に忠実に、所属する共同体とフォルクに対する己の本分を尽くすために、長時間会議に会議を重ね、数千の覚書をだし、あるいは方針書をだして、体裁をととのえようと苦心した。彼らは処理の難しい倫理問題に次々と逢着した。満足のいく解決は得られなかったが、話合いを続けていく過程のなかで、方法論については作業の進め方に幅広いコンセンサスが生まれ、ユンカーの支持基盤がつくられていった。ユンカー自身権利ではなく人種をベースとした国家観に慣れ親しんでおり、この階層と協力していくなかで、エスノクラートはナチス支配の初期に頭を悩ませた倫理問題を棚上げし、目前の問題に力を注いだ。

一九三三年、内務省官僚アヒム・ゲルッケは、「自分の血を純潔に保つ」という「積極的」目的のほか、我われの仕事には「消極的」の側面もあるとし、「それは技術的専門語に翻訳されるが、その意は〝一掃〟である」と述べた。さらにゲルッケは往時の「偽人道主義」に反対するとし、「理想は唯一人間にある。よきものを増進し、あしきものを抹殺しなければならない。自然の意志は神の意志である。周囲を見渡しても

「ウィーンの出会い」と題する写真で、コスモポリタン都市ウィーンは人種脅威にさらされている地、と暗示する。ユダヤ人男性の接近に女性が強烈な肘鉄をくらわす構図は、一種の“上品な”反ユダヤ主義を象徴する。狂信者の荒っぽい人種主義に閉口するドイツ人には、受入れられるというわけである。

らいたい……自然は強きもの、よきもの、適したものに味方し、もみがらを麦の実から分離する。我われはその摂理を守る。それ以上ではないしそれ以下でもない」と明言した(5)。ゲルッケは優柔不断を憎悪し、「我われは、はっきりイエス、ノーを言えない人に反対し、厳格で男らしい、仮借なき論理的一貫性を堅持する」と言った(6)。一九三三年時点で、ゲルッケを始めとする反ユダヤ主義者は、ユダヤ人が「他者」であるという経験的証拠の存在、を当然視していたので、自信をもっていた。あるナチ法律家は、「ユダヤ人種が、血、性格、人格、人生観においてアーリア人種と相当に異なることは、今日すでに認められているところであり、この人種と関係すること、あるいは夫婦になることは、アーリア人種にとって望ましくないだけでなく有害であり……不自然である」と強調した(7)。純粋理論派のナチスは、「人種的に均質な国家の建設を大前提とする時、国家は個々人の市民権に優先し、権利としてだけでなく義務上から、それを踏みにじることを得る」と確信した(8)。しかしながら、このせっかちなナチスの計画は、その概念の世界の混乱と公務員側からの反対で、失敗する。

一九三三年の四月法から翌三五年のニュルンベルク法導入に至る間、エスノクラートたちは、人種改良について数十の試案を検討した。彼らは、熱狂派の非難をおそれなかったようで、倫理上法理論上の疑問を提出し、世論も考慮した。逆説的であるが、たとい意見を異にしても、このエスノクラートたちは、強まる過激化にからめとられていくのである。彼らの省庁間ネットワークが一体化するにつれ、専門家と政策立案者は共通基盤をもつようになった。「ユダヤ問題」に関する意見に多様性があるため、調整の必要が生じ、これが、懐疑派と断行派が相違を解決する場を提供した。狂暴な反ユダヤ主義者は、「絶滅」とか「潰滅」といった過激用語を使ったが、まだ具体的抹殺計画は存在しなかった。当時エスノクラートとナチ理論家が「最後解決」という用語を使う時、彼らの大半はゲットー化、あるいは追放を考えた。

過激派ナチが望むように、ユダヤ人の生活を耐え難いものにしたい。しかし一方で普通の市民を疎外してはならない。問題はこれをどう両立させるかである。答をだすべく、一九三三年から一九三五年末にかけて、数百に及ぶ覚書がつくられ、会議も数十回開かれた。官僚的手続きを通した迫害は、穏健そうに見えるが、ポグロムよりも悪辣であり、有害であった。粛々として進める官僚的アプローチは、その静かな外見で、実際よりひどくはないのではないかと犠牲者を誤解させる。しかし、国家をうしろだてにした政策は、衝動的散発的ポグロムよりずっと徹底している。

行政機構を通した迫害が成功するかどうかは、民兵組織が支援するテロよりもずっと広汎な支持基盤の有無にかかっていた。突撃隊員は徒党を組み、小グループでユダヤ人を脅迫することはできる。しかし法は官僚機構を必要とする。一〇〇万を少し越える公務員と数万のナチ官僚は、本物の軍の教官、弁護士、ヘルスケア専門家およびソーシャルワーカーと一緒に、人種法の起案と実施にたずさわった。彼らの出身母体は大別して三つ、互いに異なる。それをまとめて一体化していくのは、自然にできることではない。一九三三年、ろくに教育もうけていない党古参数万人は、行政機関と事務局にポストを得た。閑職である。[9] 第二の仲間は、最近入党したキャリア組（〝ほやほやナチス〟という仇名がついていた）で、昇進が早かった。第三のグループが圧倒的に数の多い公務員である（党の符牒で〝未成ナチス〟と呼ばれた）。必要条件となっているナチ公務員連盟に加入しているが、入党申請をだしていない者たちである。[10] 公務員のナチズム支持率は、ほかの職業カテゴリーに比べると高かった。しかし、公務員の三人に二人は入党していなかった。[11]

迫害についてホワイトカラーに広汎なコンセンサスがなければ、迷いのある公務員は抜け道を使って、ユダヤ人の友たちを守り、あるいはユダヤ人の同僚に危険信号をだすかも知れない。相反する二つの指令が官僚を支配し、彼らは困惑した状態におかれた。第一の指令は服従である。社会学者マックス・ウェーバーが数十年前に考えたように、現代社会は、個々人が固守しなければならぬ合理的規範に、支配される。換言すれば、プロの公務員は、自分自身の倫理意識はわきへおくということである。マックス・ウェーバーは、「公務員の名誉は、上級権力の命令を、あたかも自己の信念にもとづく合意であるかのごとく、誠実に実行する能力にある」と書いた。[12] 一方、公務員には論理性の尊重が、しっかり植えつけられている。彼らは大学卒で、たいてい法学専攻である。抽象的な法のカテゴリーのなかで合理的判断をくだす手腕に、誇りをもつ。ウェーバーが官僚主義について講義をしてからほぼ一世紀、社会学者のエビアタル・ゼルバベルが、この職業上の特徴に言及し、官僚はひとつの欠陥にもきわめて神経質で、細部にこだわり、中間色と異例を嫌い、軽蔑するとした。[13] ナチ・ドイツにおける「対ユダヤ戦争」は、この硬直した心をうろたえさせる。さまざまな矛盾で穴だらけ、整合性がなかったからである。

一九三三年時点では、円滑に機能する官僚主義の前提条件が欠けていた。明確な指示、命令が下されなかったし、概念上の混乱が断行派の決心すら鈍らせた。エスノクラートは、ユダヤ人とその資産に対する無法の攻撃を概嘆したが、かといって法にもとづいた攻撃においそれと賛成できるものではなかった。(14) 一番基本的なところで、経験上確信がもてなかったのである。ユダヤ人として勘定できる住民は、果たして何人なのか。これすら誰にも分からないのである。軍統計課と内務省保健局は、一人から四人のユダヤ人祖父母をもつ住民は二〇〇万を越える、と推定した。(15) 人口統計家のなかには、四〇〇万と見積もった者もいる。(16) これと対照的に、第三帝国統計局局長フリードリヒ・ブルクドルファーは、一部ユダヤの血を含めて約八〇万、と発表した。統計局は、全人口六五〇〇万のうち、五五万人が「一〇〇％ユダヤ人」（祖父母四人がユダヤ人の者）、二〇万人が「半ユダヤ人」（祖父母二人がユダヤ人の者）、一〇万人が「四分の一ユダヤ人」（祖父母一人がユダヤ人）と計算している。(17)

あいまいなユダヤ人の定義

エスノクラートたちは、普遍的な原理原則で物事を考えるように訓練されていたが、「人種的本能」のうえに築かれた国家にあって、あいまいな概念の中に漂っているのであった。(18) 法的規準を血統上の認識で代用する法制とは何か。その意味するところをまず考えた人物のひとりが、法務相フランツ・ギュルトナーである。ギュルトナーは、「禁じられていないことは許される」というリベラルな原則とナチ法を対比して、「ナチ国家は、民族共同体の安寧に対する攻撃、共同体の指向目標に対する妨害を、本質的な悪と考える。その故に法は、正邪善悪を決定する唯一の根拠とする主張、を放棄する。善なること正しいことは、法だけではなく、法の背後にあって法律用語では規定できない正義の概念からも学べる」と書いた。(19) 教育程度がきわめて高い公務員たちは、自分たちの職務分野が持つ公理的基盤に革命の生じたことを知った。公務員の新しいボスたちは、正義をベースとする国家にまだリップサービスをおこない、ヒトラーはワイマール憲法の正式破棄を拒否していたので、人種をベースとする法体系は、現実場面で混乱をもたらした。

「ユダヤ」の定義に関する認識上の不一致に逢着したのは、ナチのエスノクラートが最初の反ユダヤ主義者ではない。一八九〇年代反ユダヤ党（反ユダヤ国民党、後にドイッチェ・レフォルムパルタイ）の国会議員一二名中のひとりは、「ユダヤ人」をどう定義するかで党幹部の間で意見が分かれたため、党は反ユダヤ法を提案しなかった、と説明した。[20] 第三帝国のエスノクラートたちは前例を探し求めた。四月法によると、ユダヤ人の祖父母ひとりをもつ市民はユダヤのカテゴリーに入る。しかし軍当局は、徴兵年齢層の兵力確保の観点にたち、「ユダヤ人の祖父母三ないし四人をもつ者をユダヤ人に限定」することを望んだ。大学人事担当者はこれと対照的で、ユダヤ人と結婚した非ユダヤ人の教授を、結婚によってすでに「汚染」されているとしてユダヤの範疇に入れた。いわゆるユダヤ問題は、答のない、つまりは定義もあいまいなままであった。

一九三三年後半、内務相フリックの人口・人種委員会が、強制断種に関する意見を手早く表明した後、今度はユダヤ問題に目を向けた。そのはずみは、「ユダヤ」と「非ユダヤ」の意味について悪意の論争が続くうちに、消散しそうになった。委員会のメンバーたちは、ユダヤ人たらしめるユダヤの血の割合をめぐって、意見が分かれた。「真正ドイツ人、あるいは圧倒的に顕著なドイツ人。少なくともアーリア系の血をひく者」について、「ドイツ・アーリア人」を定義した時、あるメンバーはノートの欄外に「これでは駄目だ」と書いた。[21] この委員会は、強制断種法は手際よく押し通したが、反ユダヤ対策については一片の案も起草しなかった。数ヶ月後、ナチ法律家ハンス・フランクは、法的規範を人種価値と一致させるため、ドイツ法学会を創設した。四〇を越える分科委員会がありながら、専門家たちは「アーリア人」、「混血」、「ゲルマン的」、「同族の血統」といった基本用語の定義をめぐって行きづまってしまった。[22]「ゲルマンの純潔保持」提

案は、意味論のドロ沼に足をとられてしまった。(23)

軽蔑すべき血の身体的特徴は見つけられない。それがしだいにはっきりしてきても、過激派ナチスは「ユダヤ問題」に対するもっと攻撃的な対応を要求した。その彼らも、ユダヤ人をユダヤ人たらしめる血の割合について細部にこだわり、屁理屈を言いあって対立した。ブランデンブルク管区指導者ヴィルヘルム・クーベは、一〇%を提案した。(24) ナチ医学者連盟の会長ゲルハルト・ヴァーグナー（ワーグナー）は八分の一を主張した。アヒム・ゲルッケは、アメリカの反人種混淆法を引用して、一六分の一をよしとした。アメリカより緩やかにしたくなかったのである。(25) 内務省のユダヤ問題専門家ベルンハルト・レーゼナーは、「ナチの管区、地方、都市指導者は、八分の一から一〇〇%の血まで全員がそれぞれに自己流の「ユダヤ」の定義をやり……内務省に助言を求めてきた。省にはその問合せが山積みになった」と述べている。(26) ユダヤ性の身体的証拠がないため、洗礼記録だけが、生物学的特徴なるものの唯一の「証明」となった。

フリックを始めとする多くの者が、概念上の混乱は人種目的の信用をなくすと考えた。無理もない話である。(27) ゲシュタポ長官のルドルフ・ディールスは、「国内官僚機構の挫折」に失望した。(28) 国民健康局ファルク・ルトケは、「伝統的に論理性と一貫性が、法律専門家、弁護士の特に必要とする領域であったが、権力奪取以来、その特質が失われているようである。我われの人種法を点検してみると、論理的明確性の欠如が明らかである」と指摘した。(29) 人間を血統上「我われ」と「彼ら」に分類するレトリックは、感情に強く訴えたが、これを日常の業務にどう適用すべきなのか、実務担当者にはよく分からなかった。その一番の好例が、ユダヤ人と非ユダヤ人の性的関係、ナチ用語でいう「人種反逆罪」である。性に関する主張の混乱が、躊躇を生みだした。一九三三年に法務相ハンス・ギュルトナーが、結婚禁止に関する意見聴取をおこなった時、州長官の支持はあまりなかった。(30)

エスノクラートがまずやらねばならなかったのが、この混乱を片づけ、民族血統国家における住民の地位決定諸原則を、発表することであった。残された資料から、彼らいうところの「人種保護」策に関する討議内容を、窺い知ることができる。人種立法化にかかわる倫理上の難問は、一度に俎上にのせられることになった。一九三四年六月五日、法務相ギュルトナーは、ローラント・フライシュラー刑法改正委員会に、政府高官、ナチ官僚および法学者一七名を招集した。ちなみにフライシュラーはナチ法律家である。会合目的は、ユダヤ人と非ユダヤ人の性的関係禁止法の草案づくりである。会議の冒頭ギュルトナーは、討議内容を記録してよいかどうかをたずねて、会議の重要性を強調した。参加者たちは、議事録がなければ不要な疑問が生じるのではないかと心配したので、記録がとられ、必要最小限の論評がついただけの、二五三頁に及ぶタイプ印刷が残された[31]。

倫理上、法律上、意見が分かれた。まず第一が危険の規模である。ユダヤ人初婚者の三分の一強は、キリスト教徒と結婚している。それは事実だが、絶対数でいえばきわめて小さいのである。毎年キリスト教徒同士の結婚は七三万組あり、例えば一九三三年時点で夫婦一五〇〇万組のうちユダヤ人とキリスト教徒の夫婦は、わずか三万五〇〇〇組であった[32]。出席者のなかには、危険を認識できない者もいた。個人の問題に国家が介入して、法律で禁止しなければならぬほど、「望ましからざる結婚」は危険なのか。フライシュラーのような教条主義のナチスは、「人種混淆」の性交渉は、ゲルマン共同体の血の健全性に対する攻撃であるが故に、それは、「人種反逆罪」に相当すると言い張った。妥協派は、より苛烈な法の目的を支持する一方、適用にあたっては弾力的運用が望ましいと言い逃れた。定義上の問題については、強硬派が祖父母のひとりがユダヤ人であれば本人はユダヤ系と主張するのに対して、穏健派は、祖父母三人ないし四人をもってユダヤ系にすると提言した。熱烈なナチ信奉者のフライシュラー、非ナチの法務相ギュルトナー、ナチの人種専門家ベルンハルト・レーゼナー。三者三様だが、その立場の相違は、知性と個人的立場と経歴の違いに由来する。

まとまらない「人種反逆罪」会議

フライシュラーの過激な人種思想は、先の大戦の頃から顕著であった。戦時ロシア軍の捕虜となり、捕虜収容所でロシア語を学んで流暢に喋れるようになり、ロシア革命時にはレーニンの部隊とともに戦った。ドイツへ帰還した後でゲッチンゲン大学に入学した。ナチ入党は一九二四年、級友のヴァルター・グロス、アヒム・ゲルッケと同じ頃である。若手弁護士となったフライシュラーは、ナチ民兵の犯罪を理想主義的動機に発するものとして称え、民主主義的動機をフォルクに対する犯罪として非難した。一九三三年、四一歳のフライシュラーは、法務省次官に任命され、ギュルトナーの下で働くことになった。その頃、暴力に対する彼の態度は変わった(33)。「国家とフォルクが融合した」今日、許可を得ない暴力は、動機のいかんを問わず犯罪行為、とみなすようになった(34)。フライシュラーは法を「国民の集中威力」と呼び、「友軍を攻撃し、第一線突破をはかる敵戦車に対し、それをくいとめる火力の集中」にたとえた(35)。人種戦争の「第一線」は、「人種混淆」の性的関係の禁止である。一九三三年秋、性急に事を運ぼうとするフライシュラーは、事が遅々として進まぬのに怒り狂い、総統が沈黙しているのも面白くなかった。過激な人種思想の持主である本人にとって、倫理問題は生じないのである。ユートピア的正義の妄想にからめとられていたから、迅速な行動が最大関心事であった。一九三三年末、法学評論誌に寄稿したフライシュラーは苛立ちを隠せず、カギ的な人種問題が解決されなければ、「カオスとアナーキーが統一指導部にとって代わるようになる」と強調した(37)。

フライシュラーの上司である法務相フランツ・ギュルトナーは当時五三歳、なかなか抜け目のない人物だったが、「人種反逆罪」を扱う法律を、全く違った角度から捉えていた。[38] ギュルトナーは、フライシュラーと同じように先の戦争に従軍、中東戦線で戦功をたて、ドイツ皇帝から勲章をもらっただけでなく、敵方のT・E・ローレンスからも称賛された。四ヶ国語を流暢に話すコスモポリタンの知識人で、イギリスの探偵小説のファンでもあった。ギュルトナーの経歴や生活背景は、フライシュラーとそれほど違っているわけではない。フライシュラーがナチの暴力犯を弁護している頃、ギュルトナーはバイエルン州の法相をつとめていた。それから国の法相となった。ギュルトナーは信仰心の篤いカトリック教徒であり、ヒトラーが政権をとった後も、法相のポストにとどまった。ギュルトナーは入党を拒み、中傷専門のナチタブロイド紙「デァ・シュテュルマー」を嫌悪し、ダッハウ強制収容所の非人間的環境に批判的であった。党の外の世界では誠実な人柄が高く評価されていた。[39]

二人よりちょっと若いベルナルド・レーゼナーも、第一線で戦った元兵士である。一九二〇年に復員し、チュービンゲン大学で法学の博士号を取得し、プロイセンの税関職員となった。一九三一年ナチ党に入党した。後年述懐したところによると、党こそ共産主義の防波堤になるとみたからである。[40] 戦後まとめた回想録では、反ユダヤではなかったと主張している。しかし、資料は逆のことを示唆している。[41] レーゼナーは、学卒で教養があり、ベルリンではナチ上層部とのコネがあった。内務省ではユダヤ問題の担当者として活動し、一九三三年の秋もそうだが、一九三四年春、新任上司にブリーフィングした時、可能な限り穏健な「解決」を望むとしている。同僚たちがユダヤ人の祖父母ひとりをもつ住民はユダヤ人と定義すると、レーゼナーは「四分の三アーリア人」と言った。ユダヤ人の祖母がひとりいるのを発見しただけで、国家に忠実なドイツ国民を疎外するのは、いわれなき措置ではないのか。そう問うレーゼナーは、人種法に影響される国民の「精神的負担」を考慮する、「苦難軽減条項」を強く主張した。[42] 政府の役人たちには「不幸なことだが、軍将校や学者の家族のなかに、ミシュリング（混血）がいる。ナチ指導者が提携したいと思う人々である」とも言った。[43] ギュルトナーと同じように、レーゼナーは人種上の相違を明白な離婚の理由にする法的正当性に疑問を呈し、ナチスが家族を大切にする点も考慮すべしとした。[44]

一九三四年六月、「人種反逆罪」に関する会議で、決意も固いフライシュラーは、口数の少ないギュルトナーと向き合った。一方、レーゼナーは第三者的立場をきめこんだ。冒頭参加者たちは、ナチの大義を肯定しユダヤ人憎悪を表明した。ある参加者はユダヤ人を、「唾棄すべきオリエンタル混合体」とし、その汚れた人種の血で「汚染」し、それがもとで強大国家がいくつも崩壊した、と言った。別の参加者は、知っての通り「一番立派な車やモーターボートをもち、最高級のリゾートで過ごすのはユダヤ人」と憤慨し、ドイツ人の大半はドイツ人とユダヤ人の性交を「不道徳、言語道断」とみなしているから、法律で禁止しても、影響をうけるのはごくわずかの国民である、と主張した。結局、参加者たちは、個人の権利ではなく共同体の善の上に築かれた人種秩序に賛成し、「我われ全員は、個人の権利擁護ではなく、血統でつながる共同体の純潔を守ることこそ重要、との認識で一致」と表明した。[45] 参加者たちは、ナチの人種政策に混乱のあることを憂い、粗野な反ユダヤ主義的空気の瀰漫《びまん》に、懸念の意を表明した。会議参加者は、フライシュラーを含めて全員が、「感情的反ユダヤ主義」は不可とした。何故ならば、そのような方法は教養ある文明的フォルクにとって「ふさわしくない」からである。徹底した果断な行動をただちにとれと主張したのは、フライシュラーだけで、たとい敵意ある世論に直面しても、「あえて困難な決断をくだすのが、ナチの基本姿勢」であると強調した。彼は軍隊用語を使いながら、「大臣閣下、この提案を誰も支援しないのは、我慢ならない……（この討議で）傍観的立場をとるならば、大義のために戦う兵士としての自分の履歴に傷がつく」と声を張りあげた。

ギュルトナーは、あせるなと言った。法と慣習の見直しには、まず市民の態度が変わるのを待つ必要があるという。彼は、ほかの参加者たちと同じように、ナチの人種政策が反ナチ嘲笑の火に油を注ぐようなもの、と考えた。「ついこの間まで、我われが人種思想をちょっと口にしただけで、嘲笑され馬鹿にされたのである。タイミングの判断を誤ると、再度笑いものになる」と言うギュルトナーは、怒りをあらわにして、出席者諸賢は、まず自分自身をかえり見て、己の人種的特徴を考えてみたらどうか、と問うた。自分を測定した者が何名いるか。「北欧系の資質を持っているかどうか、手始めにナチ上層部の頭骨を調べる必要がある。このようなジョークも流れているのである」と述べた(46)。ベルリン大学の学長は、事を性急に運んだら百年後に子孫から物笑いの種にされるかも知れない、と言った。このような疑問に対して、フライシュラーは対抗手段を考えた。人種政策に対する批判を「インテリの人種反逆罪」と呼び、厳しい処罰対象にするのである。ギュルトナーによれば、人種ドグマに対する批判を犯罪視するのは、ナチスを、批判者を異端として焼き殺した一六世紀のカトリック審問官と同列におくことになる。結局こちらの話は沙汰やみとなった。

ギュルトナーは、会議の最初から最後まで如才なく振舞い、会話を哲学的問題へ転じ、活発な議論が展開した。特に参加者の気をひいたのが、判じものめいた三つの難問。即ち、第一は刑法委員会の対象範囲、第二は人種科学の妥当性、そして第三が例外的仮定ケースの出る可能性である。ギュルトナーは、刑法委員会の範囲は狭すぎて、異人種間の性行為禁止まで踏みこんで扱えない、と主張した。彼の見解では、このような禁止法は、重婚の合法化にも似て、大幅な変更を意味する。しかしフライシュラーは、これをワイマール共和国で採用された法律と比較して反論した。その法律とは、性病蔓延防止を目的として、性病持ちのパートナーは性交渉の前、相手にその事実を伝えなければならないとする内容である。ユダヤ人であることは梅毒もちとおなじである。これに対しギュルトナーは、自分の先祖にユダヤ人がいたことを知らない国民が多数いるが、その人の身分をどうするのかと問うた。悪事を企む調査員（あるいは仲の悪い配偶者）は、なかには本物があるかも知れないが偽造証拠を使って、脅迫することも充分考えられる。さらに未婚の母は、性交そのものが犯罪であれば、子供の認知ができなくなる。ギュルトナーは家族を大切にするナチスの立場を称賛しながら、人種をベースとする絶縁は「難しい、いやきわめて不快な社会的イメージ」をつくりだすとの見解を述べた。

議論を進めるなかで、参加者たちは何度か人種科学について疑問を呈した。ユダヤ性を確認するための「大ざっぱでも信頼性のある客観的特質はない」とすれば、その思考の落ち行く先は明らかである。人種科学は明確なガイドラインがないといって皆無視するのである、とフライシュラーは言った。なかには人種科学を擁護する者もいたが、「雑種」とか「混淆」といった用語のきまぐれさに辟易した。その会議で専門家たちは、遺伝子型（ジェノタイプ）と表現型（フェノタイプ）の違いを説明できなかったし、ユダヤ人はコーカソイド（白色人種）と考えられるかどうかで、意見が分かれた。そして専門家全員が、人種は果たして可視、あるいは不可視の特質によってよりよく確認できるのかどうか、疑問を抱いた。人種反逆罪の法は、いったいどのような色あいをもつのであろうか。熱烈推進派は、ユダヤ人憎悪を反映した法にしたかった。しかしレーゼナーは、「感情的人種憎悪」をむきだしにせず、冷徹かつ客観的言語をよしとした。

異人種間の性交禁止

ちょっと触れるだけであまり関係のない問題を長々と論じ、あるいは仮定論議でだらだらと時間を潰したことは、参加者の不安を物語る。つまり、一気に押し流すような勢いで、人種迫害の提案が行われ、それで扱わざるをえなくなった倫理および法律問題に、とまどいを感じたのである。レーゼナーは、「境界域」の民族集団（例えばトルコ人、ディナル人種、ウェンド族＝西スラブ人、ポーランド人）の問題を提起した。それから彼は、もっと頭の痛い仮定問題をもちだした。つまり、自分を一〇〇パーセント、ドイツ人と考えている国民が、非アーリア系の祖父母がひとりいることを発見したらどうなるか。そのような人は、どう「咀嚼」すれば血統の主流へ流しこめるのか。国家は彼らの才能を失ってよいのか。レーゼナーが穏健な考慮を求めると、ギュルトナーは彼の言葉を、この部屋の中では、日常的に人種問題を扱わざるをえない唯一の人物が発した「重圧下にある心の叫び」と呼んだ。

参加者たちは、会議中そして恐らくは昼食をとりながら、悩ましい性の問題を指摘するのであった。本筋から外れたことではあるが、異人種間の性交を法で禁止すれば、アーリア系男性の性の自由だけが侵害されるのではないか、と彼らは言った。例えば、疑うことを知らない清純なるアーリア娘を誘惑するため、ユダヤ人が人種を偽って近づき、関係を持つことが充分考えられる。これは犯罪行為であり処罰対象になる。しかし、ユダヤ娘を好きになったアーリア系の男性はどうなる。ユダヤ娘との性行為は、その男性が罪を犯したことになるのか。完璧なフランス語を喋るブロンドのユダヤ人男性を惑わし、あるいは金髪碧眼のユダヤ男が由緒正しい血統のドイツ娘を誘惑した場合は、どうなのか。ひとりの参加者は、異人種カップルについて、二人ともドイツ国籍者であって夫婦としての関係をまっとうするため、国外に出たらどうなるのか、指名手配をするのかと問うた。別の参加者は、由緒正しい血統の一〇〇パーセントドイツ人男性が、ユダヤ女と交際した場合について、問題を提起した。つまり、相手の女の人種素姓に対する認識が、処罰対象となる罪にかかわるのか。会話は流れ流れて、やがて「愛の商売」に移った。参加者たちは、商売女と客について思いを致した。

エスノクラートたちは法律の実務者である。彼らは、一九二八年の梅毒防止策や重婚罪を引合いにだして考えたが、しかし、一九〇五年から一九〇七年にかけてアフリカのドイツ植民地領に導入された反混淆法は無視した。(47)代わりに彼らが模範として大いにもちあげたのが、アメリカである。アメリカの反人種混淆法と移民割当は、簡単明瞭にみえたし、世論も当然視していたからである。

夕闇せまる頃、ギュルトナーは「中途半端な気持があると思う。人種保護のスキュラと欺瞞のカリュブディスの間にはさまれている」と総括した。(48)（注スキュラとカリュブディスはギリシア神話の話。両者の間とは前門の虎、後門の狼の意）。フライシュラーは、人種反逆法の効果的導入に先立って、世論工作が必要とする立場になった。彼は、一歩譲って毒々しい反ユダヤプロパガンダは逆効果であることも認め、「憎悪は我われを弱めるのみ」と言った。ギュルトナーは、国民が「人種の純血を守る倫理的民族義務（フォルクスエートニシェ・フェルプフリヒトゥンゲン）」を感じない限り、人種法は議論の余地がある、と繰返し述べた。討議すること一〇時間、参加者はへとへとに疲れ果てながら、「必要とする法の性格、目的と手段」について、ついに合意に達することができなかった。代替案がでることもなかった。フライシュラーは憮然とした表情で、「意見をかわすだけで時間だけ過ぎた」と言った。

成果なしの本会議の議事録は、驚くほどオープンな討議では意見がまとまらないことを、垣間見せてくれた。実務経験豊かな公務員の集団とナチ官僚は、根本的な違いをぶちまけた。フライシュラーからは強い圧力がかかったと思われるが、それでも何ひとつ達成できなかった。この会議の真の意義は、まさにそこにある。専門家たちは、「人種混淆」性交の犯罪化を防止し、人種ドグマ批判取締まり法の導入を妨害し、更なるユダヤ人の市民権侵害を阻止した。流れが違う良心的公務員集団は、この段階で新しい迫害レベルに順応するに至らなかった。しかし、すでにその過程に取組んでいるのである。この実務担当者たちは、意見を求められた事実から、自分たちの参加が影響を及ぼすやも知れずと考えた。そして傾向の同じ他部局同輩との話合いが、彼らをひとつのネットワークに組みこんだ。ヒトラーから明確な指示がないため、反ユダヤの迫害が一気呵成にエスカレートすることはなかった。もっとも自治体ではさまざまな条令がだされ、国のレベルでもあれこれ少しずつ規則が変わり、ユダヤ人の立場がだんだんと崩れていった。(49)

エスノクラートは、過激化の敷居に立って躊躇していた。しかし、ナチズムが強く、民兵隊の与太者たちが、混淆カップルと思う人たちを襲っている地域では、地方の役人たちが婚約者たちに、結婚適性の証明を求めた。即ち、先祖がアーリア人種であるという血統証明である。(50) 市境やレストランには、「ユダヤ人立入禁止」の立札がたてられ、あるいは張り紙がはられた（ヘブライ語に似せた文字で書かれる場合もあった）。なかには子供っぽい連中もいて、「この先カーブ、危険。ユダヤ人は時速一二〇キロで走行可」と書いた交通標識をたてた。(51) ラインラントのある村では、ユダヤ人の水泳禁止がでていないプールの入口に、ナチスたちが「ユダヤ水没槽」と書いた巨大な看板を立てた。(52) ブレスラウ（ヴロツワフ）では、突撃隊が隊伍を組み、ユダヤ人の男性と結婚ないしは付きあっているキリスト教女性の「人種犯罪者」に、罵声を浴びせ卑猥な言葉を叫びながら、市中を練り歩いた。(53) 管区のナチ指導者が実力者であれば、公園、図書館、水泳プールといった地域の公共施設から、ユダヤ人が締めだされた。トロイヒトリンゲンにあるフランコニアの村では、人口四二〇〇人のうちユダヤ人を「豚ども」とか侮辱語の「イッド」と呼び、ヒトラー・ユーゲントの若者たちがあるユダヤ人実業家の自宅に押入り、本人を襲い部屋を荒らす事件もおきた。非ナチスの住民が抗議し、被害者のユダヤ人も陳情書を提出したが、犯行に及んだ者たちは処罰されず、沙汰やみとなった。(54)

これと対照的に、ナチズム支持の弱い地域では、「異人種混淆」のカップルは結婚し、学校の教師はユダヤ人の児童、生徒を公平に扱った。また企業や団体の多くも、ユダヤ人禁止を無視した。一九三五年、ユダヤ人学者のヴィクトル・クレンペラーは、文学研究者全国大会に出席したが、「同僚のロマンス語専攻学者は誰ひとりとして私に声をかけなかった。私はまるで伝染病患者の死体のようである」との感想を洩らすのである。それでも数人の友人は、クレンペラー夫婦に味方してくれた。ある知人はナチ党員であったが、前と変わらず誠実につき合いを続けてくれた[55]。ほかにも、温かい記憶をもつ人たちがいる。数人でもナチの圧力にかかわらず友情を示してくれた人がいたのであり、回想記に限りない感謝の気持を書き残している。一九三五年春、亡命科学者でノーベル賞を受けたフリッツ・ハーバーの一周忌には、学者たちが追悼式を挙行し、それには数人のナチスすら出席した。それから数週間後に、今度はベルリン大学で細菌学者ロベルト・コッホの二五周忌追悼式が開かれた。コッホはやはりユダヤ人でノーベル賞受賞者である[56]。ドイツを代表する外科医のひとりフェルディナント・ザウエルブルッフは、ナチ党員であったが、ユダヤ人の助手たちのため海外に就職口を世話した[57]。大戦功労者に与えられた猶予期は、迫害がじょじょに強まっていく時代であるが、まだ本格的な法令化はなく、いわゆる「選択的遵法」がみられた頃である。

当時「普通の」ドイツ人は、ユダヤ人にどのような態度で接していたのであろうか。一般化は複雑な現実を歪めてしまう。猛烈なユダヤ人憎悪感を抱く少数の中核的存在を別にすれば、ドイツ人は、自分からみて法の認めぬ暴力に対しては、否定的であった。しかし、適法の雰囲気をもつ対策なら受入れるのである。国民が、ナチズム支持かどうかに関係なく、反ユダヤ策のひとつか二つ無視した場合、それはユダヤ人の気持ちを理解したうえでの行為であるか、消費者心理が動機になっているかのどちらかであった。つまり、購買の選択をせばめる法律に反発したのである[58]。動機の問題については不明とする立場をとるのが賢明であろうが、当時のドイツ人は洗脳されていたわけではなく、暴力で威嚇されていたわけでもなさそうである。むしろ彼らは、自分のよしとする規則に従い、嫌いな規則には抜け道で対処していた。戦前、外国に脱出したユダヤ人の回想記は、彼らを国外に追いだした暴力的反ユダヤ主義者もいれば、市民としての勇気をもつ友人もいたことを指摘する。後者のおかげで、彼らは無事国外へ出られたのである。[59]

人種的、政治的立場からユダヤ教に注目

外国のジャーナリストたちは、独裁制と思われる国家の首尾一貫しない、目茶苦茶な矛盾について、いろいろと記事を書いた。ロンドン発行誌フォートナイトリー・レビュー誌記者は、「ユダヤ人対策ほど目茶苦茶で混乱した行動のとられている分野は、ほかにない」と書いた。[60] ニューヨーク・タイムズの社説によれば、「ある日はミュンヘンで、カトリックとユダヤ人経営者に対する暴徒の行動を野放しにするかと思えば、翌日は、不良どもが変節ナチスと分かって、逮捕する」という状況であった。[61] チュービンゲン大学では、芸術史専攻のゲオルク・ヴァイスが解雇された。妻がユダヤ人といわれていた。その妻が「ユダヤの係累なし」の家系図を開陳し、ヴァイスは復職した。[62] 秘密のモニター組織ＳＯＰＡＤＥは、人種を基礎とする政権が二年もユダヤ人、アーリア人いや人種そのものの定義ができず、核心層のナチスが苛立っている、と報告した。[63]「もちろん外面的な権力はナチの手にある。しかし……問題が山積してくると、運動の活力は衰え、冷徹な官僚主義、経済原理そして封建的支配といった内なる力が戻ってくる」とする報告があれば、[64]「閉ざされて垣間見えない機構の厚いベールの背後で、内部の反対が確実に先鋭化している」とする観察や、[65] 一九三五年時点で「政権内部にみられるある種の神経過敏症は……良心に似たものが国民の間に目覚めていることをうかがわせる。公衆の良心が二年半に及ぶ仮死状態から、よみがえっている」とみる報告もある。[66]

ナチの報道機関は、もっと用心せよと金切り声をあげて警告するのに、無関心が瀰漫する風潮を認め、例えばデア・フェルキシェ・ベオバハター紙は「教養のあるドイツ人が三人集まってユダヤ問題を論じれば、そのうちの二人はほんとうにまともなユダヤ人を知っている、と必ず言いだす。(反ユダヤ) 政策にあては

まらない者がいるというわけである」とし、「人種的純血に対するこのような軽佻浮薄な態度が、人間の正義感を著しくそこなう」と書いた。(67) ヴァルター・グロスは、ボイコット無視のナチ同志を激しく叱責し、「反ユダヤ思想の持主でありながらジーモン・ウント・コーン商店でハンカチを買う。我われはこのような矛盾した立場はとれないのである」と嘆じた。(68) ハイドリヒは、どこを見ても国民が人種政策問題で「首尾一貫性のない対応がとられていることに、不満を抱いている」ことを認めた。(69) SSのユダヤ問題担当部局（SDハウプトアムトJ・j6）は、一九三五年八月一七日付報告で、「明確な政策がないため、ユダヤ問題に対する一致協力した対応は、ほとんど不可能」と書いた。(70)

フリックは、首尾一貫した反ユダヤ法の欠如を前にして、言語定義の形をとったガイドラインをだして、明確にしようとした。重要な基本用語の意味を定義づけられるのであれば、政策がもっと明確になるはずである。しかしフリックの血統定義委員会が、分類と定義をやろうとすると、たちまち意見がわかれてしまうのである。専門家の中には、「アーリア人種」という用語を、肉体的身体的ではなく言語的集団であるという理由から、拒否する者がいたし、あるいは「非ユダヤ」という表現はあまりにも漠然としていると主張する者や、「人種」は個人の地域・文化的郷土を意味する、と確信する専門家もいた。(71) 後者の概念によると、北西ヨーロッパ（オーストリアとアイスランドを含むが、フィンランドは除外）出身の先祖をもつ者は、ゲルマン種にかぞえられる。委員会はドイツの総合的血統保護法についてちょっと話合ったが、参加者たちは、「このように苛酷な対ユダヤ政策は激しい反発を生じる」と懸念した。(72) 一九三五年六月、フリックは「非アーリア人種」という用語は「ユダヤ系」で「外来系」という定義におきかえる、と示唆したが、区別がそれでもはっきりせず、理解を得られなかった。しゃくにさわってフリックは、「アーリア人種と非アーリア人種は、場合によっては批判に耐えられない区別である……人種的政治的立場からいえば、我われが一番注目するのは、ユダヤ教である」とコメントした。[73] 一ヶ月後フリックは、近く全面的人種法の導入があると発表した。しかし彼は、内容については、帰化手続きの見直しといった比較的当り障りのない話題に触れただけであった。

反ユダヤ過激派は、政府の無為に業を煮やし、一九三五年夏ユダヤ人と非ユダヤ人の性交禁止を要求し続けた。ナチ党の反ユダヤ出版物はいくつもある。例えば、『玄人ユダヤ』、『襲撃』、ローゼンベルク著『対ユダヤ世界戦争』、シュトライヒャー著『突撃隊』には、毒々しいカリカチュアや、ユダヤの獣行とか醜行といった話が満載されている。一九三五年四月、SA機関紙デア・シュテュルマーは、一面トップで「リトアニアで儀式殺人！ ユダヤ人医師の性犯罪と殺人――世界最古、過越祭の殺人儀式」と大々的に報じた。[74] 同年七月ベルリンで、スウェーデン製の反ユダヤ映画の上映に反対して、ユダヤ人数名が抗議デモを行い、そこを警察と民兵が襲いかかり、殴り倒してしまった。民兵たちが、白昼堂々、クルフュルシュテンダムのショーウィンドーをぶちこわした時は、抗議の声をあげた者全員が逮捕された。ベルリン市中のアイスクリーム屋台を組織的にこわしてまわったのも、この民兵たちである。夕方、しばしの憩いを求めて散歩する市民にとって、楽しみのひとつだった。市民は怒った。[75]

ドイツ全土で民兵たちが徘徊し、「ユダヤ的容貌」の住民を襲った。地方自治体が非難することがあっても、襲撃はやまなかった。一九三五年四月、新発行のSS週刊誌「ダス・シュヴァルツェ・コール」（黒い軍団）は、突撃隊（SA）の悪名高き暴力に代わって、今度は「人種反逆」を犯罪として追及せよ、と主張した。[76] フリックは、一九三四年初め頃、公務員に、双方の合意による「異人種間の結婚」を禁止するなと指示した。しかし今や心変わりがして、一九三五年夏には、「異人種混淆」カップルからの婚姻届けに関し、戸籍係に受付け遅延権限を与えた。[77] それと同時にルドルフ・ヘスは、勇み足をいましめた。一九三五年四月一一日、ヘスは「まともな国家社会主義者は……ユダヤ人個々人に対するテロ行為で、己の感情を激発しない」と指示した。何故ならば総統は、「ユダヤ人がこの暴力を海外でのドイツボイコットの口実にするのではないか、と心配されている」からである。[78]このような理由をつけた指示があっても、暴力はやまなかった。

一九三五年七月、スワスチカ（カギ十字）旗をなびかせたドイツ汽船「ブレーメン」号の入港に反対して、ニューヨークでデモがあった。そのデモはドイツの新聞で重大ニュースとして報じられた。ドイツボイコットの噂も広がった。七月二〇日、ヘスは「ユダヤ人に対する無法の暴力はただちにやめよ。総統は、ユダヤ人個々人に対する許可なき行動を、ナチ党員に禁じておられる」と発表した。[79]七月二七日、ヒトラーは、落書きと無許可の看板を禁じると言った。それから数週間後ヒトラーは、「挑発者、反逆者、国家の敵」を非難した。[80]民兵は、ナチズムの「名に値する」人物であるためには、法の枠の中で行動すべしとする。[81]フリックは、部下にこの総統指示の厳守を命じた。ユダヤ人文化団体を統括するナチ監督官は、ユダヤ諸団体は政権に忠誠を誓っており、したがってその活動は合法的として、ナチ強硬派に自制を促した。[82]

暴力的国外追放に批判的な官僚たち

ＳＳ保安部の世論調査は、ドイツ人の複雑な反応を示している。[83]一九三四年末から景気が下降気味となり、消費者は基本食料品の不足に不満を抱き、ぴりぴりした空気が漂っていた。シュトライヒャーに煽動されて、突撃隊の連中がミュンヘンで反ユダヤ行動を起こして、暴れまわった時、外国の新聞は、傍観者の間に「相当の怒り」がみられる、と報じた。[84]一九三五年の各ＳＯＰＡＤＥ報告は、反ユダヤ主義者を「幼稚な精神構造の持主」と規定し、「人口の五分の四は、反ユダヤ中傷キャンペーンに拒否反応を示している」と観察している。ライン川流域のある町では、酔っ払いの突撃隊員がユダヤ人の家に押入ろうとした。「今夜は容赦せん。お前らの首をかき切ってやる！」と怒鳴りながら、乱入したのだが、集まってきた隣人達が声をからして抗議し、警察も被害者家族を守った。SS保安部のある役人は、村民たちが「まだユダヤ人の友だち」であると嘆き、ナチのある管区長は、逆効果であるとして、反ユダヤプロパガンダ戦を中止させた。(85) 農村地帯では、農民たちはユダヤ人の家畜業者と長年の取引関係を維持していた。キリスト教徒の業者より、いつも取引条件がよいからであった。(86) 買物客が、突撃隊員の妨害をふりきって、ユダヤ人経営の店に入ると、「一般市民はこの買物客に味方した。なかには、突撃隊員にくってかかる女性客もいた」(87)。確信犯的反ユダヤ主義者のヴィルヘルム・クーベは、ナチ党員を含む住民で、ユダヤ人商店と取引する者があまりにも多すぎる（探知を避けるため電話で注文するケースがよくある）、と不満をあらわにした。(88)

一九三五年一一月、仕事熱心なある銀行員が、ユダヤ人仕立屋宛てにベルリン市長ハインリヒ・ザルムが小切手をふりだし、それが現金化されたことを発見した。法廷で市長ザルムは、自分の巨体に合う服をつくるには特別の製縫技術が必要であり、その腕をもつ仕立屋とは長年のつき合い、と証言した。(89) ナチ党は彼を追放した。しかしヒトラーが彼を復職させた。(90) ＳＯＰＡＤＥの報告者は、「どこでも住民の不満のつぶやきがきこえる。ナチスは無能である。国と党の指導者達の間は、すべて混乱している。下級指導者はいわずもがなである。ヒトラーは、あちらに引っ張られこちらへ押されている」と観察した。(91) ヒムラーにつぐSSのナンバー2、ラインハルト・ハイドリヒは一九三五年八月SS保安部に、「己の良心に従って行動し、人種混淆婚を拒否する役人の処置が、しばしば法廷でくつがえされる」と不平を洩らし、ユダヤ人の市民権および性交渉のパートナー選択を取締まる法律は、今後厳しくする。その時はもう来ていると言った。(92)

この停滞状態で、ユダヤ人と寛容派ドイツ人は、「料理したての熱いスープはのめない」という農民の諺に、多少の慰めを感じた。ユダヤ人たちは、クレンペラーが書き留めたように、「私はどこに所属するのだろう。ヒトラーは〝ユダヤの国〟だと言う。私は、ユダヤの国は……喜劇のように思える。私はドイツ人、あるいはドイツ系ヨーロッパ人以外の何者でもないのだが」と自問するのであった。[93]ユダヤ人の退役軍人会は、先の大戦で戦死したユダヤ人兵士の手紙を遺稿集として発行し、ドイツに対するユダヤ人の忠誠心を再確認した。退役軍人たちは、選択肢としての国外移住をしりぞけ、「我われを拒否し、せいぜいよくても我われの存在に目をつぶる民族社会にとどまる」とし、「我われには故国、郷土はひとつしかない。それがドイツである」と決意を表明した。[94]ユダヤ人の愛国心に関するこのような証拠は、ナチ過激派を刺激するだけで、彼らはより苛烈な法の導入を求めた。[95]

エスノクラートたちは全体的にいえば、ユダヤ人を軽蔑していたが、暴力的手段による国外追放には批判的であった。が、政策となると意見の不一致が多すぎるのである。一九三五年時点で、人種政策の政策立案者が直面したパラドックスがこれである。[96]外国の報道機関は、〝オフィシャル〟な政策の揺れを報じた。[97]一九三五年八月、人種法の導入が近いとする噂が広く流れていることから、ニューヨークタイムズは三回にわたって「反ユダヤの乱痴気騒ぎ」を報道し、徹底した新しい人種法の導入を予想した。[98]フライシュラーは報道機関に「反逆罪」の新しい定義が決まることを、示唆した。それは、国家に対する犯罪だけでなく、「フォルクに対する攻撃」も含まれるもので、彼によると後者は血でつながるドイツ人とユダヤ人の性的関係を意味する。[99]

ニュルンベルク年次党大会が近づくにつれ、ナチ指導者はいつもの難問にどう対処するか、考えなければならなくなった。野放しの反ユダヤ暴力が世論を硬化させ、ユダヤ人に穏健な対応をすれば、ナチ熱狂派の間に不満がひろがる。一九三五年八月下旬、経済相ヒャルマー・シャハトは法務相ギュルトナーを含むナチス有力者に、「現在のような立法化がなく、その一方で無法行為がみられる状況は、終わりにしなければならない」と言った。シャハトは、過激派の要求を「最低最悪の蛮行」と呼び、ユダヤ人に対する暴力と無法行為がドイツの通商関係を傷つけている、と語った。[100] 彼は、ユダヤ人の友と疑われるのを避けるため、数日後、「ユダヤ人は、我が国における彼らの影響力に終止符がうたれた事実を認識し、それと折り合いをつけなければならない」と追加のコメントをだした。[101] 総統国家（フューラーシュタート）は、その意志を草の根レベルまで強要、浸透させるため、一貫性をもつ必要がある。[102] 彼は、ナチスが反ユダヤ人主義に手心を加えることはない、と考えていたので、一貫性云々とは、合法的にみえるような処置をとれ、という意味であった。

ユダヤ人とドイツ人の結婚を禁ずる人種法

一九三五年九月八日、ニュルンベルク党大会が始まった。ヒトラーは党大会の目玉を考えていた。ドラマチックな発表をする機会として、特別国会の当地開催を計画していたのである。しかし、あまり大したことのない国旗法の制定（スワスチカを国旗とする）しか、予定されていなかった。[103] 九月一三日金曜日夜、ヒトラーは突然内務省の役人三名を、呼びつけた。ベルリンからニュルンベルクへ飛んで来いという指示である。ヒトラーのスタッフから電話がかかってきた時、レーゼナーは昇進祝いをやっているところであった（〝ユダヤ人の友〟という評判にもかかわらず、内閣参事官に昇進した）。[104] 一二時間後、ニュルンベルクに到着した彼と上司にあたる二人の内務次官ハンス・プフントナーおよびヴィルヘルム・シュトゥッカートはただちに人種法の起案に着手した。[105] 男たちは二日間夜を徹して猛烈な勢いで仕事を続けた。ヒトラーが演説する予定の当日早朝、この専門家たちは、条文をつなぎ合わせてやっと体裁をととのえたが、ユダヤの定義で意見が分かれ、結局四種類の原案を提出し、あとはヒトラーの判断にまかせることにした。

九月一五日午後八時〇〇分、ヒトラーの国会演説が始まった。この四日間で一二回目の演説だが、いつになく短い内容であった。ヒトラーが公にユダヤ政策を論じるのは、二年五ヶ月ぶりである。一九三三年四月一日前夜、ボイコット宣言の草案づくりをやったのが最後であった。ヒトラーは、本題に入る前に、自分の平和愛好や光輝あるドイツ軍に触れ、バルト諸国におけるドイツ系住民の苦難とボルシェヴィキの脅威について語った。これが当夜の前段で、引き続いてヒトラーは、血統、人種、あるいは生物学を口にしないで、次のように言った。

「我われにはさらに触れざるをえない問題がある。ここ、どこでも、影響をおよぼしているのは、ほぼ例外なくユダヤ勢力である。この人種の成員による挑発行為があり、苦情の声が方々から聞えてくる。それも急を要するほどの頻度である……苦情の内容にみられる類似性は、行為の背後に特定の方式があることを示唆する。この一連の行為はしだいにエスカレートし、ベルリンのある映画館におけるデモにまで発展した。シユトライヒャーのスローガンや「我が闘争」に書いた自分の言葉に比べると、ヒトラーの話は、色彩に乏しく基本的には人畜無害の外国映画なのであるが、ユダヤ人サークルでは侮辱的と想像をたくましくした」。シかった。だが、話が核心にせまってくると、ヒトラーは無気味なトーンを帯びてくる。

「しかしながら、この希望（法的解決）が間違いであることが証明され、国際ユダヤ煽動がそのコースを進むのであれば、状況の新しい評価が必要となる」とヒトラーは言った(106)。新しい人種法との直接のかかわりを避ける形で、ヒトラーはそれを「フリックとその同志たち」の作業であるとし、ゲーリングにその内容を読みあげるように求めた。ヒトラー演説は、ラジオの全国放送とニュルンベルクの会場ではスピーカーで流されたが、ゲーリングが読みあげる直前に、ゲッベルスがラジオと拡声装置のスイッチを切り、行進曲を流すようにしてしまった。新法の条文を実際に聞いたのは、ホールにいた五〇〇名ほどの議員だけであった。党の報道機関は、特別国会の模様について、太い活字で国旗法の制定を大々的に報じ、人種法は小さな活字で添え物扱いにした。かくして、レーゼナーと上司たちが党大会の目玉と考えた人種法は、地味で小さな報道に押さえられた。しかし、官僚主義的戦術と暴力否定をヒトラーが裏書きしたのは明らかであった。数日もしないうちに、デア・シュテュルマーは混乱の終わりを指示し、「ユダヤ問題は……規律ある啓蒙キャンペーンによって、力強く断固として解決される」と論じた[107]。

第一の人種法「ライヒ（国家）市民権法」は、ユダヤ人から市民権を剥奪し、彼らを「ライヒに付属する者」と規定した。第二の「ドイツの血と名誉保護法」は、ユダヤ人とライヒの市民との結婚および性行為を刑事罰の対象とした。即ちそれは犯罪行為である。さらにこの第二法は、ユダヤ人家庭が四五歳未満のキリスト教徒を使用人として雇用することを禁じた（この条項はエスノクラートによって考えられたものではない）。しかし、「ユダヤ」とはどう定義すればよいのであろうか。一番穏健な定義（ユダヤ人祖父母が四人）からもっとも苛烈な定義（ユダヤ人祖父母がひとりでもいれば、本人もユダヤ人）まで四種提案されたが、ヒトラーは、一番穏健な方を考えていた。ところが、ゲーリングは条文を読みあげる段になって、ヒトラーが「これをユダヤ人と称す」という個所を抹消しているのに、気づいた[108]。代わりの定義は言及されていなかった。形式的な投票の後、ヒトラーは無意識に立上がって話を始めた。それは、苛烈な法律を軟らげるのではなく、「徹底した法律」を命じるもので、突撃隊に対しては、「国家自体が鋭利でまっすぐな法の道を歩むよう、心せよ」と言った。ヒトラーはシニカルな偽善の言葉をもって、「ドイツのユダヤ人は、他国には存在しないような独自の民族生活の全域で、さまざまな機会を認められてきた」と述べた[109]。

外国の報道機関は、反ユダヤ暴力の勃発をよく嘆いていたが、ニュルンベルク人種法については、ほとんど解説なしで報道した。冷徹なるポグロム戦略は、うまく働いたのである。迫害手段が秩序だって整然としたように見えれば、抗議の声をあげる者はわずかであった。誰をユダヤ人にかぞえるかという定義は、あいまいなままであった。ヒトラーは決めかねていた。党大会の演説から九日後、ヒトラーは腹心の部下たちと会合を開いた。「ユダヤ人」の定義を発表するかと思われたが[110]、彼はその問題に触れなかった。

9月末ヒトラーは人種問題の専門家たちと一緒にヴァルター・グロスを呼んだ。ヒトラーいうところの「我われ全員に影響する対ユダヤ政策に、全面的転換をもたらす事情」の討議、が招集目的であった[111]。会議の冒頭ヒトラーは、人種法を起案した者たちは人種問題に関する専門知識に欠ける、と文句を言った。彼は、新しい対策の科学的根拠を確認するため、専門家を呼んだと思われる[112]。それから彼は、低俗な反ユダヤ主義は逆効果であったことを認めたうえで、ドイツは「堅固かつ強力にして打撃力を備えた」国にならねばならぬ、と言った。それは、軍事上、経済上の準備のみならず心理的な覚悟を意味した。彼は「今ここで、ユートピアを論じるわけではない。日常の現実と政治状況を直視することだ」とも言った。彼をとらえて離さぬ現実とは、反ユダヤ政策そのものではなく、人種混淆の先祖をもつドイツ人（全人口の〇・五％以下）のことであった。ヒトラーは、グロスを始めとする出席者に、「人種上完全なユダヤ人」を非ユダヤ人から分離する深い社会的「隔離」が欲しい、と述べた。彼は、「自分の居場所が分からぬ、権利なき人種混淆住民という大きなカテゴリー」に、心をかき乱されていた。自分の論理を組立てるにあたって、ヒトラーが、えんどう豆の交配を図示したメンデルの遺伝チャートをベースにしたのは明らかであり、「人種交配」を慨嘆し、その問題に対する「全面的に満足のいく生物学的解決法は存在しない」とつけ加えた。彼が可能性としてあげたのは、三つの解決法であった。即ち（一）国外移住、（二）断種、（三）同化、である。この日彼がとりあげたのは三番目の方法、即ち優生のフォルクによる「交配種の吸収」である。この方法で、ユダヤの特徴は数世代のうちに「抹殺」されるというのである。[113] ヒトラーは、イデオロギーにつき動かされる独学者で、物事の多義性に我慢できなかった。ヒトラーの考える戦争は人種戦争と領土戦争であり、ドイツ国民にその戦争への覚悟を求めるため、新しい説得法が必要と、その席で言った。

態度を明確にしないヒトラー

ヒトラーは、一九一九年に自分が「理性的」および「感情的」反ユダヤ主義と名づけた、二種類の長所、短所を考えていたようである。党古参の粗雑な中傷、悪罵と暴力がもたらす予期せぬ悪影響にいらだち、その一方でヒトラーは、シュトライヒャーの人種理論にも疑問を抱いていた。それが分かったのは彼がグロスに、女性がユダヤ人男性と性交した後、生まれる子供は人種的にシミがつくのか、と問うた時である。それはまさにシュトライヒャーが唱えている説であった。グロスは言下に否定した。それからヒトラーは、「きわめて強烈な場合が多く、必ずしも巧みとはいえない反ユダヤプロパガンダ」に不満を洩らした。それが遠大な発展を傷つけているという。ヒトラーは、ナチ中核の荒っぽい反ユダヤ主義とは一味違う、「抜本的な方向」を、プロパガンダに求めた。そしてヒトラーは、その変化を公に認めてはならない、とつけ加えた。彼は、穏健な手段は党古参を引き離すことを知りつつ、ドイツ国内外の非ナチスが、自分の抑制がもつ「慈悲」を感謝する、と考えた。グロスは、これまで理性的アプローチを唱えていた男で、ヒトラーの発言を、自分の世論戦略に対する青信号、とみなした。重大岐路に立った時、ほかの場合もそうであるが、ヒトラーは全面戦争になった場合、「生起するすべての結果に対する覚悟」はできていると述べ、無気味な余韻を残して、話を打ちきった。[114]

一方エスノクラートたちは、ニュルンベルク法の人種用語がどのように定義されるのか、とまだ待っていた。新しい規則が導入されるとともに、施行ガイドラインを求める声が、法務および内務の両省に殺到した。ヒトラーはぐずぐずと引延ばした。九月二九日、彼はシュトゥッカートおよびレーゼナーをミュンヘンへ召致した。その時の会合で、全員ヒトラーが過激派の味方をすると予期したが、彼は明確な態度を示さなかった。一〇月、ヒトラーはゲッベルスと話し、経済相シャハト、法務相ギュルトナーを含む閣僚および事務方高官と協議した。[115] ゲッベルスは、一一月七日付の日記に、ヒトラーはミシュリング問題についてすでに態度を決めていたが、何も言わなかったと書いた。[116] 二日後、一九二三年のビアホール一揆記念日に、党古参とナチ高官たちは、一番苛烈な定義をとるよう促したに違いないが、ヒトラーは沈黙を守った。

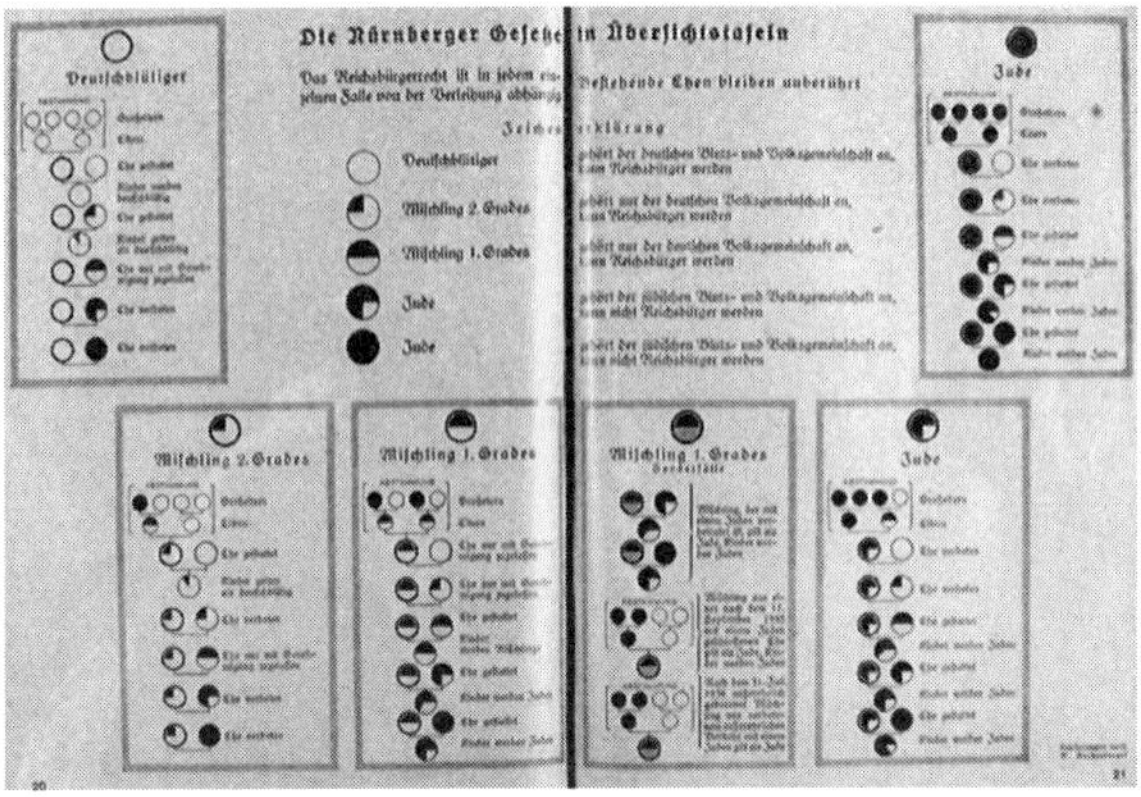

「ニュルンベルク法解説表」。宗教の異なる者同士の結婚と性行為を国家が規制し、その複雑な適用方法を、図入りで解説したもの。白の部分はアーリア人種、黒はユダヤ人を示す。

最高指導者がぐずぐずしている時、レーゼナーとその同僚たちは懸命に作業を続けていた。さまざまな提案を吟味し、覚書の原稿を書き、三〇を越えるニュルンベルク法の解釈をめぐって協議し、論争した。[117] レーゼナーの見解からみると、主な障害は法律等の問題ではなく倫理問題であった。レーゼナーは、公務員向け月刊誌一〇月号に一八頁の記事を書いた。[118] その中で彼は、ドイツフォルクの存在に脅威をおよぼしている根源悪のルーツを絶つものとして人種法を歓迎し、目先の利益より未来世代の安寧と福祉を優先するエトスを称えた。彼は、「この戦争を開始しなければ、我われの子孫は取り返しのつかぬ難しい問題に苦しむようになる」と書き、ドイツの嘆かわしい状況は、普遍的人権思考がひきおこしたとして、その主張者たるリベラル派の責任を問い、人種起源(レーゼナーはこれを「客観的」と呼んだ)とフォルクに対する「主観的」責務が市民権に反映する、健全な国家社会主義秩序を称揚した。

レーゼナーは、『我が闘争』を引用しつつ、この法律は「憎悪の発動ではなく、むしろ和解のシグナル」と主張し、「本物のユダヤ人は長い間自己の〝純粋な血統〟を維持してきたのであり……彼らが憤慨するいわれは少しもない」と書いた。さらにレーゼナーは特定地域に隔離する「地理的ゲットー」提案をしりぞけ、代わりに「異化」(レーゼナーは英語のディシミレーションという単語を使った)を提唱した。近い将来、「ユダヤの血」をひく祖父母一ないし二名を持つ住民は、結婚によって主流文化のなかへ「吸収」され、ユダヤの血統が濃い者(四分の三以上)は、ドイツとの結びつきをすべて断ち切る。レーゼナーは、ゲルハルト・キッテルと全く同じ倫理的論拠にたって、ユダヤ人がパリアとして生きることになる「純血」の支配社会を予測した。彼は、ミシュリングの苦しみを否定しなかったが、ごくわずかの少数派の苦しみは、立派な目的へ向かう過程から考えれば、一時的なものとした。

エスノクラートたちは、一〇月から一一月初旬にかけてさまざまに思いをめぐらせていたが、ヒトラーは自分の考えを洩らさぬままであった。一一月一四日、ヒトラーは部下のひとりに公表権限を与え、人種法はユダヤ人の祖父母三ないし四名をもつ者だけに適用される、と発表した。ユダヤ人の祖父母が二人であればミシュリングになる。祖父母のひとりがユダヤ人の場合、ユダヤ人社会に属さぬ者、あるいはユダヤ人と結婚していない者は、事実上アーリア人となる。[119] 難儀なケースを考えてのことであろうが、ヒトラーはミシュリングを名誉アーリア人の地位へ引上げる権限を、自分の手に残した。ゲッベルスは、ヒトラーがナチ医学者連盟会長ゲルハルト・ヴァーグナーではなくグロスの側に立っていたので、不快に思っていたが、それでも明快になったので救われた気持になり、「これでやっと安らかになる」と書きとめた。しかし、ナチ中核層がヒトラーの穏健が弱さの徴候とうけとめないように、大々的宣伝は控えるべしとした[120]。

一九三三年夏から一九三五年の秋の終わりまで、対ユダヤ戦争は小康状態にあった。これだけ時間的余裕があったので、エスノクラートたちは、ホワイトカラー式人種迫害の実務管理者としての役割に適応する充分な機会を得た。彼らは、誠実で教育程度の高い専門家のようで、前例と類似性をたくさん求め、理論の匂いを漂わせつつ、人種政策を抽象的理論的議論のなかで、思考した。彼らは、全体主義国家のなかで機能したとはいえ、ほかとは異なる自分の意見を公然と表明し、そのうちに人種政策の遂行手段だけでなく、終末点についても、実務上のコンセンサスをつくりあげてしまった。

ヒトラーが、「全面的な方向転換」を発表した時、エスノクラートたちは、命令に従う用意ができていた。その追従の背景には、三つのファクターがあった。第一、一九三五年夏、突撃隊があばれたが、その暴力に比べエスノクラートたちは自分たちを穏健派としてみなしえた。低俗な人種主義は避け、秩序正しい方式と段取りで、粛々と仕事を進めるのが、彼らである。ギュルトナーやレーゼナーのような思慮深いエスノクラートたちは、自分たちがやめれば、荒っぽい連中が支配し、事態は悪化すると考えていた。彼らは、導入可能と思われる数十の人種法原案を、延々と続く会議で想定、検討して、全員一致とまでいかなくても、少なくとも実務レベルのコンセンサスをつくりあげた。そのコンセンサスによると、ユダヤ人は、国家が認めた秩序ある手続きによって、血統で結ばれた民族社会から、引き離さなければならない。第二、ヒトラーが過激な目的、官僚的手法の二つを承認した時、エスノクラートは、マックス・ウェーバーが予想した通りの行動をとった。即ち、彼らは合法的権力を自己の一部とした。第三、エスノクラートは意見のくい違う場合が往々にしてあった。しかし一九三六年までにしっかり学んだことが、ひとつあった。自分たちが意見を表明しても、とがめをうけないだけでなく、自分たちの意見が重要であるとの事実を知ったのである。不可抗力的に実務のネットワークは合体し、協力関係が実務者を、官僚的共有空間のなかへ引き入れた。第三帝国誕生間もない頃、基本的な倫理問題がエスノクラートを悩ませたが、一九三〇年代後半には彼らの道徳領域は、定義上手続き上の一貫性の問題に、せばめられていた。

レーゼナー、ギュルトナー、フライシュラーを始めとする実務者達は、一九三三―三四年に官僚機構の再編成をやりとげ、今度は、ユダヤ人の権利削減の新法でつくりだされた概念上の混乱を、意味の通じるようにしようと、懸命に努力した。四人家族のユダヤ人家庭が、ひとりのアーリア人に一部屋貸した場合、その家はユダヤ人世帯を構成しているのか。[121] アーリア人の祖父母三人にユダヤ人の祖父母一人をもつ二二歳の男性は、徴兵対象になるのか。性行為に必要な挿入は、人種反逆と考えられるのか。気が滅入るほど、問い合わせ、質問が殺到したが、このエスノクラートたちは解釈法、段取りそしてネットワークを築きあげ、その運用で答をあみだした。彼らは法の体裁を維持し、そして社会の忘却の中に身を沈めた。彼らが別に変わった仕事をやっているわけではないという感覚は、戦後の扱いでいやがうえでも浮きぼりにされる。即ち、一九四五年以降、フリックやハンス・プフントナーといった政府高官を除けば、この官僚群は共謀の容疑で裁判にかけられず、大半は戦後もほとんど中断することなく、職務を続行した。シュトゥッカートは三年の禁固刑をうけた。一九三五年の人種法について法解釈をととのえた者のひとりハンス・グロプケは（一九三二年に、人種上の出自をごまかすとしてユダヤ人の改名を法律で禁止すべく、運動した人物）、コンラート・アデナウアー首相の最も信任あついアドバイザー（首相府次官）となった。エスノクラートたちは、適正手続きの体裁をととのえるという職務を遂行しただけで、何も悪いことをしてはいないと考える一方、待ちうける任務にふさわしいナチ意識に、自己を順応させた。党古参とヒトラー・ユーゲントはユダヤ人の資産を破壊したが、官僚はそれを抹殺した[122]。この後四年間、エスノクラートたちは、手ごたえのある仕事に立向かう。そして「抹殺」なる用語自体は、物から人を対象とする方向へ移っていくのである。

Ⅷ　大量虐殺を用意する学者たち――体裁のととのった人種主義を求めて

国家社会主義者の学問は、すべての研究分野をまとめあげて、ひとつの新しい統合体となり、ユダヤ問題の政策決定に資するものとならなければならない。

C・A・ホーベルク
ライヒ・新ドイツ歴史研究所

路上の暴力から寝室の方向へ

一九五〇年、ベルンハルト・レーゼナーは回想録を書いた。内務省の人種専門家としての自分の役割について、自分なりの史実を伝えようと考えたのである。話の中心は、一九三五年のニュルンベルク人種法である。彼によると、戦勝者たる連合国側は、この法律が、「ヒトラー率いるドイツが、その良心のうえに依ってたつすべてのものをぶちまけてしまった」、として非難するが、「この見解は間違っている……、後半ユダヤ人迫害が地獄の様相を呈し、恐るべき現実となったのは、ニュルンベルク法の結果ではない。その法律があったにもかかわらず、そうなったのである」という。人種混淆結婚やユダヤ人家庭における非ユダヤ人使用人の雇用、あるいはユダヤ人のドイツ国旗スワスチカ掲揚などの禁止は、「混乱状態に秩序を回復し、ユダヤ人迫害に終止符をうつため」と、レーゼナーは書いた。[1]

レーゼナーの言い訳は鵜呑みにすれば誤解のもとになるが、弁解の仕方が参考になる。レーゼナーは、国家市民権法を指摘しなかった。ユダヤ人から公民としての存在権を剥ぎとったのであるが、この法律を無視することで、彼は、法律のもっとも破壊的な個所を避けて通った。この明白な見落としのほかに、彼は戦前の迫害を戦中の虐殺と分けてしまう。そうすることによって、彼は最終解決を自分の権限のおよばぬ「はるか彼方」の「東部」で発生した事象、と特徴づける。ドイツ人たちがよく口にする表現である。この間違った思考は、戦後困った立場におかれたエスノクラートたちがおこなった過去の合理化だけではなく、一九三〇年代後半に培養され伝播された二つの認識、にも由来する。その認識の第一は、人種法の発表直後、物理的暴力が減ったこと。ユダヤ人とその資産に対する不認可の攻撃が、減少した。前年夏の無法状態の後、SS保安部は「ニュルンベルク法は大いなる満足と熱烈支持をもって迎えられた」と報告した。[2] 数ヶ月後同保安部は、「ユダヤ人すらあきらめて、この不快な事実を少しずつ受入れ……（ドイツ人とユダヤ人間の）なんとか我慢できる関係を回復するために必要、とみている」と同じことを繰返し報じた。[3] ドイツあるいは外国の新聞にほとんど報道されないなかで、現代人が冷たいポグロムと呼ぶ事態は力を増し、犠牲者から法的弁明権を剥奪し、資産を奪い、そして彼らの自尊心を崩していった。

間違った思考の源となった第二の認識は、レーゼナーの回想記に表れているが、専門家の提供したものである。ヒトラーが対ユダヤ戦争で「全面的な方向転換」を宣言した後、反ユダヤ主義者の研究に本物の学術産業が進出した。そして報道記事、ドキュメンタリー映画、展示会、教科書等々が、「ユダヤ問題」はユダヤ人の存在によってつくりだされるとする、最新の学問的解明を広めた。つまり、ニュルンベルク法発表後の物理的暴力の減少は、ホワイトカラー式迫害を合理化する故意の偽情報伝播キャンペーンと時期を一にする。この戦略が、最終解決の計画者たちの間では、ジェノサイドを容認する指針役となり、同時に国民に対しては、「ユダヤの危険性」に対するもっと強い警戒心が必要、と確認させる働きをした。

ニュルンベルク法は、反ユダヤ主義を路上の暴力からオフィス、地域社会、学校そして寝室へ方向を転換させ、これまでオフリミットであった経済上、個人上の領域へ侵入してきた。一九三五年以前は、ナチ党がユダヤ人経営の有力企業（特に出版社を）を強要してわずかの代価でナチ企業に資産を売らせていた。[4]一九三五年以降になると、軍需産業が息をふき返して、これが経済活性化につながった。一方、ドイツ製品に対する国際ボイコットの恐れは小さくなった。このような状況を背景として、ナチスはユダヤ人経営企業の猛烈なアーリア化（即ち没収）、を開始した。七万五〇〇〇から八万の企業がその対象である。[5]ユダヤ人の株式仲買人は、証券取引所から締めだされた。非ユダヤ人実業家は、ナチの統制委員に支援されて、煙草産業、繊維産業、私立銀行、中古品販売、畜産市場といった特定分野から、ユダヤ人を追放した。多くのドイツ人は（映画監督のレニ・リーフェンシュタールを含めて）、ユダヤ人債権者が法律上無力であることを承知のうえで、ユダヤ人に対する借金の支払いを拒否した。[6]ナチのコネがある地方の実業家は、「人種汚染」というでっちあげの罪状を、ユダヤ人に用意したうえ、釈放のため、「奔走」し、恩をきせた。目当ては賄賂、あるいは金銭上有利な取引条件である。ユダヤ人オーナーは、資金繰りに困り、あるいは財政上立ちかなくなり、わずかの金で店や企業を売った。まさに投げ売りである。銀行はユダヤ人に対するローンを拒否し、とるに足りない口実で既存の抵当権を閉じた。当初、このようなごまかしは、主に小さな地方企業でうまくいった。しかし一九三六年末までに、ユダヤ人が経営する大手企業のうち二六〇社が、産業界の重鎮によってアーリア化された。その重鎮のなかには、ナチ党の党員ですらない者もいた。脅迫、ゆすり、強奪はどこからみても犯罪行為だが、フォルク浄化の目的によって是認された時、それは合法的行為となった。

妄想に凝り固まった人種主義者は、自分がユダヤの不正行為の対象になっていると信じ、一方、恥知らずの企業家には、ユダヤ人の弱い立場を食いものにする動機がたくさんあった。しかし、「非ユダヤ化」に参画する普通の協力者たちは、自分たちの決定を、体裁をととのえてもっともらしくする必要があった。多くの場合、服従は自己の利益に反した。リゾート地やレストランは、年来の常連客を断らなければならず、教師は才能のある学生、生徒を無視するか拒否しなければならなかった。経済の回復に伴い、余剰労働力は減少したが、雇用側は三万から四万のユダヤ人失業者（ホワイトカラーおよびブルーカラー）を雇ってはならぬ、と警告をうけた。患者は信頼するユダヤ人医師に診てもらうことができなくなり、ユダヤ人経営のストアに来ていた買物客は、ほかの店へ行かざるを得なくなった。ユダヤ人の家庭で長年働いてきた四五歳未満のキリスト教徒使用人は、失業した。ユダヤ人と結婚する予定のアーリア人は、婚約を破棄するかあるいは国外へ移住した。

協力者個々人の反ユダヤ規則支持動機は、確かめるのが難しい。普通のドイツ人あるいは平均的国民の協力についても、十把一からげの結論はだせない。しかし、体制文化なら書ける。個々人はそのなかに包みこまれたなかで、ナチの迫害に協力するか反発するか、自分の態度を決めたのである。レーゼナーのコメントが示唆するように、ドイツ人たちはユダヤ人迫害規則と折り合いをつけた。刑法は法と秩序の蜃気楼と化し、その一方でユダヤ人はこの郷土では異邦人とする認識が、しだいに根付いてきたからである。

学術のベールをかぶった迫害者たち

一九三〇年代、人種戦争の方向転換は、体制文化にみられた反ユダヤ主義の劇的な増加を伴った。その源が、ナチ党お墨付きの刻印をはっきりつけていないので、宣伝省の作品が引き起こすうさん臭さ、をまぬかれた。図書、通俗人種科学記事、ドキュメンタリー映画、展示会、教育番組が、いわゆるユダヤの脅威に関する情報を、ドイツ国民にどっさり提供した。一九三五年後半、ヒトラーが全面的方向転換と呼んだ後をうけて、新しい学術研究機関が、どうにもならないユダヤ人の他者的性格について、実証的解明なるものを次々と提供した。引用や図表、脚注、あるいは参考文献目録をつけて、学術的な体裁をととのえたいかさま記事やリポートが、悪名高いナチのメディアに代わって、信用のおけそうな「ユダヤ情報」をせっせと供給してくれたのである。強まりゆく迫害を見て、良心に痛みを感じているかも知れない人々に対して、ユダヤ人の道義的退廃に関する一見客観的な情報が、安心感を与え、道義的責任の伴う共同体からユダヤ人を追放するうえで、一役かった。一九三三年時点で、「理性的」反ユダヤ主義の提案者にとって、ユダヤの脅威についての信用ある証拠はなかった。一九三〇年代中頃に始まる似非《えせ》科学の研究は、在来型の学者からお墨付きを得て箔がつき、誇り高くて傲慢なフォルクの中にいるユダヤ人を異邦人化した。一九四〇年、アンナ・ジームゼンという難民は、この学問的な憎悪キャンペーンを、「知性毒」と書いた。(7)

一九三五年八月下旬、ヴィクトル・クレンペラーは、最悪になりつつある状況に慄然とし、「我われは包囲下の城塞に孤立し、そのなかでは疫病が猖獗《しょうけつ》している……ドイツに対する私の信念は……老人の歯のごとくぐらつき始めている」と書いた。一年後クレンペラーは絶望し、「ドイツ国民であるとのユダヤ人の夢は、結局夢にすぎなかった。私にとってこれが一番つらい現実である」との感想を洩らすのである。(8)あるユダヤ人は、一九三三年以前は友人といえば全員非ユダヤ人であったが、一九三七年に身を切られるような孤立感に苦しみながら、「それでも、ユダヤ人を助ける人がまだ何人かはいる……しかしそれが苦悩を食いとめてくれるわけではない……もはやドイツ人ではないかのように感じるのである……自分の郷土にいながら精神的に（ガイスティヒ）移民のように、感じる」と書き加えた。(9)あるユダヤ人女性は、「私の空間から青空は消え去った……すべてが異質と化し……このフォルクはもはや私のフォルクではなかった」と回想する。[10]

圧倒的大多数のドイツ人は、ユダヤ人資産の勝手気ままな破壊を慨嘆し、ボイコットに憤慨したが、しだいにユダヤ人のパリア的地位を、仕方がないものとして受け入れるようになった。[11] 一九三四年、ドイツで教鞭をとるあるアメリカ人教授は、ドイツ人教官たちの態度を観察し、同僚たちはあちこちで起きる暴力事件や不法行為に大いにぐちをこぼすが、それに反対して立上がる市民としての勇気に欠け、自分の弱さに目をつぶると書き、「自分の選択を正当化する必要性を全然痛感せず、狼が吠える時は一緒に吠えなければならない、と公言する御立派な日和見主義者がいないことはないが、ごく少数である」と報じた。[12] ほとんどの人間は、自分の協調を合理化する必要があった。

ニュルンベルク法導入から数年たらずのうちに、さまざまな分野の学界が、一般大衆と一緒になって、「理性的」人種主義の確かな基盤を提供する「ユダヤ研究」の成果を分かちあった。この反ユダヤ学者たちは、優生学者が唱えている断種、劣等遺伝者監視、安楽死といった主張を無視した。だいたいにおいて彼らは、オリエント系、北欧系そしてアフリカ系の人種グループを無視した。ただし、彼らの「発見」がユダヤのいわゆる異質性を浮きぼりにする場合は、別である。彼らは、ユダヤの実態的人口統計を調べ、ヘブライ語とイデッシュ語の言語的伝統、宗教文化、金融ネットワーク、生息地を調査した。彼らは、国家と党に支援されつつ、党古参ナチスのユーデンコラー（発作的、暴発的反ユダヤ主義）を、体裁のよい論考に組立て直した。作品分析批評、社会科学、古記録類調査等の手法を使って、彼らはゲルマン民族に対するユダヤの犯罪、陰謀を文書化した。実際にユダヤ人が国外へ流出し、ドイツ国内へとどまった者もひどい貧困状態に陥った時、学者たちは彼らの衰弱を、馬鹿正直なドイツ人をだますためのカムフラージュ、と解釈した。ユダヤ人が家にひきこもると、反ユダヤ学者は、恐怖感だけでなく嫌悪感も煽りたてた。理性的反ユダヤ主義者は、穀物倉から害虫を駆除した農民や、獲物に忍びよる猟師の言葉をなぞりつつ、自分たちの仕事を組織的に遂行した。学術のベールをかぶった迫害者たちは、盗んだりあるいは物理的な暴力を加えることはなかったが、社会衛生に熱をあげ、道義の仕事に駆りたてられて、「浄化」し「清め」たのである。

一九三三年にナチが権力を手にした時、一番声を大にして支持した組のひとつが、大学の教授たちであった。(13) 彼らはドイツから三重苦を除去したとして、ヒトラーに感謝した。三重苦即ち、ボルシェヴィキ革命の脅威、文化的退廃、経済の衰退であるが、(14) 彼らはハイデガーのように、政治の世界に男性的な雄々しさが戻ったことを歓迎し、彼らいうところの高等教育のユダヤ化終焉を告知した。彼らは、出版物の前書きでヒトラーに謝辞を呈し、「ユダヤ」という言葉を、信用のない、あるいは正しくない思想の形容詞として使った。数年前なら彼らは「ナツィオーン」（国民、国、国家）と書いたかも知れないが、いつの間にかフォルクが彼等の文章に入りこんだ。例えば音楽研究者は、「フォルク教育者としての作曲家カール・マリア・フォン・ウェーバー」を称え、中世史家は、総統思想の起源を一二世紀に求めた。(15) 一九三四年、ボン大学の学長はナチの支配を、「英雄的道徳律の夜明け」、「洋々たる道義の時代」の幕明け、と双手をあげて歓迎した。(16) 著名歴史家ルドルフ・オンケンは、ドイツの急速な産業成長ではなく、「祖国（ファタ―ラント）の大地」を守る名もなきドイツ農民の「英雄的精神」を称えた。(17) ハイデガーのように、ヒトラーの支配を歓迎した学者の多くは、フォルクから学界を隔離した疎外に反対し、学問分野を細分化し、専門家が狭い小さな囲いにとじこもる学術傾向を非難した。ハイデガーは、「君たちの存在（ザイン）の法を与えるのは、定理や認識ではない。総統自身そして総統だけが、今日そして未来のドイツにおける本質なのである」と言ったが、それは多くの者を代弁する言葉であった。(18)

この種の自発的賛辞は、ナチイデオローグにとって歓迎すべきものであったろう。しかしナチ政権は一九三〇年代中頃には、賛辞以上のものを要求するようになった。ヒトラー自身が自分の人種政策のゴールについて口を噤んでいた頃、学者たちは人種科学を見栄えよくするため、体裁をととのえ始めた。冷たいポグロムの推進に広汎な支持をとりつけるには、ユダヤの脅威なるものについて、確固として証拠や、迫害が正当化できる理由を揃える必要があった。このプロセスにおけるエスノクラートの中心的役割は、レーゼナーのナチ人種主義に関する見解に反映している。大歴史パノラマの中に位置づけた見解である。公務員向け国家行政誌「ライヒス・フェルヴァルトゥングスブラット」に、レーゼナーは「中世の従属時代とリベラルな市民の時代」の後、一九三三年に「血統でつながる同志（フォルクスゲノッセ）の新紀元」の夜明けを迎えた、と書いた。[19] ナチの人種法ではなく歴史の法則が、迫害を許可するとそれとなく言っているのである。

人種法の導入、実施にあたっては、形式主義的手続きを山ほども整える必要があり、さらに概念上の混乱はまさに泥沼状態となったので、エスノクラートたちは科学に答を求めた。内務相ヴィルヘルム・フリックは、「法と世論の立場からみると、対ユダヤ処置を強力に推進し、その勢いをとり戻すには、明確な概念が必要である」と述べている。[20] 世界のどこにでもいる官僚と同じで、エスノクラートは学者に指導を求めた。即ちこの重大岐路にたって、人種政策は党古参が馬鹿にしていた学者、知識人の手伝いが必要になったのである。それは、ナチ支配に対する学界の支持は、全般的なだけではもはや「政治的に信頼」されるには充分でないこと意味した。そして真の支持とは、ひとつには人種生物学の理論的枠組を提供することであった。

学界をへこませていないナチ思想

一九五一年、ポーランドの詩人チェスラフ・ミロシュ（ミウォシュ）は、ソ連圏について書いた時、全体主義国家の何たるかを知識人が実感をもって分かる瞬間について触れた。政権に対する一般的な称賛をやるだけでは充分でなく、その愚にもつかぬドグマを、そっくりのみこまなければならぬ、と悟る瞬間である（ミロシュはそのドグマを、ムルティビング錠剤と呼んだ。作家スタニスラフ・ヴィトキェビッツの造語で、これをのむと一切の疑問、不安が消え去るという）[21]。ナチ支持の学者にとって、その瞬間は一九三〇年代中頃である。自分たちの研究を変形させて、生物学的説明計画に奉仕することを求められたのである。言語学者として高い評価をうけているある人物は、ナチ支配の支持者であったが、「今日、国家社会主義が学者全員のドアを叩き、あなたが提供できるのは何か、とたずねている」と同僚たちに語った[22]。前向きに応じた者には、研究助成金、昇進、講演ツアー、褒賞、就職口が提供された。神学者ゲルハルト・キッテル、人類学者マックス・ヒルデベルト・ベームといった地位も名誉もある何人かの学者は、反ユダヤ主義を自分の研究プログラムに組みこみ、人種主義者で構成される新しい正統派のなかで、仲よく機能した。しかしナチ・ドイツでは、身分を保持されている大学教授であれば、一連の見返りを受けないでやっていこうと考えるなら、無理してこの人種錠剤をのむ必要はなかった[23]。ゲシュタポが思想犯罪で追跡逮捕したわけではない。ナチの人種教義に適応することを拒んだ学者は、編集委員会や名門団体からはじきだされた。しかし、地位と給料は変わらなかったのである（ただしユダヤ人学者、ユダヤ人の連れあい、あからさまな反ナチ批判家は別である）。大学の入学者数は減少し、ドイツ学界の国際評価も低下してきたので、象牙の塔の壁は、その内の住人を守るだけとなった。

ナチズム支持を誓いながら、研究に人種論を組みこまない教授がいれば、ナチ献身派は偽善者とみて苛立ちを隠さなかった。ヴァルター・グロスは、大学の人種教育プログラムを評価し、伝統的な教育をうけた教授たちのなかには、「我われの大義に役立つ人材は文字通りひとりもいない」と遺憾の意を表明した[24]。一九三四年、グロスはハイデガーの資格審査を仰せつかった。国家的地位を与える前の評価であるが、ハイデガーの論文があまりにまわりくどいので、グロスは複数の専門家に相談した。ところがその彼らは、「専門職上の能力を有し、人種上政治上異議のない学者の、正常なる常識によれば」、ハイデガーの論文、著作は「国家社会主義にとって有用な成分を、文字通り一切含まない」と回答した。[25] ハイデガーは、「最低のタルムード伝統に沈みこんだ頭の散漫な……屁理屈屋」であり、ことさらに晦渋なスタイルで書くので、何を言っているのかよく分からず、意味が容易にとり違えられてしまうのであり、もしハイデガーが任命されれば、「我われの諸大学は、伝染病規模の知的病気、一種の集団精神障害にとりつかれてしまう」と評価した。[26] ナチ官僚主義というつむじまがりの世界にあっては、党古参の認めるフォルク、ラッセ、ユーデントゥム（ユダヤ教、ユダヤ気質）、ブルート（血、血統）といったキーワードを含めないだけで、非難の対象になりえた。しかし非難は恩典からの排除を意味し、投獄ではなかった。

グロスは苛立った。ナチズム万才を唱えながら、実際には「非政治的」な研究プロジェクトに「逃避」して、「内なる心からの支持」を控えている学者が多いというのである。しだいに明らかになったのであるが、一九三二年時点でヒトラー支持を表明したことは、研究者が自分の学問分野で方向転換を行ったことを意味しなかった。医学部、医学校では人種研究コースが必修になっていたが、教える資格のある教授が非常に少なかった。一部には、高い評価をうけている生物学者の大半が、ナチの人種科学を真面目に考えていなかったためもある。[28] 外科医のフェルディナント・ザーゲブルシのような新参党員が、実際には人種プロジェクトを支持しないで、高い評価を得ていた。この事実にグロスは怒り狂った。そして、「権力奪取から四年、やるべきことは多いのに、やりとげたことはあまりにも少ない」と嘆いた。[29]

円滑なグライヒシャルトゥング（画一化、ナチズムへの転換）支持の大合唱の後、核心層はナチ思想が学界をほとんどへこませていない、と確信するに至った。御用学者エルンスト・クリークは、なぜかと頭を抱えた。自分や同僚のナチと精一杯努力したのに、「過ちにつぐ過ち、失望につぐ失望」状態なのであった。[30]別のナチ教宣家は、学部によってはナチの信任状が実際には昇進のさまたげになっているのではないか、と疑った。[31]あるSSは、一七八九年のフランス革命家たち（SS自体はいつも中傷していた）の苦労が分かると打ち明け、ナチ人種革命家は大学生活に新しい価値観を注入するにあたって困難に直面しているとし、「一九三三年という年は、（学界の）状況を一気呵成に変えることができなかった。一七八九年が、一撃のもとに新しい大学を創造できなかったのと同じである」と書いた。このSSは、大学が公式には前向きの姿勢を示しながら、相変わらず古い雰囲気で旧態依然たるものがあると嘆き、「大学に入学する青年国家社会主義者は、講義ホールとセミナーで聞く意見と自分の見解には深いミゾがあることを、さまざまな機会に思い知らされる」と怒りをあらわにする。[32]SOPADEの一九三五年六月月報も、この傾向を確認し、「学問らしい学問のセミナーでは、公然と批判する声が聞かれる」と報告した。[33]それによると、教授がフォルクを強調するような講座名に変えても、中味を必ずしも調整したわけではない。担任がいなくなった大学の空席講座は、文化人類学とかゲルマン言語学といった新しい人種思想指向の分野に変えられたが、受講者が一番少なかった。

遺伝学と形質人類学では、一九三三年以前から人種思想が根づいており、協力はもっと普通に行われた。国際的な評価をうけている優生学者アルトゥル・ギュットは、ニュルンベルク法の起草者たちと協議した。遺伝学者のオトマル・フォン・フェルシュアーは、一九三五年にフランクフルト大学遺伝生物学研究所の所長に任命され、やがて、ヨーゼフ・メンゲレを含むSS医学部幹部の養成にあたるようになった。[34]人種科学者はチームを組み、医学校、医学部や研究所のなかで働きつつ、応用優生学の実験をおこなった。[35]近年、鎌状赤血球貧血がアフリカ人の血液型と結びついていることが判明したことから、微生物学者たちはユダヤの血液に特有の形質があるのではないかと躍気になって探した[36]。オイゲン・シュテーレという生物学者は、グロスの人種政治局が発行する通俗雑誌（一九三四年一〇月号）に、「考えてもみたまえ。試験管で非アーリア人を見分けられるといったいどうなるか。そうなれば、偽装はいっさいきかなくなる。嘘や洗礼、改名、国籍変更をやっても、ごまかせなくなるのだ。鼻の手術も無駄である……人間は自分の血を変えられないのだ」と書いた[37]。金を相当に注ぎこみ、宣伝も大々的にやったが、実際の成果はなかった[38]。ゲルハルト・ヴァーグナー率いるナチ医学者連盟のタスクフォースも、失敗を認めた[39]。血液型、体臭、足紋指紋、頭蓋骨の形状、サイズ、耳たぶ、鼻の形状その他の身体部位のいずれをとっても、ユダヤの特徴を示すものは何ひとつなかった。

生物学者は生理学上の特徴によって、ユダヤの血を見分けることができなかった。それは、ヒトラーが一九三五年に人種政策の「再転換」をおこなったのと、時間的に一致する。エスノクラートが人種分類の気まぐれ性を嘆き、生物学者は失敗を認めた。これを契機として、ユダヤ性の根源追求に、身体的特徴に代わって、ユダヤの文化的ステレオタイプなるものが登場し、その証明責任が自然科学から社会科学と人文科学へシフトされた。グロスは、屁理屈をこねるとして学者を軽蔑する党古参に向かって、人種研究の効用を正当化し、「我われの人種思想の正しさが、科学の証明なしでも我われには自明の理であっても、人種上の価値観に反対する者と戦う場合、この証明が不可欠である」と説明した[40]。ナチ教義が教育程度の高い人間を納得せしめ、ホワイトカラー式迫害に協力させるには、学問的研究がエスノクラートを導かなければならない、とグロスは示唆したのである。

人種研究に一役かう学者たち

人種問題に対する新しいアプローチの徴候は、レーゼナーらの実務官僚がニュルンベルク法のガイドラインを練っている頃、党機関紙にあらわれた。一九三五年八月、ナチ紙デア・フェルキシェ・ベオバハターにこの傾向を告知する記事がでた。著者は党誕生の初期から、「人種本能」が国家社会主義の核心を形成している、と書いた。しかし、人種に関するこの信念を実証的研究にゆだねることによって、積年の見解を近代化する時がきた、と著者は主張する。「知性のバリケードに立ちて」と題する記事は「ユダヤの脅威へ鋭利に切りこむ調査研究」を特筆大書した[41]。ナチ理論誌「月刊国家社会主義者」は「学界の若手世代に新しい人生観」の夜明けを予告した[42]。安っぽい印刷のこの雑誌は一九三〇年に創刊され自称インテリが記事を書いていた。三〇年代中頃、法律上よりするユダヤ人迫害がエスカレートしていた時代に、体裁その他を一新した。絵画、芸術写真、詩、書評、脚注付き記事などが掲載され、落着いた雰囲気をもつようになった。寄稿者も言語学者、歴史家、地理学者、文芸評論家、心理学者、文化地理学者、形質人類学者が執筆し、それぞれの分野で通俗記事を書いた。記事は例えば「ハインリヒ・ハイネを追い払え」（ハイネの両親はユダヤ人であった）、「ユダヤ人はどこにいる?」（隠れたユダヤの影響摘発ガイド）といったものがある。ユダヤ人退役軍人会は、先の大戦で祖国防衛に殉じたユダヤ人兵士の書簡集をだした。既述の通りであるが、出版から数ヶ月後、文学研究者がこの手紙類を分析し、戦死したキリスト教兵士の手紙と比較した。分析者のアプローチは特異で、あるユダヤ人の手紙に関する意見がその典型例である。ユダヤ人兵士は若い頃、軍国主義に反感を抱いていたが、一九一四年の戦闘で本物の自己を発見して、喜びを感じる、と告白した。しかも自分はドイツを熱烈に愛するといいながら、自分と同じように名誉を重んじる人々であるから英仏軍の兵士を憎まない、と書いている。このナチ評論家は以上のように分析し、ユダヤ人兵士の気持を「感情の細分化はドイツ人にとって異質」であり、「特有のユダヤ性」と侮辱した。その評論家によると、ゲルマンの兵士は自己反省をしない、本能的に志願し、「最も純粋な形で理想主義」を示すのである。[43] 人種政治局の定期刊行物「ノイエス・フォルク」は、頁数を倍増し、「ユダヤ問題」の報道を増やした。新傾向に合わせた措置である。

ナチ刊行物が人種学の一般化をはかっている時、地域研究の専門家は人種計画とからんだ軍事拡張のための準備に着手した。大学の研究所では若手のキャリア組が機会をとらえて地位と予算を獲得した。例えばグライフスヴァルト大学では、社会科学者たちが、東ヨーロッパのドイツ生存空間（レーベンスラウム）に居住するユダヤ人の人口情報を照合検討した。ケーニヒスベルク大学の東ヨーロッパ研究所では、地形、産業インフラ、農業、民族構成、人口構造、交通網等について重要な情報を提供した。[44]

「できたてホヤホヤのナチ」である社会科学者ペーター＝ハインツ・ゼラフィムは、ケーニヒスベルク研究所にかかわった人物だが、キャリアの軌道に乗った男の軌跡は、専門分野と党の仕事の共生を物語る。ゼラフィムは（一九三三年当時、三一歳）、中央ヨーロッパの交通、運輸システムを専門とする政治経済学者で、ナチ党員として研究対象をユダヤ人社会へ転換した。主としてユダヤ人側の資料に依拠しつつ、数世紀におよぶドイツの経済、文化、政治に対するユダヤ人の貢献を調べたのであるが、ユダヤ人の誇りをユダヤの破壊工作の証拠に変えてしまった。調査の結果が絵入り七〇〇頁のハンドブック『東ヨーロッパのユダヤ人』で、ドイツ「生存空間」の「異質」人口に関する参考書となった。[45] ゼラフィムは、ほかの都市計画者、地域研究者、人文地理学者と一緒に、ドイツの東方膨張支援を念頭として、血統でつながる民族の理想を経済的実利性と融合させた。やがて、ゼラフィムを始めとするテクノクラートたちは、ほかの院生チームと一緒に、スラブ圏植民地化の計画を立案するようになる。

ベルリンの名門研究機関カイザー・ヴィルヘルム人類学・人間遺伝・優生学研究所（K・WI）も、人種研究で一役かったところである。それまで数十年間、人種問題の研究を後援してきた経緯もある。(46)研究所の有力専門家達は強制断種計画に協力し、安楽死について助言した。ゲルハルト・キッテルの名声と研究所所長オイゲン・フィッシャーの熱烈な協力のおかげもあって、研究所は反ユダヤ文化・形質人類学を支援した。キッテルは、一九三三年に「ユダヤ系キリスト教徒」に対する猛烈な攻撃で喝采を浴び、それ以来、自分の専門を聖書解釈学から人種論へ転換してしまった。一九二六年時点で、タルムードの引用でたいていのことは説明がつくとし、その「ネガティブな」側面にこだわるのは、悪意がある場合だけであると言っていた。(47)一〇年後、キッテルは、まさにその通りのことをやっていた。国家がスポンサーになっているドイツ研究財団（ドイッチェ　フォルシュングス　ゲマインシャフトＤＦＧ）は一九二〇年に創設され、一九四五年以降は西ドイツで主な研究費支出機関として活動したが、キッテルのほか人類学者たちはこの財団から予算をもらって、民族の性格と身体類型の証拠集めをおこなった。(48)キッテル、フィッシャー組は古代中東を調査対象とし、キッテルがローマ帝国におよぼしたユダヤ人入植の脅威をテーマにすれば、フィッシャーは、ユダヤの影響があったかどうかの証拠として、古代人工遺物に含まれる人骨の顔面骨格を分析した。このチームの調査成果のひとつが、「彼らの狙いはいつも同じ、世界支配である。本物か偽物か知らぬがユダヤ人奴隷娘が手紙を手にして、皇后とユダヤ王女の間を行き来したり、あるいは古代エジプトの収税・金融ユダヤ人が王の〝友人〟となり、皇后の個人的財務官となったり……どんな話であれいつも同じである。紀元一世紀の場合も現代の二〇世紀もそして今後も変わらない。世界のユダヤ人は世界支配のことしか考えていない」ということであった。(49)

の代物であった。ヒトラーの初期の演説と『我が闘争』にみられる狂暴な雄叫びが、誇張した文章のなかに再登場し、学問という装具をつけて、いかめしく振舞っているだけのことであった。社会科学者が精神構造、性格、親譲りなどの面で人種上の特徴的刻印を特定しようとすれば、文芸評論家は特定ジャンルとテーマで人種を見分けた。彼らからみると、ワイマール時代のドイツで民族の精神的健全性を破壊したのが腐食性のモダニスト精神であり、血と人種はそれに代わる象徴となった。

Die Zahl der Juden betrug in Berlin:

Jahr	Zahl
1774	4 000
1845	8 000
1855	11 000
1865	24 000
1875	45 000
1885	64 000
1895	86 000
1905	99 000
1910	144 000
1920	350 000
1930	440 000

「ベルリン在住ユダヤ人の人口動態1774–1939」。市内全人口の動態を省略することによって、ユダヤ人のみがベルリンで異常に増加しているようにみせた。さらにこの統計に真実味を加えるため３人の正統派ユダヤ人の写真をつけ、世俗派ユダヤ人ヴァルター・ラーテナウの言葉を引用している。1902年に「ドイツ社会のまっただ中で疎外され、自分の殻に閉じこもった種族が住む…異様な光景である…東方のマルケからアジアの群れが来たのだ…そしてなかば自発的にゲットーに住む。フォルクの不可欠の成員ではなく、その体に宿る異質の有機体として」と書いている。反ユダヤ研究者は、この種ユダヤ人の自己批判をベースとした反ユダヤ学の一部をつくりあげた。ユダヤ人の口から自己否定をさせる手口である。ちなみにラーテナウは電機メーカーAEGの社長で、第一次大戦中は戦時経済動員相、外相時代の1922年、反ユダヤ主義者に暗殺された。

反ユダヤ研究所が五つ創設された

人種研究は多くの学科で必修科目のひとつとなり、時代遅れの人文学観に汚されていない教科書をめぐって、出版市場が生まれた。人種思想を鼓吹する研究プロジェクトには奨学金や研究資金がつけられたし、人種問題の記者会見、報道、授賞式等々は、人種研究に関する宣伝効果が、それなりにあった。学者は国家と党の後押しをうけて、学問に似た学科をつくりあげた。しかし近寄ってよく見ると、調査研究と称する活動は、現代の学問という証明書をつけただけで、キリスト教の「ユダヤ人」に関する伝統的ステレオタイプに奉仕するだけ人種見直し論者は、馴染みのニーチェ的テーマをもちだして、価値観の伴わない科学を退廃ヨーロッパ、即ちユダヤ文明の症状と非難し、ナチ医学者連盟の会長ゲルハルト・ヴァーグナーの言葉を、有難く引用するのであった。ヴァーグナーは「学問で問われるのはただひとつ。私は自分のフォルクにとって有用な存在か、ということだ」と言った[50]。ひとりの熱心な大学院生は自分を、スコラ哲学が盤踞《ばんきょ》するパリの不毛性から逃げるルネッサンスの人文主義者にたとえた。彼は、大学の学問が小さく細分化されていることを嘆き、それが崩れたことを歓迎した[51]。熱烈な党支持学徒は、個人主義的リベラルと階級に束縛されたマルキストにしか通用しない「不毛の物質主義」と誇らかに戦い、すべての学科の再構築に着手した。それは、第三の規準、即ち人種に従った学科の組立てである。

一九三五年中頃から、大学の学外反ユダヤ研究所が五つ創設された。自然科学、文化、歴史、法学および宗教におけるユダヤの影響を調査する特別機関である。最初にできたのは、物理研究所で、ハイデルベルク大学とゆるやかな提携を維持した。数ヶ月後、ライヒ・新ドイツ歴史研究所が、ベルリンにつくられた。カール・シュミットは、ドイツ法理論の分野から、ユダヤの影響を抹殺する運動に着手した。アルフレート・ローゼンベルクは、フランクフルトに反ユダヤ歴史研究所と付属図書館をつくった。正式名称をライヒ・ユダヤ問題研究所と称し、ベルリンの研究所とライバル関係にあった。五番目は、ドイツ宗教界のユダヤ影響力調査および根絶研究所である。このユダヤ影響力根絶研究所は、公の支援をあまりうけないで、プロテスタント教会の庇護下、一九三〇年代後半に発展したもの。人種生物学者たちが、人種識別の絶対的標識（マーカー）を発見できず、匙を投げていた頃、この一連の研究所が一緒になって、固有のユダヤ的特徴の証拠をせっせと提供した。

共通目標を達成するためいくつかの分野を総合するアプローチ、著名人を揃えた陣容、そして政策提言と、後代の人間がシンクタンクと呼びそうな構えである。鳴物入りの華々しい創立記念式典、山海の珍味を集めた豪華な晩餐会、年次総会といった行事が耳目を惹き、人種研究が立派な学問であるとの体裁をととのえるうえで、ずいぶん役に立った。「歴史をつくる錚々《そうそう》たる人物」の出席が一面トップで伝えられると、大会はメディアの注目する一大イベントと化し、さまざまな分野の学者、専門家が参集し、党幹部やエスノクラートと談笑する会場は、熱気に包まれた(52)。ナチのメディアが伝える典型的記事は、例えば「ヒトラー・ユーゲント、ドイツの青年学徒、労働者が、あらゆる出身の男女と席を同じくして、真摯なまなざしでドイツ学界を代表する研究者の言葉に聴きいる」といった内容であった(53)。このような歴史、法学そして神学研究所の人種研究成果はプレスリリースで大々的に伝えられた。この種の研究所は、悪魔的ユダヤの影響に関する「事実」をメディアに供給するほか、新発見の成果をいかめしい学術書として発行し、手頃な参考書や文献集、地図そして卓上用大型豪華本も、次々にだした(54)。

メディアが「ユダヤの脅威」に関する学術成果を次々と伝える間、ヒトラー自身は人種主義の理論、実践双方から距離をおいていた。一連の研究所開設に許可を与えたのは間違いないだろうが、創立記念式典や大会に姿を見せたことはない。五つの研究所が、社会的名声と金集めで、等しく成功したわけではないが、ひとつにまとめて考えれば、冷たいポグロムを尊敬すべきものとして、教育あるドイツ中産階級に浸透させたことは否めない。研究所は、血という生物学的概念をとび越えて、人種忌避をイデオロギーから知識に転換した。腐ったユダヤの「精神」が存在することを強調したうえでの成果だった。彼らの学風のトーンが、メディアの報道と相乗効果をあげて、ユダヤ人を社会の主流から移す「秩序ある」排除を正当化し、ユダヤ人はドイツに居場所をもたずとするコンセンサスづくりに、裏書きを与えたのである。

ナチシンクタンクの第一号が、いわゆるレーナルト研究所である。二人の物理学者ヨハンネス・シュタルクとフィリップ・レーナルトを中心として、アインシュタインの「ユダヤ」物理学を否定するために設立された。(55)一九二〇年代、この二人はけんか腰のつむじまがりとして、学者の間でつまはじきされていた。しかし一九三三年以降二人は、ナチ指導者に注目されるようになる。ヒトラーを「実証的手段で真理を追究する自然科学者」と絶賛したからである。(56)

この二人の科学者は、生物学的人種主義とは極力距離をおくように努めた。レーナルトが言ったように、(ヴェルナー・ハイゼンベルクを含む)アーリア系科学者を「ユダヤ的特質」で汚し墜落させたのは、「ユダヤ的精神構造」(血ではなく)だからである。(57)シュタルクとレーナルトは、ユダヤの影響はユダヤ人を先祖にもつ者によってのみ広がると信じる者を、「幼稚な反ユダヤ主義」として攻撃した。二人によると、「カギ鼻や縮れ髪」といった身体的特徴をもつ個人を追跡して捕まえただけでは、ドイツは「ユダヤからの解放」を達成できない。二人は、非ユダヤ人学者による研究からユダヤ的考え方を排除し、削りとれと煽動した。

SS機関誌ダス・シュヴァルツェ・コールは、シュタルクとレーナルトの「白系ユダヤ人」攻撃を、盛んに報じた。量子物理学とアインシュタインの特殊相対性理論を受入れた物理者を、そのように呼んだのである。(58)シュタルクとレーナルトは、「ユダヤ的」とはっきり見分けのつく精神構造を確認できるとし、主なものとして難解な思考と経済的利己主義をあげた。ユダヤの複雑嗜好と対照的に、ゲルマン精神はアインシュタインの相対論的宇宙観に代わる優美な世界観を創造する、と二人は主張した。同研究所は、二人の個人的問題と関係なく、さまざまな理由から衰退した。一九三六年、同研究所の研究部門は、物理学者のマックス・プランクに引継がれた。反ユダヤ主義が、実験物理学の世界で降格の憂き目にあったのは明らかである。

ユダヤ的精神構造の識別

人種見直し論は、人文科学と社会科学の分野では、もっとうまくやった。「不倶戴天の敵」の性質が生物学から文化へシフトすると、性格の特徴が身体的特徴に代わって、ユダヤの脅威の指針となった。[59] このどさくさの混乱のなかで、歴史が人種科学の女王と化した。一九三五年初め、教育省と宣伝省は、党歴は長いがパート的な仕事をしていた歴史家ヴァルター・フランクをライヒ・新ドイツ歴史研究所の所長に任命した。[60] フランクは、人種主義濃厚なテーマで研究論文をまとめ、通俗ナチ党史を一冊書いたが、大学に職を得られないでいた。高い地位について有頂天になったのであろうか、フランクは一世代前の大学教師たちを激しく攻撃するようになった（フランクは教師たちを異質のアテネ文化に追従するとし、彼らをチンピラギリシア人――ペテン師――と嘲笑した）。「あの苦闘の時代、国家社会主義運動は、チンピラのギリシア野郎たちから際限のない嘲笑しかうけなかった……しかし、国家社会主義が勝利すると、手の裏をかえすように態度を変えた……ずる賢い奴、教育のある者、能なし野郎、その他有象無象のチンピラギリシア野郎が、あらゆるところからハイル・ヒトラーと精一杯呼びながら、ぞろぞろと出てきて、〝国家社会主義の勝利のために、知の塔を建てよう〟などと殊勝なことをぬかす」とは、フランクの言である。[61]

フランクは、創立記念式典で挨拶し、「古い世代の保証付きの腕と若い世代のエネルギーを統合」し、研究所は「根なし草の知識偏重主義」と無謀な「中途半端な教育しか受けていない活動家」を向こうにまわし、第一線に立って戦う、と公約した。中途半端な教育云々は、非ナチの学者、教育水準の低い党古参をさした。[62] フランクによれば、新しいタイプのドイツ知識人は、国家社会主義の世界観から生まれ育ち……新しい精神の権威を旗印として高く掲げて、進撃する」のである。[63] フランクの専門家委員会は、その後六年間に二五名から六九名に膨張し、[64] 出版物も急速に増えた。

メンバーとなった研究者は、どこにでもある研究所の形を模して、文献目録をつくり、批評を行い、古文書の発見報告をだし、歴史上の主要事件に関する見直し論者の解釈を行った。人種見直し論者は研究論文、研究記事で、古代キリスト教徒の特有な慣習に、信憑性を与えた。人口統計学者は、歴史統計をまとめて、異人種間の結婚がもたらすネガティブな影響を、分析した。一方、社会科学者は、経済学者ヴェルナー・ゾンバルトを引用し（プロテスタンティズムの倫理と資本主義を結びつけたマックス・ウェーバーのテーゼを批判し）、資本主義の出現を、破壊的なユダヤの物質主義とリンクさせた。比較歴史学者は、一九世紀のユグノー派の移住は、彼らの血のおかげで、プロイセンを強くしたが、ユダヤの血が傷つけた、と主張した。プロテスタントの宗教改革は、普通の歴史観では神学上の問題を強調するが、ナチの御用学者はこの宗教上のプロテストを人種問題で解釈した。

「人種汚染動向」。折れ線グラフを使ってあたかもそれが侵食領域のようにミスリードし、そのなかにユダヤ人に誘われるキリスト教徒女性の写真を入れて、その結婚のもたらす脅威を匂わせた。ナチ支援のシンクタンクのもとでつくられた報告は、活字文化、映像、展示会等で利用された。

　フランクとその仲間は、人種主義弁証法をもってヘーゲルの観念論とマルクスの唯物論に代える思いつき的枠組の中で歴史上の変化を考え、従来の時代区分の見直しをおこなって、新しい転換期をつけ加えた。例えば一九一二年三月一一日をどん底の時とし（最後まで残っていたユダヤ人に対する禁止法が廃止された日）、一九三五年九月一五日を最高の日に決めた（ニュルンベルク法で差別が「再開」された）。ナチ歴史家は、この新パラダイムが与える快感に酔い、ヒトラーの首相就任日たる一九三三年一月三〇日が、一七八九年七月一四日（バスティーユ監獄襲撃日）に代わる歴史の分水領になる、と予見した[65]。ナチ革命はフランス革命をはるかに凌駕するのみならず、生物学に基礎をおく人種秩序が、一七八九年の万民平等の普遍主義を駆逐するということである。フランス革命は人間の平等の幻想を語ったが、ナチ革命は、生物学上の不平等という事実を公知した壮大なる時代の夜明け、を告げるものなのであった。

ナチ歴史家は、戦後のドイツ植民地喪失に怒りを新たにして、忘れ去られた人物を英雄の地位にまつりあ

ユダヤ人退役軍人会は、戦死兵遺稿集の口絵に、マックス・リーバーマンの淡い赤と灰色を基調とする水彩画を使った。ユダヤ人の男は戦争忌避者という嘘に対する反論の書である。祖国のために戦い、そして戦場の露と消えたユダヤ人兵士。その遺稿集は彼らの熱烈愛国の情を雄弁に物語る。マックス・リーバーマンは、20世紀初頭のドイツを代表する画家のひとりである。ドイツ帝国旗の下、愛する者を失った女性が棺の横で悲しみにくれる。ナチの商業アーチストが強調した動の世界、荒々しいタッチとは対照的である。

げた。東アフリカ植民地総督カール・ペータースは、サディスティックで女性不信のうえ、極めつきの人種主義者であったが、すっかり偶像化された。映画「オム・クルーガー」は、別の植民地総督を描いた内容だが、大衆動員に成功した(66)。マルクス主義者はロシア革命を階級闘争とみたが、ナチの学者はこれを、「劣等」ボルシェヴィキのユダヤ人と「優等」白露貴族との人種闘争、と解釈した。ロルフ・L・ファーレンクローの手になる分厚いアンソロジー『人種的宿命としてのヨーロッパ史』は、グロスの緒言で始まるが、先史時代からヒトラーまでの主要事件を扱い、地域的にはウラル地方から大西洋までカバーしている。「生物社会学」に関するまとめのエッセイは、人種闘争が歴史を変えたとする新しい正統主義を総括している(67)。

反ユダヤ歴史学者は、ナチ物理学者が「白系ユダヤ人」と呼んだ事柄につまずいた。歴史学の分野でユダヤの影響が削除された後、ユダヤ人学者に啓発されてきたキリスト教徒学者をどう扱うかが、問題になってきた。ヴァルター・フランクは、一九三九年にだされた人種主義研究の論文に前書きを寄せ、その中でジレンマを明らかにして、「ユダヤ人は異質の血であり、したがって敵である。ドイツ系ユダヤ人というのは存在しえない。しかし、ユダヤ人の伝統にのっかって生きているドイツ人プロテスタントおよびカトリック教徒が、数百万人いる」と書いた(68)。ひとたび人種が生物学から分離され、道義の脅威に組みこまれてしまうと、理屈からみて次にくるステップは、フォルク成員を汚染するユダヤ的精神構造や性格の識別である。

「ドイツの血がドイツ憲法の精神となった」

言語に絶するユダヤ的精神の追跡に加わったのが、法理論家たちである。現実の具体的状況に人種カテゴリーを適用すれば、実用上さまざまな問題に直面する。多くの法律家がこの問題にぶつかったのが、おそらくは理由のひとつであろうが、学者に解決を求めた。法務相ハンス・ギュルトナーと同じように、彼らは法

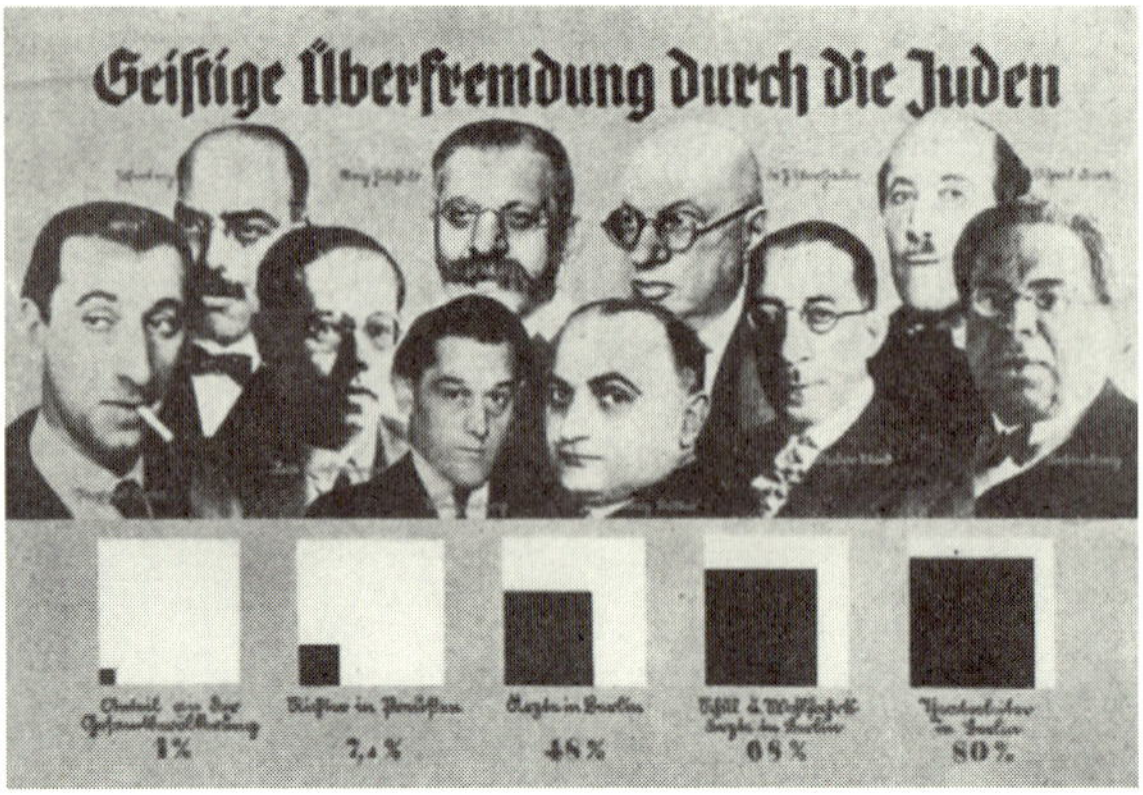

「ユダヤの知的侵略」。ドレスデン衛生博物館の展示パネル。ドイツ史に登場するユダヤ系の重要人物を上に配し、その下にミスリードする図表を並べて、あたかもワイマール共和国時代、ユダヤ人がドイツの社会生活を支配していたように見せる。

に立脚する法治国家に対するプロとしての尊敬があり、その対極に、「人種本能」の上に築かれた独裁体制に対する忠誠があった。一九三五年のニュルンベルク党大会で、ドイツ法学会会長ハンス・フランクは、法律家が「崩壊した法体系の残骸の上に立つ」事態を認めた。リベラルな価値観をベースとした法の枠組が残っていたが、フランクはその価値観そのものが消え去った枠のなかで仕事をしながら、引続く混乱の責任をユダヤの影響力にかぶせてしまった。彼は、シュタルクとレーナルトと同じ心で、現実のユダヤ人が追放され、その著作が図書館から一掃された後も、ドイツ法学を汚染し続けるユダヤ的精神構造の削除、を公約した。

一九三六年一〇月に開催された「非ユダヤ化」会議には、ドイツ法学界を代表する法学教授四〇〇名のうち一〇〇名が出席した。会議の席上、ハンス・フランクは、正義を堂々と高く掲げるアーリア人の「歴史的責任」を称えるとともに、「客観的にみて正当化され、かつまたきちんとした」努力に支援を惜しまない「総統に感謝しなければならない」と述べ、フォルクの「汚染加速」を助長している「保護」環境に終止符を打つ時が来たとし、「我われは我われの良心以外ほかの力に耳を傾ける必要はない。そして、この良心は我われに、我われの家では主人になれと命じる」と結んだ。(69)

ハンス・フランクは、この提唱の重要性を強調すべく、カール・シュミットを法学研究所の所長に指名し、発会式には、マルチン・ハイデガー、ユリウス・シュトライヒャーといった各界の名士を招いた。シュミットを選んだのは正解だった。ニュルンベルク法を「ドイツ憲法上の自由」を回復するとして、称賛していたからである。シュミットは、「憲法上の諸原則に関する我われの考え方が、再びドイツの手に戻った。ドイツの血、ドイツの名誉がドイツ憲法の精神となった。そして国家は、人種の力と統一の体現者になった」と言った[70]。会議の席でシュミットは、人種パージに崇高な倫理観を付与し、粗暴な反ユダヤ主義者のまわりくどい長広舌を簡潔にまとめ、「我われ知識人の仕事に対して、ユダヤ人は寄生的関係を有し、その意図は戦術的商業的である……ユダヤ人は素早く抜け目がないし、適当な時に適当なことを言う術を心得ている。これは、寄生虫、生まれながらの商人本能である」と言った[71]。シュミットは、ナチ指導者の求める「健全な悪魔払い」を称賛し、「ユダヤの残忍性と図々しさ」とドイツ民族の名誉との「原理原則をめぐる戦い」を歓迎した。そして、「ユダヤ人は不毛かつ非生産的」であり、「いかに精力的に同化し、あるいは抜け目なく情報を集めても、我われには何も知らせない」存在であり、ほかの寄生虫と同じように我われの弱点を診断するので「危険」きわまりないとした。ボーダーラインの事例の時、あるいは前例がない場合の対応の混乱は、ユダヤ人（およびユダヤ的態度）のせいにした。ホワイトカラー式迫害のエトスを守って、シュミットは「ユダヤの影響を駆逐できない感情的反ユダヤ主義」を批判し、『我が闘争』を引用して「ユダヤ人から自分自身を守るなかで……私は神の御仕事をおこなっている」と述べて、会議をしめくくった[72]。

会議出席者は、ユダヤ的名前をもつ法律家の手になる教科書、法律評論、画期的な判決を確認した。彼らは「白系ユダヤ人」に苛立ちを隠さなかった。そして法学探偵家たちが肝をつぶすような大仕事に着手した。法学の著書をひとつひとつ洗うのである。脚注も全部調べる。出所資料がユダヤ人学者のものであれば、それを削除すべきかどうか、あるいは著書の本もろともなしにするのかといった作業を遂行するのである。法務当局は、ドイツ人法律家が検閲で削除された史料を盗作しないように、禁止資料リストをつくった。しかし、それはじつに膨大な作業であったから、シュミットは法学生を混乱から守るにはどうすべきかと、頭を悩ませた。結局、法学の非ユダヤ化は臨機応変、場当たり的になった。作業が概念上からみて難事業であるためか、あるいはシュミット自身が偏愛への忠誠を破ったかのいずれかであろう。(73)

四番目の学術団体であるライヒ・ユダヤ問題研究所は、フランクの同僚のひとりヴィルヘルム・グラウによって、フランクフルトに設立された。(74) ナチの幹部たちは互いに張りあい、反ユダヤ研究は時流にのって脚光を浴びる分野であったから、ベルリンとフランクフルトの双方は競争してユダヤ系図書館から資料を没収し、豪華本をつくり、イベントを企画した。(75) 隔週誌「ユダヤ問題通信」は、歴史家ヴィルヘルム・ツィーグラーの編集で、同好の士を惹きつけた。グラウ一派は、ユダヤ史をユダヤ悪党物語史に作り直したほか、ナチの反ユダヤ主義用にローマ帝国の皇帝からマルチン・ルター、ゲーテに至る血統図をつくりあげた。十数類に及ぶ豪華本が発行されたが、いずれもユダヤに対するキリスト教徒の自衛史として編集された。中産階級あるいはブルジョア文化の世界では、本が社会の文化水準の重要な目安であり、豪華本が非党員の出版社から出されると、説得力があるのである。

このジャンルの典型的出版が、テオドル・プーゲルの言葉とイメージの反ユダヤ主義『ユダヤ問題の世界論争集・一九三六年』である。縦一八インチ横一二インチの大版で三二四頁、光沢紙を使ったハードカバー、口絵はエルサレムの神殿破壊（紀元七一年、ローマ軍による）を祝福する内容。ティトゥスの凱旋門の写真は、「ユダヤ国家撃滅、石に刻む勝利の歌」というキャンプション付きである（凱旋門は紀元八一年建造、ローマの将軍フラビウスの対ユダヤ戦争の勝利を祝う記念門）。著書のプーゲルは、資料の出典を明らかにしつつ、シェークスピア、ゲーテなど正統的大御所の言葉を引用し、ヨーロッパ、南北アメリカ、アフリカ、東欧におけるユダヤ支配と、それに対する抵抗の歴史を綴った。著者は低俗な反ユダヤ主義者を粗雑として批判し、「教養ある文化人は、野蛮で文明とはあいいれない戦術」で「ユダヤ問題」に答えることはないとしながら、世界を汚染する疫病神のユダヤ社会とは、冷徹な科学をもって戦わなければならない、と主張する。さらに、ユダヤ人がだましたり欺いたりする真実があるからといって、崇高なるアーリア人がその真似をもって対抗する必要はないとし、「我われはユダヤ人の市民権を剥奪したくはない」としながらも、ユダヤ人からの明確な分離だけが、ドイツ人の透明、清浄なる良心の保持を可能にするので、「ユダヤ人には一時滞在者としての特殊な権利だけを認める」と主張した(76)。

反ユダヤの学問的成果が報道に

反ユダヤの学問的成果は、すぐに教科書、大衆向けハンドブック、報道機関にとり入れられた。例えば、ユダヤ人の性格を故意に歪めて描いたのが、ドキュメンタリー映画「デァ・エヴィゲ・ユーデ」（永遠に呪われたユダヤ人）である。ジャーナリストのハンス・ディボウが筆をとった写真集では、「ユダヤ鼻の起源」、砂漠の遊牧ユダヤ人と都市ゲットー在住ユダヤ人との類似性、といった記事が掲載されている。ちなみにこの写真集は、全国展開の写真展のもとになり、一九三七年末から三八年初めにかけた冬期写真展で、五〇万を越える国民が見ている。序文には、「己を憎む」ユダヤ人詩人が一九一三年に書いたと称する詩が掲載され、その後のページには、ドイツ人が過去何十年とユダヤ人を受入れようと誠心誠意努力してきた、とする記事をのせたうえで、「しかし、ユダヤ人たちは執拗であった。彼らはドイツ人になる機会をすべて拒否した……国家は生物学上の妥協を許した……ユダヤ人は同化されなかった」とし、「ドイツ人は善意をもって

1941年制作の映画「デァ・エヴィゲ・ユーデ」の宣伝ポスター。ハンス・ディーボウの写真集と展示物をベースにした「世界のユダヤの実態を捉えたドキュメンタリー映画」、というふれこみである。ヘブライ語を真似た字体にダビデの星を配し、フォルクを狙うユダヤの不気味な顔がのぞく。

ユダヤ人を丁重に扱うとしたが、無駄な試みであった。我慢にも限界がある」と述べ、「このユダヤ的バーバリズムの姿、形は警告であり、我われはこれ以上の策動を拒否する」と結んだ。

　写真には、パレスチナで高級車を乗りまわすユダヤ人、ゲットーのユダヤ人、トルコ風呂屋の隣の玄関口に座るニューヨークのユダヤ人、が含まれる。「容貌—心の鏡」と題する個所では、著名ユダヤ人のポートレート写真がのっている。そのひとりはアメリカの黒人歌手ジョセフィン・ベーカー一団のひとりで、「大なるユダヤ憎悪」と説明がついている。見出しは「ドイツはユダヤ問題を法的に解決した最初の国」である。あるポーランド人ジャーナリストは、「集積された事実を前にした群衆は、黙りこくっていた。奇妙なほど静かで、事態の深刻さをかみしめている様子の人もいた」と報じた[77]。国民が「ユダヤ問題」の存在を、既成の事実と認め始めた頃、現実のユダヤ人は公民としての死をとげつつあった。

　一九三八年、二つの大きな事件が発生した。パターン化した政府黙認の陰険な強奪、追放事件である。第一はオーストリアで発生した。同年三月ドイツ軍がオーストリアに進駐した時、ユダヤ人社会に潰滅的打撃を与えた。第二が同年一一月九日に始まるポグロムで、ナチスは「水晶の夜事件」（クリスタルナハト）と呼んだ。パリのドイツ大使館でひとりのユダヤ人青年が書記官を射殺したのが、一一月七日。ゲッベルスがミュンヘンに集まった党幹部を前に演説したのが、ビアホール一揆記念日の一一月八日。このゲッベルス演説が、全土の突撃隊をたきつけた。隊員たちはシナゴーグを破壊し、店舗を襲撃して略奪し、ユダヤ人市民を襲った。一般世論は無法の残虐行為と施設破壊には圧倒的に反対であった。ナチ指導者たちが手綱を引き締めたので最悪の暴力には発展しなかったが、ここで登場したのが、反ユダヤ学者である。事件がおきても仕方はないとするユダヤの悪の証拠を、事例証明の形で提供した。

ライヒ・新ドイツ歴史研究所は、ベルリン大学のメインホールを使って、「ユダヤ教とユダヤ問題」と題して、一般公開の連続講演会を開催した。ヴァルター・フランクは、フランスのドレフュス事件に関する連続ラジオ講座を組み、強大な国際ユダヤの力でドレフュスが恩赦になった、と主張した(78)。反ユダヤ警句が地方紙に配信され、さらにナチ通信社は次の見出しをつけて、新しい情報を報道せよと、編集者たちに指示した。それは、「ドイツフォルクに告ぐ。ユダヤ人が君たちをどこでどう傷つけてきたか、今ここに明らかにされる」というタイトルで、一一月ポグロムに対するドイツ国民の怒りを鎮めるため、新聞はユダヤ人を「典型的」な闇商人で、暗殺者、分離主義者、「経済ボイコットの計画者」であり、道義の敵であるとする記事を、新聞に次々と掲載させた。ナチの報道機関がつけたヘッドラインのひとつに、「善意でできなかったことは、厳しい手段で達成しなければならぬ、ユダヤ人と非ユダヤ人の明確な分離が必要」というのがある。意図が奈辺にあるか、ポイントをついた見出しである(79)。

歴史家たちは、人種政治局の地方組織に励まされて、市町村役場と教会の倉庫をまわり、ゴミあさりをした。反ユダヤ布告、ユダヤの不正行為の証拠集めである。なかでも熱心な人物のひとりが、ドイツ北部の支部にいるハンス・マウエルスベルク博士で、従来の反ユダヤ規制では「ユダヤ人根絶がうまくいかない」と主張した。[80] ジャーナリストたちも大騒ぎした口である。「人間猿」、「農民はかつてユダヤに縛られていた」、「酒色におぼれるユダヤあまっちょ（ヴァイバー）」、「ゲットーを出て世界に突入」といった見出しで、記事を競いあった。

五番目の反ユダヤ研究所は、一九三九年に設立された。党や国の支援をあまりうけず、プロテスタント教会関係者がスポンサーになった。「ドイツ宗教界のユダヤ影響力調査および根絶研究所」という名称である。組織化されたキリスト教に対して、ヒトラーとヒムラーが軽蔑していたのを考えれば、反ユダヤ神学者たちが彼らの努力にもかかわらず、比較的小さな認知しかうけていなかったのは、少しも不思議ではない。[81] 体制側は、プロテスタント神学者の協力を鼻であしらっていたが、神学者たちはキリスト教徒フォルクから「ユダヤ精神」を駆除する学術事業を推進することで、自分たちの有用性を体制側に誇示する機会とした。その主要プロジェクトのひとつが、イエスはアルメニア人とする学説の展開である。つまり、ユダヤ人ではなくアルメニア人の両親から生まれたとする。そして、「ユダヤ人パウロ」がキリストの教えをいかに歪曲したか、という研究も行われた。[82] 神学教授で同プロジェクトの推進者ヴァルター・グルントマンは、「ドイツ魂の探究と防衛によって、研究所はドイツフォルクに奉仕する」と述べている。[83] 研究所は、『神学と教会の任務としての宗教生活の非ユダヤ化』と題する分厚い本を出版した。エルンスト・クリークの後押しで、国から多少の助成金をもらって、発行したのである。[84]

一九四〇年三月、同研究所の第二回会議で（ルターが聖書を翻訳したヴァルトブルク城で開催された）、参加者たちはこぞって自分の信仰の「非ユダヤ化」をやった。[85] いろいろな課題のなかで、一九世紀の小説家「ヴィルヘルム・ラーベのユダヤ人とキリスト教徒観」と銘うった「イエスとユダヤ人」、「人種宗教史における方法論と本質」、「理想主義とキリスト教、そしてユダヤ性」の討論にゲルハルト・キッテルが参加しているのは、彼の立場からみて少しも不思議ではない。特別研究班は、イエス・キリストのペルソナ、初期キリスト教、パレスチナ、カトリック教に対するユダヤの影響（血・人種・精神・宗教に分けられた）、チュートン族キリスト教信仰史、古文書探し、精神的導きとカルト、「フォルクの宿命的闘争にかかわる諸問題」などを扱った[86]。一九四二年の第三回会議では四〇〇頁の報告書がだされたのが、関係者の記憶に残る程度である[87]。このプロテスタント研究所は、学問上からいわゆるユダヤの有毒精神の駆除を正当化し、それが、ユダヤ人の友人、隣人、同僚の窮状でかき乱されたキリスト教徒の良心に、鎮静剤の役割を果たした。

ジェノサイドのお膳立てをした学者たち

反ユダヤ学者は、国家の指導者たちがユダヤ人の大量虐殺を熟慮する数年前から、人間として相手をみる倫理的考慮の範囲からユダヤ人を集団的に追放することで、ジェノサイドのお膳立てをしたのである。優生学とか民族高揚の仕掛けといった七面倒臭いことはなしで、この悪意にみちた学者の一団は、生来的ユダヤの性格追求に真正面から取組んだ。軍事戦略家は、東ヨーロッパに新しい生存空間（レーベンスラウム）の獲得を準備し、その一方で公的に活動する知識人は、間もなくドイツ領となる土地に住むユダヤ人、スラブ人、ジプシーの蔑視を煽った。彼らの解釈は歪んでおり、彼らの前提はバイアスがかかっていた。彼らは、犠牲者の持つ原典から資料剽窃をやり、略奪した図書や写本で図書館をつくった。彼らの書く散文は、理解不能なほど愚かであった。しかしこの諸々の作品は、方法論の討議があり、引用、脚注や文献が一杯つけられて、学術論文の体裁をととのえていた。彼らの研究成果は、教科書や一般紙の記事に取り込まれた[88]。研究者は国際会議にも出席した。この学者たちは、それぞれの専攻分野ではたいてい少数派であったが、党と国家から注目されて、その著作は広く流布され、さまざまな分野を網羅したこともあって、大学機構の代表のようにうけとめられた。

この「学問」が生産した論文、単行本、新聞や雑誌記事の表題をみると、真面目な作業が行われていたとは、とても考えられない。しかし、亡命学者のマックス・ヴァインライヒは、ナチ式学問を単なる似非《えせ》学問として扱ってはならない、と述べている。一九四六年に書いたのであるが、「ナチの友人や保護者のひきで〝学者〟になったとるに足りない人物とか、そのような人がものした下卑た作品と一蹴してはいけない」とし、「彼らは……ほとんどが研究歴を持ち伝統ある大学の教授であり、学会のメンバーであった。なかには世界的な学者もいたし、権威者として専門分野で名の通った人、国外で招請講師として活動する人もいた。戦前、国際学会では連合国側の学者と親しく意見をかわす人々であった」と発言している。(89)

ナチの学問が真剣にうけとめられたことは、外国のメディアが彼らの言動を無批判に報道していた事実で証明される。例えば一九三五年にニューヨーク・タイムズに掲載された、ドイツの人種研究関連記事は、ドイツの主張を横断的に紹介している。例えば、人種的純血を求めるゲルッケの主張、ニュルンベルク人種法を「純ドイツ」的として称えるシュミットの発言、ヒトラー支配がドイツを中世的低迷から救いだしたと唱えるニーチェ研究者アルフレート・ボイムラーのテーゼ、非アーリア人種子弟の隔離を正当化するヴァルター・グロスの主張、突撃隊員が哲学に深い関心をもつという突撃隊（SA）参謀長ヴィクトル・ルッツの見解、世界人口会議におけるオイゲン・フィッシャーのヒトラー礼讃、(90)「ユダヤ人迫害はユダヤ人のせい」と唱える著名歴史家ヘルマン・オンケン夫人の発言が、報道されている。反ユダヤ的研究のスポークスマンとして名を馳せるようになった熱血学徒は、非常に目立つ形でアカデミックなサブカルチャーをつくりだし、それによって、ナチズムをたかめ、冷たいポグロムを裏書きした。(91)ドイツ物理学の凋落は目をおおう状態にあった。その一方で反ユダヤ的研究は、優生学者と形質人類学者の使ったパラダイムとは、一味違っていて繁盛した。一九三〇年代中頃、ドイツの影響力が増大するにつれ、キッテル、ハイデガー、シュミット、政治学者ハンス・フライヤー、地理学者カール・ハウスホッファー、歴史家ハンス・ナウマンそしてヴァルター・グロスといったナチ御用学者がイタリア、オーストリアで講演した。第二次大戦時、ナチ占領政府が支配するようになった地域、特にワルシャワ、クラクフ、プラーハ、ウィーンそしてパリでは、分家役の反ユダヤの研究機関が、次々に出現して、仕事をした。

一九世紀末、人類学者は、絶滅寸前の部族について膨大な資料を集めた。ナチの御用学者も、全く同様の方法で、自分の政府がこれから抹殺しようとする人種上の「敵」の文化を調べた。調査対象の人間を写真にとり、蒐集物として聖典類の巻物を盗み、頭骨を測定し、人口データーバンクをつくりあげ、あるいは風俗習慣を調べあげた(92)。ドイツ軍が東ヨーロッパを占領する前に、五つのナチシンクタンクが、「劣等人種」についで調べあげ、論文を発表し、写真や絵入りの豪華な通俗書を大量に発行し、プレスリリースをだし映画をつくり、会議や展示会を催して、国民に苛烈な扱いをしてもやむをえないという心の準備をさせたのである。「ユダヤの脅威」を声を大にして力説する専門家たちは、ナチの暴力が悪魔的ユダヤ人による脅威、危険に対応するとの印象づくりに、一役も二役もかった。一九三九年以降、実際にシンティ（ジプシーの一族、ナチは純血度の高いジプシーと考えた）、ロマ（ジプシー）そしてユダヤ人が殺され始めたのであるから、「絶滅人種」に関する学問は、ここに赫々たる成果をあげたわけである。

研究所所長の創設声明は、いずれも、ゴミのない透明な世界をつくるという公約に共鳴していた。そして大半の独学者と同様に、ヒトラー、ヒムラーその他のナチ幹部は、自分たちの壮大な人種統合体思想が明白な事実によって支えられている、と信じた。エスノクラートたちは、人種法の適用にあたって、客観的資料によって適用上の困難が解決される、と期待した。一九三〇年代中頃まで、彼らは人種の相違を明示する生理学的根拠を信じて疑わなかった。しかし、ユダヤ性の生物学的特徴が究明できなかったため、その後は「ユダヤ的精神」の究明が、新しく脚光を浴びるようになった。道徳退廃の脅威としてユダヤ人を位置づけ、ナチの迫害を正当化するのである。しかし、悪のユダヤ精神が何なのか、一九三九年になってもはっきり分からなかった。ユダヤ人を先祖にもつ人々のなかに、身体上、精神上のユダヤ的痕跡を見つけることができず、困惑した学者たちはこの識別不能をユダヤ人のせいにした。つまり、ユダヤ人は表と裏を使いわけるので、なかなか分からないというのである。学者たちはこれをミミクリ（擬態、保護色）と名づけた。彼らは、目に見えるユダヤ人の特徴を「表面的で皮相」と一蹴し、実はユダヤの本質は「もっと深い」ところにあり、それはユダヤの放浪伝統に由来するものとした。反ユダヤ学者は、人口の〇・〇三％足らずでしかないミシュリングについて、アナーキー的な考えにとりつかれた。「ゲルマンフォルク」、「アーリア人」、「ドイツの血統」、「ゲルマン的出自」といった基本的概念は数ヶ月ごとに変わった。[93]「北欧系」人種（ノルト）、「非北欧系」人種あるいは「非アーリア系保護民」、「アーリア系保護民」といった用語をベースとした分類学のおかげで、弁護士や公務員は果てしない書類作りに追われた。[94]ヒトラー自身は、この分類方式が国の金で運営されている当の研究機関によって否定された後も、アーリア人や非アーリア人について話を続けた。

反ユダヤ的学問の急成長

言語上のアナーキーは、しっかりした分類を定着させようとする専門家の探求を乱した。「民族をこわす結婚」と「関連血統民族の住民」をいかに定義するかによって生じる疑問は、はっきりさせずに脇において、テクノクラート的響きのある術語が科学ふうの光沢をつけた。研究者と官僚は、「行政上の選りわけと等級」を考え、個々人の「ユダヤの血と割合」を確認し、「ユダヤ的材質」を評定した。[95]時々、ヒトラーの支配を認めるものの人種ピルはのまない学者が、御用学者の研究に欠陥があることに気づいたようである。なぜ彼らはナチズムを擁護し続けたのであろうか。ローマでかわしたハイデガーと前学生カール・レーヴィットの会話が、咎の一部を含んでいると思われる。ハイデガーは、自分の専門分野でみればナチの思想はまことに貧相である、と認めた。しかしただちに、自分が知らないほかの学問分野では目覚ましい成果をあげている、と誉め称えるのであった。さらにハイデガーは、自分のような著名哲学者がもっとたくさん新国家を支持するなら、学術の水準も高くなるはず、とつけ加えた[96]。発展がないのは中傷する人たちのせい、非難すべきはその人たちである、とハイデガーは示唆したのである。

ハイデガーに代表される故意の無知のほか、もっと微妙な合理化もあり、これも人種科学の明白な失敗にかかわりがあると思われる。部外者には混乱とか躊躇のように思われたことは、人種見直しの一段階のようにみえた。一九三五年後半のことであるが、ナチ御用のある若手神学者が、新しい科学では議論の分かれることは珍しくない、と説明した。証明もないその荒っぽい学説が、普遍的人間中心主義の残骸を一掃し、新しい人種時代を迎える心の準備をさせるのである。いつかは人種パラダイムが成熟し、進化論の生物学者が、生まれつきの性質について遺伝的、人種的起源を探知する時がくると信じて、反ユダヤ学者は事前にこれをでっちあげた。その間、彼らは会議を開き、研究調査を支援し、方法論を組みたてた。

一九三〇年代、ぐらついて安定しない彼らの概念世界は、混乱輻湊した行政機構をもつ集団のなかで展開し、反ユダヤ的学問は、その目的が内包する認識論上の脆弱性にもかかわらず、急成長をとげた。ナチの御用学界メンバーは、人種ドグマを否定したりヒトラーの権威にたてつくことがない限り、比較的自由にものが言えた。グーラーグ（政治犯収容所）や強制収容所へ送られる恐れは、なかった[97]。稀な身内の粛清事件では（例えば、SS参謀長レームの粛清、フリッチュとブロムベルク両将軍の追放）、イデオロギー上の異端ではなくセックス問題が、口実に使われた。一九三五年、確信犯的反ユダヤ学者アヒム・ゲルッケが、引き立てを失った時、内務省追放の理由は、学問上の逸脱ではなく同性愛にあるとされた(98)。ナチ国家内におけるシュミットおよびハイデガーの野心は、党古参の敵意によって妨害された。しかし二人とも別に有害な副作用に苦しむことなく、それぞれの分野で活動を続けた(99)。果断なる統率力、冷徹なる鉄の意志、行政機関の一本化といった声高なふれこみの背後で、きめの荒っぽい人種的世界観が、混乱と矛盾を多量に吸収していた。反ユダヤ主義的知識人のあいまいな精神状態は、エスノクラートが直面した概念上のアナーキーとよくマッチしている。例外変則がいろいろあるため、それが真偽入りまじった噂の発生元になった。曰く、タブロイド紙のデァ・シュテュルマー某記者はユダヤ人、あるいは女性フェンシングのチャンピオンであるミシュリングのハンニ・マイヤが、政府の招待を受入れてロサンゼルスから帰国、一九三六年のベルリン・オリンピックに出場、といった類いである。SSのアーネンエルベ（血統継承）プロジェクトの某研究員は、彼自身ユダヤ人の血を半分持っていた。ノーベル賞受賞者オットー・ワールブルクが、ユダヤ人を先祖にもつとしてカイザー・ヴィルヘルム研究所から追放された時、それに反対したのはオイゲン・フィッシャーであったが、その一方では自分の名をとってオイゲン・フィッシャー研究所と改称することは忘れなかった。レーゼナーの計算によると、何年かの間にヒトラーは、忠勤に対する褒賞として、ミシュリング数百人の人種的地位を「格上げ」にした(100)。ドイツ国民は、エアハルト・ミルヒ（ドイツ空軍航空戦備総監）やレオ・キリー（首相府事務方メンバー）といった「名誉アーリア人」あるいは「北欧化」人種について、ジョークを言った。

ナチ御用学者は、初期科学は基軸が定まらず、学問的パラダイムが動くので、自分たちのあいまいさはそれと同じ自然な成行きと解釈し、その解釈をもって、自分たちの研究のあいまいさ、エスノクラートの業務に障害となっている認識上の不協和音を合理化した。彼らは、事実の領域と称するものを構築したが、科学哲学者ルートヴィヒ・フレックにいわせれば、それはデンクゲビルデ（思惟の造形物）の世界である。複雑な世界は単純な分類法ではとらえきれないが、フレックはそれを目のあたりにして、あれかこれかのデンクゲビルデを熱烈に信じる者は、「感情的先験性」を最後のよりどころにしている、と考えた。反ユダヤ的研究者は、ユダヤ人の先天的腐敗性という固定観念をベースとして活動し、もてる能力を存分に発揮して学術の装いを凝らしたデンクゲビルデを構築、外部からの挑戦をはねかえす防音装置をとりつけた。そして彼らは、己の仮定を補強する枠の中に、経験上の発見を詰めこんだ。[101]

マックス・ヴァインライヒが言ったように、この一連のナチ御用教授たちは、「ナチズムに……どんな運動でも成功するために必要とするイデオロギー上の武器を授けた」のである。[102] さらに特定していえば、この教授たちは、一九三〇年代中頃から支配力をつけてきた「合理的」反ユダヤ主義に、「事実」を供給し、エスノクラートおよび警察力を導く道義の枠組をつくった。それを後ろ盾としてエスノクラートおよび警察は、ユダヤ人から資産を没収し、人間としての尊厳を奪い、やがて身の安全を脅かすようになる。戦場の殺戮と殺人工場における大量殺害が始まる数年前に、学問的言語による伝達行為によって、政府官僚とナチ党官僚は、経験的にまっとうな人種観と考えるものに慣らされていた。[103] クレンペラーは、「唾棄すべき反ユダヤ主義が再びもりあがってきた。ミュンヘンでは、ユダヤ研究学術会議で、ひとりの教授が、ユダヤの永劫不変なる特徴――憎悪・情念・順応・残虐性について講演」と、絶望感を日記に書き留める。[104]

国民の良心を痛まなくする

この数年という時代に、ＳＳ保安部と反体制側の調査組織は、ユダヤ系と非ユダヤ系国民の間に溝が深まっていく状況を報告している。ＳＯＰＡＤＥのある報告者は、「迫害が熱烈支持を国民の間につくりだしているわけではない、しかし一方……国民は過激な手段を嫌悪しているものの、人種プロパガンダは人の耳に残っている」と書いた。[105]「ユダヤ人をいじめ抜くのは「最も悪辣なナチスだけ」であるが、大半はユダヤ人との接触を避けた。そして、「ユダヤ人を肉体的に苦しめる必要はないが、市民生活への参加はやめさせるべきである」という考えが、次第に根づいていった。ナチの影響力が強い拠点では、ユダヤ人が勇を鼓してでも外出することは、まずなかった。そして非ナチスの一般市民は、ユダヤ人が暴行されているのにでくわしても、見て見ぬふりをした。あるユダヤ人女性は、「人々は家にとじこもっている。ダンツィヒで外に出るのはますます難しくなった」と書いた。[106] 一九三三年までは隣人や同僚の人種的出自を気にも留めていなかった人々が、ユダヤ人を異人とみなすようになった。ドイツのユダヤ人にとって、そのひとりが述べているように、「社会生活の道義的、知的、物質基盤は打ち砕かれてしまった」のである。[107] 別のユダヤ人は、「大半の人は、ユダヤ教の律法はナンセンスと考えている。ユダヤ人に対する同情は、律法肯定よりもずっと大きい」が、それでも「ユダヤ人が別の人種であるという考えが全体に受入れられている」と観察した。ザクセンからは、「反ユダヤ主義がフォルクの各層に広く深く根づいている」と報告書が寄せられている。[108] ドイツ国民の大半は、一九三〇年代末までに、迫害を暗黙裡に是認するようになった。即ち、自分の利害に直接からんでくるのでなければ、迫害しても構わないという態度である。[109] 反ユダヤ的研究がつくりだしたユダヤ人の性質は、一見したところ客観性を帯び、そのステレオタイプ的見方が、ユダヤ人に手荒く接する国民の良心を慰撫した。ユダヤ人の友人が挨拶しても、視線をそらして挨拶をかえさない、ユダヤ人所有の店で買物をしない。資産をアーリア化されて行きどころがない隣人に、一夜の宿も提供しない、あるいは村八分にされたユダヤ人生徒がいても、慰めの言葉をかけなくても、心が痛まないのである。

レーゼナーの回想録が示唆するように、人種主義の御用学者は、共犯ドイツ国民に、戦後の言い訳も用意してくれた。第三帝国時代の自分の言動、態度に対する無罪証明法である。上品でアカデミックな風味をつけた学界人種憎悪版が、ユリウス・シュトライヒャー（デア・シュテュルマー誌創刊者）のような党古参の偏執に代わるものを、ドイツ国民に与えた。ナチ・ドイツの社会生活に関する聴きとり調査や口述記録、回想録には、情報提供者および著者本人の態度が示されている。そこには、自分は反ユダヤ主義者ではなかったし、「東部」で起きていたことは全然知らないという言い訳がごまんとでている。自分は人種主義者ではなかったと否定しつつ、自分が反ユダヤ的行為とはみなさない「諸事実」を列挙する。ルーズベルト大統領はユダヤ人だった。ユダヤ人金融業者が農民の土地を抵当にとり、村が破産寸前になった。ユダヤ人の率いる共産主義テロリストが、一九三三年にドイツを崩壊寸前まで追いこんだ等といった話も事実として指摘するのである。

一九八〇年代後半のことであるが、著名歴史家フリッツ・フィッシャーの妻エルフリーデ・フィッシャーは、アリソン・オウィングに「私は個人的にユダヤ人を嫌ったことは一度もない」と言った。話題は現代の出来事に移り、フィッシャー夫人は「世界のユダヤと世界におけるユダヤ人の役割について、私の意見は戦争以来、全然違っていません。よくなったとはいえないわ」と言った。彼女は、クルト・ワルトハイムに対する世界のユダヤのやり方は汚い、厭だと顔をしかめた。クルト・ワルトハイムは、国連事務総長の後、一九八六年にオーストリアの大統領候補になった人物であるが（大統領任期一九八六―九二）、強制収容所への大量移送が実施されている時、バルカン半島で勤務していたという疑いがもたれた。それをごまかすために軍歴について嘘をついた人物である。フィッシャー夫人は、「ドイツ系キリスト教徒とドイツ系ユダヤ人は別々の人種であるのか」とたずねられると、「ヤー、我われがまったく違った人種であるのは、明々白々……人種については、はっきりした特徴がある」と答えた[110]。

一九六〇年代、遺伝学者ベンノ・ミューラー＝ヒルが、複数のナチ御用生物学者とその家族をインタビューした時、彼らは自分たちを反ユダヤとは全然思っていない、と強調した。優生学者オイゲン・フィッシャーの娘が代弁して言う。父親の同僚のひとりが反ユダヤ主義者だったのではないかときかれて、彼女は「もちろんそんなことは絶対ない。その人は私の父と同じです。その人は〝ユダヤ人は悪い〟と言ったことがありません。〝ユダヤ人は違った存在〟と言っただけです」と答え、それから笑みをうかべながら、「彼はユダヤ人の分離を支持したのよ。一九二七年に私たちがベルリンに来た時、一体どんなだったかお分かり？ 映画、演劇、文学、全部ユダヤ人がにぎっていたのよ。彼は分離に賛成だった。でも反ユダヤ主義者ではなかったわ」と言った[111]。もちろん、彼らの否定は疑わしい。しかし、彼らは反ユダヤと認識できなかった。彼らがあれほど率直に表明した意見は、反ユダヤ的研究の影響が永続していることを、明らかにしている。

あれほどたくさんの尊敬すべき人々が詐欺的学問を、経験的事実として受入れたのが災いして、ナチズム崩壊のずっと後まで、ユダヤ人に対する否定的意見に固執することになった。「反ユダヤ」という用語は、シュトライヒャーなどのいかがわしい感情的反ユダヤ主義に残しておいて、自分たちは偏見のない人間と考えたわけである。

この事後アリバイが、ポストナチの冷戦世界の転換を容易にした。第二次大戦後、彼らの良心は痛まなかった。中核層ナチのサブカルチャーに共通する荒々しい言語とすさまじい暴力行為には道義に悖《もと》ると声をあげるが、それと同時にホワイトカラー式迫害に対してとった沈黙は、忘れることができたからである。

クレンペラーの日記には、イメージとしての激しい敵意がみられるが、それはナチ御用学者が学問の誠実性を裏切ったことに、由来するのかも知れない。一九三六年八月一六日付の日記で、クレンペラーはひとつの幻想にふける。ポストナチのドイツで力を存分にふるうというのだ、「敗れた者どもの運命が私の手に握られた時、普通の住民は全員解放してやろう……しかし知識人だけは許せない。全員木からぶら下げてやる。教授連中はほかの者より三フィート高い位置だ。電柱からぶら下げ、衛生環境が許す限り放置する」と。[112]

IX 「隣人愛」という大罪――人種の戦士たち

数百、数千の死体がころがっている時、諸君の多くは、その意味するところを理解しなければならない。最後までそれに耐え抜き……慎み深くまともな人間でいなければならない。これは、今まで書かれたことのない、そして将来も書かれることのない我らが歴史の輝かしい一頁である。

ハインリヒ・ヒムラー

一九四三年一〇月四日、於ポズナニ（ポーランド）

男だけで固めた群れの価値

猛訓練は普通の人間を兵士に鍛えあげる。基本訓練で新兵は、殺しのテクニックを習得し、躊躇せず反射的に敵兵を殺し、良心の呵責も感じない神経を身につける。これと対照的に、無力の一般市民を殺すことは、戦士の名誉を汚す。欧米の歴史に明示された通りである。ハンターは兵士ではなく、おとりでおびき寄せ、逃げ場のないところへ追いこんで殺す。リンチをやる暴徒は兵士ではなく、抵抗力のない人を集団で襲い暴行する。民兵隊は兵士ではなく、身内が犠牲になったという犯罪行為への復讐として、女、子供、男の虐殺にとりかかる。東部戦線のドイツ人は、兵士ではなくハンター、リンチの暴徒あるいは民兵隊と同じやり方で、残虐行為をはたらいた。戦後期の戦争犯罪裁判以来、加害者が自分の犯罪行為を「血をみるスポーツかそれとも名誉の大義」と考えたのかどうかで、激しい論争がおきていた。[1] 集団圧力、権威に対する服従、犠牲者に対する侮蔑といろいろあるが、それがどう組合わさって彼らを犯行に走らせたのであろうか。[2]

歴史家のなかには、反ユダヤ主義をめぐる状況要因の重要性を強調し、戦時におけるドイツの残虐行為を、服従の犯罪、「権威を伴う階級構造のなかで実行され、社会政策の目的に奉仕する」悖徳《はいとく》行為、と分類する人がいる。[3] ユダヤ人を主対象とする虐殺を、ドイツ史にみられる反ユダヤ主義の毒性にみちた特異なゆがみ、とみる歴史学者もいる、その人々は、「排除派の反ユダヤ主義は、ハリケーンのごとき潜在、成長力を秘め、究極においてドイツの政治文化の心臓、ドイツ社会そのものに棲みついてしまった」と考える。[4] 戦場環境か昔からの憎悪のいずれかだけでは、ジェノサイドのコンセンサス形成のなかで生じた決定的段階をあいまいにしてしまう。一九三三年から一九三九年後半までのいわゆる平和時代、人種の戦士たちは、爾後の任務に備えて、精神鍛錬に入った。兵士たちが感情を排してあるいは燃えるような憎悪で仕事に着手したのかどうか。いずれにしても彼らは、ポーランドの地を踏むまでに、ナチイデオロギーの核心的要素を吸収していた。即ち、総統崇拝、フォルクに対する献身、征服は正義とする信念、そしてユダヤの脅威の存在である。[5] ドイツ軍部隊がポーランド、ついでソ連と東方へ向かって進撃した時、突撃隊とＳＳ隊員は、人種戦争の予備知識を与えるサブカルチャーに、すっかりひたりきっていた。彼らが新兵と行動を倶にする時は、彼らの統率手腕のおかげで、大いなる影響力を行使できた。

ＳＡ（突撃隊）またはＳＳ（親衛隊）に志願した男たちは、たぶんその前から、お祭り騒ぎや大衆行動、たいまつ行進等に参加して精神の昂揚感を味わっていたのである。[6] 彼らは、社会学者が群衆と呼んだ集団の一員になっていた。ノーベル賞作家、エリアス・カネッティは、群衆形成の研究で、異成分で構成される大きい集団が、人数的にはそれより多い個々人を吸収しとりこんでいく道筋、を観察した。彼は、これとは違う、小さいが凝集性の強いパック（群れ、猟犬の群れ）の形成も、観察している。それは群集から意識的に離れ、自己充足的でコンパクトにまとまった集団である。「群衆」（マッセ）という用語は、静止、慣性を意味するが、「パック」（モイテ）は、「運動」の含みがある。ラテン語のモビータが語源である。(7) 群衆は人数を増やして力をつけるが、群狼は、敵を殺すことによって立場を有利にし、それを強めていく。群衆は雑多だが、群れは「ますらお、戦士」で構成され、分離主義を追い求める。(8) 群衆への参加者は入れ替えがきくが、群れでは各成員は欠かせない。ＳＡかＳＳ隊員になる道を選ぶことは、単にフォルクと一体感を持つのではなく、カネッティのいうパック（群れ）と自己を同一視する、重要な第一歩であった。

カネッティがいう近代に入る前の文化では、群れは前からの血族や部族のきずなによって結びあっていた。この点に関して、前近代の群れとナチ民兵隊とのコントラストは、それほど大きくはない。ナチの准軍隊隊員は、さまざまな地域の出身者であり、宗教上もプロテスタント、カトリック、特定宗派に属さないクリスチャンと、多様であった。年齢的には二十代の初めから四十代後半までがいたし、学歴も職業訓練学校卒業生から博士号をもつ者まで、ばらばらである。隊の凝集性は、類似性からの自然な成り行きで生まれたのではない。むしろ部族的帰属意識が、洗練されたテクニックによってつくりだされた、といった方がよい。そのテクニックとは、プロイセンの厳格な軍の伝統と、人種戦争にかかわる明確なナチの概念を合体したものである。この准軍隊サブカルチャーの中で、男たちは「敵」を学び、「それ」を始末するいろいろな戦略の優劣を比較し、隊員同士の結束を固めた。彼らは、男っぽさの濃厚な環境下で、軍隊用語でいえば、地方人を再社会化し、心理用語でいう脱制止（抑制中断）されたのである。

ヒトラーは、政治アジテーターとして行動した若い頃から、政治活動のためには男だけで固めた群れの価値を認めていた。一九一九年に復員した後の数年間、政治戦略における男同士の仲間意識の中心的役割についていろいろ考えている。「歴史は、権力、体力そしてイデオロギーをもつ政党によってのみつくられる。国家社会主義運動の目標は、自分の信念、フォルクの未来に対する自分の意志をつらぬく男たちをひきつけることにある。そのため、我われは男の規律、共同体精神、犠牲心を必要とする」とはヒトラーの言である。[9]ナチが権力を握って数ヶ月たった頃、ニーチェ研究者でナチ知識人のエルンスト・ボイムラーは、道義の復興には全員男だけのナチ隊列のみが唯一の希望、と考えた。ボイムラーの見解によると、一二年におよぶ民主主義が、戦時中発揮された男の利他主義を崩してしまい、エゴイズム、物質主義そしてデガダンスといった女の悪徳を助長させたとし、男だけの戦闘隊のみが、怠惰の十余年をひっくり返せる。[10]彼は「男は自分の疑念や不安を克服する。自分を絶対善とみなすからではない。自分の居場所を知っているからである。男は共同体あるいは同盟がさし示す未来との位置関係をわきまえているのだ」と言った。男と女が混じり合う社会環境では（彼は、ギュスターヴ・フロベールの『感情教育』に描かれた社会をけなした）、人種上の誇りと男らしさはよろめく。なぜならば、放縦は理想主義を堕落させるからである。当時多くのファシスト知識人がやったように、ボイムラーもニーチェのツァラトウストラと「血統」をパラフレーズして、「男のきびしさ」を称揚した。[11]

SAとSSの有用だった競争

ナチの組織家は、ナチに投票する大衆をとりこんだ。しかし、党古参のいう「我らの自由を求める運動」にダイナミズムを付与したのは、この群れである。組織されていないばらばらの群衆とは対照的に、猟犬の群れ（カネッティの類型によれば）は、部外者に対して結束してガードを固め、自分たち同士で捕食の役割分胆をきめる。その「群れは果断で揺れがない」し、群衆を守ることを任務とする「行動の単位」である。[12] ナチの准軍隊では隊員たちが一緒に獲物を追い、殉死の戦友をうやまい、祝儀をわけ合った。彼らは冗談をとばしあい噂を交換し、運動に汗を流し、あるいは試合で競い合い、一緒にレジャーを楽しみ、個人的関係を築いた。厳かな儀式や式典と階級組織は、人種上の傲慢を涵養し、チームワークを要する任務は、仲間意識を強めるのに役立った。名誉、勇気、忠誠を称えるサブカルチャーにあって、准軍隊組織のナチ隊員は、正規軍（ヴェールマハト、ドイツ国防軍）の兵隊とは段違いというエリート意識をつくりあげた。

一九三〇年代中頃に変遷あるいは成長をとげた二つの群れ、即ち褐色のシャツを着たSAと黒シャツのSSは、ユダヤ人憎悪の点で共通してはいたものの、ライバル関係にあった。この競合関係によって、双方はそれぞれの帰属意識を研ぎ澄まし、さらに将来の任務について先鋭化した考えを抱くようになった。この二つの群れは、それぞれ独自の文化を持ち、いわゆるユダヤ問題をドイツから駆逐する方法に関して、意見が違った。SAは、略奪、放火、心理的いやがらせ、暴行によってその鬱憤を晴らし、計算ずくのSSと大きな違いを見せた。SSは組織的にユダヤ人の市民権を破壊し、ユダヤ人団体に関する情報を集め、世論の動向をモニターし、法律をつくってユダヤ人資産を合法的に奪った。世論などクソくらえというSAの態度に対し、SSは社会的信用を得ようと腐心した。SAの幹部たちは、暴行、破壊を求める強い欲望にこたえ、ユダヤ人襲撃を許した。それに対してSSの幹部たちは、別のアプローチをとり、体内に潜む危険、脅威から守るためフォルクを浄化するという教育にまず着手した。[13]

二つの准軍隊があるため、指揮統制は二種類となった。この構造は非能率に思われたが、しかし教練の教官なら、ずいぶん昔から競争がよい成果をあげることを知っている。アメリカでいえばウェストポイント（陸軍士官学校）とアナポリス（海軍士官学校）のように、ナチの二組織は互いに張りあった。一九三四年六

墓地を背景として戦死した兵士の霊が「君の精神が私の名誉を回復する」と、新しい世代に語りかける構図。突撃隊員がベルサイユ条約に復讐を誓っている。

月のレーム粛清後、ナチ準軍事組織間にライバル関係が存在することは、二つのことを同時にやるうえで有用であることが判明した。即ち、犠牲者の方向感覚を狂わせ、世論には迫害エスカレートの心の準備させたのである。表面的な鎮静の後、暴力が三つのサイクルを描いたが、二つの戦術を縦列式に実行する場合の有効性を物語る。一回目のサイクルは一九三三年の初めで、SAがユダヤ人を襲撃し、ユダヤ人所有の施設や建物を破壊しあるいはその外観を傷つけ、ユダヤ人を公衆の面前で侮辱した。この蛮行の後、自治体および職域の面で、一連のユダヤ人制限が課せられた。暴力と制限という二つの悪のうち軽い方をというわけである。二回目は一九三五年夏の暴力騒ぎで、この後、傍観者の多くは無法状態が収まったので安堵の胸をなでおろし、ニュルンベルク人種法が、何とかしのげる官僚的秩序の枠組を与え得る、と予期した。三回目は、一九三八年三月のオーストリア併合（アンシュルス）に付随しておきた数々の蛮行と一一月九―一〇日の水晶の夜事件のポグロムで、ユダヤ人の絶望感を深めたが、その後の取締まりで暴力が減少傾向を見たので、印象上は、公共の安寧秩序を守る政策が該当省庁機関によって実行されているように見えた。ドイツ国民は、法治に慣れ親しんできたので、ユダヤ人、非ユダヤ人のいかんを問わず、法に則った秩序ある迫害が、散発的な蛮行よりもっと致命的であることを、認識しえなかった。

ＳＳとＳＡのライバル関係は、ナチのユダヤ人政策のエスカレートでも競い合いの働きをした。いわゆる人種脅威に対する独自の「解決」法が、それぞれの存在意識と結びついた。即ち、二つの准軍隊は独自の対策をもつことによって、隊の存在意義を誇示した。(14) 例えば、金切り声をあげる路上ギャングの低俗な反ユダヤ主義と比べると、ＳＳ隊員あるいはアウシュビッツの医者は冷静であり、自己を抑制のきいた人間と考えた。一方、ユダヤ人実業家をぶちのめすＳＡ隊員は、やっていることを勇気ある行動と考え、ＳＳの人種探知家がやっているペーパーワークを、つまらぬ反ユダヤごっことみなした。ＳＡとＳＳの隊員用に編集された訓練教材と通俗新聞をみると、ナチの人種イデオロギーの楯のもとで進行した対照的な意識の形成が分かる。「感情的」ＳＡ向け、そして「理性的」ＳＳ向けの定期刊行物には、人種政治に対するアプローチが示されているが、双方には際立った違いが生じている。デア・シュテュルマー（突撃隊）は、ＳＡの公刊ではないが、一九二三年以来ユリウス・シュトライヒャーが発行しているもので、ナチ党古参の荒削りで拙速主義のエトスを表明した。一方、ハインリヒ・ヒムラーのＳＳは、一九三五年三月創刊で、ダス・シュヴァルツェ・コール（黒い軍団）を発行し、テクノクラートエリートの意気込みを体現した。この定期刊行物は二つとも一般大衆向けに市販されたので、一般読者のみならず群衆の中の賛美者も、二つの群れの立場を評価できた。

編集者、執筆者は、二つの雑誌のいずれでも元気のよいエッセーや生々しい絵や分かりやすいグラフで、多数の読者を獲得した。ライバル誌を読む者もいた。ＳＳ隊員は、ユリウス・シュトライヒャー編集のデア・シュテュルマーに掲載された下卑たジョークを嘲笑し、SA隊員は、ダス・シュヴァルツェ・コールにのった小難しい理論が理解できることに、誇りを抱く。ナチイデオロギーの傘の下で、目的は同じだが方法の違うメンタリティが、一種の多様性を提供した。二誌はそれぞれ独自の人種脅威概念と、人類の理想をつくっていった。抵抗力のない住民に対する犯罪の正当化には、それぞれがもっともらしさをもち、言い抜け、盗み、脅迫、腐敗の歯止めはなかった。つまり、彼等は正義の道を行くという感覚であり、ユダヤ人を始めターゲットにした集団に対する「闘争」にあっては、どのような背徳行為でも名誉あることと合理化された。かくして、通常の環境における犯罪は、価値ある目的を追求するなかで生じた付帯的事件として、わきへ置かれた。

世論に気をつかうSS

准軍隊の二つの群れは、一九三四年年六月にレーム一派を殺したヒムラーのSSが、結束を固め、名誉を汚されたSAと縁を切った。士気阻喪して半分以上のSA隊員がやめたが、残った者は儀式を担当し、実力のあるナチ官僚とのコネを築き、あるいは、ヒトラー・ユーゲント、労働戦線、労働奉仕団といったナチ関連組織メンバーのインストラクターになった[15]。レーム粛清の後、SAの実際上の影響力は下降したが、外観上のイメージはまだ高かった。一九二〇年代中頃、この集団はヒトラー警護のエリートグループで、エルンスト・ボイムラーの言葉を借りれば、優越せる「男のちぎり」にふさわしい、身に備わった徳を高く捧持する存在で、その誓約もしているはずであった。ヒムラーは厳格な選抜基準に固執した。身長、体重、体力はもちろん、ヒムラー自身が体型、顔だちなど候補者の「人種的適格性」を判定した[16]。SAには最初から同性愛の噂が絶えなかった。それとは対照的にヒムラーは異性愛を強くすすめ（夫婦間だが、結婚の枠外での行為をしだいにすすめるようになった)、父性の役割を強調した。突撃隊のいきあたりばったり的洗脳と違って、ヒムラーは総合的な人種保護計画の実行を前提として、隊員にその心構えをさせた。実行には勉学規律そして霊的帰依が隊員に求められるのである。(17) 一九三五年時点で数千人であった隊員数は、ヒムラーが秘密警察(ゲシュタポ)、刑事警察(クリポ)、強制収容所警備隊(トーテンコプフフェルベンデ、通称髑髏隊)、そして小規模の婦人警察隊を支配するにつれ、急激に増えていった。第二次大戦勃発直前で、ヒムラーは二四万人の隊員を指揮下においていた。(18)

SAとSSの気風の違いが一番はっきりするのは、世論に対する態度である。SA隊員は、プチブルのためらいなるものを嘲笑し、公然とそれを無視した。一方、SSは、ナチという内輪の世界の外に目をむけ、信用を得ようとした。例えば一九三三年初めSAは、自発的に強制収容所をつくった。指示命令がなければ監督もうけないで、つくる場合が多かった。勝手気ままに暴力をふるい、その横暴が嫌がられたが、警備隊は一向に頓着せず、無抵抗の囚人を苦しめ、時には殺した。犠牲者は、設備も何もない応急の仮設収容

「フォルクは、その血に流れる人種の価値因子を後世に伝える」。フォルクに対する父親としての責務をはたすSS隊員。雑誌「ノイエス・フォルク」のカレンダー掲載写真。

所にぶちこまれ、拷問され栄養失調と病気で、ぼろぼろになった。一九三五年から三六年にかけて、ヒムラーが収容所を掌握した後、被収容者の大半は更生したと宣言され、投獄された者の数は、一九三三年の約九万人が一九三〇年代中頃には一万以下となった。残った収容所では、悪名高い髑髏隊の監督下で厳しい規則がしかれ、一見したところ秩序が確立されたようにみえた。これは環境、状態が改善されたということではない。気まぐれな暴力が、組織的な迫害に代わったのである。

ヒムラーが広報に気をつかっていたのは、新隊員に対する演説で、はっきり分かる。彼は、「誰かが逮捕されたなら、フォルクは正当な理由があったことを、理解しなければならない……ゲシュタポの隊員は人間らしき温かさ、人間の心をもち、絶対的な正義をつらぬく人物である。トップから一番下の職員まで忘れてはならないが、我われはフォルクのために存在するのであり、フォルクが我われのために存在するのではないということである」と述べ、「丁重で愛想よく」あらねばならぬと強調したうえで、「どうか、独裁者ではなく世話する人になるよう心掛けてもらいたい」と結んだ。[19] SSは、フィードバックのある報道の自由を欠くため、それを補う方法を開発した。一般の空気、国民の気持をさぐる秘密の調査である。一九三四年、SSの保安機関は「信用のおける」情報員数千名から、定期的に世論分析報告を受け始めた。一九三〇年代末に情報員の数は三万人を越えるようになる。これとは対照的にシュトライヒャーは、ユダヤの犯罪、ユダヤ人規制を無視する「ユダヤの奴隷」に対して、罵詈《ばり》雑言を浴びせ、煽りたてるばかりであった。

デァ・シュテュルマーは、粗野なスタイルを集約したもので、ヒトラーは教育水準の高いドイツ国民と列強の支持を得たかったので、それとは距離をおいた。党古参の暴力願望が全面的に抑制されたわけではないが、レーム粛清と一九三五年後半における暴力件数の減少は、制御しようと思えば制御できることを物語る。ナチ支配を称賛したドイツ国民は、特にナチの教養を熱烈支持する者ではなくても、ナチ党は評判の悪い草創期から脱皮して成長した、と考えた。それでもデア・シュテュルマーの発行部数は、一九三三年時点で二万五〇〇〇部ほどで低迷していたが、一九三〇年代後半に至って七〇万部を越えるようになった。ナチ労働戦線（DAF）は、メンバーにデァ・シュテュルマーの購読をすすめ、SS髑髏隊の隊長は、新入りにこの雑誌を読めと言った。[20] 購読者は回し読みを勧められ、発行部数の約一五%は、無料で配布された。地区支部のSA隊は、バス停、キオスク、市場などに大きな掲示板をつくり、いやがおうでも通行人の目につくように掲示した。この掲示板や野外ディスプレーは、つくった時は鳴物入りでテープカットの儀式がおこなわれ、大きさや飾りを競うコンテストもあったので、掲示板はますます大きく派手になった。一九三〇年代には九回特別号がだされ、それぞれ二〇〇万部ほども売上げがあった。テーマは、「ユダヤの儀式殺人」、「マグデブルクの人種反逆者アルベルト・ヒルシュラント」といった類いである。

「彼女のものはすべて失われた。彼女はユダヤ人に滅ぼされた」。デカダンス的雰囲気を漂わせたフィリペのカリカチュア。力ない声で泣き叫ぶ子供を無視して煙草をふかす気落ちした母親。床には、彼女をだましたあげく、棄ててしまったユダヤ人の写真。

ユダヤ人大量殺害の背景をつくった週刊誌

デァ・シュテュルマーは、ある読者が指摘したように、「愛されもするし憎まれもする戦闘的タブロイド誌」になった[21]。シュトライヒャーは、一九四六年のニュルンベルク戦争犯罪裁判における起訴状の言葉を借りれば、「組織的ユダヤ人迫害ナンバーワン」の評価を手にしたしだいである[22]。特に一九三三年から一九三八年いっぱいまで、ヒトラーと宣伝省が人前では「ユダヤ問題」を強く前面に押しださなかった頃、シュトライヒャーの猛烈な激情が、狂信者の人種憎悪を盛んに煽りたてた。ユダヤ人の苦しみに「偽りの同情心」を抱く者も恰好の餌食になり、下品なカリカチュアや非難攻撃の材料にされ、この週刊タブロイドの誌面をかざった[23]。「絶滅」（アウスロットゥング）、「一掃」（ゾイベルング）、「抹殺」（フェルニヒトゥング）といった用語が第二次大戦の始まるずっと前から、中核層の反ユダヤ主義者の心にストックされ、これが、ユダヤ人の大量殺害が現実になりうる背景をつくった。シュトライヒャーは、編集を始めた頃からスキャンダル物を中心する低予算方式に徹し、ユダヤ人、セックス、金にまつわる目撃話を中心とする誌面づくりで、デァ・シュテュルマーを有名にした。一九二〇年代では常勤の記者はエルンスト・ヒーマーひとりで、ユダヤ人を被告人とする裁判を傍聴して、人に嫌悪感を抱かせる現場リポートを書きまくった。シュトライヒャーは予算不足で、常勤記者を増やせず、その代わりに「投書箱」を設け、読者からの「ユダヤの不法行為」目撃談を掲載した。投書形式もインフォーマルなドゥ（君）で始まり、シュテュルマー君へといった気軽な語り口であった。シュトライヒャーは、一九三〇年代中頃、一日数百通の投書があった、と主張している[24]。内容がほんとうか嘘かは別にして、この投書が、罵倒用語や犯罪カテゴリーを——ゲシュタポ宛の告発投書用メニューにうってつけであるが——読者に提供し、ユダヤ非難を一種の狂乱までたかめるうえで、一役かった。この異様な非難騒ぎは、第一次大戦中の状況に類似する。戦時中、ごく普通の市民たちが、残虐事件の報道をしごく真面目に信じこんだ。しかし一九二〇年代になって、その報道が政府自身による捏造と知って、国民は大いに幻滅したのである。ナチ政府が残虐報道をしたのであれば、国民もまたかという気持を抱いたであろうが、デァ・シュテュルマーに寄せられるのは、いわば草の根レベルからであり、荒削りの文章でいかにも本物らしく見えるのであった。この週刊誌は低学歴層をターゲットに、口語体のやさしい文体で編集された。発行部数が増えるにつれ、編集スタッフは投書選びだけではなく、投書に回答し相互参照のファイルもつくった[26]。ひとつの問題について（例えば詐欺、強姦、肉欲）、十数ものユダヤの「人倫にもとる」犯罪が指摘され、それも犯罪人扱いされたユダヤ人の名前、住所のみならず、顔写真までつけられたので、頭文字だけの名前と違って、真実味が増すのであった。

反ユダヤの規則を無視してユダヤ人との商取引をする「ユダヤの奴隷」を非難し、さらしものにするコラムもあった。非ユダヤ人の間にみられる「人種的誇りの欠如」を嘆く投書が、ひっきりなしに寄せられたことは、裏を返せば、荒っぽい反ユダヤ主義を拒否する傾向が、相当広範囲にみられたと解釈できる。しかし不屈のシュテュルマー編集者は、寄せられる不満、失望の数々を逆手にとって、それだからもっと警戒心が必要という風にもっていくのであった。「ニュース」の選択にも工夫があり、我われからみれば何でもないことが、許されざる無法の話になるのであった。例えばキリスト教徒がユダヤ人の葬儀に参列した、ひとりのユダヤ人女性が国家社会主義女性団体に参加した、実業家が靴屋のユダヤ人店主に救いの手を差しのべた、ユダヤ人歯科医が歯を「まだ引っこぬくことを許されている」、ドイツ全土で農民はユダヤ人家畜業者との取引を望んでいる、某大臣の秘書はユダヤ人パン屋から秘かにパンを買った、公衆海水浴場でユダヤ人が日光浴をした、ベルリンの出版社の娘がユダヤ人の男性とつき合うなど「恥さらし」なことをやっている等々である[27]。

読者は行動するよう煽られた。三年に及ぶ収用と没収で、ユダヤ人経営の企業は潰滅的打撃をうけた。例えばある女性の読者は、ハンブルクのユダヤ人靴屋四三軒の名前と住所を列記し、そのように多数の者が

「まだ」商売をしているのはなぜか、と疑問を呈した。[28] ナチスは店の前にピケを張るべきだ、とその投稿者は主張した。非難の合唱は財政面だけでなく心理的にも大きな打撃を与えた。バイエルン地方の小さな町に住んでいたユダヤ人女性ゲルタ・プフェファーは、イスラエルへ移住するまでに、その体験をすることになる。彼女は、毎日仕事が終わると仕事仲間と集まって、時間を過ごしていた。例年、誕生日には、全員が（ナチスを含めて）招待を受入れて祝ってくれた。しかし、隣人のひとりがデァ・シュテュルマー誌に投書し、グループの写真を公表すると脅したので、状況は一変する。誰も寄りつかなくなり、「私は小さなわきの部屋で、ひとり淋しく食事をとる」ようになったのである。[29] デァ・シュテュルマーの編集者は、反ユダヤのスパイ網をつくり、隣近所からユダヤ人の行動を監視させ、役所の記録からユダヤ人の害毒例を調べさせた。雑誌を媒体として、全国の個々人が参加するバーチャルコミュニティができあがったのである。聴取者参加型のラジオ番組やインターネットのチャットルームの原型ともいえる。キャプションのつけ方にも方向性があった。例えばキリスト教婦人団体のメンバーたちがユダヤ人理事に別れを告げている写真には、「今どきこのようなことがあるとは信じられない――涙にくれて、妙なあまっちょ（ヴァイバー）団体をやめるユダヤ女」と説明がつけられた。真の信仰者の憤激ここにありといった調子である。[30]

デァ・シュテュルマーは、ユダヤ人を人間の敵と位置づけた。このむきだしのパラノイアは非常なもので、ユダヤ人が二～三人いるだけでも、穀物倉のねずみのように、恐るべき脅威になるというふうに描きだすのであった。一九二〇年代、この雑誌は、狂信的反ユダヤ主義者を、隣人の侮蔑に耐え忍んだ初期キリスト教徒にたとえた。「イエス・キリストは全生活を、この……〝悪徳の子供たち〟との闘争に捧げられた」とか、「主イエスは、我われと同じ敵、ユダヤのフォルクと戦われた」と書いた。そして聖書の一部を引用しつつ、「聖なるかな。正義の名において迫害された者よ」と慰めの言葉を初期キリスト教徒に捧げるのである。聖餐台、はりつけ、教会の尖塔といった挿絵もつけられた。ヒトラーが文字通りフォルクの救世主になるのは、不思議ではない。この雑誌は、「たといあなたがた全員が私を見棄て、完全にひとりになっても、私は定められた道をあゆむ」とそのフォルクメシアに言わせる。(31) 人種上の脅威という漫画的比喩を前において、ナチスは確固たる真の信仰者としてキリスト教ふうに聖別される。

ブロンドの処女に忍び寄る「ユダヤ的容貌の男たち」

シュトライヒャーのスタッフは、当時の宣伝マンと同じように、視覚言語の力を使った。安っぽい新聞用紙にカラフルな図解や挿絵をたくさん印刷するのである。赤の大きな活字で見出しがつけられ、当代一流のグラフィックアーチストであるフィリペ・ルップレヒトの挿絵が、(Ｆｉｐｓのサイン入りで)、丸々一ページを使って掲載された。(32) フィリペの描くＳＡ隊員は、スーパーマンやバットマンと同じで、社会の敵を叩きのめす。敵はもちろん不快感を催すよう誇張して醜悪に描かれる。しかしながらアメリカのコミック雑誌と違って、この雑誌の視覚言語は、ポルノグラフィにどっぷりとつかり、ステレオタイプの下卑たユダヤ人でいっぱいである。「ユダヤ人は嘘に生き真実とともに死ぬ」といった皮肉やあてこすりが、シュトライヒャーの人種ポピュリズムを飾った。さらに『我が闘争』からの引用文が聖句さながらに囲みで掲載され、汚らしい人種主義にヒトラーの権威を付与する。公の場でヒトラーがユダヤ人についてほとんど口にしなかった時代も、そうである。フィリペの絵には、ブロンドの処女に忍び寄る「ユダヤ的容貌」の男たちがよく登場する。ダビデの星をつけた爬虫類、バンパイヤー、ねずみ、蜘蛛が健全なアーリア系の家を襲うのも、典型的な構図である。でっぷり肥った「ユダヤ」の家族が阿呆面をして、バイエルン地方の農民の伝統的衣装を不恰好に着こんだ絵、浅黒い政治演説家が労働者に暴動を教唆し、葉巻を口にする金融業者が純朴なアーリア人をペテンにかけようと企んでいる絵。一九三四年にはデァ・シュテュルマー出版社が、フィリペ作の絵入りカリカチュア集をだした。「ユダ公よ、自己紹介せよ」という表題である。[33] この雑誌にのったユダヤ人に関するフォトエッセイは、「動物よ、自分の顔をよく見よ」というタイトルがつき、かつてドイツを批判したユダヤ人風刺家たちを嘲笑した。[34]「ユダヤ人」のイメージは、容貌、体格がデフォルメされ（修整写真を使う場合もよくあった）、内なる悪と退廃を外貌で描いた。一九三五年に実施された「異人種」間の性交渉撲滅運動の一環として、フィリペはシリーズで作品をだし、ユダヤ人男性の誘惑だけでなく、誘惑に負けて身を任せるアーリア系女性も非難した。

シュトライヒャーは、反インテリの立場でSAを擬人化した。彼は、教育水準の高い読者層のご機嫌をうかがう代わりに、ナチ運動の「悪役」を演じ、ドイツ国内外の新聞を飾る巧みな広報法を工夫した。一九三五年のニューヨーク・タイムズに掲載されたシュトライヒャーの記事を、サンプリング的に読んでみると、物笑いの種になる奇人像が浮かびあがってくる。シュトライヒャーは、司祭の口調で、ユダヤ人を攻撃する者を「免罪」し、彼ら（そしてヒトラー）を、両替商を攻撃するキリストにたとえた。彼はニュルンベルク地区の責任者として、黒人と白人のレスリング試合を禁止し、黒人選手に拍手や声援を送る女性は処罰すると威嚇した。ユダヤ人が開発した薬物治療法を使うな、とドイツ国民に警告したのも彼である。ジフテリア及び破傷風ワクチン、ジギタリス、サルバルサンが含まれる。年末には、ダッハウ収容所から共産党員政治犯一〇名を豪華なクリスマスディナーに招いて、新聞の紙面を飾った。[35]

デァ・シュテュルマーの寄稿者たちは、ユダヤ人を悪と同定し、それに従った名詞をつくった。いずれも人間性を抜いており、例えばユーデンアンヴァルト（ユダヤの三百代言）、ユーデンテノール（シナゴーグカントル）、タルムードユーデ（タルムードの紙魚ユダヤ）、ユーデンバガージェ（ユダヤ賎民）。女性は「汚らしいタルムードヴァイバー（あまっちょ）」となった。「ユダヤの野獣、ベニス娘を強姦」というのは典型的な見出しである。(36) 一九三六年三月には、名前、住所そして顔写真付きでユダヤの「変質者」に注意せよ、と題する特集がでた。お宅の息子が性的いたずらをうける、と両親に警告する形をとった。このほかユダヤのリベラル時代などのように、好ましからざるものをユダヤ人と結びつける以外に、性犯罪に別の意味を付与する用語づくりも行った。強姦や変質者行為は不法の性犯罪であるが、デァ・シュテュルマーでは、異人種間の性的関係を意味した。

「金でだまされ、凌辱されて身も心も毒され、血を汚され子宮も腐ってしまった…ナイーブな女の…末路はこれだ」。ニュルンベルク人種法導入後デァ・シュテュルマーに掲載されたフィリペのカリカチュア。フィリペは「ユダヤ」を凶暴なセックス獣、「ドイツ」をナイーブな女性として描く。1935年夏、ポグロム式の反ユダヤ暴動が発生した後、デァ・シュテュルマーは、ユダヤ人およびユダヤ人と交際し、あるいは性的関係をもつ非ユダヤ人に対して、物理的暴力を避け心理的圧迫を加えよ、とすすめた。

デァ・シュトュルマーの発行部数が増えるにつれ、編集者の気取りもあがってきた。シュトライヒャーは、マルチン・ハイデガーやカール・シュミットと並んで、ドイツ法学からユダヤの影響を一掃する委員会に参加し、私設のユダイカ（ユダヤ教の祭器を含む文物）図書館をつくった。読者たちがシナゴーグ襲撃で分捕ったユダヤ関連の図書と祭儀用器物を、寄付したのである。(38) デァ・シュテュルマーは、人種科学、断種、人口増加

「宮廷のユダヤ人リッポルドの処刑、ベルリン。1573年印刷の複製」。この版画には、リッポルドを処刑場へ運んだ馬車と死体、その上には正義の女神、十戒をさし示す旧約の神が描かれている。反ユダヤ主義の歴史は、このような歴史の細工物を立派なものとして扱い、ナチ迫害の一背景を確立した。

など優生学上の人種改良計画にかかわるトピックは故意に避け、マルチン・ルター、ベンジャミン・フランクリン、ゲーテその他歴史上の著名人が書いた反ユダヤ文章を引用して、権威づけをおこなった(39)。このタブロイドの週刊誌は、外国の資料にも手をひろげ、ヘンリー・フォードの反ユダヤ本『国際ユダヤ人――世界第一の問題とシオン長老の議定書』を紹介し、南アフリカ、合衆国、西ヨーロッパの人種主義に関するニュースを報道した。これまで何世紀も反ユダヤ主義者がよくやったように、この雑誌もタルムードから文脈を離れた引用をおこなって、ユダヤ人がいかに退廃、悖徳の徒であるかを誇示しようとした。例えば、「ユダヤ人は人間である。しかしながら非ユダヤ人は人間ではない。家畜である」という個所をもって、ユダヤ人の非人間性の証拠とし、ユダヤ人に対する攻撃を自衛とする弁護材に使った。シュテユルマーの寄稿者たちは、荒っぽい大言壮語をもって、ゲルハルト・キッテルのような反ユダヤ神学者の道義の論拠を、大いに宣伝した(40)。

一九三〇年代中頃になると、シュテュルマー出版社は、学術ふうの装いを施した単行本を発行するようになった。いずれもユダヤの陰謀論を扱った内容である。なかでも野心的なプロジェクトが、反ユダヤの史家ペーター・デーグ著『宮廷ユダヤ人』である。上質紙を使った五百余ページの大作で引用、脚注や文献目録のほかファクシミリの資料、ロスチャイルド家の家系図がつけられた。家系図は、ネズミ算式に拡大していく金融勢力を示すように工夫をされている。(41) リヒャルト・ヴィルヘルム・シュトックは『五世紀におよぶユダヤ問題』と題する詳細な反ユダヤ主義の歴史をだした。歴史上の大人物の反ユダヤ発言を引用して、反ユダヤ主義に威厳をつけた本である。その本が基底に持つ意味を読み解くのは、難しくない。以前の「抑制」戦術は失敗したので、もっとあからさまな方法の出番となった。(42) ルドルフ・クンマーの『ラスプーチン――ユダヤ人の道具』は、ロシア革命の背後にあったユダヤの陰謀を「あばき、摘出」した。シュトライヒャーの演説集『反ユダヤ闘争』は、一九二〇年代からのものを集めたいやらしい内容で、復刻版である。一九三九年には、大ドイツ帝国の反ユダヤ法規集の要約版がだされた。

読者を反ユダヤに慣らしていく

シュテュルマーの画家、寄稿者および読者は、二〇年以上もドイツ社会からの「ユダヤ人一掃」法について、幻想、白昼夢を交換しあった。シュトライヒャーのニュルンベルク戦争犯罪裁判における起訴状によると、このタブロイド週刊誌は、五〇回を越える機会にユダヤ人の抹殺、殺戮、殲滅を呼びかけた。ユダヤ人にふりかかった悲劇は、歓喜して紹介された。例えば一九三一年、ナチの嫌がらせで自殺に追いこまれたヘル・グッケンハイマーの場合がそうである。自殺のニュースを報じた後、「グッケンハイマーのようなユダヤ人が続々と自殺する時来る」と解説した。(43) このタブロイド誌は、せっせと捏造をくり返し、その反復によって何でも鵜呑みにする読者を、一定の方向に慣らしていった。つまり、ユダヤ攻撃は自衛という思考であ

「２種類の子供たち。人間に２種類あり」。フィリペは、ユダヤ人男性をみだらな好色家、ユダヤ人の女性と子供はぶくぶく肥って強欲という構図で描いた。ユダヤ人は全員が、何の悪いこともしていない個人すらも、その存在そのものによってフォルクに対する脅威とされるのである。

る。シュトライヒャーは、婉曲な言いまわしをいっさい避け、「男らしい」言葉で反ユダヤ主義者に、ショーウィンドーをたたきこわせ、シナゴーグを燃やしてしまえ、そこらのユダヤ人はぶちのめせとたきつけた[44]。一九三五年七月、ベルナウ指導者訓練センターで、シュトライヒャーは大学生を相手にして講演した。気どった言葉はいっさい使わず、「実際のところ、ドイツでユダヤ人禁令をやれと言うだけでは充分ではない。いや我われは、世界中のユダヤ人を打ち殺す必要がある。ドイツがユダヤ問題を解決すれば、それは、世界をほかの民族を照らす祝福の光となる。前方に困難な時が待ち構えているのは確かである」と言った[45]。デア・シュテュルマーの編集者たちは、村八分と国外移住で「問題」が「解決」しなかったのであるから、ユダヤ人はゲットーに押しこめよと唱えた[46]。一九三四年の初めの頃であるが、「ユダヤは組織犯罪」と題する記事がでたこともある。筆者はユダヤ人を、「地球上を放浪する」

永遠の流浪者と決めつけたが、(47)そのメッセージははっきりしている。「流浪」のユダヤ人にはもともと定住の家がないのであるから、追放は元来の性質にもどすだけというわけである。

アドルフ・アイヒマンを始め、ＳＳ幹部たちがユダヤ人のマダガスカル島移送を唱えるずっと前から、シュトライヒャーは「ユダヤとドイツとの関係は、フォルクとフォルクの関係ではない。それは、名誉を重んじる心と汚い策略、創造的フォルクと心の歪んだ下層民の関係である……そして、トラブルメーカーは死刑にするか、マダガスカルへ追放しなければならない」と主張していた。(48)シュトライヒャーは、この巨大島の強制収容所で「ユダヤ人が互いに食いあって、食いつくしてしまう」状況を考えた。(49)この白昼夢は『我が闘争』の一節、「世界にユダヤ人しかいないのであれば、汚物とごみにまみれて息が詰まり……やがて互いに殺戮しあう」をなぞったものと思われる。(50)デア・シュテュルマーは繰返しマダガスカル計画を提唱した。イギリスとフランスの反ユダヤ主義者による案と主張することもあれば、「人道的」ドイツの提唱という場合もあった。(51)一九四〇年にマダガスカル案がほんとうの選択肢になると、デア・シュテュルマーはもはやこの話をしなくなる。意味深長である。

発行部数が拡大するにつれ、国際問題の扱いも増えた。ポーランド侵攻に至る二年間で、このタブロイド誌は、ユダヤの秘密結社とか対独戦争陰謀のニュースを数百回も掲載した。フランクリン・ルーズベルトも、その一味とされた。掲載された「ソビエトロシアの地獄」と称する大量殺害と餓死者の写真は、ナチ指導者が大量殺害を現実的な選択肢として真剣に検討する前に、絶滅を読者にイメージさせた。(52)外国の人種差別例（特にアメリカのリンチ暴徒、南アフリカの人種隔離）を紹介し、ドイツの人種迫害を当り前の現象として常態化した。(53)ドイツのポーランド侵攻より二ヶ月後、一枚の修整写真が掲載された。一九二一年につくられたフライコール隊の墓地で、ユダヤ人たちがたたずんでいる構図である。ドイツによるユダヤ人住民の大量処刑は、その前の犯罪に対する報復と暗示する。[54]

発行部数七〇万余。三ないし五人が回し読みをすると考えれば、人口六五〇〇万の国に読者は二〇〇～三〇〇万いたことになる。しかしこの狂信的少数派は、警察権力を始めとする法の執行機関の協力で大胆になり、一九三〇年代後半時点で約二五万人いたユダヤ系市民を苦しめた。しかし結局のところ、デア・シュテュルマーのあか抜けしない反ユダヤ主義には、限界があった。人種偏見の暴徒を煽りたてた情念は、発散してしまうこともある。いかさまの非難は、教育のあるインテリ層では信用されない。無抵抗のユダヤ系市民を乱暴にこづきまわしたり襲撃したりすると、実行者は信用をおとし、かえって被害者に対して憐憫の情が湧く。[55]デァ・シュテュルマーの発行部数は伸び続けていたし、SA隊員がイデオロギー教育で重要な役割を果たしてはいた。しかし、ジェノサイド許容心のパラメーターを築きあげたのは、SSの精神である。教育程度の高いSS隊員は、規則に従わぬ無法のSA隊員と違って、抑制の利いた雄々しい理想を守るように訓練されていた。SS隊員であれば衝動にかられてはならないのである。さらに人種上の脅威に対しては、摘出の心構えを常にもっていなければならぬとされた。脅威とは、グローバルなネットワークで暗躍するもので、ボルシェヴィキ、金融業者そしてフリーメーソンが含まれた。「解決」とは敵の裏をかくことであり、フォルクから効率よく引き抜くことである。敵を棍棒で殴り倒すことではない。資産は「合法的」に没収しなければならない。

知識人の必読誌をめざすSS週刊誌

ゲシュタポとSS保安機関（ジッヒャーハイツディーンスト、SD）からあがってくる調査報告には、突撃隊の俗悪な言動が反ユダヤ主義のイメージを傷つけている、とする忠実なナチスの主張が含まれていた。[56]一九三四年にだされた訓練要領は、キリスト教徒とユダヤ人との緻密な関係を打破すべく、あらゆる戦術をとるとしながら、「ただし路上方式はとらない」と強調している。[57] ＳＳ国家指導者ヒムラーにつぐナンバー2のラインハルト・ハイドリヒ（当時二九歳）は、乱暴、騒ぎ（ラダウ）戦術をおおっぴらに非難した。あるナチの新聞記者は、ナチ社会でユダヤ問題について混乱がみられ、「ユダヤ人たちが陰でほくそ笑んでいる」と嘆いた。[58]「対ユダヤ態度一九三三―一九三五」という調査報告がフランクフルトからだされているが、ボイコットと暴行、破壊は逆効果と厳しく批判している。[59] 世論を気にするＳＳは、外国人の意見とドイツにある反ナチ地下組織の動向を、モニターしていた。ＳＳ分析員の見解によると、ここでも粗雑な反ユダヤ主義は裏目にでている。海外のエージェントは、ナチスが茶シャツを着たごろつきとして漫画でからかわれているので、すっかり幻滅するのであった。[60]

イギリスで発行された「タイム・アンド・タイド」に掲載された漫画。ユダヤ人経営のランジェリー店を“保護する”SA無頼漢をからかったもの。SS保安機関はナチ政策に対する外国の批判を常時モニターし、SS週刊誌ダス・シュヴァルツェ・コールに敵意にみちた漫画を掲載した（批判をどうかわすか、反論の仕方も添えて）。この絵は影響があまりに大きいと判断したのであろうか、SSは週刊誌に掲載せず、許可なきSAの暴力を批判する材料に使った。

ＳＳ指導者は、ライバルである突撃隊との距離を強調しつつ、知力の準備、知識の備えの重要性を力説した。早くも一九三四年に、人種問題の特別コンサルタントが訓練チームに加えられている。[61] 士官級の幹部たちは、特別学校「ユンカーシューレン」で教育された。そこでは、ユダヤはフォルクに対する脅威として、反ユダヤ的教育が課目に組みこまれた。[62] さまざまな教材があり、SSの雑誌もあった。そのなかで指導者は独自のSS精神を練りあげた。一九三五年三月六日付のダス・シュヴァルツェ・コール初号の一面トップで、その解説が掲載されている。「我われ、一九一四年／一五年精神の志願兵、国家社会主義の義勇兵」と見出しが躍る。「放漫な向こうみず」で「騒々しい大口たたきの退役軍人たち」は、真なる戦争英雄の記憶を汚す「国家社会主義のカリカチュア」と見下して書いてあれば、読者はそれがSAに対する暗黙の侮辱であることを理解した。自制心のあるSSこそ、私心を棄てて戦い、そして死んだ名も無き戦士の遺志を継ぐ者である。筆者は、エーリヒ・マリーア・レマルクの『西部戦線異状なし』を称賛し、SS入隊者を「塹壕で鉄の意志に鍛えられた」少年兵にたとえた。ワイマール共和制時代、SAはレマルクの平和主義をこきおろし、この小説をベースにした映画が上映中止になったのはSAが暴動をおこしたからであった。読者はこの事実を知っていたはずである。レマルクの塹壕兵を敬うことによって、執筆者は大義のため身を犠牲にするSSと、放縦で向こうみずの突撃隊員とのコントラストを暗示した。[63]

ダス・シュヴァルツェ・コールは、人種政治局発行の「ノイエス・フォルク」誌のスタイルをとり、一六ページ立てで、フォトエッセイ、文化評論、SS隊員と家族のニュース、SS行事、通俗人種科学、人情物語などの寄せ集めであった。風刺漫画はめったに掲載されなかったが、掲載されても一面にはのらず、スタイルも標準並みといえた。ノイエス・フォルクと違う点は、ニュース分析、外交政策、ナチズムの理論、ナチス支配に対して襲いかかる脅威の解説を含んでいたことである。初刷りは約八万で、以後発行部数が急速に伸びて一九三七年に三四万部、大戦勃発直後で七〇万部になった。編集長ギュンター・ダルキンは、一九二五年、一五歳の時、ヒトラー・ユーゲントに参加、まだ大学生であった一九三一年にナチ新聞デア・フェルキシェ・ベオバハターの記者となり、同時にＳＳに籍をおいた。ＳＳの一代表になった背景には、青年としての若々しさと、中産階級の出身がある。ＳＳの三分の二は、第一次大戦中は若すぎて戦えなかった世代である。[64] ＳＳ隊員の大半は中等教育を修了し、多くの者が技術専門学校や大学で学んでいた。ＳＳ将官の二〇％近くはユンカー出身であり、中堅幹部クラスにもその出身者がたくさんいた。国民の二％が大学に進学する時代に、ＳＳ将校団の四一％は大学で学んでいた。

「ソ連を支配するのは誰か？」。SAのデァ・シュテュルマーはほとんど毎号一面トップで毒々しい漫画やポルノを掲載した。一方、インテリを気取るSSは、毒々しいものを避けた。しかし時には、このようなものを上品な漫画と判断して、掲載することがあった。

ＳＳ週刊誌は（ＳＳ訓練責任者が言ったように）、教育程度の高いナチスだけが読むのではなく、全国の知識人の必読誌になることを意図した。[66]

ヒムラーは、ＳＳを「最良の血を持つエリート」の擬似神秘集団とみる奇妙なビジョンをもっていたが、これと対照的にハイドリヒは、知的で機敏な人種偵察団を考えており、「我われＳＳは、世界観の尖兵、総統の理想を守る儀仗隊になることを意図する。同時に我われは、国家警察の任務を遂行し、国家社会主義の守護隊になる」と述べている。[67]

一九三五年、ハイドリヒはダス・シュヴァルツェ・コールに短信をシリーズで掲載し、「新人類」のタイプに適応せよとＳＳ隊員に呼びかけた。先頭集団がドイツフォルクの精髄守護の精神革命をベースにするのは、歴史上初めてであった。「政治兵」は、模範的行動と人種社会科学の理解を通して、ナチ、非ナチを奮起させる。その兵士は「性格、信望、人種的純血性」によって際立つ「フォルク戦友」である。他人を転向させる前に、本人がまず修養にはげみ、自分を鍛えなければならない。そして、SS訓練キャンプに関する記事にあるように、「我われは歩調だけでなく同じ心の鼓動に合わせて、行進しなければならない」のである。(68)

SS機関誌に寄せられる意見の幅の広さから、編集者が読者を信用し、国家社会主義の枠の中であれば、読者に自由にものを言わせたことがうかがえる。ダルキンは、SS外部のナチスから不満の声があがったにもかかわらず、一九三〇年代の第三帝国で、最も独立性の高い刊行物としての地位を守った。編集者は、国際社会がナチに敵意を抱く報道機関の情報にさらされているとの前提にたって、定期的に海外の論調を調べ、読者にどう論駁するかを教えた。外国の新聞・雑誌にでる反ヒトラーのカリカチュアは、「これが彼らの嘲笑流儀」といったキャプションをつけて転載した。「ドイツ人憎悪はどこから来るか」と題する連載では、海外のナチズム批判や敵意のある漫画を転載した。アインシュタインの物理学を非難した時は、国外に追われたユダヤ人学者と連絡をとりあっている人種的にはドイツ人である科学者（白系ユダヤ）の摘発とからめて、論を展開した。(69)

「人種思考反対闘争」と題する評論では、執筆者が人種理論を逐一擁護した。(70) 経済が混乱し低迷すれば、マクロ経済理論を紹介し、SSが強制収容所を管理するようになると、犯罪学者が、人種上からみた囚人の犯罪素質を解説した。SS乗馬チームの写真、保養温泉地の広告、バカンスホテルの紹介などが、機関誌のエリート像を強めた。ナチは公式的には喫煙に反対であったが、このダス・シュヴァルツェ・コールは煙草の宣伝をのせた。オペラを鑑賞し、文学に親しみ、そしてチェスをたしなむ紳士、と重ね合わせた構成である。ほかのブランドものでは、ぴかぴかに光り輝く最新式の煙草生産プラントの図柄が使われた。ヒトラーの肖像とカギ十字（スワスチカ）のコマーシャル化をナチに対する侮辱として非難する絵入り記事は、読者に自己批判の能力があることを示唆した。(71) 強制収容所に収容されている人々について、フォトエッセイが何度か掲載されたが、読者はその数々の顔写真から、いわゆる退廃と不忠反逆の地下世界を垣間見ることができた。芸術鑑賞のページには典雅な古典裸婦像が掲載され、地下世界との著しい対照をつくりだした。家族の価値観、母親としての女性を強調し、女性運動の「アマゾン」を攻撃し、病理的「おとこ女」を「女は男にあらず」という見出しで批判した。(72) 絵入りでだされた芸術批評エッセイは非具象的芸術を侮辱し、女性ヌードを使って「男性がすべての規準である」と解説した。(73)

人種迫害は理性的な自衛？

人種パラノイアがデア・シュテュルマーをひたしていたとすれば、ダス・シュヴァルツェ・コールの誌面では、「ユダヤ問題」がフリーメーソン、共産主義、「政治的カトリック」（即ち、教会によるナチ支配批判）と一緒に論じられた。教官たちが日常的に教えたのは、単に反ユダヤ主義だけでなくもっと全体的な「敵の研究」であった。創刊間もないダス・シュヴァルツェ・コールには、ハイドリヒが、ナチ支配に反対する不埒な陰謀の世界、を描きだした。ハイドリヒによると、一九三三年以前、ナチスは政治的（目に見える）敵と戦っていた。しかし、人種の（目に見えない）敵は依然として強力であるから、安心してはならない、とハイドリヒは警戒を呼びかけた。シュテュルマーの寄稿者は、ユダヤ人と非ユダヤ人の社会的つきあいがやまず、商取引も続いていることを、人種問題に対するドイツ国民の無関心の証拠、と非難した。ところが彼らと違ってハイドリヒは、破壊活動のネットワークを想起した。運河、水路、トンネル、地下道網を暗示する。彼のとりとめのない宇宙には、悪の伝染病が、SSの病的宇宙におけるさまざまな「敵」と結びついていた。そこでは、寄生虫が、怠けもので仕事もせず、宿主を嘲笑し、その「本能」を操り、楽々と乗っ取る。[74] SS政治警察即ちゲシュタポの設置を定めた法律は、同機関に「ドイツ民族統治体（フォルクスケルパー）の政治的健全性を綿密に管理監督する任務」を課し、「病気の症状を速やかに探知し、直ちに病原菌をつきとめ……あらゆる手段を投入して摘出しなければならない」とした。[75]

ハイドリヒは、人種政策が停滞に直面した事実を認めながら、その失敗はナチの「敵」のせいとした。急進派のカトリック教徒は、断種計画を無視したし、行政機関の非ナチ公務員で、ユダヤ人規制を守らぬ者もいた。強情な教授は「いわゆる純粋な科学的討議を通して、リベラルな精神を生かし続けようとした」し、社会的エリートは、「人を選りごのみして排他的サークルへ入れ、ナチ指導者の間に不快感」をひきおこした。その背後にはすべて「不倶戴天の敵」がちらついており、「政治兵」の知識、機敏かつ情け無用の鉄の意志によって、追跡し狩込まなければならないとした。

ニュルンベルク法導入後、SS幹部のなかには、部下が知的な面で人種戦争の備えがない、と心配する者もいた。SS人種専門家養成用のあるワークショップで、開会講演をした者が「ユダヤ人は瑣末的な関心事として扱われている。それもお粗末な態度に終始している」と文句を言った。[76] SDによる態度調査は、国民一般の間にみられるユダヤ人に対する不安感の「警戒すべきほどの」欠如を明らかにした。無知な警察職員がユダヤ人を宗教界反体制派のカテゴリーに入れ、ナチ幹部のなかにはユダヤ人との商取引関係の断絶を拒否する者もいた。矯正措置として、ナチは「ユダヤ問題」の特訓コースを実施した。ダス・シュヴァルツェ・コールは、しだいに「敵」の輪郭をせばめていった。悪の多様な「表面的」現象を扱うのではなく、沈潜しているユダヤの根に絞りこんだのである。[77] 学術的用語を使いながら、ヨーロッパのユダヤ人口の分布についてねじ曲がった情報を伝え、ユダヤ人の犯罪傾向を検討し、ナチズムに対する「悪意にみちた」敵について、警告を発した。[78] 一九三〇年代後半、「ユダヤ問題」に関する記事の数は、それほど増えているわけではないが、トーンは険しさをまし、解決策として提示する内容が次第に残忍性を強めている。教官たちは、敵ユダヤのイメージを、退廃した道徳とよこしまな知識の両側面でとらえ、人種迫害は感情的偏見ではなく理性的な自衛である、と説明した。[79]

「ユダヤの脅威」に関する教育は、全国訓練計画と地域ワークショップのいずれでも、参加するSS隊員に、ユダヤの活動状況を詳しく教えた。[80] ドイツのユダヤ人口は年をおって減少し、その企業も一九三〇年代末までに、大半が破産に追いこまれていた。しかし政府が手綱をゆるめたわけではなく、その文化的隔離政策は変わらず、ユダヤ人の出版物と会合の発言引用をもって、「ユダヤ」は相変わらず傲慢であるという証拠とした。ユダヤ人の尊厳を多少でも守ろうとしても、それは気に障る不快な態度とされた。世界陰謀の証拠集めに、SSのスパイがユダヤ人の国際会議に参加したし、どんな小さな事件や違反行為でも、ユダヤ人が関与しているとなれば、一面トップで報道するのであった（例えばハンブルクで起きた宝クジ詐欺事件、ラベルを貼り間違えたウィーンのワイン卸商事件）。[81]

ダス・シュヴァルツェ・コールの記事は、ポグロム式攻撃では対外的に悪いとして、「理性的」手段を提案した。[82] ナチ党の綱領、計画は、「ショーウィンドーを打ち砕き、壁に落書きを描いても達成されない」とし、「この寄生虫」がいまだドイツに生き続けられるのは、生存を可能する源があるからで、それを涸渇させなければならないと主張した。SS隊員は、その規律によって、「ガキども」と家庭の主婦に模範を示さなければならないとも説いた。[83] 機関誌は「ユダヤ政策の目標は、ユダヤ人の徹底的国外移住でなければならない」との立場であった。[84] ナチの強欲幹部は、ユダヤ人所有の資産を略奪したが、ダス・シュヴァルツェ・

コールの寄稿者たちは、ユダヤ人とその影響力の排除に伴って生じる実際的なジレンマを議論しあった。例えば、諸外国は「人種切り棄て」を認めるのか。シオニストの郷土をパレスチナにつくれるのか。シリア、エチオピア、アンゴラはどうか。マダガスカル、それともソ連のビロビジャンは可能か。ダス・シュヴァルツェ・コールは（シュテュルマーと同じように）大量殺害を（確かに野蛮であるが）ひとつの可能性としての選択肢として紹介し、原野に散乱する死体の山を前にして狂喜するソ連兵の写真を掲載した[85]。ナチの方式は、「文明的」であると匂わせたのである[86]。シュヴァルツェ・コールの執筆者たちは、「ユダヤ人おことわり」と「丁寧」だがはっきり告げよ、と勧告した。しかし、見せかけの丁重の背後には、残酷なメッセージ

Preis 15 Pf.

Berlin, 10. Februar 1938

Das Schwarze Korps

ZEITUNG DER SCHUTZSTAFFELN DER NSDAP

Organ der Reichsführung SS

Wohin mit den Juden?

Man will gar nicht!

Schnell angepaßt

1938年２月10日付SS誌に掲載された「ユダヤ人はどこへ行く？」と題する記事。題名から分かるように、いずれにしてもユダヤ人はドイツフォルクから追放されるのである。当時ヒトラーは「ユダヤ問題」について公の場で語ることを避けていたが、彼の写真と『我が闘争』からの反ユダヤ語録を結びつけて紹介することを許した。つまり、あいまいにして同時に過激な解決を暗黙裡に認めていた。

がはっきりと表明されていた。公共施設の持主は、客がユダヤ系と思ったら、すぐ警察に届けねばならなかった[87]。自然発生的なポグロムではなく、抜かりのない探偵活動が、ユダヤの血を引くドイツ人の「正体をあばく」のである。手当たりしだいの暴力は、傍観者の間に敵意を呼びおこし、敵も警戒する。しかし、秘かな方式なら敵も不意をつかれる。そしてＳＳのユダヤ専門家が言ったように、「ネズミをピストルで追いまわすことはしない。やるなら毒物とガス」なのであった[88]。

「隣人愛」という大罪

一九三三年から一九三八年にかけて、制裁を加えるＳＡの自警団活動とＳＳの人種探偵活動の組合わせが、うまく機能したようにみえる。ユダヤ系と定義される国民五六万二〇〇〇人のうち約四〇％が、ドイツを去った。オーストリアでは、ユダヤ人一八万三〇〇〇人の半数以上が、一九三八年に国外へ脱出した。しかしながらハイドリヒは、国外移住があまりにも緩慢と考えた。彼からみると、それは「ユダヤ人の生活手段が充分に奪われていないため」であった[89]。年齢からみると、若い世代がまず最初にドイツを離れたが、中高年層は出たくないかあるいはその力がなかった。小さな町で迫害がエスカレートしてくると、多くの人は都市部の大きなユダヤ人社会に避難した。ＳＳ機関誌の寄稿者たちは、別の方法を考えた。ナチスの支配方式では国外移住が資金的にみて不可能であり、国内にとどまるユダヤ人は困窮し、結局はアーリア人社会の負担になってしまう。国内にとどまった人のうち少数は、人質として役立つことが考えられるかも知れない。ゲットーも考えられる。いずれにせよ「ゲットーは、この場合、精神的ゲットーだが、過去八〇〇年間のユダヤ的生活」なのである[90]。迫害がだんだん強まっていく過程で、ＳＳ訓練教材とダス・シュバルツェ・コールは、抽象的討論を通して、読者を人種政策の方法と目標に慣らしていった。

SSの新入り隊員用教材には、「ユダヤ」はあまり扱われていない。内容の大半は当時使われていた正規軍の新兵教育教材と、似たりよったりである。[91] 歴史家の中には、これを、人種教育がSS活動で低い位置づけにあった証拠、と考えた人もいる。[92] しかしながら、人種主義が控え目に扱われたこと自体、新入りが世界観の中へ、容易に組みこまれたことを物語る。「敵の研究」で新入りは、困窮状態にあるユダヤ人すらも、フォルクに対する脅威と教えられた。ユダヤと定義される国民は、付近にいるその人を見れば全く人畜無害のように思われたし、脆弱《ぜいじゃく》そのもののようであったから、いやらしくてきわめて危険な存在であると、教えこまなければならなかった。そうでもしなければ、ユダヤ人に対する攻撃は、強者の弱者いじめとしか理解されない。SSがライバルの突撃隊の行動を批判したのは、まさにその点であった。ヒムラーはSS隊員に、キリスト教を警戒せよとも言った。「隣人愛、謙虚、あわれみ」という大罪を説くからである。[93] ヒムラーはそれに代わって「厳しさと自制心」を称揚した。

SSとのSAの対立は、一九三八年の二大暴走事件の後に山場を迎えた。大事件とは、アンシュルス（オーストリア併合）と一一月のポグロム（水晶の夜事件）である。批判は外国の新聞だけでなく、ナチ陣営の中からもでてきた。オーストリアでは思うことを口にだした少数派が、いくつかあった。ひとつは将校グループで、ウィーンの管区長宛に、「熱烈な国家社会主義者、党の理想を高く捧持する者として……ユダヤ人を擁護する意図はさらさらないが……しかし落書きは愛すべき我らが都市の美観を汚し……勝手気ままな暴力行為は将校としての我らの名誉を傷つけている……我われウィーン市民はつねに……自警団的正義ではなく秩序ある規制を支持してきた」と書いた。[94]

SOPADEの報告書は、国民はナチの人種法を受け入れているようであるが、一九三八年の暴力にはうんざりしている、とコメントしている。ユダヤ人には厳しい扱いが妥当と思う人々でも、施設等の乱暴な破壊は支持しなかった[95]。ヘルマン・ゲーリングは「このデモにはもううんざりだ」と文句を言って、「一夜にして数百万の財産をかき集めて手中にした車の運ちゃんと管区長」を叱った。ＳＳ国家保安機関（ＳＤ）の幹部オットー・オーレンドルフは、無法状態はナチズムにふさわしくないとして、「強い怒り」を表明した。特に人種上の恥さらしとは、ナチスがユダヤ人女性を強姦したことであった[96]。ヒムラーとハイドリヒは、年間行事になっている一一月九日のビアホール一揆記念式典に出席しなかったので、ＳＳがこの大失態に関与

「他者のために落とし穴を掘る者は、最初にそこへ落ちる」。1938年11月９日～10日のポグロム（クリスタルナハト）の後、ダス・シュヴァルツェ・コールは見開きページを使い、左右にルーズベルトとチャーチルの写真を配して、米英批判を展開した。吹きだしでルーズベルトに「20世紀の文明時代にこのような残虐行為が発生するとは、とても信じられない」と言わせるが、そこに掲載された写真は、黒人リンチや人種暴動などアメリカでおきている事件。ルーズベルトの対独批判は偽善というわけである。

することはなかった。もっともSS隊員個々人は参加した。[97] デァ・シュテュルマーとダス・シュヴァルツェ・コールの両編集者は、世論でうけたダメージの修復に着手した。

デァ・シュテュルマーは、一一月九―一〇日のポグロム直後の号で、いやらしいフィリペのカリカチュアに代えて、デーグの反ユダヤ書『宮廷ユダヤ人』からとった地味な写真を一枚使った。そして、「よそから来たこの異質の寄生虫が……いかにしてドイツに足場を築いたか」を理解するため、本書を読んで欲しいと読者にすすめた。編集者は暴力事件の発生を全面的に否定し、ユダヤの支配する外国メディアがまき散らす恐ろしいホラ話など、「理性ある人」は誰も信じないと強調した。[98]

しかしながら、時間の経過とともにこのSA機関誌は、暴力事件を選択的に正当化した。例えばシナゴーグの焼打ちは、陰謀のセンターとして放火を是認したし、非ユダヤ人女性とセックスしたユダヤ人男性の去勢も、然りであった。ユダヤ人との関係断絶を拒否するドイツ国民は、間抜け、太鼓持ちと罵倒された。突撃隊精神の旺盛なエルンスト・ヒーマーは、「ユダヤ犯罪集団に憐愍《れんびん》の情を抱くなど、理解しがたい心に突如としてとらわれる女や男がいる」事実に愕然となったとし、ドイツ国民が暴力の必要性を理解する日が必ずくる、と書いた。ヒーマーは、ヒトラー批判者が判断を間違えた数々の歴史の節目をリストアップした。例えば、ヒトラーのような無学の者が国家を指導できるのかと、疑問を呈した者がいた。しかし、断種計画、再軍備、オーストリアおよびズテーテンラントの無血併合など、着々と成果をあげているではないか。結局この小心者どもは、ナチスの対ユダヤ政策がいかに「適切」であったかを高く評価するようになる。第三帝国には（今やドイツ本土のほか、オーストリア、チェコスロバキア併合地域を含むのである）、七〇万いやもっと多くのユダヤ人がいるが、その彼らとの「一切の妥協を排した冷徹、無情の」戦いに備えよ、とヒーマーは読者に呼びかけた。

ポグロムの後、ダス・シュヴァルツェ・コールの編集者は、ナチの人種政策に対する社会のイメージを修復する一方、世論工作上の戦略を仕上げた。それは、第三帝国在住ユダヤ人に対する迫害のエスカレートと、それに付随した戦時プレスリリースの出現を予告するものであった。戦略のひとつは、外国の批判者の偽善をつくことであった。例えばドイツの「野蛮」批判に対して、一九三八年一一月発行の機関誌で編集者は、ドイツ系ユダヤ難民の受入れを拒否するフランスを嘲笑した。中央折りこみページにモンタージュ写真を掲載した時は、左右にチャーチルとルーズベルトを配し、吹き出しのなかで、二人にポグロムを非難させ、そのまわりには両国の人種迫害の写真を配した(99)。

日常語となる「絶滅」

ユダヤ人追放は既定の事実であった。決まっていないのは追放のペースであった。ポグロム式の暴力は再発していなかったが、第三帝国に残留するユダヤ人には、暗澹たる運命が待っていた。後年、ジェノサイド計画者は、ユダヤ人は国を出る機会があったと言い逃れができた。ダス・シュバァルツェ・コールは、一一月ポグロム直後の号に、「ユダヤ人よ、今度は何なのだ?」とヘッドラインをつけた。繰返し面倒をおこす人を非難する口調である。おそらく執筆者は、一九三三年にこの「寄生虫」をひと思いに全部処置していれば、そっちの方が親切だったと示唆したのだろう。編集者は、突撃隊の制御できない暴力に対して、遠まわしの批判をしつつ、「完全追放、情け無用の排斥」の整斉たる完遂に、「剣と火」を適用せよ、と国家に求めた。

ダス・シュバァルツェ・コールの執筆者たちは、人種戦争擁護の第二戦線に位置してユダヤ人に同情する者を、最新の人種研究を引用して激しく攻撃した。世界のユダヤの恐るべき支配力といった内容である。写

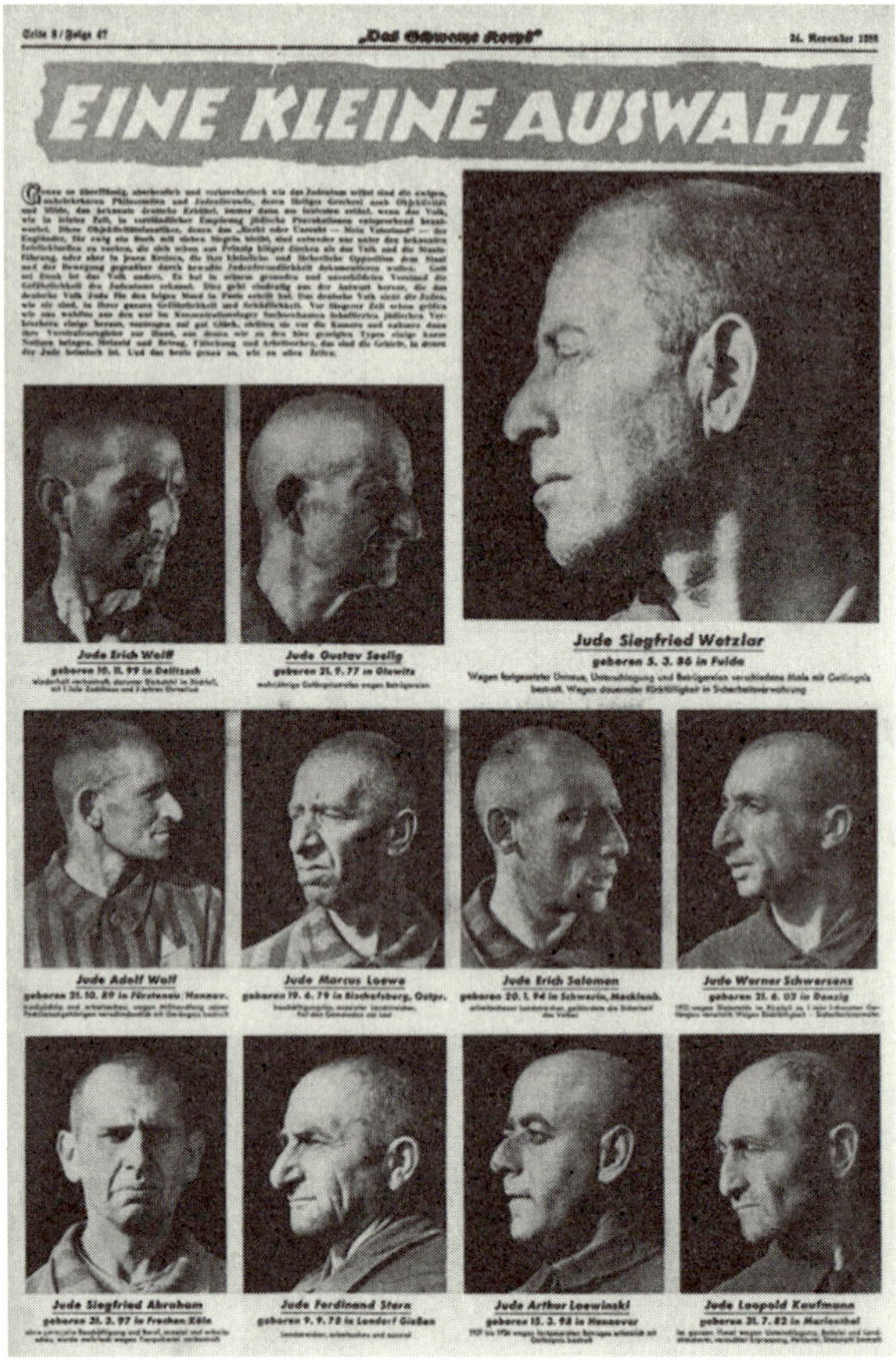

„Das Schwarze Korps"

EINE KLEINE AUSWAHL

Jude Siegfried Wetzlar
geboren 5. 3. 86 in Fulda

Jude Erich Wolff
geboren 10. 11. 99 in Delitzsch

Jude Gustav Seelig
geboren 21. 9. 77 in Gleiwitz

Jude Adolf Wolf
geboren 21. 10. 89 in Fürstenau Hannov.

Jude Marcus Loewe
geboren 19. 6. 79 in Bischofsburg, Ostpr.

Jude Erich Salomon
geboren 20. 1. 94 in Schwerin, Mecklenb.

Jude Werner Schwersenz
geboren 21. 6. 02 in Danzig

Jude Siegfried Abraham
geboren 21. 3. 97 in Frechen Köln

Jude Ferdinand Stern
geboren 9. 9. 78 in Londorf Gießen

Jude Arthur Loewinski
geboren 15. 3. 98 in Hannover

Jude Leopold Kaufmann
geboren 21. 7. 82 in Mariental

ダス・シュヴァルツェ・コールは、11月 9−10日のポグロムの後、3回連続で「ちょっとした見本」と題する特集を組んだ。ユダヤの犯罪人と称する警察ファイルの顔写真を並べ、その下に名前、住所、犯罪歴を紹介した。ポグロムで90名のユダヤ系ドイツ人が殺され、保護拘束と称して3万近い人が逮捕監禁されたが、皆この掲載写真と同類、典型的事例であると匂わせた。

真家は写真家で、嫌悪感を催すような構図で「ユダヤ人」をとらえた。ダス・シュヴァルツェ・コールは、デァ・シュテュルマーに比べると、やや調子をおとしたむきだしの露骨な表現で、ユダヤ人に同情する者を威嚇した。同情者は意気地のないドイツ人であり、「子供っぽい感傷的人道バカ」と嘲笑された。それと対比する形で、SS隊員は「まともで真っ直ぐな人物」と称えられた。一一月のポグロム後に発行された一〜三号は、ユダヤの犯罪者と称する顔写真を、たくさん掲載している。名前がいかにもユダヤ的で、例えば

「ユダヤ人エーリヒ・ヴォルフ、一八九九年一一月一〇日デリッツ村生まれ。盗みの常習犯、連続窃盗で刑期三年」といったぐあいである(100)。二回目と三回目は、「ユダヤ人サムエル・ヤコブス、東フリースランド出身、家畜仲買人」などと、出身地と職業だけで、犯罪歴はつけられていない。サンプルと称する顔写真の掲載目的は、このポグロム時九〇名のユダヤ人が殺害され、約三万人が強制収容所へ送られたのは、彼らの行動にふさわしい相応の措置、という印象づくりにあった。あるSS記者は、「ユダヤ人の友、ユダヤ愛好者」に告ぐという形で、ユダヤの危険性と脅威の性格程度からみて、ポグロムこそふさわしいと述べ、ポグロム批判者を偽善者と嘲笑したうえで、「ユダヤという寄生虫を体内から駆除」して、ドイツ社会を浄化しなければならぬと説いた。記者はドイツの生存空間と社会生活における「仮借なき隔離」の時はすでに来ており、今後数年のうちにドイツは間違いなくユダヤ問題を「完全に解決」していると予告し、「どこの（外国）人でも、我われがひとつの国際問題に対する建設的解決法をアドバイスすれば、拒否しない」はずと書いた(101)。倫理上の思考は目的から方法、手段へシフトし、廉直公正というSS隊員の根拠なき仮想的心構えに、これを注入し始めた。

一九三八年一一月のポグロムが、事実上ナチスいうところの「人種戦争」（ラッセンクリーク）の火ぶたを切ったのである。その段取りは、一九三三年初めと一九三五年夏に発生した事件過程の再演であり、最終解決という周到にして恐るべき究極の戦略を予告するものであった。次にまたポグロムが起きるというベールをかぶった脅威が（その後国内では再発しなかった）、ユダヤ問題解決の「理性的」提案にみられる苛烈な言語と組み合って、戦時中のジェノサイドの舞台をセットし、これまでに学んだ教訓と巧みなダメージコントロール法で、抗議を最小限に抑えたのである。虐殺の現場と強制収容所では、SSの残虐性はかつてヒムラーとハイドリヒが反対したSA戦術に似てきたが、知性に訴えるSSの人種主義が、大量虐殺者に心の楯を与えた。

ナチのジェノサイドを研究する歴史学者は、一九三九年秋に始まるいわゆる安楽死計画が予行演習となり、強制収容所の運用に欠かせない中核的スタッフの訓練場になった、とする。約一〇〇名の医師と助手が、警備員とともに医学殺害センターで経験を積んだ。医師を含む技術者、技能者は流れ作業式殺戮のもっとも効果的方法を実施し、宣伝技術の専門家は、殺戮作業の「管理統制」に関する情報戦略を開発した。医学殺害（安楽死）と抹殺センターの工場方式殺戮が、明確な一本の線でつながっていた。東部正面（ロシア、ポーランドを含む東欧）では、直接手をくだす、面と向きあった大量殺戮が行われたが、同じようにSAとSSのライバル的サブカルチャーが、その中核的スタッフをつくった。SS隊員の多くは年をとりすぎて実戦に向かなかったが、少なくとも数千人は戦争勃発後新隊員の訓練にあたった。民間人殺戮の任務を与えられた機関のひとつである公安警察のなかで働いた者も多い。一九三九年のポーランド侵攻後、ドイツの部隊兵力は急膨張し、SS隊も、増加する新入りを次々と指揮下に入れた。[102] 医学殺害から工場方式への移行に伴い、年季を入れて腕をみがいた幹部たちが、一段と権力を付与された新しい地位に組みこまれていくのである。

一九三〇年代中頃から、ライバル的関係にある二つの集団は、特異なユダヤ人像を心の中にとりこんでいった。即ち、（女、子供を含む）ユダヤ人は危険であるばかりではなく人間に近い類人種、とするイメージであった。デァ・シュテュルマーとダス・シュヴァルツェ・コールの誌面から、彼らは人種汚染の空想世界を吸収、消化した。そしてその世界に住む時、「絶滅」とか「抹殺」といったテクノクラート的用語が日常語となるのである。[103] この准軍隊組織は、それぞれがエリート的な使命観に支えられ、銃だけでなく道義でも武装した。ユダヤ人は、彼らの道義地図には場所がない「望ましからざる」存在である。心を武装していれば、それを殺す時に感じる胸の痛みあるいは精神的ストレスを、最小限におさえられる。ＳＡとＳＳは、東部正面での命令をうけた時、驚きはしたかも知れないが、心の準備ができていなかったわけではない。

X　排除を受入れた国民——銃後の人種戦争

この戦争で戦死するドイツ兵士はそれぞれユダヤ人に貸しがある。戦死兵はユダヤの債務勘定に入れなければならない。ユダヤ人はドイツ兵にやましい気持を抱いている。ユダヤ人が借りを返さねばならぬのは、まさにそこに理由がある。

ヨーゼフ・ゲッベルス、一九四一年一一月一六日

戦争と抹殺を予告するヒトラー

一九三九年一月三〇日、ヒトラーは首相就任六周年を迎え、とりまきたちの言葉を借りれば、達観したような表情であった。一九二四年に刑務所で『我が闘争』を口述してはや一五年。これまで彼は、ユダヤ問題に関する意図を、公にはほとんど洩らしたことはない。もちろん、「ユダヤの」という形容句が言葉のジャブで、しばしば使われた。しかし首相としてヒトラーは、計画的な話は避けた。聴衆が反ユダヤの長広舌を期待している時でも、沈黙を守った。例えば一九三六年初め、スイスでユダヤ人刺客がナチの役人を襲撃した時、ヒトラーはその追悼でほとんど「ユダヤ」という言葉を口にしなかった。一九三八年一一月九—一〇日のポグロム時は、発生直後、記者団相手に二時間以上も喋ったが、ユダヤ問題には触れなかった。

ところが、一九三九年一月三〇日に態度が一変する。ヒトラーは、自分がつくった新しい道義と地政学的新秩序を自画自賛するなかで、自分の病的な人種嫌悪をぶちまけた。彼は、「良心のひとかけらもないドイツ人実業家」がユダヤ人を哀れむと嘲けり、「ユダヤ問題が解決されるまでヨーロッパに平和はない」とも言った。そして皮肉たっぷりに、「民主世界は、あわれなユダヤ人に同情の言葉を山ほどかける。ところが、人類のなかで最も貴重な人種と称する連中を、いざ助ける段になると、急に冷淡になる」と冷笑した。(1) ドイツ国内でユダヤ人が打倒され、今や「世界の敵性ユダヤをねじ伏せる時がきている」とするヒトラーは、批評家が自分の人種見解を笑っていた時代に思いを致し、「これまで私は予言者であった。おかげで何度も嘲笑された……私の権力闘争時代、私がいつかこの……フォルク全体の指導者になると言った時、私の予言を一番嘲笑したのはユダヤ人であった」と言った。そして、「今やその嘲笑がのどに詰まるようになった」と不気味さを漂わせたあげく、「今日私は再び予言者になる。ヨーロッパ内外の国際ユダヤ金融資本が、世界の人々を再び世界大戦につき落とすならば、結果は世界のボルシェヴィキ化即ちユダヤの勝利ではなく、ヨーロッパのユダヤ人種の絶滅（フェルニヒトゥング）をもって終わる」と予告した。(2) この警告は、後になって考えるとあたりをつき破るような衝撃度を持つが、長時間に及ぶ演説のなかでわずか数分間触れただけで、当時はほとんど留意されなかった。ドイツ国民は、フェルニヒトゥングを単なる比喩と理解したはずである。例えばライバルを「叩きのめす」とか「徹底的にやっつける」といった意味に受けとったのであろう。(3) 外国人特派員は、ヒトラー演説の外交的含みに気をとられていた。(4)

ヒトラーの一月三〇日演説は、二正面作戦を遂行する宣戦布告である。第一の正面は対ユダヤ、第二がドイツの膨張の前に立ちふさがる諸外国である。ヒトラーは、一貫して日付を間違え、絶滅の威嚇を一九三九年九月一日とした。それはドイツのポーランド侵攻日にあたる。ヒトラー演説は、二重の意味で重要である。戦争になればユダヤ人は抹殺されると予告しただけでなく、人種戦争の道義的正当性について語ったからである。党の歴史、外交政策、経済問題そしてフォルクについて延々と演説するなかで、彼はナチ的良心を支える四つの前提を再確認した。

第一にヒトラーは、ドイツの未来がもつ有機体的成長を称え、フォルクを人種上の災難から救った自分の行為に思いを致した。オーストリアとチェコスロバキアにおいては、血統でつながるドイツ人を統合し、これを強大な第三帝国に組入れた実績を語り、「血でつながるだけでなく、歴史、文化……の共有によって結ばれた」フォルクを称えた。次にヒトラーは、まさに伝道者といった恰好で、自分の民族道徳律の第二原理を語った。それは、共同体のために自己を否定することで、これを大なる美徳としてまつりあげた。ヒトラーは「血でつながる民族共同体のためになるかどうかが判断の基準であり、ためにならぬすべての立場」は不道徳と厳しく非難したうえで、集産主義体制の利点を指摘した。そして「フォルクの存在にとって重要でないものあるいは有害なものは、すべて道義に合わない」と繰返し強調した(5)。

この二つの前提をうけて三番が続く。ヒトラーはベルサイユ条約を呪い、「世界はドイツを略奪した」と絶叫し、ドイツにとって当然のレーベンスラウム（生存空間）を唱えて、その確保のための反撃権を主張した。第四の原理は、演説の中で何度か触れているが、民族統合体の浄化を正当化するナチ的良心である。ヒトラーは、「不健全な態度、立場」のなかで「いんちきの社会倫理」を特に激しく攻撃した。彼によると、それは人命の尊厳信仰である。普遍的道徳律（つまりはキリスト教の教え）を否定し、「理性と知識を通して人間に顕示される、命の法則と論理的帰結」の権威を訴えた。もってまわった言い方であるが、基底の意味は明らかである。即ち自然の法則は、強いフォルクに弱者攻撃を許し、罰せられることもないということである。ヒトラーは、「ドイツ文化は純粋にドイツ的でありドイツ人のもの、ユダヤは関係ない」と繰返し、ナチ支配の前までリベラル政治家がこの真実を無視したとし、この無視のおかげでフォルクは「ひとつにまとまらず、個有の内なる力を内部抗争に浪費してしまった。無駄にして無意味な抗争のためにだ」と絶叫した。民族のエトスが、ヒトラーはこれをナチのエトスとは言わなかったが、一月三〇日予言の骨組みになっていた。

ヒトラーは、この大見得をきった演出のなかで、苛烈にして雄々しい美学の体現者としての役まわりを演じ、軟弱かつ優柔不断の徒である敵に対し、正義の鉄槌と称して、罵詈《ばり》雑言を浴びせた。ナチ政権に対する批判についても、返す刀で「道義の枯死病」ときりつけた。政治上の反対と言わぬところが意味深長である。カトリック教会を激しく攻撃した時は、その教義や政策に反対せず、例えば聖職者の「男色行為と児童虐待」容認を叩いた。議事堂内に万雷の拍手が轟きわたるなか、ヒトラーは一段と声を張りあげて、二心あるイギリスの「戦争屋」と「自然の摂理を否定する無駄」、「ヒステリックで卑劣な報道……奇形者……旧弊で救い難い悲観論者」を激しく非難した。ドイツの領土拡張とユダヤ人抹殺の正当性を論じる過程で、ヒトラーは、人種および地政学の二正面戦争における道義の最高司令官、とする姿勢をとった。

世論が受入れると確信するヒトラー

ヒトラーがはっきりとユダヤ人を脅迫したことは、少なくとも一九三八年一一月九―一〇日のポグロム以来、大ドイツ帝国に住むユダヤ人のほぼ全員が知っていたことを、確認するものであった。地下組織SOPADEネットワークのある報告者は、「繰返すが、ドイツのユダヤ人は国外へ移住しない限り、消滅する」と書いた。[6] 一九三九年二月、ひとりのドイツ人傍観者は愕然として、「仮借なき殲滅」と書き、「トルコのアルメニア人に起きたことが……ゆっくりとではあるが着実かつ効率よくユダヤ人に起きている」と警告した。[7]

ヴィクトル・クレンペラーは日記に「希望はない……すべてが消滅の悲惨へ向かいつつある」と書きとめた。[8]反対の声があがっても、マルクス主義左派、キリスト教会の反体制派およびリベラルなブルジョア階級の各内部にいる少数派の声にすぎなかった。[9]民族にかかわるコンセンサスはきわめて強力であって、ユダヤ人の悲惨な状況に秘かに苦悶する人すらも、悔みの言葉をのべたり、小さな親切心を示す勇気がなかった。ユダヤ人には当然の宿命とするコンセンサスを前にして、それに反対する立場の人々はまったくの無力であり、知人のユダヤ人に国外へ脱出せよと勧めるのが関の山であった。クレンペラーは、ある友人が慰めようとした時、彼女は「臨終間際の私に話しかけた」と日記に書いた。

一一月のポグロムに続いてヒトラーの決意表明がでて、ドイツ人そして外国人もまた、ユダヤ人に対するナチ支配の脅威に幻想すら抱けなくなった。ドイツ領有地からのユダヤ人追放は、秘密計画ではなかった。道義の破滅は、はるかな東部の虐殺現場や強制収容所だけで発生したのではない。いわゆる平和時代に、国内で始まったのである。哲学者アレクサンドル・コイレ（コアレ）の言葉を借りれば、それは「オープンな陰謀」即ち公衆の面前で行う広域犯罪であった。[10]ユダヤ人に対する広汎な犯罪は、アウトカーストへの共感を無力化する体制文化のなかで起きた。この過程の先頭をきるのは、荒々しいユダヤ人憎悪をむきだしにする党古参ではなく、一見したところ客観的で見せかけは穏健な形態の人種主義であった。結局はこちらの方が格段に破壊的であることが判明する。官僚体制の支援する迫害は、形のない道義の敵ユダヤから身を守る保護手段として提示された。ユダヤ人個々人の苦しみは、確かに不幸なことだが、民族再生の聖戦につきものの付帯的傷、とされる。突撃隊の大あばれと比較すれば、ホワイトカラー式迫害は、一見したところ穏健のように思える。

血で結ばれたドイツ人たちは、相次ぐ外交成果と経済復興で、意気あがる集産主義の熱い雰囲気のもとに生きていた。一九三九年一月のヒトラーの決意は、ユダヤ人についてオープンに語り、戦争勃発に伴なうユダヤ人殲滅を予告する内容であった。そしてその内容からみてヒトラーは、世論がユダヤ問題の容赦なき解決を受入れる、と確信していたことがうかがえる。ヒトラーの評価判断には根拠が充分あった。ナチの調査チームと反ファシスト地下組織の世論モニターたちは、似たような報告をしている。即ち、ドイツ国民は完全雇用を歓迎し、憎むべきベルサイユ体制の打破に歓呼の声をあげた。国民は、ナチの大衆文化が与える喜びに魅了され、国家が後援する団体旅行を歓迎した。数百万の国民が、生まれて初めて本当のバカンスを楽しんだのである。ささやかな収入しかない国民にも、貯金してフォルクスワーゲンを購入できるローン制が導入された。もちろん、不平や不満がなかったわけではない。腐敗したナチのボスがいたし、この連中に関するジョークも生まれた。しかし、総統信仰は揺るがなかった。ヒトラーの外交的爆弾宣言が、無謀と思われる場合でも、先の大戦の記憶が次なる流血の恐怖をかきたてても、ヒトラー支持は衰えない、とモニターたちは観察した。例えば一九三八年九月、ヒトラーがチェコスロバキアのドイツ語圏たるズデーテンラントの併合を要求した時、戦争は不可避のように思われた。一九一四年の「万才愛国主義」はみられなかったが、ドイツ国民は「いったん緩急あればヒトラーの指揮に従って全力を尽くすべく、名誉ある任務につくという意識で、待機している」のであった。(11) ヨーロッパの四大列強が協議し、数日後ミュンヘン協定が調印された時、ヒトラーは親愛の情をこめて「無血将軍」というニックネームで呼ばれた。

一九三九年四月二〇日、五〇歳の誕生日を迎え、国は文字通り「旗の海」と化した。中部ドイツの一市民は「ほとんどどこのショーウィンドーにも、新生帝国の勝利の象徴たるヒトラーの写真が飾られている」と書いた。(12) 国民は、ラジオの番組とニュース映画が報じる式典の模様を見聞して、あるいは行事に参加して、祝賀気分を味わった。まさに「フォルクはその総統を讃える」ムードである。きらびやかに着飾った諸外国の政府高官、各界の名士から挨拶をうける総統、鍛え抜かれた軍部隊の祝賀パレード、あるいは最新式戦車の行進。この軍事パレードは五時間もかかる大掛りなものであった。[13] 一九三九年の夏の終わり、ヒトラーが独ソ不可侵条約に調印し、その直後にドイツ軍がポーランドへ侵攻した時、ドイツ国民は前と同じように危惧の念を抱いた。しかし、迅速な勝利で安堵し、信頼感を取り戻したのである。一九三九年一一月九日、ビアホール一揆の記念式典会場で、ヒトラー暗殺未遂事件がおきた。ヒトラーは無事だったが、報道機関はこぞって、神意、神の御加護と報じた。そして児童・生徒は、バッハのカンタータ「我ら今こそこぞりて主の御業を讃えん」を合唱し、大人たちは、ヒトラーの命を狙う「スパイの英国野郎」と「国際ユダヤ」を呪った。SS公安機関の報告は、「総統に対する敬愛の情はますます深まり、戦争に対する心構えは以前よりもずっと前向きになった」と指摘した。[14]

最も破壊的な命令は通常の覚書で

一九三九年の秋から一九四〇年の春にかけて、英仏は対独宣戦布告をだしながら、戦闘行動をとらなかった。このいわゆる「フォニー・ウォー」（偽の戦争、ドイツ側の名称はジッツクリーク——座りこみ戦争）の時期、ドイツ国民の生活は普段と変わらなかった。三〇〇万人が軍に動員され、ポーランド侵攻作戦で八〇〇〇人が戦死したが、銃後の士気は高かった。工業と農業は、外国人労働者と捕虜を大量に投入してフル稼動を続け、占領地からの食糧輸入によって、第一次大戦時のような深刻な不足はまぬがれた。一九四〇年春、ドイツはデンマーク、ノルウェー、オランダ、ベルギーを席捲し、その晩春にはフランスも降伏した。その快速戦の捷報によって、無血将軍の名声はいよいよあがった。宣伝相ゲッベルスは「我われは史上最大の奇跡を体験している。ひとりの天才が新しい世界を築きつつある」と有頂天になった。[15] 国をあげて昂揚感にひたりその至福の玉座に総統神話が鎮座していたから、ニュース映画にヒトラーの登場場面がないと、観客は落胆するのであった[16]。一九四〇年夏、英空軍がベルリン空襲を開始した時も（ナチ指導者は空襲など不可能と吹聴していた）、ゲッベルスの宣伝省は、無辜《むこ》の女、子供を殺す卑劣なテロリストと称して、イギリスに対する敵愾心を煽った。

　多くのドイツ国民の記憶には、「平和な時代」は、ドイツ軍部隊がソ連に侵攻した一九四一年六月まで続く。しかし、一九三三年中頃から一九三五年後半までユダヤ人に与えられたいわゆる猶予期間と同じで、表面的な落着きの下で、来たるべき嵐に備えて着々と準備が進んでいた。人種政策はスタンバイし、世論の誘導工作もあった。向かうところ敵なしの強大な第三帝国には、八〇〇〇万の国民が納得する確かな根拠が必要であった。人種排除論者の直面した最初の問題が、これである。第三帝国居住者のユダヤ人のうち約半分は国外へ移住し、一九三九年時点で残留者のうち内半分は五〇歳過ぎの人々で、職のある人は二〇％にすぎなかった。このように惨めな境遇にある集団が、自信にみちあふれる強大なフォルクにとって、本当に脅威になるのであろうか。しかし、通俗的反ユダヤ主義者の報告は、ユダヤ人を人種ペストの残存物とか、世界陰謀の偽装エージェントに仕立てた。

　迫害がエスカレートし、ユダヤ系ドイツ人の希望が薄れいくなかで、反ユダヤのシンクタンク、大学研究所そして人種政治局は、没収資料の分析と新研究の成果と称し、ユダヤの脅威に関する新しい証拠を、せっせと提供した[17]。自分の生活が乱される大災厄が発生した時、その意味を汲みとる助けになる情報があれば、人々はどんなものでも熱心に受入れようとする。普通の人は、現在躍進中の「世界のユダヤ摘発学問」がつくり出す報道用報告をたいていは受入れたと思われる[18]。紙不足にもかかわらず、民族の誇りと人種の脅威を煽りたてるパンフレット、地図、小冊子が次から次と大量に発行された。人種政治局（ＯＲＰ）の定期刊行物「ノイエス・フォルク」は、嫌悪感や恐怖感を煽る人種記事を大幅に増やした。その人種専門家は、アフリカ黒人とユダヤ人によるフランス文化の堕落計画と「世界人種闘争」を縷々《るる》解説した。[19] 反ユダヤ研究機関は占領地に新しい施設を続々と開設し、ユダヤ人社会の図書館と宗教施設を荒らしまわり、アーリア人種に対するユダヤの陰謀の証拠を探した。[20] 彼らの典型的な発見は、例えば「ユダヤ人の自画像」という本にまとめられた。自分たちの伝統を否定的、批判的にみるユダヤ人著者たちの作品を集めたものである。[21] ほかには皮肉なタイトルの「哀れなユダヤ人」というのがある。ユダヤ人に同情する者を嘲る内容である。[22] 客観的と称するゲルハルト・キッテルと協力者オイゲン・フィッシャーの研究は、ユダヤの脅威の古代ルーツ摘出であった。[23]

大量虐殺の実行可能性の研究（一九四一年七月発足）の第一次調査に先立って、ユダヤ問題に関するいかさま研究が続けられ、これが現場と事務部門の殺人者たちに対する仕事の心構えを形成した。しかつめらしく重々しい報告は、たいてい二つに区分されていた。第一部は歴史上のユダヤの悪行、犯罪を延々と書きつらね、それに細かい脚注がつけられている。第二部は、解決法を概括した結論部分である。例えばヨハン・フォン・レールスは、「自由の戦士」でユダヤ人が一九一四年の大戦と一九三九年のポーランド侵攻をひきおこしたと述べ、「ユダヤ人達に市民権が与えられず、ゲットーに閉じこめられていたならば、反乱をたくらむことができなかったであろう」と結んだ。その故にユダヤ人は、再びゲットーに閉じこめなければならないとする。オーストリアの歴史家フランツ・シャッテンフローは、ユダヤの侵略史と称する四〇〇ページ余の大著をあらわし、結論として、「最終」解決としての抹殺を示唆した。[24] このような論文が幅広い読者層を有していたとは思えないが、抹殺作戦を推進した教育水準の高いＳＳ官僚、迫害の実施業務や抹殺キャンプへの移送業務そして殺害を担当した数千数万のエスノクラートには、いつでも読める手近の書であった。[25]

執行機関が円滑に機能するためには、それを担当する者に心の動揺があってはならない。つまり、途方もない犯罪を前にしても、たじろがない心構えが必要である。その点で学術の装いを凝らした人種主義が、いくつかの方向で役に立った。まず、文体が地味で学術用語をちりばめた散文によって、個々のユダヤ人を、ユダヤという抽象的カテゴリーに入れてしまう。そしてそのカテゴリーのなかに、たいていの悪の様態が組みこまれている。第二に、抹殺の推進者は、自己の意図を犠牲者に投影することによって、自分の個人的責任を否定する。自分の行為は相手の所為によるというわけである。想像上の凶悪を前にして、移送と大量殺害は先制の自衛となる。名誉あるフォルクにふさわしいユダヤ問題の解決法について、長々と考察が加えられ、結局は犠牲者の苦しみではなくて加害者の名誉が、恐るべきモラルの計算法の中心に安置された。そして、男らしくて、感傷を排した態度が（感情むきだしで暴れまわるポグロム式反ユダヤ主義を嘲笑し）、憐憫の情をつき放して加害者の心を鋼鉄のように固くするのである。

国防軍の兵隊、公安警察隊員、ＳＳ隊員は、血統でつながる人種的優越感を背負って、ポーランド正面へ向かって出撃した。手近には、ポケットサイズの小冊子がいくつもあった。曰く、絵入りゲルマン芸術史、「我が闘争」引用句集、写真で綴るナチ党史、総統の半生記等々。いずれも、これから挺身する世界史的闘争を聖別する内容であった。外国語慣用句集は、「劣等」人種の扱い方を教えてくれた。「君と君のフォルク」は、農民一家を題材とした版画付きで郷愁をそそる小冊子であったが、そのなかでヴァルター・グロスが兵隊に人種の観点から物事を考えよ、と忠告していた。「ワルシャワ・ポケット案内」には、市の地形とともにゲットーの説明がついている。「異質の血」で汚された地域とし、数世紀に及ぶ汚染の歴史が手短に書かれている。

ポーランド行きの部隊が受けた躾《しつけ》教育には、反ユダヤ主義教育の占める割合が比較的小さいが、それは、とるに足りぬものとして扱われたということではない。むしろ逆である。ホロコースト研究者ラウル・ヒルベルクがドキュメンタリー映画「ショアー」で映画監督クロード・ランズマンに説明したように、最も破壊的な命令は、通常の覚書として送られる場合が多かった。例えば、移送命令が極秘の赤スタンプ付きでだされると、かえって注目され論争のまとになりやすい(26)。日常的な定例業務とすれば、命令受領者は定例業務として処理するまでのことである。兵隊の訓練にみられる反ユダヤ主義は、陰険になる時が一番危ない。人種主義と毒液を数滴、何気ない情報に注入する。その情報は例えば外交政策、国内ニュース、SS典範例、あるいは人種上健全な結婚としての選び方指示、といったものが含まれる。熱烈なユダヤ憎悪は、国防軍将兵とSS隊員の書いた手紙のなかでは、日課のなかに生じる一側面でしかないようにみえる(27)。SS将校を対象とする指導者訓練では、部下との話合いすべてに人種問題を挿入せよ、と強調している。娯楽、文化行事、地政学そして歴史の学習と並んで、人種勉強がSS訓練教官いうところの「精神的抵抗力の維持」に役立つのである(28)。

優越民族が新しいヨーロッパを支配する

もちろん、ユダヤ人に焦点をあてた教材も作成された。例えば第七軍用に「東部領域のユダヤ人」と題する小冊子がつくられた(29)。「諸外国におけるイスラエルの儀式殺人」、「ルーズベルトはユダヤ人か」、あるいはたんに「ユダヤ人」と題するパンフレット類もだされた。学術用語を使用し、論文風の味つけがしてある(30)。SS隊員は前線に到着する前に、ユダヤ人がアメリカを自分の傀儡《かいらい》にしたという「事実」に触れ、それを当然視する状態になっていたことであろう(31)。(移動抹殺隊として)悪名を馳せた公安警察第一〇一大隊の指揮官は、これから殺すユダヤ人たちはドイツ諸都市に対するテロ空襲の張本人である、と部下たちに説明し

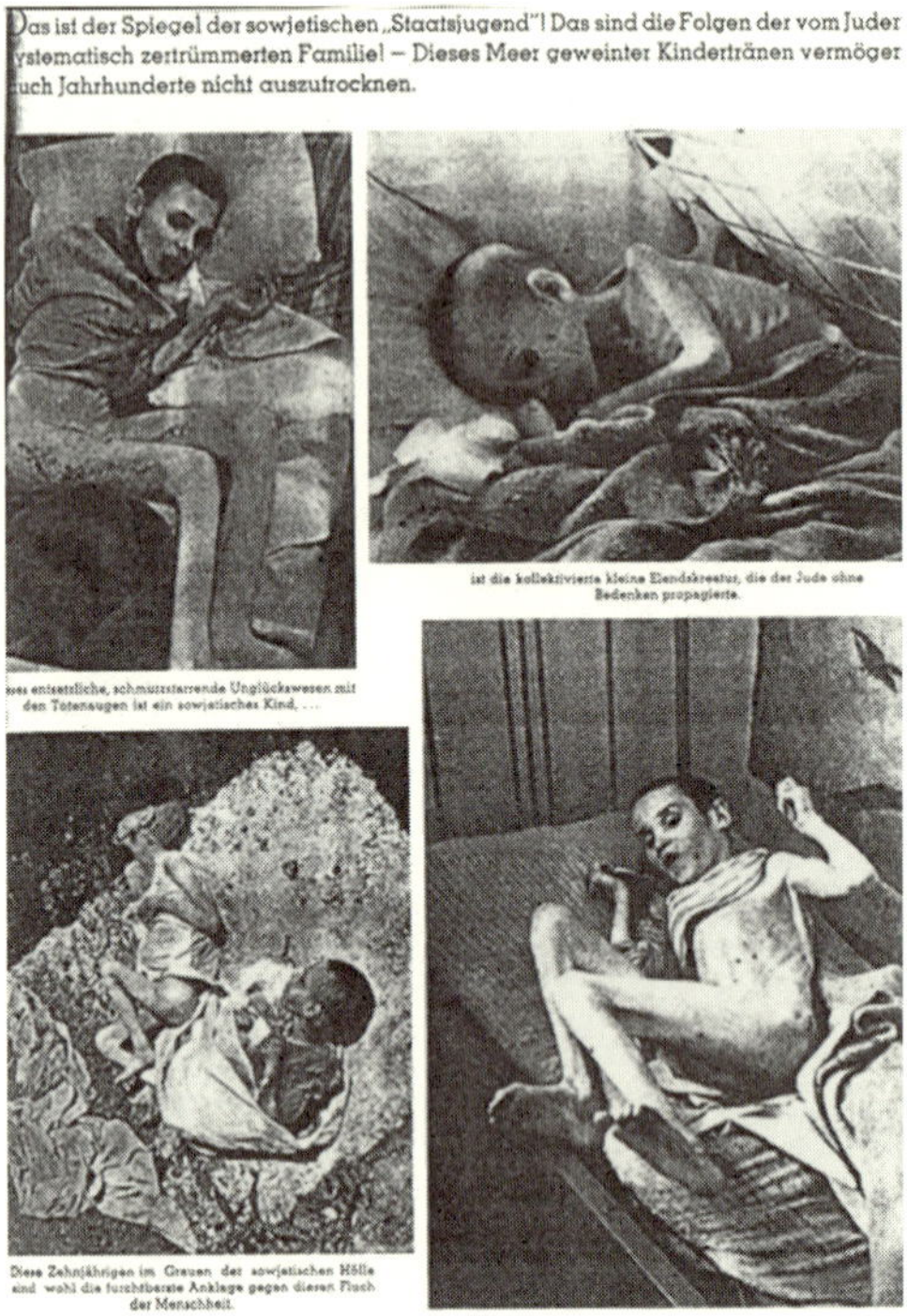

ヒムラーの命令で出版された写真集『亜人種』に掲載された写真。説明には「ボルシェヴィキ化された子供たち、ソビエトの隠された、暗黒面。ユダヤ人の組織的家族破壊の結果がこれだ。子供たちの流す涙の海は何百年も乾くことはない」とある。つまり、SSの蛮行は報復であると同時に予防策の一環、として正当化した。

た。彼は、プロパガンダによってすでに植えつけられた「常識」を、繰返しているのであった。(32)

訓練教材はユダヤ問題を、ドイツ占領軍の直面する多くの問題のひとつ、として扱っている。人種政治局は「対異人種政策」と銘うった兵隊用小冊子を編集した。何気ない風にみえるが、疑いもなく人種主義のメッセージを伝えている。(33)「ユダヤのゲットー……バルト海から黒海沿岸まで」と題する小冊子は、絶滅の縁にある人種の生息地を解説している。(34) 小冊子「これが彼らの真実の姿だ」、あるいは「フランスのユダヤ人」は、西洋の没落を招いたのは、退廃ユダヤ文化のせい、と説く。(35) 民族誌家のマックス・ヒルデベルト・ベームは、一般大衆向けに、『東部解放地』と題する絵入り豪華本をだした。(36) ヒムラーは、「類（劣等）人種」写真判定研究を発行させた。理想的な人種タイプの写真を掲載する一方、フン族の王アッティラ王時代に始まり、ジンギス・ハーンそしてユダヤ・ボルシェヴィキ支配下のソ連における大虐殺まで、野蛮人種による略奪、惨状をドキュメント風にのせている。(37)

次々にだされる出版物や視聴覚教材等では、ひとつのメッセージが伝えられている。即ち、「ユダヤ人はすぐに消滅し、優越民族が新しいヨーロッパを支配する」ということである。

ドイツ国民の大半は、戦争初期の数年は士気が高かった。それでも彼らは新秩序の暗い側面を感じとっていた。国家政策は、敗北国家の住民のみならず第三帝国（ドイツ、オーストリア及び併合地を含む）の同胞の安全も脅かすようになった。不治の病と診断された者、障害者および反社会的ドイツ人の「安楽死」が、噂となって流れていた。ジプシーと仕事嫌いのレッテルを貼られた人間、性倒錯者は強制労働キャンプへ送られた。一九三九年、ポーランドからの帰還兵が、穏やかならざるニュースを持ち帰った。ポーランド併合地のユダヤ系ドイツ住民が（第一次大戦で勲章を授与された者も含めて）、ウッジのゲットーへ移送され、移送の途次、たくさんの人が死亡しあるいは殺されていたのだ。銃後では、徴用されたユダヤ人たちが、ゴミの収集、公衆便所の掃除、雪かきといった仕事に投入された。ユダヤ人は預貯金を中央為替銀行へ移すことを義務づけられ、その口座からは雀の涙しか引き出せなかったので、赤貧洗うがごとき生活をしていた。(38)一九三九―四〇年の冬、ウィーン警察はユダヤ人六万人を占領地ポーランドへ送り、空き家となったアパートは、非ユダヤ人へ渡した。フランス陥落後間もなくして、ラインラントのドイツ系ユダヤ人六五〇〇人とアルザス地方のユダヤ人二万二〇〇〇人が、フランス南方の収容所へ移送された。ベルリンでは、空襲被害者に住居を提供し、さらにヒトラーの建設用の更地をつくるため、ユダヤ人を居住地から追い出して「ユダヤの家」へ送った。

ユダヤ人を助ける少数の人々

世論調査によると、ドイツ社会は全体的にユダヤ人の苦しみに無関心であった。しかし、少数ではある

ドイツ兵が描いたルブリン・ゲットーの一場面。東部正面では兵隊たちがスナップ写真をとり、それが何百冊ものアルバムとなり、主計官が撮影したウッジ・ゲットーのカラースライドは、映画「フォトグラファー」で紹介された。当時ゲットーは惨憺たる状況にあったが、いずれもこのウッジと同じように住民の苦しみをつき放した姿勢で、自分と関係のない被写体として扱った。

が、抗議する人もいた。ダス・シュヴァルツェ・コールとナチ出版社の職員たちは、隣にある移送センターでユダヤ人が拷問をうけているのに、不快な思いをした[39]。しかし、主義として介入する人もいた。一九三九年、国防軍将校数名が、ドイツ国民にふさわしくない、逆効果であるとして、民間人の虐殺に反対した[40]。一九四〇年一一月には、カトリック教会の高位聖職者たちが、カトリックの信者である法務相ギュルトナーに、医学殺害の中止を求めた。一ヶ月後、ナチ占領地ポーランドの視察旅行で、ギュルトナーが深い苦悩につつまれているのにポーランド総督ハンス・フランクは気づいた。ユダヤ人とポーランド人に対する扱いを見たためと思われる。視察から戻ったギュルトナーはすぐ入院し、死亡した。死因は不明とされたが、毒を盛られたという噂がとびかった[41]。

ギュルトナーの死は尋常ではなかった。エスノクラートや医学殺害センターの職員のなかで不快感を覚える者は、前線の将兵と同じように、いやな状況を精神的に克服する例の方法を使った。内務省の人種専門家ベルナルト・レーゼナーは、ドイツから移送されるユダヤ人がむごたらしく虐殺されている目撃談を、ひとりの同僚から聞いた時、転属を申請してほかの部署へ移った(42)。レーゼナーは後に党籍を剥奪され逮捕されたが、一九四四年七月のヒトラー暗殺未遂事件に加担した科《とが》であって、人種問題で反対したからではない。

ナチ・ドイツでは、ほかの全体主義政権と違って、個々人が、破滅に追いこまれることもなく、一～二の規則を曲げることができた。例えばナチ党員で確信犯的人種専門家ルトヴィヒ・フェルディナント・クラウスは、人種証明書を偽造して、ユダヤ人の同僚を守った。ゲルハルト・キッテルは、移送の対象になった半分ユダヤの血が混じった一人の学生をかくまった。政策に疑問を感じる者、ユダヤ人を助ける者が一人か二人いたことは確かであるが、それが大勢に影響をおよぼすわけではなく、情け無用の移送・虐殺過程は着々として進んだ。ナチの監督官たちは、個々の反対を道義上の反対運動としてではなく個人的事案として扱い、政治的責任問題にならぬように処理した(43)。

東欧占領地では、ユダヤ人を助けた科で死刑になった人々の遺体が、見せしめのため広場で宙吊りにされた。第三帝国の銃後では、このような処置はされなかった。ユダヤ人を助けたり、あるいは仮病使いの怠業容疑で捕まった者は、政治上危険人物と判断されない限り、たいていは強制収容所へは送られなかった。処罰のニュースは噂でひろがったが、報道機関で公表されることはなかった。ドイツ国民のなかには、身の危険を冒して同輩の住民をかくまった人々がいた。ベルリンには五〇〇〇から七〇〇〇人のユダヤ人が（潜水艦と称された）、友人や隣人にかくまわれた。そして密告や捜査にもかかわらず、一四〇〇人が生残った。戦後、ドイツ、オーストリアおよびチェコ共和国の住民で五〇〇人を超える人が、イスラエルの国立ホロコースト記念館によって顕彰された。命がけでユダヤ人を救った人たちである(44)。クレンペラーは、絶望状態にあっても非ユダヤ人から親切にされたとし、彼らの勇気を認めている。妻エーファもそうであったし、日記を隠してくれた友人も然りであった。一九四四年、クレンペラーは強制労働に狩りだされ、工場で働くようになったが、友好的な空気に触れて驚くのである。「男女労働者は、ユダヤ人を職場の仲間として扱い、おおらかで温かく接する場合もよくあった」という。密告の恐れがあるにもかかわらず、彼らは「そんなのはどこ吹く風と鼻であしらい、陽気に振舞ってくれた」のである。[45]

住民のなかには、隣人のユダヤ人が移送される前に、こっそり食料品を届ける人たちがいた。数は少ないが、テレジェンシュタット強制収容所の知人や親類に食料小包を送った者もいる。隠れ家にひそむユダヤ人女性イルゼ・ベーレント・ローゼンフェルトは、親切なR氏について書いているが、何のためらいもなく彼女をゲシュタポから守ってくれた人物で、頬を伝わる涙を見て、強い訛りのドイツ語で「さあ、Rさんなんて呼び方はよしなさい。カール叔父さんと呼びなさい。そして君は私のちっちゃなマリアだ」と言った。[46] 数人の日常的な人間らしい行為が、かえって多数の共犯性を浮きぼりにする。

官僚が過激な政策に順応するプロセス

ヴァルター・グロスの戦時経歴は、苛烈化プロセスをはかるひとつの目安である。エスノクラートが一段と過激な政策に順応する足取りが、みえてくる。グロスは、人種政治局のニュースレターで、部下に秘密断種（医学殺害の秘匿名と思われる）の加速を求め、人種問題で「軟弱になってはならない」と戒めた。[47] 一九四一年初め、軍の戦略家が対ソ侵攻を計画している頃、グロスはドイツの占領でつくりだされる新しい問題について、専門家としての意見を検討会議で述べていた。つまり占領で新たに数百万のユダヤ人が支配下に入る。これをどうするかである。ジェノサイドの具体的計画は、その年の後半に策定されたが、グロス達は、環境形成、即ち場の雰囲気づくりに努めた。そのなかで、党および政府の中堅官僚が人種戦争に良心を順応させていくのである。彼らは、象徴としての制服をまとった時、道義上の信念を一時停止にすることはしなかった。[48] 専門家の意見は、ユダヤ人抹殺を道義的行為として弁明するものであった。例えば、一九四一年三月、アルフレート・ローゼンベルクの反ユダヤ・シンクタンクが主催した会議で、グロスは「ユダヤ問題の解決をこう考える」と題して講演した。それは「ノイエス・フォルク」に概要が掲載され、謄写版の印刷物として宗教、社会福祉団体に配布され、（一年後には）一二頁の小冊子になった。

グロスは、いつものようにこの講演でも、ユダヤ人の道徳的退廃について、あれこれ例をあげ、「厳しい対応が彼らの立場を弱めた」と考えてはならない、と注意した。彼はユダヤ人攻撃を、「相容れない存在たる近東、オリエント、地中海ユダヤに対する自衛」と位置づけ、二人の祖父母をユダヤ人にもつ者はユダヤ人、との定義を披露した（ユダヤ人祖父母三人とする一九三五年の定義を見直して、厳しくした）。グロスは、ドイツの赫々たる大勝利のおかげで、数年前までは考えられなかったヨーロッパ全域のユダヤ人根絶を構想しうるようになった、と言った。さらにグロスは、一九三三年にキッテルがやった反ユダヤ大演説から比喩をひいて、血でつながる民族統治体につけられた危険な歴史的傷を縫い合わせる任務に、雄々しく挺身すると誓った。[49] グロスは、若手の医師時代、ユダヤ人を生物学的脅威とみなしていた。しかし一〇年たって、人種科学が学問としての知識体系をつくりださなかったことを認め、ユダヤ人の「精神的強靭性と傾向」を漠然と非難した。[50] グロスは決断力のにぶい同僚を慎重に排除した。例えば、党員で人種専門家のルートヴィヒ・フェルディナント・クラウスを、仕事仲間のユダヤ人保護の科で、告発した。「党は、党内にユダヤの伝染病を大目にみる風潮があれば、その伝染病駆除の断固たる闘争を遂行できなくなる」とグロスは言った。[51] クラウスがかくまったユダヤ人女性は移送されたが、クラウスはSSから追放されただけであった。人種政治局職員向けのグロスのニュースレターにはどの号にも、ユダヤ人抹殺が望ましい目標と示唆する故意の偽情報が掲載されていた。一九四四年初め頃、グロスは「ユダヤ、世界の新聞覇者」と題する講演原稿を準備した。これは、七月にクラクフでローゼンベルクが主催するユダヤの脅威に関する国際会議において、発表される予定であった。しかし、ソ連軍の進出で、会議は中止された。

ゲッベルスの人気はきわめて高かった

戦争中、グロスは人種問題の洗脳教育に日夜奔走したが、その努力にもかかわらずヨーゼフ・ゲッベルスが、グロスのお株を奪ってしまった。戦前、宣伝相は、娯楽、文化、ニュースに力を注ぎ、人種関連問題を避けていた。一九三〇年代後半、宣伝省は反ユダヤ喜劇映画の制作を二本認めた。「ロベルトとベルトラムそしてアイルランドのテーブルクロス」、「ロスチャイルド家」である。前者は月並みの二流映画である。戦争の勃発と医学殺害の開始とともに、ゲッベルスは、安楽死弁護の映画を制作した。そして一九四〇年。ゲッベルスは歴史ドラマ「ユダヤ・ジュース」の制作を後援した。大変な人気で二〇〇〇万の人が観た。その反ユダヤ的内容は非常なインパクトを有し、映画を観たベルリン市民は、「ベルリンのショッピング街からユダヤ人を叩きだせ。ユダヤ人は一人残らずドイツから出て行け」と叫びながら、映画館を後にするのであった。[52]国内だけでなく占領地でも反ユダヤ主義の普及をはかり、その一環として「永遠に呪われたユダヤ人」を鳴物入りで封切った。ドキュメンタリータッチの毒々しい映画で、ユダヤ人社会の屠場で牛が殺される様子、「典型的な怠惰なユダヤ人」と題する一連の写真もあった。実際は、ポーランドのゲットーに閉じこめられた人々の写真であった。「流浪のユダヤ人」をネズミの繁殖汚染と対比した歴史地図も、紹介された。そしてこの映画のクライマックスが、一九三九年一月三〇日のヒトラー演説の場面である。士気調査の報告にあるように、観客は「ユダヤ人は、国家、言語、地域社会に適応しているようでも、それはいつも表面的であり、ユダヤ人はあくまでもユダヤ人」というメッセージから、まずのがれられない。[53]

ゲッベルスが理解していたように、銃後の国民はプロパガンダとは一味違うものを求めていた。聴取者のリクエスト番組「ヴュンシュコンツェルト」（希望音楽会）は、非常な人気番組であった。一九四〇年五月、ゲッベルスは同じような戦時の息抜きとして、知識人向けに新しい雑誌「ダス・ライヒ」（国家）を発行した。学術的な格調すらある内容で、ナチ党売文家の下劣な人種主義とは、対照的であった。[54] 寄稿家には、カール・シュミット、テオドール・ホイス（戦後西独の初代大統領となった）、ルドルフ・アウクシュタイン（戦後高級週刊誌デァ・シュピーゲルの編集長）などがいた。一九四一年までに読者数は一五〇万となった。ナチの日刊紙デア・フェルキシェ・ベオバハターとほぼ同じ発行部数である。[55] 毎週金曜日夕方と日曜日朝、戦争最後の月まで、ダス・ライヒのトップ記事は、前線の将兵および銃後の国民向けに放送された。

その時代の誰に聞いても、「ゲッベルス博士の人気はきわめて高かった」という。[56] 劇評、映画評、文芸論、ゲッベルス自身が時々書いたコラム、スポーツニュース、枢軸国および英米の国内事情、芸術鑑賞、漫画が雑誌の構成であった。複製名画、劇的な戦闘写真、グラフも誌面を飾った。ゲッベルスが言ったように、ダス・ライヒは「意見が過激になればなるほど、上品で挑発性が薄いようにみせる必要がでてくる」ので、まとまな体裁を追求した。[57] ダス・ライヒは、一年以上も、ユダヤ問題に関するゲッベルスの過激な見解を掲載しなかった。おそらく彼は、読者が気晴らしを求めていると感じていたのであろう。この期間中、ヒトラー自身は公の場で、ユダヤ人についてほとんど触れなかったし、占領地では移動抹殺隊がユダヤ人のみならずポーランドのエリート層、共産主義者を虐殺していたが、ドイツ国内で苛烈な反ユダヤ法の導入を求める声に答えず、圧力をかわしていた。

そして一九四一年八月。ドイツの軍司令官たちが独ソ戦で緒戦の勝利に酔いしれている頃、ヒトラーは人種政策に関して二つの決定を行った。彼は、ドイツにおける医学殺害を公式に中止せよと命じ、屈辱を与え

ドイツ国内の強制収容所配置地図。戦後多くのドイツ人は「犯罪はどこか東部」で起きたと主張した。しかしこの配置図で分かるように、それは東部だけでなくドイツ国内でも起きたのである。ブッヘンヴァルト、ザクセンハウゼン、グロス・ローゼン、ラーベンスブリュック、ノイエンガンメ、ドーラ・ミッテルバウ、ダッハウ、シュトゥットホーフといった国内の強制収容所は、それぞれ周辺に多くの強制労働キャンプを有し、巨大な収容所網を形成していたのである。

るよう黄色の星マークをユダヤ人に着用させよ、と主張するゲッベルス等の要求に応じた[58]。ゲッベルスは、ヒトラーの許可がでた後でも、「私はユダヤ問題の解決促進を強く主張している。しかし、どの部門にも依然として抵抗が強い……ドイツフォルクが未来のために戦っている時……ユダヤ人が我がフォルクに寄生し続けているのは許せない」と書いた[59]。一九四一年九月七日、ゲッベルスは世論工作の一環として、ユダヤ人は抹殺されるとする一九三九年のヒトラー予告を、「今週のスローガン」にした。ヒトラーの政治権力を対ユダヤ戦争に投入すべく、ヒトラーの言葉を書いたプラカードが、ベルリン市中にあふれた。一週間後、六歳以上のユダヤ人全員に、黄色の布張り記章の着用が義務づけられた。ダビデの星のマークにヘブライ語まがいのドイツ語で「ユダヤ人」と書いた代物である。着用を怠れば、即強制収容所移送であった。

その後数ヶ月、ゲッベルスは憎悪煽動の手腕を発揮した。一九四一年一一月一六日付ダス・ライヒの一面に掲載された記事「ユダヤ人に罪あり」で、ゲッベルスはヒトラーの予告を繰返し、情けは無用、「この巨大汚物を徹底粉砕せよ」とドイツ国民に一大奮起を求めた。それから、反ユダヤ研究の語調になって、ユダヤ人抹殺は「民族と社会の衛生という基本的法則」に合致すると述べ、「黄色の星をつけた老婆を見て哀れみの情を抱く」者を嘲り、困難な任務の遂行にあたっては、情念ではなく義務意識が指針でなければならぬとし、「我われはこれを、淡々たる気持で話合う……ここに感情の入りこむ余地はない」と主張した。そして遅延すればそれだけユダヤ人の潜伏度が強まると考えたらしく、「打撃は、いっさいの感情を排し粛々と管理、執行される」とつけ加えた(60)。

ゲッベルスのスタッフは、ベルリンの市民向けに、カラー四頁建てのパンフレットを発行した。カバーは黒地に白抜きの見出しで、「君がこの記章を見た時……」という文字がおどっていた。そして、布張り記章に関する規則が書き添えられており、次の頁にそれが続き、「その時は、しっかり考えよ。ユダヤ人が我らフォルクに何をしたかを考えよ」と注意を喚起した。一九一八年の革命を画策したのはユダヤ人であり、大恐慌で八〇〇万のドイツ国民の生活をドン底に叩きこんだのもユダヤ人とされた。ユダヤ人はフォルクを汚染し、道徳を退廃せしめた張本人とされた。要するに諸悪の根源はユダヤ人であり、過去六年間反ユダヤの研究者がやってきた仕事はここに日の目をみて、彼等が汗水たらしてせっせとつくりだした、ありとあらゆるユダヤの犯罪が、ユダヤの脅威を呪う祈り文句に統括され、唱和されることになった。パンフレットは、「我われが世界のユダヤにやったことは、将来ユダヤ人が我われにしようと企んでいることに比べれば、何でもない」と強調する。このページの下には、「ここに初めて、ユダヤの意図がはっきりと証明された」と肉太活字がおどっている。そして、黄色の星型記章が、次のメッセージにかぶさるように印刷されている。そのメッセージはユダヤ人が「ドイツ人は死なねばならぬ」と言っているのだが、黄色の記章がかぶさっているので、「ユダヤ人は死なねばならぬ」というふうに、文章がつながる。そしてこの記事の右には、「まっとうで尊敬すべきたくさんの人……（その後の文章は記章で隠れている）そして子供たちは、抹殺される」と書かれている。

犯罪に目をつぶったドイツ人たち

第二次大戦後数十年にわたって、ドイツ人たちは、「東部」で何か戦慄すべきことが起きていると何となく感じたかも知れないが、ユダヤ人やほかの被迫害集団に何が起きたのか、どうなったか全然知らないと言った。しかしながら戦後すぐから、そのような言明は、精査に耐えられなかった。[61] ロンドン・タイムズは早くも一九四二年夏に、ドイツ系ユダヤ人の手紙を掲載した。「抹殺意図が、これまで何度も公言されてきた」とする内容であった。[62] クレンペラーは早い段階で、うるさく提唱される主張を耳にしていた。ほかのドイツ人たちも然りである。「咎められるのはユダヤ人のみ。我われはヨーロッパのそいつを抹殺しなければならぬ」という声を。[63]

戦後最初の強制収容所調査が、一九四七年に出版された。証言者のひとりがオイゲン・コゴン。ウィーン出身のジャーナリストで、ブッヘンヴァルトで五年間収容所生活を送り、生き残った人物で、確かな証拠を引きあいにだし、「殺戮の組織性とその秩序整然たる進行は、全くの盲目であってもはっきり分かっていたに違いない……ユダヤ人に危害が加えられ、その前から何年もそうであったことを知らない人は、ドイツにはひとりもいなかった」と述べた。[64] BBC放送は、一九四二年後半から大量殺害についてはっきりした報告を伝えていた。[65] 防空壕では、ドイツ人たちが爆撃は報復のためと考え、進撃してくるソ連軍は恐るべき復讐をやるとの懸念を抱いていた。その恐れは、自分たちの罪の意識に由来していた。ジェノサイドについての情報は、その気になれば誰にでも耳にすることができた。

ヒトラー・ユーゲントが「ユダヤの血がナイフの切っ先から迸る時」と斉唱する時、それを耳にする者は、ユダヤ人が危ないと分かった。アンシュルス（オーストリア併合）後オーストリアでは公衆の面前でユダヤ人が苦しめられ、あるいは一九三八年一一月九—一〇日のポグロムではドイツ全土で破壊行為があった。これを目撃した人々は、ユダヤ人のおかれた絶望的状況やナチの冷酷な行動に疑いを抱くことはできなかったはずである。局外者といえども、一九三九年一月三〇日に発したヒトラーの明確な予告がなくても、ナチ指導部のユダヤ人根絶意図を、否定することができなかった。戦時中「東部」で発生した恐るべき大殺戮の全貌をつかんでいたかどうかに関わりなく、ドイツ国民はユダヤ人の激しい苦悩を、身近に見ていた。一九四一年に三八ヶ所のユダヤ人強制労働キャンプが国内につくられた。そのうちのひとつくらいは近くを通った人々がいたであろう。[66] 小都市や町では、たまたま現実にでくわす場合もあった。SOPADEには、「たまたま広場を通ったら、そこにユダヤ人たちが狩り集められていた……その時のショックは生涯忘れられないだろう……皆から尊敬されている実業家、労働者、医者、老人の身体障害者が、移送されるのを待っていた」との報告が寄せられている。[67] あるベルリン市民は、荷物を満載したホロ付き貨物トラック群を目撃した。そ

「この記章を見た時」と題する宣伝省発行の反ユダヤ宣伝パンフ。「その時はよく考えよ」と続き、アーリア人種に対するユダヤの犯行と称する残虐行為の数々を列挙した。教科書、展示会、教育映画でおなじみの内容である。パンフは、いかさまの非難を加えた後、「ここに初めて、（黄色の記章に象徴される）世界のユダヤの意図が、白日のもとにさらされた。ユダヤ人は死なねばならぬ」と結んでいる。

してある日、その市民は一台のトラックの後部ホロが少し開いているのを見た。「ぼろぼろのどた靴に小さな可愛い靴、そしてボロぎれで包んだ足」を見て、その市民は愕然となるのである。[68] ドイツ国内には、あちこちに労働キャンプがつくられていた。捕虜、外国人労働者用だが、そのなかにはユダヤ人もまじっていた。キャンプ周辺の町や村では、住民はそこで何がおきているか知っていたので、日の出前と日没後路上に木靴の音が響きわたると、窓際から離れるのであった。

多くの者は、目をそむける以上のことをやった。(一九三八年一一月九—一〇日のように)数千人の男たちが暴れまわり、ポグロムに走ることも可能だった。しかし秩序正しい追放には、数十万、数百万の住民の従順さが必要であった。第三帝国には、かつて六七万五〇〇〇人を超えるユダヤ系国民がいたが、地方自治体の戸籍にはユダヤ人として登記しなければならなかった。識別目的で氏名にプラスして、女性にはサラ、男性はイスラエルという名をつけ加えることになり、戸籍簿を一新しなければならなくなった。警察は、電話、ラジオ、カメラおよび非合法文書の押収を目的として、日常的に家宅捜査を行った。市場価格の一〇%ほどの額でユダヤ人資産を「購入」する非ユダヤ人は、銀行に法的擬制の措置をとってもらった。郵便局ではユダヤ人の郵便物を検閲した。一九四一年三月、ユダヤ人が強制労働の徴用をうけた時、警察は作業場で点検し、遅刻者は強制収容所へ送った。銀行は、ユダヤ人の財産申告を調査した。一九四一年一〇月、ユダヤ人の年金、健康保険および有給休暇が廃止され、それに応じて、ユダヤ人の登録簿は手直しされた。ユダヤ人が「ユダヤの家」と労働キャンプへ移されると、住所変更の処置がとられた。強制収容所へ移送される段になると事前に電気料金を支払い、抵当権を清算し、そしてまた食料配給カードは無効となった。家の鍵は管理人に渡され、新しい「所有者」が受取った。移送された人の記録は、「住所不明、東部へ移動」として処理された。「我われ」と「あいつら」を区別する人種主義者の傲慢にみちた体制文化は、広く深く浸透し、大量虐殺の序章としてではなく、すでに定着している官僚的定型業務の継続として機能した。

国有鉄道の職員は、特別団体旅行列車（ダビデの文字をとってDAの記号が使われた）の編成にとりくみ、SSは、家畜運搬用貨車に詰めこんだ「乗客」の三等運賃を支払った。一キロメートル当たり一人一・五〜四ペニヒで、一二歳未満の子供は半額料金である。SSと鉄道の職員は、運賃を片道料金にするか往復の割引にするかで言い争った。そしてたいていは「乗客」が四〇〇人以上であれば五〇%引きで、一件落着となるのであった。[69] 第三帝国のユダヤ系市民は、名誉、尊厳、諸権利そして財産を奪われ、最後には命まで奪われてしまったが、その事の順序は官僚的秩序と手続きのもとで詳しい詰めが行われ、日常業務として実行された。強制収容所への移送は一九四一年晩秋に始まり、二六〇本の列車が編成され、ユダヤ人をドイツから移送した。ユダヤ人は有蓋貨車に詰めこまれ、列車一本で一〇〇〇人以上を運んだ。同じようにオーストリアを始めとする併合地でも移送列車が編成され、ユダヤ人を追い払って地域を「浄化」した。ナチ用語を借りれば、第三帝国は一九四三年後半までに「ユダヤ人一掃」の状態になった。[70]

戦後、生残り、加害者、協力者、傍観者そしてその子供たちが、普通のドイツ国民が最終解決をどの程度知っていたかについて、激しい論争を展開した。合意にはなかなか達しない。これは、まともな人間が悪に加担する可能性の問題であり、それぞれの世代につきつけられる論争点である。しかしながら、第三帝国のドイツ国民が東部の絶滅キャンプとキリングフィールド（キャンプ外の虐殺場）で何をどのくらい正確に知っていたかは、この論争にかみあわない。数百万の人が知らないでおこうと「決める」方を選んだ。何がどうなるかは分かりきっていたので、それ以上犯罪については目をつぶっておこうと思った。[71] しかし、第三帝国に居住するドイツ国民は、隣人たるユダヤ系市民が、身も心も必死になって救いを求めている事実を、はっきり知っていた。まわりで同じ国民が屈辱にまみれ、貧に苦しみ、迫害そして追放されていくのに、市民が従順であったことは——傍観者の冷淡な無視と協力者の熱烈追従を含めて——いったいどう理解すればよいのであろうか。

今なお健在な民族原理主義

ドイツ国民は、ユダヤ人を自分の道義的責任の世界から追い出してもよいと考えるに至った。そのような態度形成は、尊敬すべき研究機関によって流布された情報を受け入れた結果に由来する。ほかの現代社会の市民と同じように、第三帝国の国民は、専門家、ドキュメンタリー映画、通俗科学、教材そして展示会が伝える情報を、事実として信じた。占領地で兵隊たちが無抵抗の住民をいとも易々と殺戮した。問題はそれだけではない。一国家の妖怪が絶大な人気を博し、社会各層から支持され、住民個々人の良心を道義的破滅のために、総動員できた。ここでいう良心の総動員は、洗脳とはあまり共通性がない。洗脳の目的は、対象となる者を知性なき自動ロボットに変えることにある。ナチ・ドイツでは、高潔な総統に対する心服と優越民族に所属する喜びが、草の根の意欲を掘り起こし、選択の許容限界の中に入れたのである。

それは、ナチ・ドイツが民主主義とは縁遠かったことを意味しない。その概念世界のきめの粗さが、スターリンのソ連、ポルポトのカンボジアそして毛沢東の中国のような全体主義社会の教条主義的硬直性と、色あいを異にしていた。ウクライナに来たある第一線警官がその違いについて、「我われは、あの手この手とあくどいことをやるコミッサール（ソ連の人民委員）ではない。我われはプロイセンの伝統で鍛えられた兵士であり、我われに最大の努力を求める任務に就く者である。それは……総統が我われにここウクライナで遂行せよと命じられた任務であり……我われは崇高で、ドイツの将来がかかっている仕事をやりとげる者である」と説明した。(72) ドイツ兵は、特定の命令がない状況で行動する場合に備え、独自に判断し独断専行するように訓練されていた。彼らは、任務の意味を理解し、仕事上のコンセンサスを共有していた。それは血統でつながる民族の誇りと克己、そして犠牲者に対するさげすみを共通基盤にしていたから、実に効率よく活動した。政治上の疑惑がなく人種上の除け者でもない普通のドイツ国民には、選択的に自分の追従パターンをつくりあげる自由の幅がかなりあった。かくして、人種迫害の協力者は、官僚や従順な兵隊が与える陳腐なイメージと違って、もっと恐ろしい意味で普通であった。(73) 第三帝国の国民は、(人々からしてほしいと望むことは人々にもその通りにせよという) 黄金律を信じるように育てられ、私生活では恐らくそれをだいたいのところを守ったと思われるが、非常な強制力をもつ体制文化によって成型されたので、ナチズムの諸相にひとつかふたつ反対する者でも、血統の価値をベースとした人種ヒエラルキーの存在、総統信仰そして領土征服の妥当性を受入れるようになった。最終解決は、悪の化身として発展してきたのではなく、むしろ人種的潔癖性の暗黒面が嵩じたのである。もともと良心は、集団の非人道的要求から個人の廉直性を守るもの、として見られていたが、第三帝国においては、弱者に対する強者の攻撃を承認する手段になった。高い道義目的という幻影にとらえられたドイツ国民にとって、人種的異質物の排除、浄化は、困難だが必要な責務となった。(74)

ナチズムは、入党の有無に関係なく血でつながるドイツ人全員に、意味の総合的体系を与えた。それは、強烈なシンボルを通して伝えられ、共同体の儀式で増強された。その体系は、味方と敵、真の信仰者と異端、非ユダヤ人とユダヤ人を、それぞれどう区別するかを教えた。それは、フォルクの中での聖別された生活の夢を忠実なる者に与える点で、宗教に類似する。利己心を咎め克己を称揚するのは、どの社会でも倫理上の基本条件であり、共通性がある。しかし、すべての人間に普遍的権利を認める国際規範はおおらかな考えを主張するが、それと対照的にナチの体制文化は、「人間の顔をした生きものがすべて人間というわけではない」とするマントラのうえに築かれていた。

ナチズムは、二〇世紀もずっと後半になるまで、創始者より長く生きのびる可能性を欠いた、反動的政治信仰のようにみえた。ナチズムという特異質の人種幻想は、グース・ステップ（膝を曲げず足を高くあげる行進歩調）と同じような時代遅れのようにみえるが、国家が決めた人種アイデンティティを基礎として、そのうえに生存権を含む国民の市民権を認める。まさに無気味な新種の教義であり、新種第一号の政治イデオロギーである。ヒトラーは、合意の独裁をつくりあげた。それは、多様な政治信条のなかで「左でもなく右でもない」が、全く違った政治領域を占める体制である。ほかの原理主義と同じように、強力な指導者の登場に始まり、「庶民」を裏切ってきた腐敗エリートに対する草の根の怒りを利用した。

ナチ官僚と御用学者は、人種闘争というお粗末な教義をベースとして、ひとつの政治戦略をつくりあげた。そしてその政治戦略は、ヒトラーとともに滅んだわけではなかった。二〇世紀後半、植民地帝国の解体とソビエト体制の崩壊過程で、人種紛争や宗教、部族がらみの地域分離主義が発生した。それは、ナチズムが部族主義の先祖返りの最後ではなく、民族原理主義の先駆であったことを物語る。そしてそれは、社会が近代化の過程で、伝統的な意味の体系に脅威を及ぼす混乱に揺れる時、勢力を増してくる。政治指導者が自分の帰属する集団を優先し、その美点や長所を強く前面に押しだす時、潜伏する人種憎悪が頭をもたげてくる。民族原理主義者は、普遍的人権思想の普及と裏腹に、民族の危機を声高に叫ぶ。悪はまじりけのない純粋な民族の善として現れる。民族原理主義は、宗教、文化、人種あるいは言語のきずなを作り直して、危機に瀕しているように見える価値体系と真正な伝統を守る聖戦のなかで、政治と宗教を一体化する。

評論家がモラルのメルトダウンと呼ぶ時代にあって、個人の倫理感を制御する伝統的規範が弛緩する時、「善と悪」の戦いは政治の正面へ移動する。(75) 過ぎ去った昔の共産社会の価値観を体現するかにみえる政治指導者は、自分を悪の海を照らす正しい道義の灯台と主張し、そのように振舞う。彼らが、民族上のアウトサイダー、埒外にある一風変わった者——それは、性的退廃者、平和主義者、人権擁護家あるいはたんなる社会不適応者の場合もあるが——とみなす者に対して憎悪感を煽りたてる。だがその一方でひた向きな有権者は、その「彼ら」に党派政治を越えるほどに深い恐怖感を抱き、それを共有している。それは精神と肉体の汚染恐怖である。ナチズム崩壊からずいぶん時間がたったが、民族原理主義は相変わらず健在で、「あいつら」なき「我われ」だけの共同体意識から、今なお力を得ている。

謝辞

私は、この瞬間がくるのを長年考えていた。そして、ついに原稿を仕上げる日が来た。かくして私はこれまでお世話になった同僚、家族、友人の支援に、謝辞を述べる機会を得た。

『ナチ的良心』がまだ構想段階にあった時（表題などまだ漠然としていた）、シャルロット・シーディの熱心な勧めで、私は提案をまとめ、その結果、本書が誕生することになった。彼女のおかげで、私はハーバード大学出版局の作業チームとの共同作業を通して、多くのことを学んだ。特にジョイス・ゼルツァーは秀れた編集者で、惜しみなく私を支え激励してくれた。激励は褒めてばかりいるということではない。一章ごとに、推敲に推敲を重ねて、そのまま印刷にまわしてもよいと考えて渡すと、そのたびに、鉛筆書きの注で真黒になった原稿が戻ってくるのであった。仲間内にしか分からぬ符牒に注意を促し、話が横道にそれた個所ではその脱線を警告し、調子のよい一般化をいましめてくれた。激励は批判的にみてくれることであり、知的な友情といってよいだろう。

ナチ・ドイツ研究については、これまで先人の歴史家たちが営々として調査研究を重ね、厖大な学術資料が生みだされた。裨益するところ大で、会ったことのないこの先人たちに感謝の気持でいっぱいである。ナチジェノサイドの歴史については、H・A・アドラー、マックス・ヴァインライヒ、レオン・ポリアコフ、テオドール・アーベル、オイゲン・コゴン、ラウル・ヒルベルク、ジョージ・モッセによる初期の研究があり、この古典的研究を読むと、戦後の人間が忘れたいと思う問題を執拗に追及する姿勢に、ただただ頭がさがる。ナチの教育、人種政策、民族共同体（フォルクスゲマインシャフト）、保健専門家、知識人、調査ネットワーク、移動抹殺隊といった特定の問題について、最近出された質の高い研究論文、記事、ウェブサイト、学会発表論文が山ほどもあって、本書執筆の段階で参考にさせていただいた。このしっかりした研究の基盤がなければ、ナチ・ドイツの多面的社会生活の影の部分に光をあてることができなかったであろう。一方、ＮＨＣ（国立人文科学センター）では、研究者たちと直接交流する機会に恵まれた。ＮＨＣには執筆の最終段階で滞在したのであるが、ここでの研究を終える頃には、内容的に相当見直しをすることができた。

記録文書は研究上欠かせないが、積みあげれば何十メートルにもなるような文書の山は、公文書調査員の助けがなければ、どこからどう手をつけてよいか分からない。ドイツ国立公文書館（ブンデスアルヒーフ）のトルシュテン・ザルヴェル、ヘル・フォルカー・ランゲ、ヘル・シャルマン、ウィーン大学図書館の学士マリア・ザイスル博士、ミュンヘン国立公文書館のバッハマン博士、ヘルマン・レムショッテル博士、フーバー研究所のキャロル・リーデンハム、レミー・スクワイヤーズ、アグネス・ピーターソン、そして合衆国国立ホロコースト記念館のヘンリー・メイヤーの各氏にたいへんお世話になった。

私がデューク大学に着任したのは一九八九年であるが、以来事務局と歴史学科から研究資金や休暇等の面で強力な支援をうけた。調査資料の編集や執筆に便利なコンピュータソフトは、ウェイン・リー、アレン・クリーチの手を借り、ドイツ国立公文書館からの資料蒐集は院生のマイケル・メングとアンドリュー・スポルディングが手伝ってくれた。パーキンス・ライブラリーはナチ資料の蒐集で知られるが、ここでは一九四〇年代のナチ政策の入手でお世話になった。

デューク大学の稀覯書および特別蒐集図書館ではナチの体制文化関連資料、ナチの視聴覚資料にアクセスできた。一般向けのナチ図書刊行物を蒐集したヘレーナ・バウマンとマイケル・マクファーレンの努力に感謝したい。また本書に収録した図版の多くはエレノア・ミルズとジェイソン・モーニングスターが収集したものである。

本書が完成するまでには、同僚や友人の貴重な助言と励ましがあった。フランスのナチ占領問題ではフランソワ・バッシ、ドイツ史ではスザンナ・ヘシェル、イサベル・ハル、マリオン・カプラン、ロバート・メラー、マリー・ノラン、カール・シュロイネス、そしてエドワード・ウェスターマンの助言に感謝する。

Worker,"Jorg Wollenberg 編, *The German Public and the Persecution of the Jews, 1933-1945*, trans. Rado Pribic（Atlantic Highlands, N. J.: Humanities Press, 1996）, pp. 164-165に引用.

70. Beate Meyer, "The Mixed Marriage : A Guarantee of Survival or a Reflection of German Society during the Nazi Regime?" in Bankier, *Probing the Depths*, pp. 36-53. 1941年時点で16万4,000人のユダヤ人がドイツに居住していたが，そのうち12万3,000人が強制収容所で死んだ.

71. Bankier, *The Germans and the Final Solution*, p. 102.

72. 制服警官の発言，1942年5月 於ジトミル（Zhitomir），ヴェスターマンによる引用，Edward Westerman, "Shaping an Instrument for Annihilation : Creating the Police Soldier" Daniel E. Rogers and Allen Steinweis 共編，*The Impact of Nazism : New Perspectives on the Third Reich and Its Legacy*（Lincoln : University of Nebraska Press, 2003）. Peter Lieb, "Tater aus Uberzeugung? Oberst Carl von Andrian und die Judenmorde : Der 707 Infantriedivision, 1941/42," *Vierteljahrshefte für Zeitgeschichte* 4（2002）.

73. Yaacov Lozowick, *Hitler's Bureaucrats : The Nazi Security Police and the Banality of Evil*, trans. HaimWatzman（New York : Continuum, 2000）, pp. 268-280.

74. Alain Badiou, *Ethics : An Essay on the Understanding of Evil*, trans. Peter Hallward（London : Verso, 2001）, pp. 78-80, 85. ミショウは，この真にせまる幻影の構築に，ナチが宗教的言葉のあやを当てはめた点を追究した. Eric Michaud, *Un art de l'eternite : L'image et le temps du national-socialisme*（Paris : Gallimard, 1996）, pp. 15-48, 139-163.

75. Tzvetan Todorov, *Memoire du mal, tentation du bien : Enquete sur le siecle*（Paris : Lafont, 2000）, pp. 87-93, 331-338.

Widerstand（Frankfurt am Main : Campus, 1995）, p. 141. Ludwig Ferdinand Clauss, "Das Erlebnis der Arbeit : Seelische Reaktion der Rassen," *Das Reich* 1（June 23, 1940）: 5.

52. "Zum laufenden Filmprogramm," Nov. 28, 1940, in Boberach, *Meldungen*, vol. 1, pp. 2, 115.
53. "Zur Aufnahme des politischen Aufklarungsfilmes," Jan. 1941, in Boberach, *Meldungen*, vol. 6, pp. 1917-1918.
54. Robert Ley, *Pesthauch derWelt*（Dresden : Franz Muller, 1944）.
55. Norbert Frei, *Journalismus im Dritten Reich*（Munich : Beck, 1989）, pp. 108-135.
56. Hans H. Wilhelm, "The Holocaust in National Socialist Rhetoric," *Yad Vashem Studies* 16（1984）: 104-105.
57. Goebbels, quoted in Michael Balfour, *Propaganda in War, 1939-1944*（London : Routledge and Kegan Paul, 1975）, pp. 114-115.
58. Henry Friedlander, *The Origins of Nazi Genocide : From Euthanasia to the Final Solution*（Chapel Hill : University of North Carolina Press, 1995）, pp. 113-116. 医学殺害（安楽死）で7万から10万の人が殺された後，殺戮作戦はドイツ国外へ移り，東部で正式の許可がないまま継続した. 黄色の星に関する論議は次を参照. Losener, "At the Desk," Schleunes, *Legislating the Holocaust*, pp. 87-90に引用.
59. 1941年8月26日付ゲッベルス日記，Elke Frohlich 編，*Die Tagebucher von Joseph Goebbels : Samtliche Fragmente*, part 2, *Diktate, 1941-1945*, vol. 1（Munich : Saur, 1996）, p. 311に収録.
60. Joseph Goebbels, "Die Juden sind schuld!" *Das Reich*, Nov. 16, 1941. Hans H. Wilhelm, "The Holocaust in Rhetoric," pp. 104-114.
61. Heidi Gerstenberger, "Acquiesence?" in Bankier, *Probing the Depths*, pp. 28-30. Robert Gellately, *Backing Hitler : Consent and Coercion in Nazi Germany*（New York : Oxford University Press, 2001）, pp. 121-150.
62. "Jewish Sufferings," *Times*（London）, Sept. 18, 1942, p. 8.
63. 1943年5月29日付クレンペラー日記，Klemperer, *I Will Bear Witness*, vol. 2, p. 234.
64. Eugen Kogon, *Der S. S. Staat*（Stockholm : Bermann-Fischer Verlag, 1947）. コゴンはオーストリア出身の経済学者でジャーナリスト. 1938年3月に逮捕され，5年間ブッフェンヴァルト収容所で生活，辛くも生きのびた. David A. Hackett, *The Buchenwald Report*（Boulder, Colo.: Westview, 1995）, p. 16. Hans Rothfels, "Zur Umsiedlung der Juden im Generalgouvernement," *Vierteljahrshefte für Zeitgeschichte* 7（1959）: 333-336.
65. Eric A. Johnson, *Nazi Terror : The Gestapo, Jews, and Ordinary Germans*（New York : Basic Books, 2000）, pp. 442-450. しかしながらカプランは，多くのユダヤ人がニュースの伝える極悪非道性をなるべく考えないようにした，と述べている. Marion A. Kaplan, *Between Dignity and Despair : Jewish Life in Nazi Germany*（New York : Oxford University Press, 1999）, p. 195.
66. Wolf Gruner, *Der geschlossene Arbeitseinsatz deutscher Juden : Zur Zwangsarbeit als Element der Verfolgung, 1938-1943*（Berlin : Metropol, 1997）, pp. 167-168, 250-252.
67. 1939年2月6日，南西ドイツでの目撃報告，Sopade, Feb. 1939, p. 219. この日の輸送隊はフランス国境で折り返した. 列車の本数については次を参照，Christopher R. Browning, *Ordinary Men*（New York : HarperCollins, 1998）, p. 27.
68. Kaplan, *Dignity and Despair*, p. 197.
69. Heiner Lichtenstein, "Punctuality on the Ramp : The Horizon of a German Railroad

がる」と説明が続く.

38. 1939年10月23日付タイムズ（the Times of London）はドイツの食料不足と題し，彼らのおちこんだ状況は広く知られていると示唆した. Oct. 23, 1939, p. 10 ; "Germany's War Burdens," Jan. 9, 1940, p. 7 ; "Berlin under the Cold Spell," Jan. 30, 1940, p. 5 ; "Expulsion of Jews from Germany," Oct. 23, 1941, p. 3.
39. David Bankier, *The Germans and the Final Solution : Public Opinion under Nazism*（Oxford, Eng.: Blackwell, 1992）, p. 135.
40. Klaus-Jurgen Muller, *Das Heer und Hitler : Armee und nationalsozialistisches Regime, 1933-1940*（Stuttgart : Deutsche Verlags-Anstalt, 1969）, pp. 422-451. "Todesmarch von Lublin. Krakau," Mar. 28, 1940, YIVO, G-213. ポーランド作戦における大量殺害の総合的観察については，次を参照，Alexander B. Rossino, *Hitler Strikes Poland : Blitzkrieg, Ideology, Atrocity*（Lawrence : University of Kansas Press, 2003）, pp. 80-83, 115-120.
41. Lothar Gruchmann, *Justiz im Dritten Reich, 1933-1940 : Anpassung und Unterwerfung in der Ara Gurtner*（Munich : Oldenbourg, 1988）, pp. 80-82.
42. Bernhard Losener, "At the Desk," in Karl A. Schleunes, ed., *Legislating the Holocaust : The Bernhard Loesener Memoirs and Supporting Documents*, trans. Carol Scherer（Boulder, Colo.: Westview, 2001）, pp. 100-104. レーゼナーはためらいがちにレジスタンスを支援するようになり，1944年11月に逮捕され党から追放された. その頃ローラント・フライシュラーは，反逆罪で数千人に死刑の判決をくだし，"首つり判事"の悪名をほしいままにした.
43. Bronwyn Rebekah McFarland-Icke, *Nurses in Nazi Germany : Moral Choice in History*（Princeton, N. J.: Princeton University Press, 1999）, pp. 210-256.
44. イスラエルのホロコースト記念館（Yad Vashem）によって義の人として顕彰された人は，2003年現在でドイツ人342人，オーストリア人83人，チェコ103人，ポーランド人5,632人，フランス人，2,171人などである.
45. 1943年6月4日付クレンペラー日記，Klemperer, *I Will Bear Witness*, vol. 2, p. 235.
46. 1942年12月14日付ローゼンフェルト（Else R. Behrend-Rosenfeld）日記，*Ich stand nicht allein*（Frankfurt am Main : Europaische, 1949）, pp. 195-196に引用.
47. ニュースレター（Informationsdienst）は次の場所に保存，The Hoover Institution,（issues, 112-151［May 20, 1941 to Nov. 1944］）, and（scattered）NA/T-81/9. 人種政治局（RPO）のプレスリリースは次に保存，BAB/NS2/168.
48. バウマンはホロコーストの解釈を哲学的前提においた. 加害の側に立つ者は制服を着用した時，身につけていた倫理感覚を喪失するという考え方があり，これに基づく研究がこれまで何十年も進められてきたが，バウマンはこれを前提として論を展開した. Zygmunt Bauman, *Modernity and the Holocaust*（Ithaca, N. Y.: Cornell University Press, 1989）, pp. 151-168, 190-193.
49. Walter Gross, "Die Losung der Judenfrage," *NV* 8（Mar. 1941）; Gross, "Die rassenpolitischen Voraussetzungen zur Losung der Judenfrage," typescript, Erzbischofliches Archiv Freiburg, B2/28/12. ユダヤ問題は全文32頁の小冊子として配布された. *Die rassenpolitischen Voraussetzungen zur Losung der Judenfrage*, no. 1（世界闘争小叢書―Kleine Weltkampfbucherei―のひとつ）,（Munich : Hoheneichen, 1943）, p. 29.
50. Walter Gross, "Rassenpolitik," in *Deutschlands Erneuerung*（Munich : Lehmanns, 1942）.
51. Peter Weingart, *Doppel-Leben : Ludwig Ferdinand Clauss―Zwischen Rassenforschung und*

des Unbedingten : Das Fuhrungskorps des Reichssicherheitshauptamtes (Hamburg : Hamburger Edition, 2002), pp. 23-24 (本研究書は無作為抽出で国家保安本部—Reichssicherheitshauptamt—の本部職員221名を調査した). Michael Thad Allen, *The Business of Genocide* (Chapel Hill : University of North Carolina, 2002), pp. 14-29, 272-285. Yaacov Lozowick, *Hitler's Bureaucrats : The Nazi Security Police and the Banality of Evil*, trans. HaimWatzman (New York : Continuum, 2000), pp. 3-23 and 253-255.

26. Claude Lanzmann, *Shoah : The Complete Text of the Acclaimed Holocaust Film* (New York : Da Capo, 1995), pp. 129-134. ヒルベルグはこの時の会話，ナチの輸送機関の役割について，次の研究書で思い出を書いている. Raul Hilberg, *The Politics of Memory : The Journey of a Holocaust Historian* (Chicago : Ivan R. Dee, 1996), pp. 40-41 and 70-73.
27. Omer Bartov, *Hitler's Army : Soldiers, Nazis andWar in the Third Reich* (New York : Oxford University Press, 1992), pp. 59-76.
28. Der Reichsfuhrer SS, Schulungsamt, "Richtlinien," Nov. 16, 1942, BAB/NS31/155. 1944年，国防軍将兵の士気高揚を目的として，「フォルクー運動ーライヒ」と称する163頁建ての小冊子が発行された. この小冊子のなかで特に反ユダヤ的内容の記事は，10頁程度である. Dr. Karl Christoffel, Volk. Bewegung. Reich (Frankfurt am Main : Diesterweg, 1944). この小冊子は軍隊教育用教材 (Unterrichtswerk fuer Heeresschulen) の一部.
29. Hermann Erich Seifert, *Der Jude an der Ostgrenze*, vol. 3東部第7軍 (Gruppe 7 der osten Europas) 用に発行されたもの (Munich : Eher, 1940).
30. Adolf Schmalix, *Sind die Roosevelts Juden?* (Weimar : Knabe, 1939), Wilhelm Matthiessen, *Israels Ritualmord an den Volkern* (Munich : Ludendorff, 1939), vol. 7 of Laufender Schriftenbezug. Walther Jantzen, *Die Juden* (Heidelberg : Vowinckel, 1940).
31. SS-Handblatter fur den weltanschaulichen Unterricht [Pamphlets for Ideological Instruction]; Nationalsozialistische Deutsche Arbeiter-Partei, SS-Hauptamt ; Reichsfuhrer-SS, Thema 17 : "US-Amerika. Handlanger der judischen Weltmacht," and Thema 18 : "Der Jude zerstort jede volkische Lebensordnung."
32. トラップ少佐 (Major Trapp) の指示，Daniel J. Goldhagen, *Hitler's Willing Executioners : Ordinary Germans and the Holocaust* (New York : Knopf, 1996), p. 212に引用.
33. Egon Leuschner, Reichsschulungsbeaufrager des Rassenpolitischen Amtes des NSDAP, *Nationalsozialistische Fremdvolk-Politik : Der deutsche Mensch und die Fremdvolkischen*—Nur fur den Dienstgebrauch [部内使用限定], vol. 82 (1943).
34. Hans Hinkel, *Judenviertel Europas : Die Juden zwischen Ostsee und Schwarzen Meer* (Berlin : Volk und Reich Verlag, 1940).
35. Albert Dreezt and Dietmar Schmidt, *So seid Ihr wirklich : Kulturhetze und Kulturzerfall in England*, introduction by Hans Hinkel (Berlin : Becker, 1940). Heinz Ballensifen, *Juden in Frankreich* (Berlin : Nordland, 1939).
36. Max Hildebert Boehm, *Der befreite Osten : Eine volkspolitische und wirtschaftliche Darstellung mit zahlreichen Kartenskizzen und Diagrammen* (Berlin : Hofmeier, 1940).
37. ベルガーは著書『類（劣等）人種』で，「この類人種は世界を征服するため勃興した. 皆が力を合わせてたちあがらないと人類は駄目になる. ヨーロッパよ自衛せよ」と書いた. Gottlob Berger, *Der Untermensch* (Berlin : Nordland, 1942), p. 1. 死体や悲惨な人々の写真を数十枚紹介した後，「このような存在とは対照的に我らが戦士は名誉と善のために立上

8. 1938年12月15日及び23日付クレンペラー日記，Klemperer, *I Will Bear Witness*, vol. 1, pp. 280-283.
9. Otto Dov Kulka, "The German Population and the Jews," David Bankier 編，*Probing the Depths of German Anti-Semitism : German Society and the Persecution of the Jews, 1933-1941*（New York : Berghahn, 2000）, pp. 274-276に引用.
10. Alexandre Koyre, "The Political Function of the Modern Lie," *Contemporary Jewish Record*, June 1945, pp. 294-296, 298.
11. Marlis G. Steinert, *Hitlers Krieg und die Deutschen : Stimmung und Haltung der deutschen Bevolkerung im ZweitenWeltkrieg*（Dusseldorf : Econ, 1970）, pp. 78-79.
12. Monthly report, Ansbach, Steinert, *Hitlers Krieg*, p. 81.
13. Heinrich Hoffmann, *Ein Volk ehrt seinen Fuhrer : Der 20. April 1939 im Bild*（Berlin : Andermann, 1939）, unpaged.
14. 1939年11月10日および13日付報告，Heinz Boberach 編，*Meldungen aus dem Reich, 1938-1945 : Die geheimen Lageberichte des Sicherheitsdienstes der SS.*, 17 vols., vol. 3（Herrsching, Germany : Pawlak, 1984）, pp. 466-467.
15. Ernest K. Bramsted, *Goebbels and National Socialist Propaganda, 1925-1945*（n. p.: Cresset, 1965）, p. 221に引用.
16. Boberach, *Meldungen*, vol. 6, p. 1813 ; "Zur Aufnahme der Wochenschauen vom 25. bis 31. Januar und vom 1. bis 7. Februar 1941,"ibid., vol. 7, p. 2005. "Man of Destiny", *Times*（London）, Nov. 11, 1939, p. 5.
17. Heinrich Himmler, "Menschen Einsatz," Dec. 16, 1939, NA/T-81/52/55068. 55070.
18. "Wissenschaft gegen Weltjudentum," *VB* 54（South German edition, Mar. 25, 1941）.
19. "So sieht Frankreich die schwarzen Franzosen," and "Weltkampf der Rassen," *NV* 8（Oct. 1940）, and *NV* 8（Nov. 1940）.
20. Patricia von Papen, "'Scholarly' Antisemitism during the Third Reich : The Reichsinstitut's Research on the 'Jewish Question'（Ph. D. diss., Columbia University, 1999）, pp. 241-265. Dirk Rupnow, *Täter, Gedächtnis, Opfer : Das "Jüdische Zentralmuseum" in Prag, 1942-1945*（Vienna : Picus, 2000）, pp. 80-124.
21. Dr. Johann Pohl, *Jüdische Selbstzeugnisse*, series International Institut zur Aufklarung uber die Judenfrage（Munich : Eher, 1943）.
22. Richard Tetzlaff, *Die armen Juden*, vol. 25 in the series Volkisches Erwachen（Leipzig : Klein, 1939）.
23. Eugen Fischer and Gerhard Kittel, *Das antike Weltjudentum*（Hamburg : Hanseatische, 1943）.
24. Johann von Leers, *14 Jahre Judenrepublik : Die Geschichte eines Rassenkampfe*（Berlin : Verlag Deutsche Kultur-Wacht, 1942?）; Franz Schattenfroh, *Wille und Rasse*（Berlin, Stubenrauch, 1943）.
25. ハンナ・アーレントの描くアイヒマン像は，本格的な資料調査が行われた後，崩れ始めた. なかでも特記すべき調査は次の通り，Ulrich Herbert, "Ideological Legitimization and the Political Practice of the Leadership of the National Socialist Secret Police,"Hans Mommsen 編，*The Third Reich between Vision and Reality : New Perspectives on German History, 1918-1945*（New York : Berg, 2001）, pp. 95-98に引用. Michael Wildt, *Generation*

Berghahn, 2000), pp. 306-336に引用.

103. 国防軍の将官は，ポーランド侵攻作戦でユダヤ人とポーランド人各7,000人ほどが虐殺され，それを目撃したりあるいはその真実を知った時，反対した. しかるにSSの移動抹殺隊（アインザッツコマンド）は，明確な虐殺命令をうけた時，何のためらいもなく命令を実行した. だがそのような中でも例外はある. ポーランド東部のある村を警備した隊は，住民のユダヤ人ポーランド人と穏当な関係を有し，仕事もうまくこなした. つまり問題は，SS隊員は人種価値を完全に吸収しており，服従，状況に応じた独断専行いずれにも適応できたということである. Alexander B. Rossino, "Nazi Anti-Jewish Policy during the Polish Campaign : The Case of the Einsatzgruppe von Woyrsch," *German Studies Review* 24（Feb. 2001）: 35-54 ; Christopher R. Browning, *Nazi Policy, Jewish Workers, German Killers*（Cambridge, Eng.: Cambridge University Press, 2000), pp. 116-169.

X

1. このくだりの翻訳は次の記事から, "Herr Hitler's Forecast, 'Long Period of Peace'" *Times*（London), Jan. 31, 1939, p. 12. J. P. Stern, *Hitler and the People*（Berkeley : University of California Press, 1973), pp. 78-84.
2. Max Domarus 編, *Hitler Speeches and Proclamations, 1932-45 : The Chronicle of a Dictatorship*, vol. 3, trans. Mary Fran Gilbert（Wauconda, Ill.: Bolchazy-Carducci, 1990), pp. 1441-1449. 人種法の導入に際して行った1935年9月の演説で，ヒトラーは「もし"許容できる"関係が"ユダヤフォルク"と構築可能であれば，状況の見直しもありうる」と言った. Domarus, *Hitler Speeches*, vol. 2, p. 706. あとひとつ目立った演説が1939年1月末で，この時ヒトラーは，比喩的な表現はしなかった. Klaus P. Fischer, *The History of an Obsession : German Judeophobia and the Holocaust*（New York : Continuum, 1998), pp. 283-288. ナチはフェルニトゥングという用語を，ドイツを殲滅すべしといった敵の意図についての討議で，よく使った. 例えば, "Deutschland soll vernichtet werden," *VB* 49（Apr. 30/May 1, 1936).
3. ゲーリングは注意深く見たのだが，見落とした. ゲッベルスは日記に何も書いていない. ヴィクトル・クレンペラーはコメントしていない. もっとも数日後の2月5日「再びヒトラーがすべての敵をユダヤ人のせいにして，もしユダヤ人が対ドイツ戦争を仕掛けるならユダヤ人を殲滅すると脅迫した」と書いた. 1939年2月5日付クレンペラー日記，Victor Klemperer, *I Will Bear Witness : A Diary of the Nazi Years, 1933-1941*, trans. Martin Chalmers（New York : Random House, 1998), vol. 1, p. 292.
4. "Herr Hitler's Forecast, 'Long Period of Peace,'" and "Herr Hitler's Speech," *Times*（London), Jan. 31, 1939, pp. 12, 14. "Hitler Demands Colonies," *New York Times*, Jan. 31, 1939, p. 1. *Der Volkische Beobachter*, however, carried headlines announcing Hitler's "epochmaking" threat to Jewry. "ProphetischeWarnung an das Judentum," *VB* 52（Feb. 1, 1939).
5. Max Domarus 編, *Hitler : Reden und Proklamationen, 1932-1945*, vol. 2（Munich : Suddeutscher, 1965), pp. 1047-1067. 本書に使用した英訳は省略版. Domarus, *Hitler Speeches*, vol. 3, 1939-1940, pp. 1460-1465.
6. *Sopade*, July 1939, p. 921.
7. *Sopade*, Feb. 6, 1939, pp. 201-202.

91. Manfred Messserschmidt, *Die Wehrmacht im NS-Staat : Zeit der Indokrination*（Hamburg : Deckers Verlag, 1969）, pp. 17-83.
92. ブロウニングは自著『普通の人々』で，現存する資料のなかに特別精神鍛錬用の教材（ユダヤ人殺戮の任務につくにあたり，精神的にたえられるようにするためのもの）は，見つかっていないと述べている. Browning, *Ordinary Men*, pp. 176-180. 一方，『大量殺害鑑札―SS殺人者の社会心理学的研究』の著者ディックスを初め，1945年の終戦直後から社会科学者たちによって蒐集されたSS隊員に関するデーターは，彼らの間に下劣な反ユダヤ主義がないことを示している. 戦争犯罪者として判決をうけたSS隊員58人の心理分析によると，強迫観念的なユダヤ人憎悪者はわずか17％であった. また25％が「自民族優越主義者」ないしは「特定の対象をもたない憎悪の持主」だった. Henry V. Dicks, *Licensed Mass Murder : A Socio-Psychological Study of Some SS killers*（London : Chatto-Heinemann, 1972）, pp. 77-80. 上記の著者たちは，ジェノサイドをやるための煽動は乱暴で過激な言葉で表現しなければならぬと思っているようだが，それは間違いである.
93. “Nachstenliebe, Barmherzigkeit und Demut” to him were cardinal sins. Wegner, *Hitlers Politische Soldaten*, p. 51.
94. ヴィテクによる引用, Hans Witek and Hans Safrian, *Und keiner war dabei : Dokumente des alltaglichen Antisemitismus in Wien, 1938*（Vienna : Picus, 1988）, pp. 79-80.
95. *Sopade*, Aug. /Sept. 1935, pp. 922, 928, 1020. 3年後，国民は反ユダヤ法は正当として受入れていた，*Sopade*, July 1938, p. 753. Bernd Stover 編，*Berichte uber die Lage in Deutschland*（Bonn : Dietz, 1996）, pp. 25-26に引用. 世論の批判を浴びたのは，ドイツに従来から存在する反ユダヤ感情ではなく，日常生活で生じる行動とその程度であった. David Bankier, *The Germans and the Final Solution : Public Opinion under Nazism*（Oxford, Eng.: Blackwell, 1992）, p. 73.
96. ゲーリング演説は次の研究書に採録, Jeremy Noakes and Geoffrey Pridham, *Nazism : A History in Documents*, vol. 1（New York : Schocken, 1984）, doc. 427, pp. 558-559. 党内の腐敗に関するゲーリングの意見は，次を参照，Hermann Graml, *Antisemitism in the Third Reich*, trans. Tim Kirk（Oxford, Eng.: Blackwell, 1992）, pp. 9-12.
97. Orlow, *History*, vol. 2, pp. 246. 249. Helmut Genschel, *Die Verdrangung der Juden aus der Wirtschaft im Dritten Reich*（Gottingen : Musterschmidt, 1966）, p. 236. Höhne, *The Order of the Death's Head*, p. 316. BAB/R58/1096/110/Bl. 31-32.
98. “Aus der Reichshauptstadt,” *Der Stürmer* 17, no. 47（Nov. 1938）; “Ist die Judenfrage erlost?” *Der Stürmer* 17, no. 48（Dec. 1938）.
99. “Wer andern eine Grube grab” *SK* 4（Dec. 1, 1938）. リベラル派の偽善に対する攻撃は，この雑誌では目新しいことではなかった. 次を参照，“Winston Churchill und die Barbarei,” *SK* 2（1936年10月15日付）.
100. “Eine kleine Auswahl,” *SK* 4（1938年11月24日付）: 5 ; “Zweite Auswahl,” *SK* 4（1938年12月8日付）.
101. “Juden, Was nun?” *SK* 4（1938年11月24日付）, pp. 1-2.
102. 戦争が近づくにつれ，SS指揮下の警察力は6万2,000人から13万1,000人に増えた. その内訳は髑髏隊強制収容所警備隊6,500，武装SS10万，SSVT戦闘隊9,000である. Karin Orth, “The Concentration Camp SS as a Functional Elite,”Ulrich Herbert 編，*National Socialist Extermination Policies : Contemporary German Perspectives and Controversies*（New York :

brauchen Frauen!" *SK* 4 （19381月7日付）; "Madchen in Uniform," *SK* 2 （1936年5月26日付）; "Schluss mit der Frauenbewegung," *SK* 1 （1935年7月24日付）.

73. "Das Mas aller Dinge ist der Mensch," *SK* 4 （1938年3月17日付）. 女性を美の象徴とする例は，美は真実，恥知らずとは何かなど. 次を参照，"Schonheit ist die Wahrheit selbst," *SK* 4 （1938年2月17日付），"Was ist schamloser?" *SK* 4 （1938年1月20日付）.
74. Banach, *Heydrichs Elite*, pp. 136-139.
75. Cited in Norbert Frei, *National Socialist Rule in Germany : The Fuhrer State, 1933-1945* （Oxford, Eng.: Blackwell, 1993）, p. 103.
76. "Berichte der SD-Oberabschnitte zum Stand der Judenreferate auf der Schulungstagung in Bernau," Mar. 13-14, 1936, Bernau, inWildt, *Die Judenpolitik*, doc. 6, p. 81.
77. Robert Gellately, *The Gestapo and German Society : Enforcing Racial Policy, 1933-1945* （Oxford, Eng.: Clarendon, 1990）, tables on pp. 162, 164.
78. "Der Internationale Jude," *SK* 2 （1936年6月4日付）.
79. *SS-Leitheft* 3 （1936年4月22日付）: 7-14.
80. "Programm fur die Schulungstagung der Judenreferenten der SD-Oberabschnitte und Abschnitte in Bernau," Mar. 9-14, 1936. Wildt, *Die Judenpolitik*, doc. 5, p. 80. Banach, *Heydrichs Elite*, pp. 114-121.
81. "Wird abgegessen," SK 2 （1936年6月4日付）; "Nathan derWaffenschmiede?" *SK* 3 （1938年1月20日付）; "Judischer Lotterieschwindel," *SK* 2 （1936年7月2日付）; "Im Wein liegt Wahrheit nur allein," *SK* 2 （1936年9月17日付）.
82. "Antisemitismus, der uns schadet," *SK* 1 （1935年6月5日付）; "Parteibuch ist kein Versorgungsschein," *SK* 2 （1936年5月7日付）.
83. 読者は，暴力を控え，ドイツからの容赦なき追放に徹せよ，追い出し先は多分パレスチナと教えられた. "Zur Losung der Judenfrage," *SK* 1 （1935年8月21日付）: 1.
84. Memorandum des SD-Amtes, May 24, 1934, in Wildt, *Die Judenpolitik*, doc. 1, pp. 66-69, and "Wohin mit den Juden?" *SK* 4 （Feb. 10, 1938）.
85. "Gleiche Methoden—Gleiches Ziel," *SK* 4 （Sept. 23, 1938）: 8.
86. 『髑髏隊の至上命令』の著者ヘーネによると，ヒムラーは1940年5月までは，「ボルシェヴィキ式物理的抹殺は非ドイツ的で不可能という内なる確信」から，ユダヤ人の大量虐殺を否定していた. Heinz Hohne, *The Order of the Death's Head*, p. 325.
87. "Juden unerwunscht!" *SK* 4 （Sept. 1, 1938）.
88. "Memorandum des SD-Amtes," to Heydrich, May 24, 1935, in Wildt, *Die Judenpolitik*, doc. 1, p. 67. 典型的な情報報告には，例えば詳細な ユダヤの組織と構成員調査がある. Dieter Schwarz, *Das Weltjudentum : Macht und Politik* （Berlin : Eher, 1939）. SA 方式との違いは次を参照，Matthaus, "Erziehung," pp. 686. 688.
89. Wislicensys, "Judenfrage," Apr. 7, 1937, and "Richtlinien" （Guidelines）, in Wildt, *Die Judenpolitik*, docs. 11, 12, pp. 108-115. 次も参照，Westerman, "Himmler's Political Soldiers," Alan Steinweis and Daniel Rogers 共編，*The Impact of Nazism : New Perspectives on the Third Reich and Its Legacy* （Lincoln : University of Nebraska Presss, 2003） に引用.
90. "Das Ghetto, in diesem Falle das geistige, ist die Lebensform der Juden seit 800 Jahren" and "Judische Schlusbilanz," *SK* 2 （1936年2月27日付）. 次も参照，"Die Legende vom anstandige Juden," *SK* 3 （1938年1月13日付）.

RG11. 001M. 01/261/roll 4.

57. Memorandum, SD Office 4/2 to Heydrich, May 24, 1934, in MichaelWildt, ed., *Die Judenpolitik des SD, 1935 bis 1938 : Eine Dokumentation*（Munich : Oldenbourg, 1995）, doc. 1, p. 67. Emphasis in the original.
58. "Antisemitismus, der uns schadet," *SK* 1（June 5, 1935）.
59. Staatspolizeistelle, Bez. Wiesbaden in Frankfurt am Main. Feb. 6, 1935, USHMM, RG-11. 001M. 01, Reichssicherheitshauptamt, SD Berlin, 346, roll 5.
60. この漫画は（英雄たちという題でサインは，Lazslo）おそらく1937年と思われるが，最初次の雑誌に掲載された，*Time and Tide*, USHMM, RG-11. 001M. 01/346/roll 5.
61. ダレ（Walther Darre）は，集中鍛錬講習（Schulungsaparat）の解説で，指導教官たちに，訓練生の知的背景に合わせて対応し，人種問題アドバイザー（Rassefachberater）と協議せよ，と助言している. NA/T- 611/91. SKと訓練教範にみられるSSのイデオロギーは，ヒムラーの風変わりな説に沿っていない.
62. Wegner, *Hitlers politische Soldaten*, pp. 106-111, 192-203.
63. "Wir Kriegsfreiwilligen von 1914/15 und der Nationalsozialismus," *SK* 1（Mar. 6, 1935）, p. 1. これまでSS隊員はイデオロギーを持たないテクノクラートというイメージであったが，何名かの歴史学者がその見直しをしている. Michael Thad Allen, *The Business of Genocide : The SS, Slave Labor, and the Concentration Camps*（Chapel Hill : University of North Carolina Press, 2002）, pp. 1-29, 92-96. SSの財務計画の分析については，次を参照，Peter-Ferdinand Koch, *Die Geldgeschaft der SS*（Hamburg : Hoffmann & Campe, 2000）. Jurgen Matthaus, "Ausbildungsziel Judenmord? Zum Stellenwert der 'weltanschaulichen Erziehung' von SS und Polizei im Rahmen der 'Endlosung,'" *Zeitschrift für Geschichtswissenschaft* 47 no. 8（1999）: 677-699. EdwardWesterman, *Himmler's Political Soldiers : The German Uniformed Police and the Prosecution of RacialWar, 1933-1945*（Lawrence : University of Kansas Press, in press）.
64. Werner Augustinovic and Martin Moll, "Gunter D'Alquen, Propagandist des SSStaates," Ronald Smelser and Enrico Syring 共編，*Die SS : Elite unter dem Totenkopf—30 Lebenslaufe*（Paderborn : Schoningh, 2000）, pp. 100-118に引用.
65. George C. Browder, *Hitler's Enforcers : The Gestapo and the SS Security Service in the Nazi Revolution*（New York : Oxford Univrsity Press, 1996）, pp. 136-138. SS将校の中でユンカー出身者が多い点については，次の研究書を参照，Heinz Hohne, *The Order of the Death's Head : The Story of Hitler's S. S.*, trans. Richard Barry（New York : Coward-McCann, 1970）, pp. 132-160.
66. August Heismeyer（21頁の士気調査報告，1936年9月4日付）, 1936, BA/NS2/38
67. Banach, *Heydrichs Elite*, pp. 98-100.
68. "S. S. auf Vorposten an derWeichsel," *SK* 2（1936年2月13日付）.
69. "Weise Juden in derWissenschaft," *SK* 2（1937年7月15日付）.
70. "Der Kampf gegen den Rassengedanken," *SK* 2（1936年6月4日付, これは，国家社会主義批判シリーズの4作目）.
71. キッチュのサンプル付エッセー，*SK* 2（1936年10月8日付）.
72. 女性は男に非ず，おとこ女はお呼びでない，制服の女性，女権運動はもうおしまいといった内容が，次の記事"Frauen sind keine Manner!" *SK* 2（1936年3月12日付）; "Wir

44. *Was soll mit den Juden geschehen? Kritische Vorschlage von Julius Streicher und Adolf Hitler*（Paris : Carrefour, 1936）, p. 52. "The Organization of Spontaneity," in *The Yellow Spot : The Outlawing of a Half a Million Human Beings—A Collection of Facts and Documents Relating to Three Years' Persecution of German Jews*, introduction by the bishop of Durham（London : Victor Gollancz, 1936）, pp. 177-196, 209-384.
45. Streicher, lecture, Bernau, July 1935, NA/T-81/75, 86592. 86599. "Herr Streicher and the Jews : Extirpation the Only Solution," *Times*（London）, Sept. 16, 1936.
46. "Der Jude ist ungerufen in unser Land gekomme'. Also kann er wieder gehen." *Der Sturmer* 12, no. 25（1934）; Christa-Maria Rock, "Die Judenfrage," *Der Stürmer* 13, no. 47（Dec. 1935）. "Zuruck zum Ghetto," *Der Stürmer* 13, no. 12（Mar. 1935）.
47. "Die Judenfrage ist eine Weltfrage," ユダヤ問題は世界問題として，対ユダヤ全面戦争（"Kampf gegen Alljuda"）を論じたもの. *Der Stürmer* 13, no. 48（Nov. 1935）.
48. "Ehrlichkeit und Lumperei," *Der Stürmer* 12, no. 9（Feb. 1934）. Reader's letter, "Madagaskar," *Der Stürmer* 12, no. 40（Nov. 1934）. 駆逐に関する言及はほかに次のものがある. "Die Losung der Judenfrage," *Der Stürmer* 13, no. 46（Nov. 1935）, followed by "Das Ende : Madagaskar," *Der Stürmer* 16, no. 1（Jan. 1938）.
49. "Judentum ist organisiertes Verbrechertum...," *Der Stürmer* 12（Feb. 1934）.
50. 原文は次の通り，"bis sich diese selber vertilgt und aufgefressen haben." この文章は「相互に騙しあい根こそぎにしようするにちがいないが，しかしそれは，彼らの臆病に示される自己犠牲心の完全な欠落がこの闘争を猿芝居にしかねない」と続く. Hitler, *Mein Kampf*, p. 302.
51. "Ein englisches Blatt empfiehlt Madagaskar fur die Juden," *Der Stürmer* 13（Apr. 1935）.「いつかユダヤ人を船でマダガスカル島へ搬送したい」ことを明らかにしたロングリッチの記事も参照，Peter Longerich, *The Unwritten Order : Hitler's Role in the Final Solution*（Charleston, S. C.: Tempus, 2001）, pp. 55-56.
52. ニュルンベルクの年次党大会の特別号，"Menschenmorder von Angfang an : Der judische Weltbolschewismus von Moses bis zur Komintern," special issue 3, *Der Stürmer*（Sept. 1935）. *"Holle Sowjetrusland : Der Todesschrei eines Riesenvolkes—Mord und Hunger bringen das russische Volk zur Strecke," Der Stürmer* 13（Dec. 1935）.
53. フィリペのカリカチュア. 人種"問題"に対する9種の"解決"法. そのひとつはリンチの絵で，アメリカでは黒人の首をつっても誰も気にしない，というキャプションがついている. *Der Stürmer* 14, no. 21（May 1936）.
54. "So sagen sie! Das taten sie!" *Der Stürmer* 17（Oct. 1939）.
55. Otto Dov Kulka, "The German Population and the Jews," David Bankier 編，*Probing the Depths of German Anti-Semitism : German Society and the Persecution of the Jews, 1933-1941*（New York : Berghahn, 2000）, pp. 272-273 に引用. Ian Kershaw, "The Persecution of the Jews and German Public Opinion," *Leo Baeck Institute Yearbook* 26（1981）: 261-289.
56. Otto Dov Kulka, "Die Nurnberger Rassengesetze und die deutsche Bevolkerung im Lichte geheimer NS-Lage-und Stimmungsberichte," *Vierteljahrshefte für Zeitgeschichte* 32（1984）: 582-600. "Nachrichtenerfassung"（ニュース蒐集），Dec. 15, 1936, USHMM, RG-11-001M. 01/183/roll 1, pp. 2-6,（公安組織のネットワークを記述）. 反ユダヤ行動を体裁よく見せるためのSSのキャンペーンについては，1936年1月29日付ヘスの回状を参照，USHMM,

28. "Diese Betriebe sind judisch," *Der Stürmer* 16, no. 42（Oct. 1938）: 4.
29. Gerta Pfeffer, "Ich hatte gern mitgetanzt," Margarete Limberg and Hubert Rubsaat共編, *"Sie durften nicht mehr Deutsche sein" : Judischer Alltag in Selbstzeugnissen, 1933-1938*（Frankfurt am Main : Campus, 1990）, pp. 140-143.
30. "Ein sonderbarer Frauenverein"（"最も奇妙な女性団体" とある）, *Der Stürmer* 15 no. 40（Sept. 1937）.
31. "Was Christus sagt," and "Hitlertreue," *Der Stürmer* 2, no. 12（Aug. 1924）.
32. "Unser Zeichner Fips bei der Marine," *Der Stürmer* 17, no. 42（Oct. 1939）.
33. フィリペがさまざまな職業のユダヤ人をデフォルメして描いたもの. 上質紙で24枚1組. ただし, 頁はうたれていない, *Juden stellen sich vor*（Nuremberg : Sturmer Verlag, 1934）.
34. "Tiere sehen dich an," Der Sturmer 11, no. 47（Nov. 1933）. フィリペのカリカチュアには, 檻の内に入った猿とユダヤ人男性が見詰めあっている構図もある. *Der Stürmer* 10, no. 10（Mar. 1932）, and "Das Tier im Juden," *Der Stürmer* 13, no. 31（Aug. 1935）.
35. "Protests against Serums," *New York Times*, Feb. 15, 1935 ; "Bars Wrestling Matches" *New York Times*, Mar. 11, 1935 ; "Appointed to Academy for German Law," *New York Times*, Sept. 7, 1935 ; "Streicher Dines 15 Reds," *New York Times*, Dec. 22, 1935.
36. "Das geschandete Kind : Viehjude vergeht sich an zweijahrigem Madchen," *Der Stürmer* 13, no. 4（Jan. 1935）; "Paul Rehfisch der Kinderschandler von Gelsenkirchen," *Der Stürmer* 12, no. 50（Dec. 1934）; "Jud L. Leopold : Der Kinderschandler in Weimar," *Der Stürmer* 13, no. 2（Jan. 1935）; "Die Viehjuden Hildesheimer," *Der Stürmer* 13, no. 4（Feb. 1935）.
37. "Judische Knabenverderber," *Der Stürmer* 14（Mar. 1936）.
38. Fred Hahn, *Lieber Sturmer! Leserbriefe an das NS-Kampfblatt, 1924 bis 1945*（Stuttgart : Seewald, 1978）, p. 105.
39. タルムードの言い回しをベースに, 「ユダヤ人は人間で非ユダヤ人は動物」なら, 非ユダヤ人はユダヤ人に罪の意識もなく同じやり方で借りを返せる. "Gesinnungslosigkeit," *Der Stürmer* 14, no. 29（July 1936）. "So wirtschaftet der Jude!" *Der Stürmer* 13, no. 15（Apr. 1935）. 出典は次の資料とされる, "Baba unezia 114 b." Max Weinreich, *Hitler's Professors : The Part of Scholarship in Germany's Crimes against the Jewish People*（New Haven, Conn.: Yale University Press, 1999）, pp. 39-40, 51-55（この中で, ヴァインライヒはシュトライヒャーの知的てらい, みせかけについて論じている）.
40. 後期啓蒙時代にでた偏向的似非学問の一例が, 二人のイエズス会修道士の書いた次の本である, Carl Anton and Johann Eisenmenger, *Einleitung in die rabbinischen Rechte*（Braunschweig : Meyer, 1756）. ヒトラーの古い同志の一人ヘルマン・エッサー（Hermann Esser）は, 18世紀のユダヤ犯罪人リストを編集し, 次のタイトルで出版した. *Die judischeWeltpest : Kann ein Jude Staatsburger sein?*（Munich : Eher, 1927）.
41. Peter Deeg, *Hofjuden*, Julius Streicher, ed.（Nuremberg : Sturmer, 1939）.
42. RichardWilhelm Stock. *Die Judenfrage durch funf Jahrhunderte*（Nuremberg : Sturmer, Verlag, 1936）.
43. ユダヤ人の死に歓喜するのが, いつものテーマであった. 次の資料を参照, "Der Tod des Juden Guckenheimer," *Der Stürmer* 9, no. 53（Dec. 1931）; "220 Volt Spannung," *Der Stürmer* 16, no. 1（Jan. 1938）; Ernst Hiemer, "Und wieder die Juden-Frage!" *Der Stürmer* 13, no. 32（Aug. 1937）.

Gerhard Haupt 共編, *Geschichte und Emanzipation* (Frankfurt am Main : Campus, 1999), pp. 517-539に引用.

19. Heinrich Himmler, "Ansprache des Reichsfuhrers-SS, am 11. Oktober 1934," Browder, *Foundations*, p. 158に引用.
20. JosephWulf, *Presse und Funk im Dritten Reich : Eine Dokumentation* (Gutersloh : Mohn, 1964), p. 252.
21. "Ein Kampfblatt, das geliebt und gehast wird, wie kein zweites." 戦後ある大臣は当時を回顧して,「シュトライヒャーほどドイツに影響を及ぼした者はいない. 彼に比肩できるのはゲッベルスのプロパガンダだけ」と言った. *Trial of the MajorWar Criminals before the International Military Tribunal* (Washington, D. C.: Government Printing Office, 1948) (henceforth IMT), vol. 5, pp. 91-118, 547-549, *http://www.yale.edu/lawweb/avalon/imt.*
22. Lutz Graf Schwerin von Krosigk, "Rassenkampf der Minderwertigen," *Es Geschah in Deutschland : Menschenbilder unseres Jahrhunderts* (Tubingen : Wunderlich, 1952), pp. 265-268. シュトライヒャーは絞首刑になったが, 主な罪状のひとつが「反ユダヤ主義のウイルス」拡散と1930年代繰り返し求めたユダヤ人全員の「絶滅」要求であった. シュトライヒャーやカルテンブルナー(ハイドリヒの後を継いで国家保安本部長になった)のような人物がいなければ, 命令に突き動かされる者はいなかったであろう. *IMT*, vol. 5, docs. 001M. 045M, pp. 111. 158. "Judgment," Streicher, Avalon Project at Yale Law School (2003年3月30日の意見交換), *http://www.yale.edu/lawweb/avalon/imt*
23. Himmler, *Der Sturmer* 14 (July 1937) に引用. ニュルンベルク国際軍事法廷で検察側は, シュトライヒャーがユダヤ人抹殺を求める記事50点余を提出した. Nuremberg Trials, *IMT*, vol. 5, p. 118.
24. Randall L. Bytwerk, *Julius Streicher* (New York : Dorset, 1983), pp. 25, 148-149, 164-165.
25. Robert Gellately, *The Gestapo and German Society : Enforcing Racial Policy, 1933-1945* (Oxford, Eng.: Clarendon, 1990), pp. 132-143. Eric A. Johnson, *Nazi Terror : The Gestapo, Jews, and Ordinary Germans* (New York : Basic Books, 2000), pp. 364-375. Gisela Diewald-Kerkmann, "Denunziantum,"Gerhard Paul and Klaus-Michael Mallmann 共編, *Die Gestapo : Mythos und Realitat* (Darmstadt : Primus, 1996), pp. 288-305に引用.
26. シュトライヒャーに対する判決文は, 次からの引用, *Der Sturmer* at length. IMT, vol. 22, pp. 547-549.
27. この種の噂はデアシュテュルマーが流したもの. その例は以下の通り:"Judische Trauung in Bielefeld," *Der Stürmer* 13, no. 47 (Nov. 1935); "Die Beerdigung : Wie die Judin Felsenthal zu Grabe geleitet wurde," *Der Stürmer* 14, no. 9 (Apr. 1936); "Ein unerhorter Fall judischer Gefuhlsroheit," *Der Stürmer* 11, no. 31 (July 1933); Hildegard Staub "NSFS Tagung in Liegnitz i. Schl," *Der Stürmer* 12, no. 13 (Mar 1934); "Die judische Pest an der Saar," and "Salie Aronowsy : Der Zahnbehandler von Dietfurt," *Der Stürmer* 13, no. 1 (Jan. 1935); "Der Herr Pfarrer kauft heute noch sein Brot beim Judenbacker," *Der Stürmer* 13, no. 4 (Feb. 1935); "Wann wird der deutsche Bauer gescheit?" *Der Stürmer* 13, no. 38 (Sept. 1935); "Der Jude als Viehhandler" *Der Stürmer* 13, no. 43 ; "Pfarrer Wolff," *Der Stürmer* 13, no. 47 ; "Wer beim Juden kauft," *Der Stürmer* 14, no. 29 ; "Juden sonnen sich in Deutschland," *Der Stürmer* 16, no. 45 (Nov. 1938); "Der Strandbad," *Der Stürmer* 1 no. 29 (July 1936).

the mission of Lebensraum, and the readiness to lay down their lives for Volk and Fuhrer. Muller, *Das Heer und Hitler : Armee und nationalsozialistisches Regime, 1933-1940*（Stuttgart : Deutsche Verlags-Anstalt, 1969）, doc. 2, pp. 591-593.

9. ヒトラーはビヤホール集会で「歴史を作るのは，全員男の戦闘集団だけ」と主張した．演説テーマは次の通り，“Warum die nationalsozialistische Bewegung dennoch siegen mus,”, Eberhard Jackel 編，*Hitler : Samtliche Aufzeichnungen, 1905-1924*（Stuttgart : Deutsche Verlags-Anstalt, 1980）, p. 737に引用．「我が闘争」では，「男が（先の大戦で）命をかけたのは己のパンのためではない．父祖の地に対する愛，その栄光のため，国家の名誉のために戦ったのだ」と書いた．*Mein Kampf*, trans. Ralph Mannheim（Boston : Houghton Mifflin, 1962）, p. 437.

10. ゴットシュベスキ（Lyda Gottschweski）との論争は，次を参照，Alfred Baumler, *Mannerbund und Wissenschaft*（Berlin : Junker & Dunnhaupt, 1934）. Harry Oosterhuis, “Medicine, Male Bonding and Homosexuality in Nazi Germany,” *Journal of Contemporary History* 32（Apr. 1997）: 187-110. バークは「広く知られているように，仲間同士が脅威にさらされている時，脅威を及ぼす敵に対して最も大きい力，猛烈な反撃力を発揮するのが戦友愛である．憎悪ではそれほどの力はでない」とした．Joanna Bourke, *An Intimate History of Killing : Face-to-Face Killing in Twentieth-Century Warfare*（New York : Basic Books, 1999）, pp. 129, 158. Geoffrey Giles, “Why Bother about Homosexuals? Homophobia and Sexual Politics in Nazi Germany,”（ジャイルズの記事は2001年5月30日の講演記録，於合衆国ホロコースト記念博物館，ワシントン）.

11. Baumler, *Mannerbund*, pp. 14-37.

12. Canetti, *Crowds*, p. 94.

13. Wolfgang Sofsky, *The Order of Terror : The Concentration Camp*, trans. William Templer（Princeton, N. J.: Princeton University Press, 1999）, pp. 234-236.

14. Hans Mommsen, “Die Realisierung des Utopischen : Die ‘Endlosung der Judenfrage’ im ‘Dritten Reich,’” *Geschichte und Gesellschaft* 9（1983）: 381-420.

15. Bruce Campbell, *The SA Generals and the Rise of Nazism*（Lexington : University Press of Kentucky, 1998）, p. 116.

16. Tom Segev, *Soldiers of Evil : The Commandants of the Nazi Concentration Camps*（New York : McGraw-Hill, 1987）, pp. 58-60. Campbell, *The SA Generals*, pp. 118-153. Robert Koehl, *Black Corps : The Structure and Power Struggles of the Nazi SS*（Madison : University of Wisconsin, 1983）, pp. 83-84. Jens Banach, *Heydrichs Elite : Das Fuhrerkorps der Sicherheitspolizei und des SD, 1936-1945*（Paderborn : Schoningh, 1998）, pp. 99-114.

17. Walther Darre, circular, Rasse und Siedlungs Haupt Amt, Munich, Mar. 1934, NA/T-611/91.

18. 1940年12月までに武装SSは兵力15万にふくれあがり，SSVT（特別隊）は8,000人から9,000人の兵力を擁した．一方髑髏師団所属の強制収容所警備隊は約6,500人であった．Bernd Wegner, *Hitlers Politische Soldaten : die Waffen-SS, 1933-1945—Studien zu Leitbild, Struktur und Funktion einer nationalsozialistischen Elite*（Paderborn : Schoningh, 1982）, pp. 175-195. George C. Browder, *Foundations of the Nazi Police State : The Formation of Sipo and SD*（Lexington : University Press of Kentucky, 1990）, pp. 221-230. Segev, *Soldiers of Evil*, pp. 94. 122. Ursula Nienhaus, “Himmlers willige Komplizinnen—Weibliche Polizei im Nationalsozialismus, 1937 bis 1945,” Michael Gruttner, Rudiger Hachtmann, and Heinz-

109. David Bankier, *The Germans and the Final Solution*, pp. 73-74. この著書『ドイツ人と最終解決』でバンキエルは，あからさまな敵意を抱くグローへ管区長に率いられた地域を調査し，「大衆動員とSAの暴力は反ユダヤ主義の一般化にほとんど役にたたず，“法的”手段への転換で成功した」と述べている. Ian Kershaw, *Popular Opinion and Political Dissent in the Third Reich : Bavaria, 1933-1945*（New York : Oxford University Press, 1983）, pp. 333-336.
110. Alison Owings, *Frauen : GermanWomen Recall the Third Reich*（New Brunswick, N. J.: Rutgers, 1993）, pp. 13-16. Jews will, like blacks, she insisted, be racially different with a distinctive mentality. Frank Stern, *The Whitewashing of the Yellow Badge*, trans. William Templer（Oxford, Eng.: Pergamon, 1992）, pp. 1-11, 213-262.
111. Benno Muller-Hill, *Murderous Science : Elimination by Scientific Selection of Jews, Gypsies, and Others, Germany, 1933-1945*（New York : Oxford University Press, 1988）, p. 108.
112. Klemperer, diary entry of Aug. 16, 1936, *I Will Bear Witness*, vol. 1, p. 184. 1919年，ヒトラーはミュヘンのラートハウス広場でユダヤ人をどうやって殺すか空想をたくましくした. クレンペラーが想像した仕返しは，似てなくもない. 次も参照. Lise Meitner to Otto Hahn, June 27, 1945, in Deichmann, Biologists, pp. 333-335.

IX

1. Jason Epstein, “Always a Time to Kill,” *New York Review of Books* 7（Nov. 4, 1999）: 57-64.
2. “状況主義者”のなかでは，ブーフハイム（Hans Buchheim），モムゼン（Hans Mommsen），ローズ（Richard Rhodes），ブロウニング（Christopher Browning）の4名が特に目立つ. ドイツ固有の人種主義が存在すると主張する人では，ローズ（Paul Rose），ワイズ（John Weiss），ゴールドハーゲン（Daniel J. Goldhagen）が最近論陣をはっている.
3. Herbert C. Kellerman and V. Lee Hamilton, *Crimes of Obedience : Toward a Social Psychology of Authority and Responsibility*（New Haven, Conn.: Yale University Press, 1989）, pp. 46-48.
4. Daniel J. Goldhagen, *Hitler's Willing Executioners : Ordinary Germans and the Holocaust*（New York : Knopf, 1996）, p. 428. この論争とより広汎な歴史研究動向との関係については，次を参照，Richard Bessel, “Functionalists vs. Intentionalists,” *German Studies Review* 26（Feb. 2003）: 15-20.
5. Christopher R. Browning, *Ordinary Men : Reserve Police Battalion 101 and the Final Solution in Poland*（New York : Harper Perennial, 1998）, p. 48. ブロウニングは本書「普通の人々―101大隊とポーランドにおける最終解決」で，第101予備役警察大隊の場合，予備役中尉7名のうち5名が党員，下士官32名のうち22名が党員であったことを明らかにした.
6. Peter Fritzsche, “May 1933,” in *Germans into Nazis*（Cambridge : Harvard University Press, 1998）, pp. 215-235. Bernd Stover, *Volksgemeinschaft im Dritten Reich : Die Konsensbereitschaft der Deutschen aus der Sicht sozialistischer Exilberichte*（Dusseldorf : Droste, 1993）, pp. 35-55, 115-220.
7. カネッティは古（期）仏語でモイテ（meute）は反乱，一揆，暴動と狩りの両義があると付記している. Elias Canetti, *Crowds and Power*〔*Masse und Macht*, 1960〕, trans. Carol Stewart（New York : Farrar, Straus and Giroux, 1998）, p. 97.
8. Canetti, Crowds, p. 99. Werhmacht soldiers, as Klaus-Jurgen Muller notes, were indoctrinated to believe in Germany's right to military preparedness, the justice of revenge,

93. Apr. 24, 1939, *Kurze Inhaltsangabe der Schrift* "Rasse, Volk Staat und Raum," *Sprachregelung*（用語指針）, BAB/5001/1031/Bl. 1-2. Gerd Simon, *"Art, Auslese, Ausmerze…" : Ein bisher unbekanntes Worterbuchunternehmen*（Tubungen : Gesellschaft fur Interdiziplinare Forschung, 200）.
94. REM, BAB/4901/521/Bl. 94. 1935年10月1日付覚書きは，保護対象非アーリア系（*geschutzte Nichtarier*, 1933年4月25日時点の意味で）という用語が曖昧なので，非保護対象非アーリア系（*ungeschutzter' Nichtarier*）の用語を提案している.
95. "Die amtliche Sortierung der Halbjuden," Oct. 5, 1935, BAB/R18/5513/Bl. 116, 79.
96. Karl Lowith, *My Life in Germany before and after 1933 : A Report*（Champaign-Urbana : University of Illinois Press）, pp. 60-61.
97. Tzvetan Todorov, *Memoire du mal, tentation du bien : Enquete sur le siecle*（Paris : Lafont, 2001）, pp. 26-34, 88-90.
98. Roger Uhle, "Neues Volk und reine Rasse : Walter Gross und das Rassenpolitische Amt der NSDAP"（Ph. D. diss., Rheinisch-Westfalische Technische Hochschule Aachen, 1999）, p. 81.
99. シュミットは1936年にダス・シュバルツェコール（Das Schwarze Korps）で非難された. 1926年に書いた論文のなかに人種主義を批判する個所があったためである. 一方，ハイデガー（Heidegger）もしりぞけられた. ナチインテリはハイデガーの言うことがちんぷんかんぷんで理解できず，その思想を信用しなかったためである.
100. ヒトラーは1942年秋までに"法的にみてユダヤ人"339人をミシュリングに格上げした他，ミシュリング258人の軍隊勤務を許可し，第1級ミシュリング394人をアーリア人種に格上げした. Hermann Graml, *Antisemitism in the Third Reich*, trans. Tim Kirk（Cambridge, Mass.: Blackwell, 1992）, p. 122. レーゼナーは"混淆人種"カップル数千名が，例外扱いの申請をしたとしている. しかし認められたのは数百名にすぎなかった. Schleunes, *Legislating the Holocaust*, p. 64. アドラーは，著書『管理された人間ーユダヤ人のドイツ追放研究』で，ヒトラーが1940年以降もっと厳しく処置するようになった，と認めている. H. A. Adler, *Der verwaltete Mensch : Studien zur Deportation der Juden aus Deutschland*（Tubingen : Mohr, 1974）, p. 297.
101. Ludwik Fleck, *Genesis and Development of a Scientific Fact*（1934）, introduction by Thomas S. Kuhn（Chicago : University of Chicago, 1979）, pp. 4-6, 125-145.
102. Quoted by Martin Gilbert, foreword toWeinreich, *Hitler's Professors*, p. xi.
103. Heim and Aly, *Vordenker der Vernichtung*, pp. 188-206.
104. 1938年7月12日付日記. クレンペラー（Klemperer）は「この政治性を帯びた学者たちを，"偽せ研究者"と一蹴するわけにはいかない」と書いた，*I Will Bear Witness*, vol. 1, p. 262. Margit Szollosi-Janze, "Wir Wissenschaftler bauen mit!" Bernd Sosemann 編，*Der Nationalsozialismus*（Stuttgart : Deutsche Verlags-Anstalt, 2002）, pp. 157-167に引用.
105. "Der Terror gegen die Juden," *Sopade*, Aug. 1935, p. 924.
106. Alice Baerwald, "My Life in Germany," Houghton, bMS Ger 91（15）.
107. Quoted in John Van Houten Dippel, *Bound upon a Wheel of Fire : Why So Many German Jews Made the Tragic Decision to Remain in Nazi Germany*（New York : Basic Books, 1996）, p. 178.
108. *Sopade*, Jan. 1936, pp. 20-32.

83. Walter Grundmann,（次の著作に対する序文）*Christentum und Judentum*（n. p.）. Theodor Pauls, *Luther und die Juden*, 3 vols.（Bonn : Scheur, 1939）. Hilfswerk fur die Bekennende Kirche 編, *Juden, Christen, Judenchristen : Ein Ruf an die Christenheit*（Zollikon : Verlag der Evangelischen Buchhandlung, 1939）, p. 52.
84. Walter Grundmann, *Die Entjudung des religiosen Lebens als Aufgabe deutscher Theologie und Kirche*（Weimar : Deutsche Christen, 1939）.
85. Heschel, "When Jesus Was an Aryan," in Heschel and Ericksen, *Betrayal*, pp. 71-82.
86. Weinreich, *Hitler's Professors*, pp. 64. 66. ヴァインライヒ（Weinreich）は，キリスト教に関する学問を支持するかどうかで，ナチ内部で見解が分かれていた，と述べている. Susannah Heschel, *Abraham Geiger and the Jewish Jesus*（Chicago : University of Chicago Press, 1998）, pp. 127-161, 231-142.
87. Institut zur Erforschung der Judentum, YIVO Archives, record group（RG）222.
88. 例えば次を参照，George Lange, "Bevolkerungspolitik und Kultur," VB 48（Aug. 3, 1935）, "Der Jude als Verbrecher," VB 48（Apr. 30, 1936）, andWalter Gross, "Universitat und Rassengedanke," *VB* 48（May 12, 1936）.
89. ヴァインライヒは著書『ヒトラーの御用学者たち』で，「研究活動の成果が，粗雑なトーンである点を別にして考えても，説得力を持たず空虚であれば，その弱点はまずい教育訓練に起因するものではない. 道徳的・精神的価値観を見逃すか，あるいは公然と拒否する学問，そしてそれに固有の虚為性に起因する」と観察した. Weinreich, *Hitler's Professors*, p. 7.
90. ニューヨーク・タイムズは「ニュルンベルク人種法で憲法概念が…純粋にドイツ的となる」とするシュミット教授の意見を掲載した（*New York Times*, Oct. 2, 1935）. 同紙に掲載された人種法関連の報道に，つぎの記事がある；"Hitler's Assumption," Dec. 13, 1935, p. 24 ; "Racial Policy Explained," *New York Times*, Mar. 23, 1935 and Apr. 24, 1935 ; "V. Lutz Says Philosophy Plays Big Role," *New York Times*, Jan. 20, 1935 ; "Hails Hitler," *New York Times*, Aug. 28, 1935 ; "Frau Schirmacher-Oncken Declares Jews Caused Own Persecution," with a reply by E. Blumenthal, *New York Times*, Aug. 27, 1935. 月刊誌には，ドイツ学界の低迷を嘆く記事が何本か掲載された. その代表例は次の通り，S. B. Fay, "German Learning in Decline," *Current History* 44（Apr. 1936）, pp. 87-88 ; C. G. Robertson, "Nazis and Scholarship," *New Republic* 86（Apr. 1, 1936）, p. 221. ドイツ学界を擁護する意見は次を参照，F. E. Hirsch, "With Honors Crowned," Living Age 350（July 1936）, pp. 393-399. 1937年，ニューヨーク・タイムズは，ロスチャイルド，マルクスそしてナチズムの三大嘶に関するフランクとグーラの研究を解説抜きで紹介した："Rothschild Linked to Marx by Nazis," *New York Times*, July 8, 1937.
91. ローゼンベルクの唱える高等教育（*hoch Schulen*）の中味調査は，次を参照，Poliakov and Wulf, *Denker*, pp. 131-139. 略奪品で作られた博物館の調査は次を参照，Dirk Rupnow, *Täter, Gedächtnis, Opfer : Das "Judische Zentralmuseum" in Prag, 1942-1945*（Vienna : Picus, 2000）, pp. 147-181.
92. 代表的なタイトルは次のものを含む，Klaus Schickert, *Die Judenfrage in Ungarn : Judische Assimiliation und antisemitische Bewegung im 19. und 20. Jahrhundert*（Essen : Essener Verlagsanstalt, 1937）, and *Bibliographie zur Nationalitatenfrage und zur Judenfrage der Republik Polen*（Stuttgart :Weltkriegsbucherei, 1941）.

ス・フランクは（Das Recht法・権利）展をミュンヘンで開催した. Weinreich, *Hitler's Professors*, p. 39. *Das Judentum in der Rechswissenschaft*, ed. Reichsgruppe Hochschullehrer des Nationalsozialistischen Reichswahrerbundes（Berlin : Deutscher Rechts-Verlag, 1936）. Friedlander, *Nazi Germany and the Jews*, vol. 1, pp. 192-193. Mark Lilla, "The Enemy of Liberalism," *New York Review of Books* 44（May 15, 1997）: 38-44. Ruth Groh, *Arbeit an der Heillosigkeit derWelt : Zur politisch-theologischen Mythologie und Anthropologie Carl Schmitts*（Frankfurt am Main : Suhrkamp, 1998）, pp. 9-24, 87-102.

73. 学問分野におけるユダヤ的性格（Das Judentum in der Rechtswissenschaft）に掲載された論文9本のうち2本はユダヤの犯罪性, 残る7本はユダヤ的精神構造（Judischen Geist）に関する内容である.
74. Dieter Schiefelbein, *Das Institut zur Erforschung der Judenfrage, Frankfurt am Main : Vorgeschichte und Grundung, 1935-1939*（Frankfurt am Main : Stadt Frankfurt Dezernat für Kultur, 1993）. Von Papen, "'Scholarly' Anti-Semitism," pp. 9, 70, 75.
75. Adam, *Judenpolitik*, p. 107. SSとナチ党の支持者をそれぞれバックにつけたフランクとグラウの暗闘については, 次を参照, Heiber, *Walter Frank*, pp. 938-1212 ; Von Papen, "'Scholarly' Anti-Semitism," pp. 63-186.
76. Theodor Pugel, with Robert Korper, Benno Imendorffer, and Erich Fuhrer, *Antisemitismus der Welt in Wort und Bild : Der Weltstreit um die Judenfrage*（Dresden : Groh, 1936）, p. 306. See also Wilhelm Grau, *Die Judenfrage in der deutschen Geschichte*, 2nd ed.（Berlin : Teubner, 1937）, pp. 6-7, 32.
77. Hans Diebow, *Der ewige Jude : 265 Bilddokumente*（Munich : Eher, 1937）. Hans Diebow, *Die Juden in USA uber hundert Bilddokumente*（Berlin : Eher, 1941）. *Przeglad Kartolicki*, Henryk Grynberg, *Drohobycz, Drohbycz*, trans. A. Nitecki（New York : Penguin, 2002）, p. 15 に引用.
78. Heiber, *Walter Frank*, pp. 627-630 ; Von Papen, "'Scholarly' Anti-Semitism," pp. 234-238. "Alfred Dreyfus. der ewige Jude," *Frankfurter Zeitung*, Jan. 14, 1939.
79. Herbert Obenaus, "The Germans : 'An Anti-Semitic People,'" in David Bankier, ed., *Probing the Depths of German Anti-Semitism : German Society and the Persecution of the Jews, 1933-1941*（New York : Berghahn, 2000）, pp. 158-162. Armin Human, *Geschichte der Juden in Sachsen-Meiningen-Hildburghausen*, series Thuringer Untersuchungen zur Judenfrage, no. 2（Weimar : Fink, 1939）.
80. Obenaus, "The Germans," 162-165. Erwin Fleischauer, *Ein Jude gegen Jehova : Die internationale Losung der Judenfrage*, series Welt-Dienst-Bucherei, no. 10（Erfurt : Bodung-Verlag, 1939）.
81. Susannah Heschel, "When Jesus Was an Aryan : The Protestant Church and Antisemitic Propaganda," Robert P. Ericksen and Susannah Heschel 編, *Betrayal : German Churches and the Holocaust*（Minneapolis, Minn.: Fortress, 1999）, pp. 68-71に引用. Kurt Emmerich, *Die Juden*, series Theologische Studien, vol. 7（Zollikon : Evangelischen Buchhandlung, 1939）. Wilhelm Stoffers, *Juden und Ghetto in der deutschen Literatur bis zum Ausgang des Weltkrieges*（Graz : Stiasnys Sohne, 1939）.
82. Susannah Heschel, *Transforming Jesus from Jew to Aryan : Protestant Theologians in Nazi Germany*（Tucson : University of Arizona Press, 1995）.

のてのユダヤ人非難は案の定というか別に驚くことでもない. Weinreich, *Hitler's Professors*, pp. 46-47, 53. 1938年，そこはユダヤ問題研究本部（Hauptreferat für Judenfrage）となった.

63. Frank, Reichsinstitut fur Geschichte des neuen Deutschlands（1938年12月開催の第4回年次総会）. NA/A3345-DS-J005/folder 212.
64. Patricia von Papen, "'Scholarly' Anti-Semitism during the Third Reich : The Reichsinstitut's Research on the 'Jewish Question,' 1935-1945"（Ph. D. diss., Columbia University, 1999）, p. 63. 委員会は人文学関係者のある種"名士録"的様相を呈した：クリーク（Ernst Krieck），ボイムラー（Alfred Baeumler），マークス（Erich Marcks），リッター・フォン・シュルビク（Heinrich Ritter von Srbik），フォン・ミューラー（Karl Alexander von Muller），ギュンター（Hans F. K. Gunther），およびロレンツ（Ottokar Lorenz）が会員になった.
65. フランス革命で登場した者（homme nouveau）は新ナチ人間（New Nazi Man）と同じ性格を帯びていた；Mona Ozouf, "La Revolution francaise et l'idee de l'homme nouveau," を参照，Colin Lucas 編，*The Political Culture of the French Revolution*, vol. 2 of *The French Revolution and the Creation of Modern Political Culture*（New York : Pergamon, 1987-1994）, pp. 214. 219に引用. 1914年と新保守主義との結びつきについては，次を参照，Heide Gerstenberger, *Der Revolutionare Konservatismus*（Berlin : Duncker & Humblot, 1968）, pp. 32-37, 40-43.
66. W. Frank, Reichsinstitut, to Rust, Reichsminister fur Wissenschaft, Erziehung und Volksbildung, Jan. 27, 1941, BAB/R4901/2592/Bl. 12-14. ナチの植民地郷愁に表現されるジェンダーの役割について，その検討は次を参照，Laura Wildenthal, *German Women for Empire, 1884-1945*（Durham, N. C.: Duke University Press, 2000）, pp. 175-202.
67. Walter Gross, "Rassiche Geschichtsbetrachtung," Rolf L. Fahrenkrog 編，*Europas Geschichte als Rassenschicksal : Vom Wesen und Wirken der Rassen im europaischen Schicksalsraum*（Leipzig : Hesse & Becker, n. d.）に引用.
68. Walter Frank, 序文，Karl Richard Ganzer, *Der heilige Hofbauer : Trager der Gegenreformation im 19. Jahrhundert*（Hamburg : Hanseatische, 1939）, pp. 4-6に収録.
69. Hans Frank, "Die Verwirklichung des Parteiprogramms," *Westdeutscher Beobachter*（Cologne）, Feb. 11, 1936. Messerschmidt, Gustav, *Juden schanden deutsches Recht*（Berlin : Hammer, 1940）.
70. "Berlin Worked Out Anti-Jewish Rules," and "German Constitutional Freedom Restored after Lapse," *New York Times*, Oct. 2, 1935. "Hitler's Speech to the Reichstag," *Times*（London）, Sept. 12 and 16, 1935.
71. Carl Schmitt, "Die deutsche Rechtswissenschaft," *Deutsche Juristen-Zeitung* 41（Oct. 15, 1936）, cols. 1193-1200. シュワブは，「シュミットは自分が非難対象になることを耳にして，ナチ実力者の後楯を得るため反ユダヤパージを認めた」と書いている. このコメントは次の自著に対するまえがき，George Schwab, Carl Schmitt, *The Leviathan in the State Theory of Thomas Hobbes : Meaning and Failure of a Political Symbol*（Westport, Conn.: Greenwood, 1996）, pp. vii-xxxii.
72. Bernd Ruthers, *Carl Schmitt im Dritten Reich : Wissenschaft als Zeitgeist-Verstarkung?*（Munich : Beck, 1990）, pp. 99-100：シュミットは「これは単なる感情的反ユダヤ主義では達成できない…客観的確実性を必要とする」と言った. 数日後の1936年10月21日，ハン

52. ベルリンの政治大学（Hochscule fuer Politik）は，「国家社会主義精神による知識形成と意志の強化と普及」を目的として，国家によって改組された. Weinreich, *Hitler's Professors*, p. 68.
53. *VB* 52（Feb. 2, 1939）.
54. Joachim Fest, "Professor NSDAP," in *The Face of the Third Reich : Portraits of the Nazi Leadership*, trans. Michael Bullock（New York : Pantheon, 1970）, pp. 256-258.
55. Alan Beyerchen, *Scientists under Hitler : Politics and the Physics Community in the Third Reich*（New Haven, Conn.: Yale University Press, 1977）, pp. 141-150. Weinreich, *Hitler's Professors*, p. 13. Johannes Stark, *Nationalsozialismus und Wissenschaft*（Munich : Eher, 1934）, defended his views. Johannes Stark, "Philip Lenard als Naturforscher," *Nationalsozialistische Monatshefte* 71（1936）: 106-112.
56. ドイツの自然科学者の名声は，国際社会では地におちた. Beyerchen, *Scientists under Hitler*, pp. 71-83, 158, 187-193.
57. エンシュ（Ernst Jaensch, "Der Kampf um die Wahrheit"）により右の中に引用，Poliakov and Wulf, *Denker*, p. 95.
58. "'Weise Juden' in der Wissenschaft," SK 28（July 13, 1937）: 6. Karl Ferdinand Werner, *Das nationalsozialistische Geschichtsbild und die deutsche Geschichtswissenschaft*（Stuttgart : Kohlhammer, 1967）; Haar, Historiker im Nationalsozialismus, pp. 224-255.
59. この転換を真剣に調査したのは，1990年代になるまでわずか1人の研究者しかいなかった. Werner, *Das nationalsozialistische Geschichtsbild*, pp. 45-54. 次の資料を参照："Die unfrohe Wissenschaft," *Suddeutsche Zeitung*, Sept. 14, 1998, Karen Schonwalder, "Akademischer Antisemitismus : Die deutschen Historiker in der NS-Zeit," in *Jahrbuch für Antisemitismusforschung*, vol. 2（Frankfurt am Main : Campus, 1993）, pp. 200-229.
60. 1935年4月27日の会議内容，W. Frank, Vermerk, btr : Historische Reichskommission, BAB/R4901/2591/Bl. 64-68. Helmut Heiber, *Walter Frank und sein Reichsinstitut fur Geschichte des neuen Deutschlands*（Stuttgart : Deutsche Verlags-Anstalt, 1966）, pp. 257-278. Klaus Schreiner, "Fuhrertum, Rasse, Reich," Peter Lundgreen 編，*Wissenschaft im Dritten Reich*（Frankfurt am Main : Suhrkamp, 1985）, pp. 163-252に引用. フランクの経歴については，次を参照，NA/BDC/Ordner 212/A3345-DS-J005/frame 1717ff., A3345-DS-B029. Karl Heinz Roth, "Heydrichs Professor," およびWilli Oberkrome, "Geschichte, Volk und Theorie," はともに次の研究書に引用，Peter Schottler 編，*Geschichtsschreibung als Legitimationswissenschaft, 1918-1945*（Frankfurt am Main : Suhrkamp, 1997）, pp. 262-341, 104-127.
61. Walter Frank, *Kampfende Wissenschaft*（Hamburg : Hanseatische, 1934）, pp. 34-35. Rudiger Hohls, Konrad Hugo Jarausch, Torsten Bathmann 共編，*Versaumte Fragen : Deutsche Historiker im Schatten des Nationalsozialismus*（Stuttgart : Deutsche Verlags-Anstalt, 2000）, pp. 9-13, 37-39. フランクは，民族主義的態度だけでは済まされないとして先任の歴史学者たちを批判し，学者仲間に戦場へ赴けと発破をかけた. そして軍隊口調で，真剣，学問，良心を胸に，「構え，狙え，撃て」と言った.（*Ernst, Grundlichkeit und Gewissen,*）in Walter Frank, *Zunft und Nation*（Hamburg : Hanseatische, 1935）, pp. 15-20.
62. Adam, *Judenpolitik*, p. 107. Walter Frank, Rundschreiben an alle Mitglieder, Nov. 22, 1935, BAB/R4901/2591/Bl. 64. フランクによると，ユダヤ人は混乱を招いたため追放された. こ

1939 (Champaign-Urbana : University of Illinois Press, 1990), p. 119.

40. "Deutsche Rasse," 1934年10月24日付管区人種コンサルタント宛グロス書簡（極秘!), Centre de Documentation Juive Contemporaine, Paris, doc. CXLV. 628, Poliakov and Wulf, *Denker*, pp. 411-412に引用.
41. このプロジェクトの推進者は，ローゼンベルク（Alfred Rosenberg），NS法律家連盟会長フランク（Hans Frank），シュテュルマー（*Sturmer*）編集長ユリウス・シュトライヒャーであった. "Die Arbeitstagungen auf dem Parteitag," VB 48 (Sept. 17, 1935). Weinreich, *Hitler's Professors*, pp. 36-40.
42. "Rassenkundliche Begrundung der Geisteswissenschaften," *VB* 48 (Aug. 9, 1935): 5.
43. J. Murgowsky, "Judisches und deutsches Soldatentum," *Nationalsozialistische Monatshefte* 76 (1936): 633. 638. Hans Hinkel, "Was heute die Juden sagen : Kleine Erlebnisse aus der praktischen Arbeit," *Die Lage* 1 (Jan. 1939). 提起された問題の論議については，次を参照, Ulrich Sieg, *Judische Intellektuelle im ErstenWeltkrieg* (Berlin : Akademie, 2001), pp. 257-264.
44. Susanne Heim and Gotz Aly, *Vordenker der Vernichtung : Auschwitz und die deutschen Plane fur eine neue europaische Ordnung* (Hamburg : Hoffmann & Campe, 1991), pp. 9-36, 151-168. Michael Burleigh, *Ethics and Extermination : Reflections on Nazi Genocide* (Cambridge : Cambridge University Press, 1997), pp. 91-101, 222-257.
45. Alan Steinweis, "Ideology and Infrastructure : German Area Science and Planning for the Germanization of Eastern Europe, 1939-1944," *East European Quarterly* 28 (Fall 1994): 335-350, Alan Steinweis, "Antisemitic Social Science and Nazi Policy : The Case of Peter-Heinz Seraphim,"（こちらは，右の年次総会で発表）the American Historical Association, Washington D. C., 1999. Burleigh, *Ethics and Extermination*, p. 177. Michael Fahlbusch, "Die 'Sudostdeutsche Forschungsgemeinschaft,'" および Hans Mommsen, "Der faustische Pakt der Ostforschung," Winfried Schultze and Otto Gerhard Oexle 共編, *Deutsche Historiker im Nationalsozialismus* (Frankfurt am Main : Fischer, 1999), pp. 241-164, 265-293に引用.
46. Carola Sachse and Benoit Massin, "Biowissenschaftliche Forschung an Kaiser-Wilhelm-Instituten und die Verbrechen des NS-Regimes" (Berlin : Max-Planck Gesellschaft zur Forderung der Wissenschaften, research report no. 3, 2000). Deichmann, *Biologists*, pp. 206-250.
47. Robert P. Ericksen, *Theologians under Hitler : Gerhard Kittel, Paul Althaus, and Emanuel Hirsch* (New Haven, Conn.: Yale University Press, 1985), p. 65.
48. Hannsjost Lixfeld, "The Deutsche Forschungsgemeinschaft and the Umbrella Organizations of German Volkskunde during the Third Reich," *Asian Folklore Studies* 50 (1991): 95-116. James R. Dow および Hannsjost Lixfeld 共編, *The Nazification of an Academic Discipline : Folklore in the Third Reich* (Bloomington : Indiana University Press, 1994).
49. Weinreich, *Hitler's Professors*, pp. 216-217に引用.
50. Robert Proctor, *Value-Free Science? Purity and Power in Modern Knowledge* (Cambridge : Harvard University Press, 1991), p. 171に引用.
51. Dr. Peter Winkelnkempner, NA/T-81/22/19525. 19532. ゲッベルスは，1933年5月10日の焚書を扱った風刺作家フォン・ヒュッテン（Ulrich von Hutten）を真似して「おお20世紀よ！　おお科学よ！　生きているって何と素晴らしいことか！」(Oh Jahrhundert! Oh Wissenschaften, es ist eine Lust zu leben!) と喜んだ. *Der Angriff* (1933年5月11日付).

術担当指導者は学界の支持者が少なすぎると文句を言っていたが，その後2年に及ぶグライヒシャルトゥングの期間中，学者の大半は新秩序に順応することで，仕事の保証を得た. これが第2段階だが，第3段階へ至るまでに学者の3分の1（物理学者11名を含むノーベル賞受賞者15名など）がドイツを去った. 1935年から39年までが第3段階で基盤強化期にあたり，大学生活の正常化を特徴とする. しかしそれでもローゼンベルク等は，資格のある学者不足を嘆いている. 1941年6月17日付ゲーリング宛草稿（Entwurf), NA/T-81/52/54938. 54942.

32. “Eigenlob stinkt! Die Grundlage fehlt! Der Kampf um die Hochschulen”（手前味噌は鼻持ちならぬ！　土台がない！　大学を守る闘争), SK 2（Feb. 27, 1936): 6.
33. “Die Jugend unterm Hakenkreuz,” *Sopade*, June 1935, pp. 704-705.
34. BAB/R4901/965/Bl. 13. 研究所と所長は以下の通り. ベルリンのカイザー・ヴィルヘルム研究所フィッシャー（Fischer), 人類学研究所ミュンヘンはモリソン（Mollison), ブレスラウはアイクシュテット（Eickstedt), フランクフルトの遺伝学研究所ヘルシュエル（Verschuer), イエナの人間優生学・人種政治研究所アシュテル（Astel), ライプツィヒの人種調査・民俗研究所レッヘ（Reche), ハンブルクの人種生物研究所シャイト（Scheidt). ギーゼン，ハンブルク，ライプツィヒ，チューインゲンは以前からの計画を拡大し，フランクフルト，イエナ，ケーニヒスベルクは新しい計画をつくりだした. Paul Weindling, *Health, Race and German Politics between National Unification and Nazism, 1870-1945*（Cambridge : Cambridge University Press, 1989）p. 513. Weinreich, *Hitler's Professors*, pp. 77-78, 107-110, 27. Michael H. Kater, *Doctors under Hitler*（Chapel Hill : University of North Carolina Press, 1989), p. 116. ライヒ健康局優生人種生物学研究所（Rassenhygienische und Bevolkerungsbiologische Forschungsstelle des Reichsgesundheitsamtes）については次を参照，Henry Friedlander, *The Origins of Nazi Genocide : From Euthanasia to the Final Solution*（Chapel Hill :University of North Carolina Press, 1995), p. 250.
35. Uwe Dietrich Adam, *Judenpolitik im Dritten Reich*（Dusseldorf : Droste, 1972), p. 107. 問題は1935年6月14日付医学誌 *Der Erbarzt* で提起された. 医学誌 *Deutsches Arzteblatt* に対するフェルシュエル（Verschuer）の補足. Robert Proctor, *Racial Hygiene : Medicine under the Nazis*（Cambridge : Harvard University Press, 1988), p. 104.
36. 生物学上のマーカーと人種ないしは民族的性格の関連を調べたドイツ以外の研究者は数十名いるが，それにはボアス（Franz Boas）米・人類学，フートン（Earnest Albert Hooton）米・人類学，キース（Sir Arthur Keith）スコットランド・人類学, ヤーキーズ（Robert Yerkes）米・霊長類研究，ケーラー（Wolfgang Koehler）米，心理学，が含まれる.
37. Dr. Eugen Stahle, *Die Volksgesundheit*（Oct. 1934), quoted in Proctor, *Racial Hygiene*, pp. 78-79.
38. ダイヒマンは自著「ヒトラー支配下の生物学者」で，「一貫したイデオロギー上の目的を持つ国家社会主義生物学は存在しなかった. 多くの生物学者の研究は科学的規準の範囲内にあった…人種研究をやったのは主として法学者と医者であった」と述べている. Ute Deichmann, *Biologists under Hitler*, trans. Thomas Dunlap（Cambridge : Harvard University Press, 1996), p. 322.
39. Karl A. Schleunes, *The Twisted Road to Auschwitz : Nazi Policy toward German Jews, 1933-*

19. Bernhard Losener, "Die Hauptprobleme der Nurnberger Grundgesetze und ihrer ersten Ausfuhrungsverordnungen," タイプ打ちコピーは次に収録，*Reichsverwaltungsblatt*, USHMM, RG-11. 001M. 01/343/roll 5, pp. 57ff.
20. Wilhelm Frick and Artur Gutt, *Nordisches Gedankengut im Dritten Reich*（Munich : Lehmann, 1936）, pp. 5-8.
21. Czeslaw Milosz, "The Pill of Murti-Bing," *The Captive Mind*, trans. Jane Zielonko（New York : Random House, 1990）, p. 17. 引用符はオリジナル.
22. Max Weinreich, *Hitler's Professors : The Part of Scholarship in Germany's Crimes against the Jewish People*（1947 ; New Haven, Conn.: Yale University Press, 1999）, p. 68に引用. ナチの要求については次を参照，"Wissenschaft ohne die richtige Weltanschauung fur die Nation schadlich," VB 46（May 24, 1933）: 2, 及び "Der Hochschullehrer und nationale Revolution," *ZuW* 5, no. 7（May 1935）: 151-154.
23. サウル・フリートレンダーは，聖職者が少しは気骨のあるましな態度であったのと比較し，学者の勇気のなさ（あるいはナチへの共感）を対照的にとらえている. Friedlander, *Nazi Germany and the Jews*, vol. 1, *The Years of Persecution, 1933-1939*（New York, HarperCollins, 1997）, pp. 59-60. Jeremy Noakes, "The Ivory Tower," *Journal of European Studies* 23（1993）: 371-420.
24. Hellmut Seier, "Universitat und Hochschulpolitik im nationalsozialistischen Staat," in Malettke, *Der Nationalsozialismus an der Macht*, p. 151に引用. 党"古参"は，若手の"ノンポリ的"態度によく不満を洩らした：BAB/R58/1094/106, 1095/6, M. Kater, *Ahnenerbe*, p. 283.
25. 党外政局（Ausenpolitisches Amt der NSDAP）のフォン・トロータ（Thilo von Trotha）宛グロス書簡，時期は1933年末ないしは1934年初めと思われる，Leon Poliakov and JosefWulf, eds., *Das Dritte Reich und seine Denker : Dokumente*（Berlin : Arani, 1959）, p. 548に収録. ここでグロスは，自分としての意見はない（"kein eigenes Urteil"）とし，マールブルグのエンツ（Jaentsch）に頼っていると述べている. 彼は，明らかに危ない用件（"offenbar gefahrlichen Angelegenheit"）はローゼンベルクの判断に任せよ，と言っている. Hugo Ott, *Martin Heidegger : A Political Life*, trans. Allan Blunden（New York : Basic Books, 1993）, p. 392.
26. Ibid.
27. Michael Gruttner, "Das Scheitern der Vordenker : Deutsche Hochschullehre und der Nationalsozialismus," Reinhard Rurup, Michael Gruttner, et al 共編，*Geschichte und Emanzipation*（Frankfurt am Main : Campus, 1999）, pp. 460-461に引用. Michael Kater, *The Nazi Party : A Social Profile of Members and Leaders, 1919-1945*（Cambridge : Harvard University Press, 1983）, pp. 108-113.
28. Walter Gross, "Um die Rassenhygiene als Lehr-und Forschungsfach," *ZuW* 7, no. 7（Apr. 1937）: 166. Memo, Nov. 23, 1937, and the subsequent *Rundschreiben* 19/1938, ROL, Hauptschulungsamt, May 7, 1938, BAB/NS22/827.
29. "Die Dresdener Versammlung der deutschen Naturforscher und Arzte : Ruckblick und Kritik," *ZuW* 6, no. 20（1936）: 538-542.
30. Ernst Krieck, "Fuhrertum und Hochschulreform," *Volk im Werden* 5（1937）: 58.
31. Seier, "Universitat und Hochschulpolitik," in Malettke, *Der Nationalsozialismus an der Macht*, pp. 145-147. ザイヤーは3段階のナチ化を指摘している. ナチ支配の初期，ナチの学

致した結論がでている．すなわち，ドイツ国民の大半は，物理的な暴力と荒っぽい扱いには反対であったが，官僚体制による粛々と進める迫害に，次第に順応していった．Ian Kershaw, "The Persecution of the Jews and German Public Opinion," *Leo Baeck Institute Yearbook* 26（1981）: 261-289 ; Otto Dov Kulka, "Public Opinion in Nazi Germany," *Jerusalem Quarterly* 25（1982）: 121-144 ; David Bankier, *The Germans and the Final Solution : Public Opinion under Nazism*（Oxford, Eng.: Blackwell, 1992）; Bankier, "German Social Democrats," Yehuda Bauer, "Overall Explanations," Alf Ludtke, "German Work," and Otto D. Kulka, "The German Population," 以上すべてDavid Bankier 編，*Probing the Depths of German Anti-Semitism : German Society and the Persecution of the Jews, 1933-1941*（New York : Berghahn, 2000）, p. 318に引用. Avraham Barkai, "German Volksgemeinschaft," Michael Burleigh 編，*Confronting the Nazi Past : New Debates on Modern German History*（New York : St. Martin's, 1996）, pp. 85-88, 90, 193-194に引用.

12. Rudolf Heberle, "Zur Soziologie der Nationalsozialistischen Revolution : Notizen aus dem Jahre 1934," *Vierteljahrshefte für Zeitgeschichte* 13（1965）, p. 459.
13. 「国家社会主義の迅速かつ効果的成果の度合いから言えば，社会，政治権力の制覇よりも国民の心に踏み込んでくるやり方が有効だった」とするブラヒャー（Karl Dietrich Bracher）の意見もある. Bracher, Wolfgang Sauer, Gerhard Schulz 共編，*Die nationalsozialistische Machtergreifung : Studien zur Errichtung des totalitaren Herrschaftssystems in Deutschland, 1933/1934*（Cologne : Westdeutscher, 1960）, pp. 22-24に引用. ノアクス（Jeremy Noakes）はナチ支配を早めた「価値観の危機」について論じている. Noakes, "The Ivory Tower under Siege : German Universities in the Third Reich," *Journal of European Studies* 23（Dec. 1993）: 371-375. Ronald Forman, "Scientific Internationalism," *ISIS* 64（June 1973）: 151-180.
14. Helmut Seier, "Universitat und Hochschulpolitik im nationalsozialistischen Staat," in Klaus Malettke, ed., *Der Nationalsozialismus an der Macht : Aspekte nationalsozialistischer Politik und Herrschaft*（Gottingen : Vandenhoeck & Ruprecht, 1984）, pp. 143. 165. ベーム（Max Hildebert Boehm）イエナ大，フライヤー（Hans Freyer）ライプツィヒ大，エンシュ（Ernst Jaensch）マールブルク大，アンドレアス（Willy Andreas）ハイデルベルク大，ヴント（Max Wundt）チュービンゲン大，ロートハッカー（Ernst Rothacker）ボン大，ケルロイター（Otto Koellreuther）ミュンヘン大，ハウスホーファー（Karl Haushofer）ドイツアカデミー委員長，ミュンヘン大，ナウマン（Hans Naumann）ボン大，フォン・ミュラー（Karl Alexander von Muller）ミュンヘン大が含まれる.
15. Paul Zschorlich, "Karl Maria von Weber als Volkserzieher," *VB* 48（Aug. 4, 1935）: 5.
16. Hans Naumann, *"Der hohe Mut und das freie Gemute," Rede beim Antritt des Rektorats*（Bonn : Universitats-Druckerei, 1934）, pp. 4-5.
17. Hermann Oncken, "Die nationale Werte der Geschichte," June 1934, Ingo Haar, *Historiker im Nationalsozialismus : Deutsche Geschichtswissenschaft und der "Volkstumskampf" im Osten*（Gottingen :Vandenhoeck & Ruprecht, 2000）, pp. 225-226に引用.
18. Martin Heidegger, "German Teachers and Comrades!" *Bekenntnis der Professoren an den deutschen Universitaten und Hochschulen zu Adolf Hitler und dem nationalsozialistischen Staat uberreicht vom Nationalsozialistischen Lehrerbund*（Dresden : Limpert, 1933）, p. 13に収録；（正式の英語訳は），pp. 36-38.

Mischehen," BAB/R1501/3746. レーゼナーは3ヶ月に及ぶ"ユダヤ問題"に対する集中的取組みにより過労で倒れ，神経衰弱となり，1936年春に元の仕事に戻った.

119. "Abt. Volksgesundheit des RMdI," Sept. 25, 1935, BAB/R18/5513/Bl. 33-39.

120. 1935年11月15日付ゲッベルス日記，Frohlich, *Tagebucher*, part 1, vol. 2, p. 540に収録. 1935年11月6日付シュテュカルト（Stuckart）の覚書き，BAB/R18/5514/Bl. 86. 90. Noakes, "Wohin gehoren die 'Judenmischlinge?'" pp. 80-82. ヒトラーは，大戦功労者のミシュリング約600人を格上げした. すなわち，ユダヤ人339人をミシュリングへ，ミシュリング238人を1級ミシュリングへ，そしてミシュリング394人をアーリア扱いにした. Losener, "At the Desk," in Schleunes, *Legislating the Holocaust*, pp. 84-85, 90.

121. 1936年3月27日付覚書き，Reichsanstalt fur Arbeitsvermittlung, BAB/R58/276, Bl. 40.

122. Adler, *Der verwaltete Mensch*, pp. 281-297.

Ⅷ

1. Bernhard Losener, "Als Rassereferent im Reichsministerium des Innern," *Vierteljahrshefte für Zeitgeschichte* 9（1961）: 262-313，英訳版は右の通り. "At the Desk for Racial Affairs in the Reich Ministry of the Interior," Karl A. Schleunes 編，*Legislating the Holocaust : The Bernhard Loesener Memoirs and Supporting Documents*, trans. Carol Scherer（Boulder, Colo.: Westview, 2001）, pp. 55-56に収録. 引用符はオリジナル.
2. Otto Dov Kulka, "Die Nurnberger Rassengesetze und die deutsche Bevolkerung im Lichte geheimer NS-Lage- und Stimmungsberichte," *Vierteljarhshefte für Zeitgeschichte* 32（1984）: 602.
3. "Lagebericht J/IA"（Situation report, Jewish section）, Jan. 1936, USHMM, RG-11. 001M. 01/343/roll 5, pp. 77-80.
4. フランクフルター・ツァイトゥングは，巨大科学産業I・G・ファルベンへ1933年に"売却"された. ウルシュタインは，時価にして5～6000万マルクの大手出版社だったが，ナチ出版社に1000万マルクで"売られた". チェーン店のモッセは，500万マルク足らずでやはり"売却"された. Norbert Frei and Johannes Schmitz, *Journalismus im Dritten Reich*（Munich : Beck, 1989）, pp. 20-39.
5. Helmut Genschel, *Die Verdrangung der Juden aus der Wirtschaft im Dritten Reich*（Gottingen : Musterschmidt, 1966）, p. 125.
6. 1937年7月7日，女性映画監督リーフェンシュタルはシュトライヒャーに，自分に請求書をよこした"ユダヤ人ベラ・バラクス"を片付けて欲しいと言った. 1937年7月7日付シュトライヒャー宛リーフェンシュタール書簡，Riefenstahl file, BDC.
7. Anna Siemsen, "My Life in Germany," Houghton, bMS Ger 91（213）.
8. 1935年7月21日付及び1936年9月27日付クレンペラー日記，Victor Klemperer, *I Will Bear Witness : A Diary of the Nazi Years, 1933-1941*, vol. 1, trans. Martin Chalmers（New York : Random House, 1998）, pp. 129, 192.
9. 右の地下調査機関報告に記載，*Sopade*, June 1937, pp. 941-942.
10. Hilde Honnet-Sichel, "Jeden Tag neue Angst," Margarete Limberg and Hubert Rubsaat 共編，*"Sie durften nicht mehr Deutsche sein" : Judischer Alltag im Selbstzeugnissen, 1933-1938*（Frankfurt am Main : Campus, 1990）, p. 182に引用.
11. 第三帝国における世論動向については，20余年に及ぶ調査の結果歴史学者の間にほぼ一いて敵意むきだしの毒々しい言葉で反撃したわけではないが，基本的には反ユダヤの内容」と解釈している（サウル・フリートレンダー「ナチドイツとユダヤ人」）.

110. “Fuhrertagung,” VB 48（Sept. 25, 1935）. その時の演説記録は公表されなかった. Ian Kershaw, *Hitler, 1889-1936*, vol. 1（New York : W. W. Norton, 1999）, p. 571. なお，暴力で物理的に抹殺するポグロムに対して，法律面から締めあげ社会から排除するやり方を冷たいポグロムと称し，最初にこの用語を使用したのはタイムズ（ロンドン，1935年11月8日付）である. “Jews in Germany : Persecution at a New Pitch,” *Times*（London）, Nov. 8, 1935.

111. Draft（Entwurf）, “Vertraulich!”（Confidential!）, May 17, 1935, BAB/R18/5513/Bl. 1., report by Gutt, “Abt. Volksgesundheit des RMdI,” Sept. 25, 1935, Bl. 33. Bernhard Losener, “Die Hauptprobleme der Nurnberger Grundgesetze und ihre ersten Ausfuhrungsverordnung,” *Reichsverwaltungsblatt* 56（1935）: 264-268, USHMM, RG-11. 001M. 01/343/roll 5.

112. Dr. Vellguth, Saxon district racial expert, Dresden, “Uber die Entstehung der Judengesetze vom 15. 9. 1935,” Oct. 12, 1935. ドレスデンのフェルグート博士（ザクセン地方担当人種専門家）である. フェルグートは，ヒトラーがシュトライヒャーの“受胎汚染説”についてたずね，さらにシオニズム支持中止を命じたと述べている. ヒトラーは，“アーリア人”女性召使いに，国の援助を与える件を話し合った. ユダヤ人雇用主の酷使に対する補償，ユダヤ人企業に目じるしをつける件，“反ユダヤボイコットの制限”についても討議した由である. なお，この時の討議資料にはメンデルの遺伝図が含まれている. ギュットの提供と思われる. USHMM, RG-11. 001M. 01（Reichssicherheitshauptamt. SD Berlin）, 1993/343/roll 5, pp. 53-54.

113. “Aufsaugung des Mischlingsmaterials durch das Haupt Volk.” ヒトラーもあいまいさを嫌い，中間色のさまざまなカテゴリーを恐れた. H. A. Adler, *Der verwaltete Mensch : Studien zur Deportation der Juden aus Deutschland*（Tubingen : Mohr, 1974）, pp. 280-301.

114. 本会議における発言内容は，“筆写，極秘”と書かれた議事録の写しにもとづく.〔Abschrift, Geheim!!〕, “Bericht des mit der Fuhrung der Geschafte beauftragten SS-Sturmmann Dr. Schlosser uber die Besprechung im Rassenpolitischen Amt,” Sept. 25, 1935, BAB/ NS2/143/Bl. 4-7. 委員のSSシュレッサー博士は，ヒトラーの“新しい路線”は戦術的選択にすぎないと考え，SSはそのまま長期計画に向かって進むべきであるとした.

115. ゲッベルスの件は右に指摘，*Goebbels-Reden*, Helmut Heiber（Dusseldorf : Droste, 1971）, p. 520.

116. ゲッベルスは，1935年11月7日付日記にユダヤ人に対するもっと厳しい対策をとるようシュトライヒャーとクーベが圧力をかけたとし，「妥協が必要である. 完全に満足のいく解決は不可能」と書いた. Frohlich, *Tagebucher*, vol. 2, pp. 536-537. Burrin, *Hitler and the Jews*, pp. 46-56.

117. Losener, “At the Desk,” in Schleunes, *Legislating the Holocaust*, pp. 56-58.

118. ヴェルナー・ベスト（SS法務責任者，保安警察本部長）は，この記事を絶賛し，SSの関係機関に配布した. “Die Hauptprobleme der Nurnberger Grundgesetze,” “Abschrift aus dem Reichsverwaltungsblatt,” USHMM, RG-11/343/roll 5, pp. 56-77. レーゼナー（Loesener）は記憶をもとに主な論点12を次の記事にリストアップした：“At the Desk,” in Schleunes, *Legislating the Holocaust*, 57-58. しかしながら，この論点は，自分が出した1935年の方針書ではなく，1933年10月30日付でだした党内用覚書きに依拠しているように思われる. その覚書きとは次の通り：“Anwendung der Arierbestimmungauf Abkommlinge aus

の有力誌「ディ・ユーディシュ・ルントシャウ」は1934年2月2日付で「国家社会主義者の人種理解は他のフォルクに対する侮辱，軽蔑（Geringschaetzung）にはならない」とするヒトラーの確約を報じた．*Die Judische Rundschau*, Feb. 2, 1934.

95. ある内務官僚は「この（戻ってくる）ユダヤ人は再びドイツで商売を始め，大きな波紋を呼んでいる」と事態を憂慮した．草稿（Entwurf），BAB/R18/5513. RMdI, Schnellbrief, May 17, 1935, "Vertraulich!"（極秘!），宛AA（外務省）及びGestapo（ゲシュタポ）．

96. "Lagebericht des SD-Hauptamptes J 1/6（Juden）," Aug. 17, 1935, inWildt, *Die Judenpolitik*, p. 69.

97. ニューヨーク・タイムズの社説は「ベルリンが反ユダヤ暴動を画策するのはお手のものである．やった後で，あれはナチ政権の敵がやったと非難する」と指摘した．"Nazis to Define Citizenship," *New York Times*, Aug. 11, 1935, p. E4.

98. "Goebbels Warns of Greater Drive on Foes of Nazis," and "'Mixed'" Weddings Barred... Ghettos Are Advocated," *New York Times*, Aug. 5, 1935 ; "Nazis to Define Citizenship," *New York Times*, Aug. 11, 1935 ; "Breed Inspectors Urged in Germany," *New York Times*, Aug. 18, 1935.

99. "Volksverrat. das schwerste Verbrechen : Staatssekretar Freisler uber Aufbau und Ausgestaltung des kommenden Strafrechts," *VB* 48（Aug. 3, 1935）．

100. BAB/R4901/521/Bl. 52-53. Schacht, Aug. 18, 1935. Konigsberger Ostmesse, Jochmann, *Gesellschaftskrise*, p. 246. 1935年8月20日の会合については次を参照，Noakes and Pridham, *Nazism*, vol. 1, doc. 402, pp. 531-535. USHMM/RG11. 001M. 01/379.

101. Wildt, "Before the 'Final Solution,'" pp. 248-250.

102. BAB/R18/5513/Bl. 4. 合理化の結果ギュルトナーは，医学殺人に対したただ一人の判事を罷免した．ギュルトナーは合理化に囚われたのである．Lothar Kreyssig.

103. ヒトラーはスワスチカ（カギ十字）の国旗制定宣言を意図し，イタリアのエチオピア侵攻とからめて，外交政策発表の目玉にしょうと考えた．しかしながら外相の勧告をうけて，ヒトラーはエチオピア問題に関するステートメントを除外した．詳しくは次を参照，Jeremy Noakes, "Wohin gehoren die 'Judenmischlinge'? Die Entstehung der ersten Durchfuhrungsverordnungen zu den Nurnberger Gesetzen," Buttner, *Das Unrechtsregime*, vol. 2, pp. 69-89に引用．

104. Bernhard Loesener, "At the Desk,"Schleunes, *Legislating the Holocaust*, pp. 43-53. に引用．

105. Losener, "Das Reichinnenministerium," pp. 262-276. Schleunes, *Legislating the Holocaust*, pp. 53-65. ミュンヘンのナチ党本部からヴァルター・ゾンマー（Walter Sommer）も来ていたが，レーゼナーによると党大会で紹介された新式おもちゃ，すなわち砲口から火花を出す機械仕掛けのタンクに夢中になり，これと遊んでいた由である．Adam, *Judenpolitik*, pp. 125-140.

106. 1935年9月15日のヒトラー演説，Domarus, *Hitler Speeches*, vol. 2, pp. 703-708.

107. "Historische Beschluse. Hackenkreuzbanner alleinige Staatsflagge," *VB* 48（Sept. 16, 1935）; "Jeder mus es wissen!" *Der Stürmer* 13（Sept. 1935）．

108. この定義をつけた原案は，印刷して国会議員と報道機関に配布されていたので，レーゼナー達は再び徹夜して配布用の手直しをせざるをえなくなった．

109. Friedlander, *Nazi Germany and the Jews*, vol. 1, pp. 87-99, フリートレンダーは「この演説は，"ユダヤ問題"を扱った個所は全体の半分以下であり，ヒトラーがユダヤの汚染脅威につ

79. "Verkehr mit Juden. Anordnung des Stellvertreters des Fuhrers," July 20, 1935. See also USHMM, RG-11/260/roll 4. Graml, *Antisemitism*, pp. 116-118.
80. 1935年7月27日付，落書き，立て看板を含む個々の勝手な行為（"Einzelaktionen"）に対する警告："Auslander berichten uber Kurfurstendamm-Erlebnisse," *VB* 48, no. 200（July 19, 1935）. Burrin, *Hitler and the Jews*, p. 45. Jochmann, *Gesellschaftskrise*, p. 246.
81. "Die Judenfrage," *Frankfurter Zeitung*, July 27, 1935. "Zuruckweisung der judische Herausforderung," *VB* 48, no. 196（July 15, 1935）; and "Judische Frechheiten!" *VB* 48, no. 200（July 19, 1935）.
82. "Die Judenfrage," *Frankfurter Zeitung*, July 27, 1935 ; Hans Hinkel, "Strohmanner des Judentums," *Der Angriff* 173（July 27, 1935）.
83. A. Rodrigue and O. D. Kulka, "German Popular Opinion and the Jews," *Yad Vashem Studies* 16（1985）: 421-423. David Bankier, *The Germans and the Final Solution*, pp. 74-75. Cologne *Gauleiter* Grohe, reports of Mar. 7 and Apr. 9, 1935, BAB/NS22/583.
84. "Anti-Jewish Drive in Munich Failure : Much Indignation Aroused by Campaign, Which Collapses When Streicher Leaves," *New York Times*, Feb. 1, 1935, p. 7.
85. Anton Doll 編，*Nationalsozialismus im Alltag : Quellen zur Geschichte der NS-Herrschaft im Gebiet des Landes Rheinland-Pfalz*（Speyer : Landesarchiv, 1983）, p. 139.
86. Falk Wiesemann, "Juden auf dem Lande : Die wirtschaftliche Ausgrenzung der judischen Viehhandler in Bayern," Detlev Peukert and Jurgen Reulecke, *Die Reihen fast geschlossen*, pp. 380-396に引用.
87. *Sopade*の8月報告によると，「ある村では，ナチがツェッペリン基地へ向かう道路に，"こちらパレスチナ行き" と書いた道路標識を立て，村の中心広場には，"ドイツに心を，ユダヤ人には鉄拳を"，と書いた横断幕をぶらさげた. ある町では，突撃隊がユダヤ人と共産党員を檻に入れて通りをパレードした」. *Sopade*, Aug. 1935, p. 923.
88. Werner T. Angress, "Die 'Judenfrage' im Spiegel amtlicher Berichte,"Ursula Buttner 編，*Das Unrechtsregime : Internationale Forschung uber den Nationalsozialismus*, vol. 2（Hamburg : Christians, 1986）, p. 25に引用.
89. Frederick T. Birchall, "Berlin Mayor Put on Trial by Nazis," *New York Times*, Nov. 14 and 26, 1935.
90. Angress, "Die 'Judenfrage,'" in Buttner, *Das Unrechtsregime*, vol. 2, pp. 19-23. 1938年11月10日の事件後，41名のナチスを対象とした反ユダヤ主義に対する非公式の態度調査が実施されたが，その内容については次を参照，Michael Muller-Claudius, *Der Antisemitismus und das deutsche Verhangnis*（Frankfurt am Main : Knecht, 1955）, pp. 157-163.
91. "Die allgemeine Situation in Deutschland," *Sopade*, July 1935, p. 759.
92. "Lagebericht des SD-Hauptamtes J I/6（Juden）," Aug. 17, 1938, Michael Wildt 編，*Die Judenpolitik des SD, 1935 bis 1938 : Eine Dokumentation*（Munich : Oldenbourg, 1995）, doc. 2, pp. 69-70に引用.
93. 1935年10月5日付クレンペラー（Klemperer）日記，*I Will Bear Witness*, vol. 1, p. 134. Franz J. Jurgens, *Wir waren ja eigentlich Deutsch : Juden berichten von Emigration und Ruckkehr*（Berlin : Aufbau, 1997）, pp. 138-140, 188-189.
94. "Wir kennen nur ein Vaterland und eine Heimat, das ist Deutschland." これは次の資料に引用：Angress, "Die 'Judenfrage'," in Buttner, *Das Unrechtsregime*, vol. 2, p. 23. ユダヤ人社会

Fortnightly Review 144 (new ser. 138, July 1935), pp. 86-94.

61. "Playing Both Ends," *New York Times*, May 28, 1935.

62. Saul Friedlander, *Nazi Germany and the Jews*, vol. 1, *The Years of Persecution, 1933-1939* (New York : HarperCollins, 1998), p. 50. Adam, *Judenpolitik*, pp. 28-38.

63. ニューヨーク・タイムズは，「"アーリア"という用語が棄てられ，それに代って"ドイツの血を継ぐ"という用語が使われる」と報じた（1935年11月16日及び12月4日）. *New York Times*, Dec. 4, 1935.

64. *Sopade*, May/June 1934, docs. 1, 2/3, p. 168.

65. Reports "Bericht uber die Lage," report nos. 1 (Dec. 1933) and 2 (Jan. 1934), Gruppe Neu Beginnen, Bernd Stover 編，*Berichte uber die Lage in Deutschland* (Bonn : Dietz, 1996), pp. 40-44に引用.

66. *Sopade*, Sept. 1935, p. 900.

67. Heinrich Olms, "Anstandige Juden," *VB* 48, no. 215 (Aug. 3, 1935): 3.

68. "Reich Court Spurs Boycotting of Jews," *New York Times*, July 2, 1935.

69. Jochmann, *Gesellschaftskrise*, p. 246. ユダヤ人が迫害問題で提訴し，体制側に不利な判決のでる可能性があり，これが彼らの懸念材料のひとつであったと思われる. Daniel Frankel, "Jewish Self- Defense,"Bankier 編，*Probing the Depths*, pp. 339-359を参照.

70. Report by SD-Hauptamt Ji 6 (Juden), Aug. 17, 1935 ; Michael Wildt, "Before the 'Final Solution' : The Judenpolitik of the SD, 1935-1938," *Leo Baeck Institute Yearbook* 43 (1998): 246-247.

71. Reichssippenamt, "Losung der Judenfrage," BAB/1509/35/Bl. 75/Bl. 75-76. Draft (*Entwurf*), "Vertraulich!" (Secret!), May 17, 1935, BAB/R18/5513/Bl. 1. 32. Weinreich, *Hitler's Professors*, p. 36.

72. "[Krankende] Masnahmen gegen grose Volkerstaaten fremder Rasse," June 25, 1935, BAB/NS2/143/Bl. 11-13, and BAB/R3001/1389/Bl. 190. Muller-Hill, *Deadly Science*, p. 10.

73. May 27, 1935, BAB/R4901/521/Bl. 42. フリック（Frick）は"路上の圧力"に応えた. Adam, *Judenpolitik*, p. 106. フリックは8月までに人種法を擁護するようになった. "Reich Won't Reform," *New York Times*, Aug. 4, 1935.

74. "Ritualmord in Litauen : Ein judischer Blutmord im Marz 1935," *Der Stürmer* 13, no. 16 (Apr. 1935); "Judenarzte Frauenschandler," und "Morder erstickt," *Der Stürmer* 13 (Apr. 1935); "Pesach, alljahrliche Gedenkfeier des altesten Massen Ritualmords," *Der Stürmer* 11, no. 14 (Apr. 1933).

75. "Einzelheiten der Berliner Juden-Aktion," report no. 16 (July 1935), Bernd Stover 編，*Berichteuber die Lage in Deutschland* (Bonn : Dietz, 1996), doc. 15, pp. 576-577に引用.

76. Dr. Kurt Plitschke, S. S. Oberscharfuhrer, "Kommt das Strafgesetz gegen Rasseverrat?" *Das Schwarze Korps* (hereafter SK) 6 (Apr. 10, 1935): 6. "Gegen Rassenschandung wird durchgegriffen," VB 48 no. 199 (July 18, 1935). Wilhelm Frick, 1935年8月20日付発表, BAB/R18/5513/Bl. 2.

77. Gruchmann, "'Blutsschutzgesetz' und Justiz," pp. 435. 440. BAB/R58/276/Bl. 26.

78. Hess, order dated Apr. 11, 1935, reprinted in Jeremy Noakes and Geoffrey Pridham, *Nazism : A History in Documents*, vol. 1 (New York : Schocken, 1988), doc. 400, p. 530. "Eine Warnung an Staatsfeindliche Elemente," *VB* 48 (July 17, 1935).

45. 刑法改正委員会第37回会議の速記録. Reich Justice Ministry. BAB/R3001/852/Bl. 118, 249, 307, 323. Lothar Gruchmann, *Justiz im Dritten Reich 1933-1940 : Anpassung und Unterwerfung in der Ara Gurtner*（Munich : Oldenbourg, 1988）, pp. 866-871, and Gruchmann, "'Blutschutzgesetz' und Justiz," *Vierteljahrshefte für Zeitgeschichte* 31（July 1983）: 418-42 ; Hermann Graml, *Antisemitism in the Third Reich*, trans. Tim Kir（Oxford, Eng.: Blackwell, 1992）, pp. 108-111 ; Muller-Hill, *Murderous Science*, pp. 32-33.
46. 刑法改正委員会（Strafrechtscommission）, 速記録, Straf BAB/R3001/852/Bl. 75-328.
47. LornaWildenthal, *GermanWomen for Empire, 1884-1945*（Durham, N. C.: Duke University Press, 2001）, pp. 84, 92-99. 人種反逆罪という用語は，もともと植民地の白人入植者が現地人と性的関係をもつことに由来する. 白人男性がこの禁を破ると市民権を奪われ，黒人女性との間に生まれた子供には，市民権の取得を禁じた.
48. 刑法改正委員会（Strafrechtscommission）, BAB/R3001/852/Bl. 276, 325. Essner, "Das System," p. 105.
49. Walk, Das Sonderrecht, pp. 129-251. アダムは重複した職務構造と意見の相違について分析した. Adam, *Judenpolitik*, pp. 104-106.
50. Robert Gellately, *Backing Hitler : Consent and Coercion in Nazi Germany*（New York : Oxford University Press, 2001）, pp. 132-141.
51. "Die Judenverfolgung," Sopade, Sept. 1935, pp. 1027-1029, 1037. この9月報告には取引先や顧客によってボイコットされなかった家畜取引業者と店舗数十例が含まれている.
52. "Im Judenaquarium Herweck," Mannheim *Hakenkreuzbanner*, Aug. 1, 1933, Comite des Delegations Juives 編，*Die Lage der Juden in Deutschand, 1933 : Das Schwarzbuch — Tatsachen und Dokumente*（1935 ; Frankfurt am Main : Ullstein, 1983）, p. 460に引用.
53. Otto Dov Kulka, "Die Nurnberger Rassengesetze und die deutsche Bevolkerung im Lichte geheimer NS-Lage und Stimmungsberichte," *Vierteljahrshefte für Zeitgeschichte* 32（1984）: 594.
54. Michael Wildt, "Violence against Jews in Germany, 1933-1939," David Bankier 編，*Probing the Depths of German Antisemitism : German Society and the Persecution of the Jews, 1933-1941*（New York : Berghahn, 2000）, pp. 187-194に引用.
55. 1935年10月5日付および1936年2月11日付クレンペラー日記，Klemperer, *I Will Bear Witness : A Diary of the Nazi Years, 1933-1941*, trans. Martin Chalmers（New York : Random House, 1998）, vol. 1, pp. 134-135, 153.
56. "Scholars Show Manhood," *New York Times*, May 28, 1934, p. 24.
57. このような経験をしたある医師の娘バーバラ（Barbara Hell）からの私信. ザウエルブルフのアンビバレントな立場については，次を参照，Michael H. Kater, *Doctors under Hitler*（Chapel Hill : University of North Carolina Press, 1989）, p. 138.
58. David Bankier, *The Germans and the Final Solution : Public Opinion under Nazism*（Oxford, Eng.: Blackwell, 1992）, pp. 67-88. Michael H. Kater, "Everyday Anti-Semitism in Prewar Nazi Germany : The Popular Bases," *Yad Vashem Studies* 16（1984）: 129-159.
59. Victoria J. Barnett, *Bystanders : Conscience and Complicity during the Holocaust*（Westport, Conn.: Praeger, 1999）, pp. 118-131.
60. その記事は「ドイツにおけるユダや問題の解決は，ユダヤ人の大量移民で社会全体を解体する以外に方法はない」と続く. William Zuckerman, "Nazis without A Jewish Policy,"

Mobius)，ハンス・フォン・ドーナニィ（Hans von Dohnanyi），カウント・グライシュパハ（Count Gleispach），そして局長のシェーファー（Schafer）とメッツガー（Mezger）の両名を含む．このセクションの引用は次の資料から：BAB/R3001/1389.

32. *Statistisches Jahrbuch fur das Deutsche Reich 55*（1936）: 40. Noakes, "The Development of Nazi Policy," p. 291. Marion A. Kaplan, *Between Dignity and Despair : Jewish Life in Nazi Germany*（New York : Oxford University Press, 1998）, pp. 74-93.
33. *Das deutsche Fuhrerlexikon*（Berlin : Stollberg, 1935）, p. 130.
34. "The demands of the individual conscience express the ideals of the *Volk* state." Roland Freisler, "Recht, Richter und Gesetz," *Deutsche Justiz : Rechtspflege und Rechtspolitik* 95（1933）: 694-696. "Nazi Holds Popular View Is Test of Law's Sanctity," *New York Times*, May 31, 1935, p. 2.
35. Muller, *Hitler's Justice*, p. 71.
36. Lothar Gruchmann, "'Blutschutz' und Justiz : Zur Entstehung und Auswirkung des Nurnberger Gesetzes vom 15. September 1935," *Vierteljahreshefte für Zeitgeschichte* 31（1983）: 418-441. Philippe Burrin, *Hitler and the Jews : The Genesis of the Holocaust*, trans. Patsy Southgate（フリートレンダー，Saul Friedlanderの序文付），（London : Edward Arnold, 1994）, pp. 41-64.
37. Roland Freisler, "Recht, Richter und Gesetz," p. 694, Muller, *Hitler's Justice*, p. 95に引用.
38. Lutz Schwerin von Krosigk, *Es geschah in Deutschland : Menschenbilder unseres Jahrhunderts*, 3rd ed.（Tubingen : Wunderlich, 1952）, pp. 517-525. Lothar Gruchmann, "Franz Gurtner : Justizminister unter Hitler," Ronald Smelzer, Enrico Syring, and Rainer Zitelmann 共編，*Die Braune Elite : 21 weitere biographische Skizzen*（Darmstadt : Wissenschaftliche 1993）, pp. 128-136に引用.
39. ギュルトナーは「残忍と残虐性はドイツの価値観とは無縁である…そのような残虐性はオリエントのサディズムを思わせ，弁解の余地はない」と書いている．Robert Wistrich, *Who's Who in Nazi Germany*（London : Routledge, 1995）, pp. 92-93. Schwerin von Krosigk, *Es Geschah in Deutschland*, pp. 517-525.
40. Schleunes, *Legislating the Holocaust*, pp. 23-25.
41. Cornelia Essner, "Das System der Nurnberger Gesetze'（1933. 1945）oder der verwaltete Rassismus"（Ph. D. diss., Free University of Berlin, 1999）, pp. 118-135. 引用を許してくれた著者エスナーとこの論文を教えてくれたモムゼン（Hans Mommsen）の両氏に感謝する．Loesener, "At the Desk," in Schleunes, *Legislating the Holocaust*, pp. 35-55.
42. レーゼナー（Losener）は，5頁におよぶ1933年10月30日付書簡で，「著名なユダヤ系ドイツ人は人種法の適用外にせよ」と提案している．BAB/R1501/3746. Adam, *Judenpolitik*, pp. 88, 113, 34-36.
43. ミシュリングの大半は中産階級の出身であったので，レーゼナーは同僚たちに同じ仲間としての共感を求めた．
44. Losener, "Anwendung der Arierbestimmung auf Abkommlinge aus Mischehen," a five-page memo, Oct. 30, 1933, BAB/R1501/3746. 同上レーゼナー書簡．内務省血族局（ライヒス・ジッペンアムト Reichssippenamt）の猛烈な反ユダヤ主義者アヒム・ゲルッケ（Achim Gercke）すらも，「不当な苦難」（unbillige Haerten）を強いるケースは例外扱いすべきである，と論じた．

19. Noakes and Pridham, *Nazism*, vol. 1, doc. 355, pp. 483-485.
20. Raul Hilberg, *The Destruction of the European Jews*（New York : Holmes & Meier, 1985）, p. 27.
21. 1933年7月24日付及び1933年10月30日付レーゼナー（Losener）の覚書き，Institut fur Zeitgeschichte/F71/1, Jeremy Noakes, “The Development of Nazi Policy towards the German-Jewish ‘Mischlinge,’ 1933. 1945,” *Leo Baeck Institute Yearbook* 34（1989）: 303に引用. ナチ幹部の間に配布された初期の重要提案については，次を参照，“Material zum Judengesetz” および “Einfuhrung zum Judengesetz,” Apr. 6, 1933, 並びに “Entwurf,” ともにUSHMM, RG-11/11. 001/379/roll 5, pp. 1-7に引用.
22. “Der Neubau des deutschen Rechts,” VB 46（Apr. 23. 24, 1933）: 2. Max Weinreich, *Hitler's Professors : The Part of Scholarship in Germany's Crimes against the Jewish People*（1946 ; New Haven, Conn.: Yale University Press, 1999）, p. 38.
23. Pfundtner's law of July 4, 1933, in Adam, *Judenpolitik*, p. 84.
24. クーベは1928年に入党，プロイセン州議会のナチス幹部会議長，1933年ベルリンを含むブランデンブルク地区の知事（オーベルプレジデント）になった.：Werner Jochmann, *Gesellschaftskrise und Judenfeindschaft in Deutschland, 1970-1945*（Hamburg : Christians, 1988）, pp. 243-246. Peter Huttenberger, *Die Gauleiter : Studie zum Wandel des Machtgefuges in der NSDAP*（Stuttgart : Deutsche Verlags-Anstalt, 1969）, p. 215.
25. 黒人家族も数世代たつうちに“白っぽく”なりうる. Edgar von Schmidt-Pauli, *Die Manner um Hitler*（Berlin : Verlag fur Kulturpolitik, 1933）, p. 33. Judy Scales-Trent, “Racial Purity Laws in the United States and Nazi Germany,” *Human Rights Quarterly* 23（May 2001）: 259-307.
26. Bernhard Losener, “At the Desk for Racial Affairs in the Reich Ministry of the Interior,” Karl A. Schleunes 編，*Legislating the Holocaust : The Bernhard Loesener Memoirs and Supporting Documents*, trans. Carol Scherer（Boulder, Colo.: Westview, 2001）, pp. 33-104に引用. 約75万人がミシュリング（混血）のカテゴリーに入れられた. Jeremy Noakes, “The Development of Nazi Policy,” 292-299.
27. Memo of Jan. 17, 1934, BAB/R1501/3746. フリック（Frick）は「民族性」と「政治性」の用語を使った. Gunter Neliba, *Wilhelm Frick : Der Legalist des Unrechtsstaates—Eine politische Biographie*（Munich : Schoningh, 1992）, p. 191.
28. 1934年11月5日付ディールス発ゲーリング宛報告（Diels to Goring）, Heinz Hohne, *The Order of the Death's Head : The Story of Hitler's S. S.*, trans. Richard Barry（New York : Coward-McCann, 1969）, p. 180に引用. ディールスのいう挫折云々とは，原文では右の通り “Zerbroselung der inneren Verwaltung” これが，不満の大きな原因になった. Adam, *Judenpolitik*, p. 108.
29. ルトケ（Falk Ruttke）は，1935年1月25日付法学誌ドイッチェス・レヒト（*Deutsches Recht*）で，混乱（Verwirrung）に不満を洩らしている. pp. 25-27, Schleunes, *Twisted Road*, p. 120に引用.
30. BAB/R4909/968 and BAB/R3001/1389, cited in Benno Muller-Hill, *Murderous Science : The Elimination by Scientific Selection of Jews, Gypsies, and Others, Germany, 1933-1945*, trans. George R. Fraser（New York : Oxford University Press, 1988）, pp. 33, 178.
31. 参加者は，人種研究者のクレー（Klee），ダーム（Dahm），ルドルフ・メビウス（Rudolf

The Foundation and Development of the Internal Structure of the Third Reich, trans. Richard Hiden（New York : Longman, 1981）, pp. 244-253. 1935年時点で公務員約30万7,000人が入党していた. Jeremy Noakes and Geoffrey Pridham, eds., *Nazism : A History in Documents*, vol. 1（New York : Schocken, 1984）, doc. 62, pp. 86-87. なお，ナチが政権をとった1933年には2月から5月までをみると，入党者の81%は公務員であった. Charles McClelland, *The German Experience of Professionalization*（New York : Cambridge University Press, 1991）, pp. 221-222.

11. Thomas Childers, *The Nazi Voter : The Social Foundations of Fascism in Germany, 1919-1933*（Chapel Hill, N. C.: University of North Carolina Press, 1983）, pp. 178, 239-242. 公務員の仕事と実務能力は行政に不可欠であったから，上級職員はたとい入党しても，"静かな反抗"を以て職務を遂行していくことができた. Michael Kater, *The Nazi Party : A Social Profile of Members and Leaders, 1919-1945*（Cambridge : Harvard University Press, 1983）, pp. 8-9, 107-110. 1933年以前，全国民のナチ支持率は4%弱であったが，公務員の場合は10%であった. William Brustein, *The Logic of Evil : The Social Origins of the Nazi Party, 1925-1933*（New Haven, Conn.: Yale University Press, 1996）, pp. 109-119.
12. Max Weber, "Politics as a Vocation," in Hans Gerth and C. Wright Mills, *From Max Weber : Essays in Sociology*（New York : Galaxy, 1960）, p. 95.
13. Eviatar Zerubavel, *The Fine Line : Making Distinctions in Everyday Life*（New York : Free Press/Macmillan, 1991）, pp. 33-60.
14. Discussions, Reichssippenamt, Genealogy Department, Dec. 1934 through Apr. 1935, BAB/R1509/35/Bl. 35-41. Besprechung（討論）, BAB/NS2/143/Bl. 1934年12月20日付. Uwe Dietrich Adam, *Judenpolitik im Dritten Reich*（Dusseldorf : Droste, 1972）, pp. 115-120.
15. 1939年の調査によると，ユダヤ人祖父母2人をもつ住民は7万2,740人，1人をもつ住民は4万3,000人であった. Jeremy Noakes, "Wohin gehoren die 'Judenmischlinge?' Die Entstehung der ersten Durchfuhrungsverordnungen zu den Nurnberger Gesetzen," Ursula Buttner 編, *Das Unrechtsregime : Internationale Forschung uber den Nationalsozialismus*, vol. 2（Hamburg : Christians, 1986）, pp. 70-74に引用. 1935年4月3日付プフントナー発ホスバッハ宛連絡も参照,（Pfundtner to Hossbach）, BAB/R432/602/Bl. 170-171.
16. Bernhard Losener, comments, June 5, 1934, BAB/R3001/852/Bl. 182.
17. 1935年8月10日付ニューヨーク・タイムズは,「反ユダヤキャンペーンは，ユダヤ人，2分の1及び4分の1ユダヤ人計210万人を吸収できる国がどこにもないという事実によって，遅滞した」と報じた.（New York Times, Aug. 10, 1935, p. 6）. 党衛生指導者で内務省衛生局長のレオナルド・コンティ（Leonardo Conti）は，ドイツには総人口の2.3%にあたる250万のユダヤ人がいると発表した（New York Times, June 14, 1935, p. 7）. シュロッサー（Schlosser）は，統計専門家がきわめて低い推定値をだしていると指摘している. Friedrich Burgdorfer, *Aufbau und Bewegung der Bevolkerung : Ein Fuhrer durch die deutsche Bevolkerungsstatistik und Bevolkerungspolitik*（Leipzig : Barth, 1935）. Karin Magnussen, *Rassen- und Bevolkerungspolitisches Rustzeug, Statistik, Gesetzgebung und Kriegsaufgaben*（1936 ; Munich : Lehmann, 1943）.
18. Ralph Angermund, "Die geprellten 'Richterkonige' : Zum Niedergang der Justiz im NS-Staat," in Hans Mommsen, ed., *Herrschaftsalltag im Dritten Reich : Studien und Texte*（Dusseldorf : Schwann, 1988）, pp. 312-317.

された. Bruno Blau, *Das Ausnahmerecht für die Juden in Deutschland, 1933-1945*（Dusseldorf : Verlag Allgemeine Wochenzeitung der Juden in Deutschland, 1965）, pp. 23-41.

2. Michael Thad Allen, *The Business of Genocide*（Chapel Hill : University of North Carolina Press, 2002）, p. 276.
3. Thomas Klein, "Marburg-Stadt und Marburg-Land in der amtlichen Berichterstattung, 1933-1936," Klaus Malettke 編, *Der Nationalsozialismus an der Macht : Aspekte nationalsozialistischer Politik und Herrschaft*（Gottingen : Vandenhoeck & Ruprecht, 1984）, pp. 123-127 に引用.
4. Karl Lowith, *My Life in Germany before and after 1933*, trans. Elizabeth King（Champaign-Urbana : University of Illinois Press, 1994）, p. 10.
5. ゲルッケは乱雑を嫌い，秩序整然たる効率的"浄化過程［Sauberungsvorgang］"を主張した. "Die Losung der Judenfrage," BAB/R1509/35/Bl. 43-55.
6. Achim Gercke, "Ausmerze und Auslese," VB 46, nos. 190/191（July 9-10, 1933）. Gercke, "Die Losung der Judenfrage," and "Grundsatzliche zur Mischlingsfrage," *Nationalsozialistische Monatshefte* 4（June 1933）: 195-196. ゲルッケにとって，ユダヤ人の先祖をもつドイツ国民（彼は私生児と呼んだ）に市民権を与えてはならぬのは，自明の理であった. 彼はあたかも彼らが市民権をすでに剥奪されているかのようにみなしていた. "Soll man den deutschen Bastarden die vollenStaatsburgerrechte geben?" BAB/1509/35/Bl. 64-71. 内務省血族局（Reich Kinship Bureau）に関する優れた分析は次を参照，Diana Schulle, *Das Reichssippenamt : Eine Institution nationalsozialistischer Rassenpolitik*（Berlin : Logos, 2001）.
7. 1934年のドイツ上級裁判所判決489. "Hochstrichterliche Rechtsprechung," 489（1934）, Ingo Muller, *Hitler's Justice : The Courts of the Third Reich*, trans. Deborah L. Schneider（Cambridge : Harvard University Press, 1991）, p. 95 に引用. Karl Saller, *Die Rassenlehre des Nationalsozialismus in Wissenschaft und Propaganda*（Darmstadt : Progress, 1961）, p. 119. ユング（Carl Jung）とクレッチマー（Ernst Kretzschmer）は同様の意見であった： Robert Proctor, *Racial Hygiene : Medicine under the Nazis*（Cambridge : Harvard University Press, 1988）, pp. 161-163.
8. Carl Schmitt, *Staat, Bewegung, Volk : Die Dreigliederung der politischen Einheit*（Hamburg : Hanseatische, 1933）, p. 17.
9. Christoph Schmidt, "Zu den Motiven 'alter Kampfer' in der NDSAP," in Detlev Peukert and Jurgen Reulecke, eds., *Die Reihen fast gescholossen : Beitrage zur Geschichte des Alltags unterm Nationalsozialismus*（Wuppertal : Hammer, 1981）, pp. 21-31. Joachim Fest, *The Face of the Third Reich : Portraits of the Nazi Leadership*, trans. Michael Bullock（New York : Pantheon, 1970）, pp. 136-139. "Old Nazis to Get Posts," *New York Times*, May 9, 1935, p. 9. イデオロギーを浸透させるため，すべての任命の少なくとも10％は，ナチ党員が占めた. Christopher R. Browning, "The Government Experts," Sybil Milton and Henry Friedlander 共編, *The Holocaust : Ideology, Bureaucracy and Genocide*（Millwood, N. Y.: Kraus, 1980）, p. 184 に引用. Hans Mommsen, *Beamtentum im Dritten Reich*（Stuttgart : Deutsche Verlags-Anstalt, 1966）, pp. 39-40.
10. 新しく職を得た古参は，「行政手腕や技術能力がほとんどなく，疎んじられている政治的狂信集団」であった. Dietrich Orlow, *The History of the Nazi Party, 1933-1945*（Pittsburgh, Pa.: University of Pittsburgh Press, 1973）, vol. 2, pp. 19-21. Martin Broszat, *The Nazi State :*

115. Eilers, *Schulpolitik*, pp. 87-91. Jeremy Noakes and Geoffrey Pridham, *Nazism : A History in Documents*, vol. 1 (New York : Schocken, 1984), doc. 312 pp. 432-435.
116. Vorbereitung der Lehrgange, BA/4901/4607/Bl. 320-322.
117. *Nationalpolitische Lehrgange*, pp. 197-203. "Lehrgang in Vererbungslehre und Rassenkunde in der Adolf-Hitler Schule zu Marburg." 左はマールブルクの状況. バイエルンについては次を参照. Streicher, "Grosse Veranstaltungen," StAM/NSDAP 981.
118. Schulungslager "Selketal" der anhaltischen Lehrer 1935. BAB/4901/4607/Bl. 183.
119. Rudolf Hess to the Sonderlehrgang der Reichsschule Bernau, Summer 1934, NA/T81-22/19711-19717/1-6.
120. ドンドルフ-バイロイト (Donndorf-Bayreuth) における人種教育ノート, BAB/NS12/temporary 817.
121. *Sopade*, Feb. 1935, p. 216.
122. *Sopade*, Feb. 1936, p. 192, および右の公文書館保管メモ類, StAM/NSDAP/993. Eilers, *Schulpolitik*, pp. 3-6.
123. Georg Burkhardt Kolb, "Wie sehe ich die Gestaltung der Schulungslager des nationalsozialistischen Lehrerbundes?" BAB/4901/REM/4607/Bl. 290-301.
124. レーバー・グルーバーは, 特に女性活動家ヘレーナ・ランゲを模範的女性としてとりあげ, 1933年以前に存在したリベラルナ女性団体の女性教師を歓迎した.: StAM/NSAP/994.
125. "Vorbereitung der Lehrgange," BAB/4901/4607/Bl. 305.
126. Count [Freiherr] von Lunick, Vorbereitung der Lehrgange, BAB/4901/4607/Bl. 327.
127. 5万4,000人のヒトラー・ユーゲントに対するヒトラー訓示 (1935年9月14日). Domarus, *Hitler Speeches*, vol. 2, pp. 700-701.
128. コラム掲載通告, "Kritik der Zeit," *Nationalsozialistische Monatshefte* 7, no. 77 (Aug. 1936), p. 749.
129. Marlis G. Steinert, *Hitlers Krieg und die Deutschen : Stimmung und Haltung der deutschen Bevolkerung im ZweitenWeltkrieg* (Dusseldorf : Econ, 1970), p. 60に引用.
130. Elke Frohlich, "Die drei Typen der nationalsozialistischen Ausleseschulen," Johannes Leeb 編, *Wir waren Hitlers Eliteschuler : Ehemalige Zoglinge der NS-Ausleseschulen brechen ihre Schweigen*, 2nd ed. (Hamburg : Rasch & Rohling, 1998) に引用. Barbara Feller and Wolfgang Feller, *Die Adolf-Hitler-Schulen : Padogische Provinz versus ideologische Zuchtanstalt* (Munich : Juventa, 2001), pp. 29-36, 109-145.
131. 1934年6月13日付および1935年4月17日付クレンペラー日記, Victor Klemperer, *I Will Bear Witness : A Diary of the Nazi Years, 1933-1941*, trans. Martin Chalmers (New York : Random House, 1998), pp. 70, 118.
132. Krieck, *Nationalpolitische Erziehung*, p. 36. Gamm, *Führung und Verführung*, p. 102.
133. Schulungslager "Selketal" der anhaltischen Lehrer, 1935. BAB/4901/4607.
134. Gamm, *Führung und Verführung*, pp. 31-32.

Ⅶ

1. Joseph Walk, *Das Sonderrecht fur die Juden im NS-Staat : Eine Sammlung der gesetzlichen Masnahmen und Richtlinien, Inhalt und Bedeutung*, 2nd ed. (Heidelberg : Muller, 1996), pp. 1-128. 1933年2月から4月下旬にかけて, 国家レベルと地方レベルで数十の規制条令がだ

97.「学児に対する国民政治教育課程」と称するマニュアルは野外教育に触れ，目的，予算の組み方，ホステル利用，指導者として教師の役割，ハイキング，夜の娯楽等に関する要領が記載されている.
98.フリートレンダー（Saul Friedlander）はシュレック（Julius Schreck）の施設訪問に触れている，*Nazi Germany and the Jews*, vol. 1, *The Years of Persecution, 1933-1939*（New York : HarperCollins, 1997）, p. 209. ユダや人児童の回想記にも同種の経験が語られている. Reich-Ranicki, *Meine Schulzeit*, pp. 37-38.
99. Albert Friehe, *Was mus der Nationalsozialist von der Vererbung wissen? Die Grundlagen der Vererbung und ihre Bedeutung für Mensch, Volk und Staat*（Frankfurt am Main : 1936）, pp. 52-53.
100. Rheinland Excursion. Hunhauser, "Die nationalpolitischen Lehrgange im Rheinland," *Die deutsche höhere Schule* 2（July 1935）: 433-437.
101. 延べ103週間におよぶ学外研修に男子生徒1万9000人女子生徒9000人，教師2300人が参加した. R. Schaller, lecture, Wahn School, Apr. 18, 1935, NA/T81/22/frames 10779. 19784.
102. *Nationalpolitische Erziehung*（Berlin : Juncker & Dunnhaupt, 1936）, pp. 7-21.
103. Volker Losemann, "Zur Konzeption der NS-Dozentenlager," in Manfred Heinemannおよび Helmut Engelbrecht 共編，*Erziehung und Schulung im Dritten Reich*（Stuttgart : Klett-Cotta, 1980）, p. 21に引用.
104. Ott, *Martin Heidegger*, pp. 224-226.
105. Safranski, *Martin Heidegger*, pp. 261-262.
106. Ott, *Martin Heidegger*, pp. 35-57.
107. チュービンゲン大における講演1933年11月30日，Ott, *Martin Heidegger*, pp. 238-243.
108. Safranski, *Martin Heidegger*, p. 262. Heidegger, "Facts and Thoughts," Gunther Neske and Emil Kettering 共編，*Martin Heidegger and National Socialism : Questions and Answers*, trans. Lisa Harries（Karsten Harriesの序文付），（New York : Paragon, 1990）, p. 27.
109. 1933年4月25日付ソーン大佐発ルムボルド宛報告（Colonel Thorne to Rumbold, Berlin）DBFP, vol. 4, doc. 36, pp. 874-878.
110. Schulungslager in Anhalt, "Shocktroop 1935," report, BAB/4901/REM/4607/Bl. 168.
111. Schulungslager "Selketal" der anhaltischen Lehrer, 1935. BAB/4901/REM/4607/Bl. 183. ナチに連なる社会形態としての大学については，次を参照，Jurgen Schiedeck and Martin Stahlmann, "Totalizing of Experience : Educational Camps," in Sunker and Otto, *Education and Fascism*, 54-80.
112. "Aus der Schule," ザクセン地方からの報告，*Sopade*, Feb. 1936, pp. 190-191.
113. Hellwig, "Mein Leben," Houghton, bMS Ger 91（93）.
114. Rudolf Benze, "Umschulung der Erzieher im Lager," reprinted in Gamm, *Führung und Verführung*, p. 132. Sopadeによると，参加者たちは何から何まで軍隊式の特別コースに怖気をふるった. しかし教師3,000名が自発的に参加した. 講義内容がお粗末で，知的レベルが低いため，カトリック教徒の教師たちは，講義中，盛んに私語をかわした（1935年2月報告）.（*Sopade*, Feb. 1935, p. 210）. Ottweiler, *Volksschule*, pp. 128-130. SS保安部調査機関も同じ結論に到達した. "Erziehung," Heinz Boberach 編，*Meldungen aus dem Reich, 1938-1945 : Die geheimen Lageberichte des Sicherheitsdienstes der SS.*, 17 vols., vol. 2（Herrsching : Pawlak, 1984）, pp. 133-140に引用.

78. 1936年11月10日付ヒトラー・ユーゲント指導部宛監督書簡には「遺憾ながらユダヤ人子弟をそのまま学校から追いだしてしまうわけにはいかないので，子供たちの方から登校拒否をおこすよう，ヒトラー・ユーゲントが然るべく行動しなければならない」とある．Altona, Nov. 10, 1936, Hans Mommsen, *Herrschaftsalltag*, pp. 285-286に採録．
79. Margarete Littauer, "Mein Leben," Houghton, bMs Ger 91（142）.
80. Peter Gay, *My German Question*（New Haven, Conn.: Yale University Press, 1998）, p. 64, 65, 108.
81. Kaplan, *Between Dignity and Despair*, p. 96.
82. Maschmann, *Account Rendered*, p. 39.
83. Wolf, *A Model Childhood*, p. 98.
84. この珍書の全訳カラー復刻版は，つぎのサイトを参照，Ronald Bytwerk's website : *www.calvin.edu/academic/cas/gpa/images/giftpilz*
85. Hans Winterfeldt, "Ein Kind erlebt die Ausgrenzung," in Margarete Limberg and Humber Rubsaat 編，*"Sie durften nicht mehr Deutsche sein" : Judischer Alltag in Selbstzeugnissen, 1933-1938*（Frankfurt am Main : Campus, 1990）, pp. 212-217.
86. Heck, *A Child of Hitler*, p. 8.
87. Gunther S. Stent, *Nazis, Women, and Molecular Biology : Memoirs of a Lucky Self-Hater*（Kensington, Calif.: Briones, 1999）, pp. 73, 59. 遅い事例では1942年にドイツの東部地方で視学官がユダヤ人父兄に手紙を送り，児童生徒の通学禁止を通告した．"Entlassung eines 'nichtarischen' Schulers," in Gamm, *Führung und Verführung*, doc. 24, p. 145.
88. Walther Scharrer, "Judengegnerschaft und hohere Schulen," *Der Weltkampf* 10（1933）: 245.
89. 党員ロイトロフ（Leutloff）の講演　1935年2月8日，NA/T-81/22/19695.
90. "Forderung des Lehrfilmwesens," VB 46（Apr. 2. 3, 1933）: 3. A. Hubnhauser, "Die nationalpolitische Lehrgange im Rheinland," *Die deutsche höhere Schule*（Frankfurt am Main : Diesterweg）2, no. 13（July 1935）: 445に引用．Kurt F. K. Franke, "Medien im Geschichtsunterricht der national-sozialistische Schule," in Dithmar, *Schule und Unterricht*, pp. 59-87.
91. *Sopade*, Feb. 1935, p. 205. "Bericht uber die Lage," report no. 4（Feb. 1934）Bernd Stover 編，*Berichte uber die Lage in Deutschland*（Bonn : Dietz, 1996）, pp. 64-66に引用．
92. Hartshorne, *German Universities*, p. 33 ; Eilers, *Schulpolitik*, pp. 28-33. 児童生徒向けの映画鑑賞は有料で，1000万の子供たちが払った金は，宣伝省の収入になった（1934年9/10月地下調査報告）. *Sopade*, Sept./Oct. 1934, pp. 571-572.
93. *Film und Bild inWissenschaft, Erziehung und Volksbildung : Zeitschrift der Reichsstelle fur den Unterrichtsfilm*（Berlin : Kohlhammer）1（Jan. 10, 1939）.
94. Gerhard Paul, *Aufstand der Bilder : Die NS-Propaganda vor 1933*（Bonn : Dietz, 1990）, pp. 53-57.
95. Alfred Vogel, *Erblehre und Rassenkunde in bildlicher Darstellung*（Stuttgart : National Literatur, 1938）. クロウル・コレクション（the Kroul Collection）にこの種図表が多数含まれている．カタログ化される前に見せてもらった．ホフシュトラ大図書館（Hofstra University Library Services）のケリー博士（Dr. Barbara M. Kelly）のご好意に感謝する．
96. Quoted in *Die deutsche hohere Schule*, 1935, p. 521. See *Sopade*, Feb. 1936, p. 200. Rust, "Umschulung," Aug. 1923, BAB/490/4607/Bl. 101-110.

61. Maschmann, *Account Rendered*, pp. 26, 35. Memoir of Hans Bender, "Willst du nicht beitreten?" in Reich-Ranicki, *Meine Schulzeit*, pp. 37. 38. *Sopade* の報告者たちは，青少年が「犠牲の喜び」にからめとられた，と認めている．(*Opferfreudigkeit*), Feb. 1936, pp. 170-171.
62. Christa Wolf, *A Model Childhood*, trans. Ursule Molinaro and Hedwig Rappolt (New York : Farrar, Straus and Giroux, 1980), p. 135.
63. *The Yellow Spot : The Outlawing of a Half a Million Human Beings. A Collection of Facts and Documents Relating to Three Years' Persecution of German Jews*, ダーラム (Durham) の主教 (London : Victor Gollancz, 1936) の序文付，pp. 245-246に引用．
64. Martin Staemmler, *Der Sieg des Lebens : Lesestucke zur Rassenkunde* (Berlin : Verlag fur Soziale Ethik und Kunstpflege, 1934). ほかに，「強者の勝利」，1980年から振り返ってみる第一世界大戦の書き直しである「象と蚤」，「宿命」といったタイトルの本がある．
65. "Rechenaufgabe," ibid., pp. 28-29. "Wie hoch waren dann die Gesamtausgaben fur Tabak und Alkohol?"
66. "Nach Berlin," ibid., pp. 27-29.
67. Hans Schemm, *Hans Schemm Spricht : Seine Reden und seinWerk*, G. Kahl-Furthmann, ed. (Bayreuth : Gauverlag Bayerische Ostmark, 1936), pp. 108-113.
68. Rudolf Benze, *Erziehung im Grosdeutschen Reich : Eine Uberschau uber ihre Ziele, Wege und Einrichtungen* (Frankfurt am Main : Diesterweg, 1939), p. 64.
69. Franz Kade, *Die Wende in der Madchenerziehung* (Dortmund & Breslau : Cruwell, 1937), pp. 6-8. Gamm, *Führung und Verführung*, p. 298. Walter Gross, *Rassenpolitische Erziehung*, Sonderausgabe fur das Rassenpolitische Amt der NSDAP (Berlin : Junker & Dunnhaupt 1935).
70. Gretel und Karl Blome, *Ein Wort an junge Kameradinnen*, 3rd ed., vol. 18 in Schriftenreihe des Rassenpolitischen Amtes der NSDAP und des Reichsbundes Deutsche Familie (Berlin : Verlag Neues Volk, 1940).
71. Elizabeth Lenz, "Madchenbildung in der Volksschule des Dritten Reich," Gamm, *Führung und Verführung*, p. 273.
72. Staemmler, *Der Sieg des Lebens*, pp. 32, 83.
73. Hitler, *Mein Kampf* (Boston : Houghton Mifflin, 1962), p. 254.
74. *Studienrat* Dr. Jakob Graf, *Die Bildungs- und Erziehungswerte der Erblehre, Erbpflege und Rassenkunde* (Munich : Lehmanns, 1933), p. 34.
75. 1933年時点でユダヤ人児童6万人が公立学校に通学していた．"Gesetz gegen die Uberfullung," Apr. 22 and 25, 1933, *Ursachen und Folgen*, vol. 9, docs. 2181, 2182, p. 456. "Runderlas uber die Einrichtung gesonderter judischer Schulen, 10. September 1935," and "Auswirkungen des Reichsburgergesetzes...vom 2. 7. 1937," in Gamm, *Führung und Verführung*, pp. 139-143. 大学レベルでは，1932年でユダヤ人学生約4,000人が在学中であった．それが1934年までに在籍者は僅か656人（男子学生486人，女子学生170人）になった．Kaplan, *Between Dignity and Despair*, p. 98.
76. Kaplan, *Between Dignity and Despair*, p. 95.
77. Elsie Axelrod (Mrs. Adolf Axelrod), "My Lifc in Germany," Houghton, bMS Ger 91 (89), p. 32.

43. E. Tiersch, "Rassenfrage Betreffend!" Dec. 3, 1934, BAB/R1501/26246.

44. Elisabeth Evenius, Kurmark, Oct. 1934, BA/NS12/temporary 844. ある教師は，「建前だけで総統原理を口にしながら，実際は傍観して上部からの明確な指示を持つ」と説明した．地下秘密調査組織 Sopade は，「管理職を混乱につきおとしている書類の山」を指摘している．*Sopade*, Sept./Oct. 1934, p. 568.

45. Nixdorf, "Politisierung und Neutralisierung," in Mommsen, *Herrschaftsalltag.*, pp. 227-229.

46. Auguste Reber-Gruber, letters, 1935-1937, StAM/ NSDAP/994, 998.

47. 1937年1月22日付労働戦線指導者ロベルト・レイ発ルスト宛書簡，Hans-Jochen Gamm, *Führung und Verfuhrung : Pädagogik des Nationalsozialismus*（Munich : List, [1964]）, doc. 21, p. 133に引用．

48. Kater, *Nazi Party*, pp. 93-94, 110, 132.

49. Melita Maschmann, *Account Rendered : A Dossier on My Former Self*, trans. Geoffrey Strachan（London : Abelard-Schuman, 1965）, p. 31. Gregory PaulWegner, *Anti-Semitism and Schooling in the Third Reich*（New York : Routledge-Falmer, 2002）, pp. 66-93.

50. Lisa Pine, "The Dissemination of Nazi Ideology and Family Values through School Textbooks," *History of Education* 25（1996）: 91-109.

51. Hitler, Jay Baird, *To Die for Germany : Heroes in the Nazi Pantheon*（Bloomington : Indiana University Press, 1990）, p. 202に引用．

52. Christa Kamentsky, *Children's Literature in Hitler's Germany : The Cultural Policy of National Socialism*（Athens : Ohio University Press, 1984）, pp. 207-209.

53. Karl Dilg, *Die deutsche Bauernsage in der Schule*（Leipzig : Harrassowitz, 1935）, p. 106.

54. Heinz Schreckenberg 編，*Erziehung, Lebenswelt und Kriegseinsatz der deutschen Jugend unter Hitler*（Munster : LIT, 2001）, pp. 84-98, 145-163. Reiner Lehberger, "Neusprachlicher Unterricht," and Andreas Fritsch, "Die altsprachlichen Facher," in Rheinhard Dithmar, *Schule und Unterricht im Dritten Reich*（Neuwied : Luchterhand, 1989）, pp. 117-134, 163-186.

55. 管区監査官ティール（Thiel）発言，1934年2月27日　於ヴァーン―ハイデ（Wahn-Heide）, NA/T-81/22/19516. 19523.

56. Fritz Brennecke, *Vom deutschen Volk und seinem Lebensraum*, trans. Harwood L. Childs, in *The Nazi Primer*, commentary by William E. Dodd（New York : Harper, 1938）, pp. 75-83.

57. Hans Berendes, "Die Korperliche Erziehung in der neuen Schule," Die deutsche hohere *Schule* 2（July 1935）: 456-459 ; Dr. Auguste Reber-Gruber, "*Die Madchenschule und die* Parteigliederungen," *Die deutsche hohere Schule 2*（July 1935）: 480-485.

58. "Wenn ich die Stimme Adolf Hitlers hore," Leon Poliakov and Josef Wulf 編，*Das Dritte Reich und seine Denker : Dokumente*（Berlin : Arani, 1959）, p. 48に収録. Schreckenberg, *Erziehung*, pp. 112-116.

59. Alfons Heck, *A Child of Hitler : Germany in the Days When GodWore a Swastika*（Frederick, Colo.: Renaissance House, 1985）, p. 8. Werner T. Angress, *Generation zwischen Furcht und Hoffnung : Judische Jugend im Dritten Reich*（Hamburg : Christians, 1985）.

60. Cordelia Edvardson, *Gebranntes Kind sucht das Feuer*, trans.（from Swedish）Anna-Liese Kornitzky（Munich : Carl Hanser, 1987）, pp. 37. 38. Dagmar Reese, "Emancipation or Social Incorporation : Girls in the Bund Deutscher Madel," in Sunker and Otto, *Education and Fascism*, pp. 102-120.

30. Dr. Rudolf Benze and Alfred Pudelko 編，*Rassische Erziehung als Unterrichtsgrundsatz der Fachgebiete*（Frankfurt am Main : Diesterweg, 1937）.
31. "Die Jugend im Dritten Reich," *Sopade*, Feb. 1936, p. 199.
32. Ottwilm Ottweiler, *Die Volksschule im Nationalsozialismus*（Weinheim : Beltz, 1979）.
33. 1933年5月，バイエルン地方でカトリック教徒教師2万8,000人が権利擁護のデモをおこなった. Bredow to Kammerer, Apr. 7, 1938, StAM/NSDAP 351. 十字架像をめぐる論争問題については，次を参照，Kershaw, *Popular Opinion and Political Dissent in the Third Reich : Bavaria, 1933-1945*（Oxford, Eng.: Clarendon, 1983）.
34. マイヤー（Barbara Maier）覚書き．特に次を参照，"Bericht der Abteilung Weibl. Erziehung im Gau Mu-Obb 1. Vierteljahr 1936," StAM/ NSDAP 981. さらに多くの女性からの苦情については，次を参照，BAB/NS12/temporary 844. Auguste Reber-Gruber, StAM/NSDAP 994, 998-999.
35. "Die Jugend," *Sopade*, Sept./Oct. 1934, p. 568.
36. "Die Jugend," *Sopade*, Feb. 1935, pp. 202-203.
37. ユダヤ人学生の扱いは千差万別であった．複数の回想録にそれがうかがえる．例えば次を参照，Marcel Reich-Ranicki, Wolf-Dietrich Schnurre, and Walter Jens, in Marcel Reich-Ranicki, ed., *Meine Schulzeit im Dritten Reich : Erinnerungen deutscher Schriftsteller*（Cologne : Kiepenheuer & Witsch 1988）; Max von den Grun, *Wie war es eigentlich? Kindheit und Jugend im Dritten Reich*（Darmstadt :Luchterhand, 1979）; Wolfgang Keim, *Erziehung unter der Nazi- Diktatur*（Darmstadt : Wissenschaftliche Buchgesellschaft, 1995-1997）; Marion A. Kaplan, *Between Dignity and Despair : Jewish Life in Nazi Germany*（New York : Oxford University Press, 1998）, pp. 94-118 ; Clemens Vollnhals, "Judische Selbsthilfe bis 1938," in Wolfgang Benz, ed., *Die Juden in Deutschland, 1933-1945 : Leben unter nationalsozialistischer Herrschaft*（Munich : Beck, 1988）, pp. 330-341.
38. Eilers, *Schulpolitik*, pp. 54-58. Hojer, *Ernst Krieck*, p. 71.
39. 事例としては，ヘルマン・シュタウディンガー，エデュアルト・バウムガルテンがある．資料参照は，前者については，"The Case of Hermann Staudinger," in Hugo Ott, *Martin Heidegger : A Political Life*, trans. Allan Blunden（New York : Basic Books, 1993）, pp. 210-224. 後者は，"Eduard Baumgarten", Rudiger Safranski, *Martin Heidegger : Between Good and Evil*（Cambridge : Harvard University Press, 1998）, pp. 271-273.
40. シェムはクリークと同じように既存の学問を胡散臭く思っていた. Kater, *Nazi Party*, p. 161 ; Hojer, *Ernst Krieck*, pp. 55-57. ナチの教育哲学専門家は，生物的世界における闘争讃歌とフォルク内部での競争嫌悪とを，何んとか両立させようと苦労した．フォルクがライバルに勝つためには，個々人は協力しあわなければならないとする．
41. Ernst Krieck, "Uber Nationalsozialismus," *Nationalpolitische Erziehung* 1（Sept. 1934）: 36-38. Ernst Hojer, *Nationalsozialismus und Padagogik : Umfeld und Entwicklung der Padagogik Ernst Kriecks*（Wurzburg : Konigshausen, 1997）, pp. 125-129.
42. Rudolf Benze, "Umschulung der Erzieher im Lager," *Deutsche Schulerziehung : Jarhbuch des Deutschen Zentralinstitut fur Erziehung und Unterricht*（Berlin : Mitler, 1940）, p. 347. *Sopade*, 1936, p. 198. 1933年から1935年5月まで，訓練キャンプに参加した教師は，例えばマクデブルクで66％，シュレージェン90％，ハノーファー88％であった. Ottweiler, *Volksschule*, pp. 55-57.

University Press, 1987), pp. 158-165.

15. Ernst Krieck, *Erziehung im nationalsozialistischen Staat* (Berlin : Spaeth & Linde, 1935), p. 32 ; Krieck, *Nationalpolitische Erziehung* (Leipzig : Armanen, 1934), p. 47. クリークは，社会主義ダーウィンに批判的だった. フォルクのなかでの競争が全体としての力を弱め，ライバルに負けてしまうからである.
16. 次に引用，Ottwillm Ottweiler, *Die Volksschule im Nationalsozialismus* (Weinheim : Beltz, 1979), p. 58.
17. Ernst Krieck, *Volk unter dem Schicksal* (講義録，Heidelberg, 1939), pp. 9-10.
18. Erich Klinge, *Die Erziehung zur Tat, zu Mut, und zur Tapferkeit* (Dortmund : Cruwell, 1936).
19. Hans Schemm, "Das Haus der deutschen Erziehung," *Hans Schemm spricht* (Bayreuth : Kahl-Furthmann, 1942), pp. 297, 290.
20. ブラヒャーによる引用, Karl Dietrich Bracher, "Die Gleichschaltung der deutschen Universitaten," *Universitatstage*, 1966 (Berlin : De Gruyter, 1966), pp. 127-128.
21. Stephen H. Roberts, *The House That Hitler Built* (London : Methuen, 1937), p. 256. Robert S. Wistrich, *Who's Who in Nazi Germany* (London : Routledge, 1995), pp. 214-215.
22. "Der Sinn der nationalpolitischen Schulungslehrgange," *Die deutsche hohere Schule* (Frankfurt am Main : Diesterweg) 2 (15 July, 1935): 497.
23. Rundschreiben des MfWKuV, Berlin, Sept. 13, 1933, in *Ursachen und Folgen*, vol. 9, doc. 2127, pp. 450-451. ルストは学生と教員を対象した期間2～3週間の全国講習キャンプを計画，実行した. 予算はREM (科学・文化・国民教育省) からだされ，教員には人種学の教育が義務づけられた. 講習は1933年10月4日から12月15日まで行われた. Dr. Zuhlke, Marburg, report of 12. 14/Nov. 1934, BAB/4901/4607/Bl. 348.
24. "Halte dein Blut rein,/es ist nicht nur dein,/es kommt weit her,/es fliesst weit hin,/es ist von Tausend Ahnen schwer/und alle Zukunft ruht darin! Deiner Unsterblichkeit." Gretel and Karl Blome, *Ein Wort an junge Kameradinnen*, vol. 18, Schriftenreihe des Rassen-politischen Amtes der NSDAP und des Reichsbundes Deutsche Familie (Berlin : Verlag Neues Volk, 1941?), 3rd ed.. Erika Mann, School, pp. 66-68.
25. ランゲンザルツァ (Langensalza) の出版社ベイヤー (Beyer) は，古い本のタイトルを新時代向きに組みかえ，新たに三つのタイトル (世界観，教育，人種) を追加し，10%引きで提供した. Reichsschulungsamt der NSDAP und der deutschen Arbeitsfront, *Der Schulungsbrief.*
26. 1936年7月4日付地区指導者トリエール (Trier) の覚書き，Franz Josef Heyen, *Nationalsozialismus im Alltag* (Boppard : Harald Boldt, 1967), doc. 134, p. 257. 比較的豪華な作りの小冊子例として83頁のリューケ (Franz Luke) 著『人種学入門』(*Rassen ABC*, Bochum : Kamp, 1934) がある.
27. *Kreisleiter*, Munich East, "Bericht uber den ersten politischen Schulungsabend," Feb. 27, 1934, StaM/NSDAP 981.
28. このシリーズは革新ドイツを意味する Schriften zu Deutschlands Eneuerung (no. 54 a/b) と称した. 現存するのは32頁のクルト・ヘルマン (Curt Hermann) 著『ユダヤ人とドイツ人』だけである. 原著表題は次の通り. *Der Jude und der deutsche Mensch : Was jedermann im Dritten Reich vom Judentum wissen musste*, 第2版. (Breslau : Handel, 1935).
29. Gunther Hecht, *Kannst Du rassisch denken?* (Hamburg : Berg & Otto, 1938).

7. 教員団体は，1933年3月に国会が授権法を採択しヒトラーに独裁権を認めた後，軟化した. Marjorie Lamberti, *The Politics of Education : Teachers and School Reform in Weimar Germay*（New York : Berghahn, 2002）. 教師向けの教育関連雑誌は250種類もあり，編集者が内容に手を加えないで雑誌の題字や奥付を変えるのは，難しくはなかった. この雑誌の大半は非合法化された. Eilers, *Schulpolitik*, pp. 9-11.
8. Heinz Sunker and Hans-Uwe ナチエリート層に占める教師の割合が高かったのは，重要職務の遂行能力をもつナチが少なかったためである. 全教師の14.2％が党の上級幹部職であった. やはり同じ理由による. Otto 編，*Education and Fascism : Political Identity and Social Education in Nazi Germany*（London : Falmer, 1998）.
9. Charles E. McClelland, *The German Experience of Professionalization*（Cambridge : Cambridge University Press, 1991）, pp. 212-213. Thomas Childers, *The Nazi Voter : The Social Foundations of Fascism in Germany, 1919-1933*（Chapel Hill : University of North Carolina Press, 1983）, p. 169. ある教育家は「12万の失業学者予備軍」について警告を発していた. Jarausch and Gerhard Arminger, "The German Teaching Profession and Nazi Party Membership," *Journal of Interdisciplinary History* 20（1989）: 197-225. Jurgen Falter and Michael H. Kater, "Wahler und Mitglieder der NSDAP : Neue Forschungsergebnisse zur Soziographie des Nationalsozialismus, 1925 bis 1933," *Geschichte und Gesellschaft* 19（1993）: 155-177.
10. Eilers, *Schulpolitik*, p. 74 ; McClelland, *Professionalization*, pp. 222-223. Jarausch, *Unfree Professions*, pp. 140-142. See BAB/NS12/1317.
11. Quoted in Delia Nixdorfand Gerd Nixdorf, "Politisierung und Neutralisierung der Schule in der NS-Zeit," in Hans Mommsen, ed., *Herrschaftsalltag im dritten Reich*（Dusseldorf : Schwann, 1988）, pp. 226-227. "Die Zentralisierung des Bildungswesens," edict（*Erlaß*）by Hindenburg of May 1, 1933, and edict（*Erlaß*）by Adolf Hitler of May 11, 1934, on centralization, *Ursachen und Folgen*, vol. 9, doc. 2178, pp. 451-452.
12. 公立学校の女性校長は30％以上がその職務を追われた（男性校長の場合15％）. 1933年末までにプロイセンの学校管理職の16％は，さまざまな口実でやめさせられた. Eilers, *Schulpolitik*, pp. 68-71. プロイセンのシュールラーテ（Schulraten視学官）529人は22％にあたる118人が追放された. pp. 227-228. Nixdorf and Nixdorf, in Hans Mommsen, *Herrschaftsalltag*, pp. 227-228. ギムナジウムの校長オーベルシュテュディエンラーテ（Oberstudienraten），596人のうち8％の47人が追放され，ギムナジウムの男性1級職員シュテュウディエンラート（Studienraten）1万3,023人のうち，3％の355人が失職した. Eilers, *Schulpolitik*, p. 68. Ottwilm Ottweiler, *Die Volksschule im Nationalsozialismus*（Weinheim : Beltz, 1979）, pp. 52-56.
13. Edward Yarnall Hartshorne, Jr., *The German Universities and National Socialism*（Cambridge : Harvard University Press, 1937）, pp. 94-96 ; Helmut Heiber, *Universitat unterm Hakenkreuz*, part 1, *Der Professor im Dritten Reich*（Munich : Saur, 1991）, pp. 150-152 ; "Die Sauberung," Apr. 13, 1933, *Ursachen und Folgen*, vol. 9, doc. 2180, pp. 453-454.
14. 1933年7月30日付内務省宛手紙. 無署名だった. BAB/R1501/26246. Hartshorne, *German Universities*, pp. 56-71. Birgit Vezina, *"Die Gleichschaltung" der Universitat Heidelberg im Zuge der nationalsozialistischen Machtergreifung*（Heidelberg : Winter, 1982）, pp. 28-29. Fritz Stern, *Dreams and Delusions : The Drama of German History*（New Haven, Conn.: Yale

124. Walter Gross, “Abschrift,”（日付不明，1937年11月5日受領の印あり），BAB/NS22/827.
125. 管区（Gau）代表に対するグロスの発言 1934年10月24日　於ベルリン，Poliakov and Wulf, *Denker*, pp. 411-412に引用.
126. グロス発全国組織指導者（Reichsorganisationsleiter）宛，“Abschrift,”（写し，1937年11月5日受領），BAB/ NS22/827. グロスは，ナチ党が多岐にわたる科学上の諸問題にかかわらぬ方がよいと考えていた. “Wegbereiter,” *Informationsdienst*, June 20, 1941.
127. “Die Idee mus rein und unverandert bestehen sonst bricht jede Bewegung in sich zusammen.” Gross, “Ein neuer Abschnitt,” *ZuW* 4（Sept. 1934）: 634.
128. Gross, “Grundsatzliche Bemerkungen zur Propaganda,” *ZuW* 3（Sept. 1933）: 385-386.
129. Konrad Lorenz, “Disturbances of Species-Specific Behavior Caused by Domestication,” 1940, Benno Muller-Hill, *Murderous Science : Elimination by Scientific Selection of Jews, Gypsies, and Others, Germany, 1933-1945*, trans. George R. Fraser（New York : Oxford University Press, 1988）, pp. 14, 56に引用.

Ⅵ

1. 1934年9月8日，ヒトラー・ユーゲントに対するヒトラー訓示. 映画「意志の勝利」で不朽の言葉にされたが，ヒトラー演説集のドマルス（Domarus）版では削除されている. 1934年9月10日付フェルキシェ・ベオバハター（*VB* 253）. *Sopade*, Sept. /Oct. 1934, p. 551も参照.
2. “Leitgedanken fur den Geschichtsunterricht,” *VB* 46（July 14, 1933）. Wilhelm Frick, *Kampfziel der deutschen Schule*（Langensalza : Beyer, 1933）, pp. 4-7, 17-20. Frick, edict（*Erlaß*）of Dec. 18, 1934, *Ursachen und Folgen : Vom deutschen Zusammenbruch 1918 und 1945 bis zur staatlichen Neuordnung Deutschlands in der Gegenwart*, vol. 9（Berlin : Dokumenten-Verlag Wendler, n. d.［1959-1979］）, doc. 2179, p. 452.
3. Verena Hellwig, “Mein Leben,” 1940 or 1941, Houghton, bMS Ger 91（93）.
4. Rolf Eilers, *Die nationalsozialistische Schulpolitik : Eine Studie zur Funktion der Erziehung im totalitaren Staat*（Cologne : Westdeutscher, 1962）, p. 77. 1933年以前の教師の政治的忠誠心については，次を参照，Rainer Bolling, *Volksschullehrer und Politik : Der Deutsche Lehrerverein, 1918-1933*（Gottingen : Vandenhoeck & Ruprecht, 1978）, pp. 195-225.
5. Michael Kater, *The Nazi Party : A Social Profile of Members and Leaders, 1919-1945*（Cambridge : Harvard University Press, 1983）, pp. 68-69. 1936年時点で公務員120万人のうち17％強にあたる20万6,000人が，ナチ党員であった. そのうち5.8％はナチの党官僚である. Eilers, *Schulpolitik*, p. 74.
6. Michael Kater, “Hitlerjugend und Schule im Dritten Reich,” *Historische Zeitschrift* 228（1979）: 572-623. 1933年から1939年までをみると，医学部出身のうち32％が卒業後間もなくして入党している. Michael Kater, *Doctors under Hitler*（Chapel Hill : University of North Carolina Press, 1989）, pp. 67-69 ; Kater, *Nazi Party*, pp. 199, 383-384. 1934年末段階で地区指導者クライスライター（Kreisleiter）の約49％が教師であった. 地方支部長オルトスグルッペンライター（Ortsgruppenleiter）の42％，拠点（隣組）班長シュテュツプンクトライター（Stutzpunktleiter）の70％もやはり教師である. 教師の割合が高いのは，教師の熱意がほかより高かったわけではなく，事務処理上必要な文章能力の高い信用のおけるナチが少なかったためである.

ミュンヘン）がある, *ZuW* 7, no. 6（1937）: 156-157.

111. “Die erste Lehrgang der Reichsfachsgruppe Medizin auf der Ordensburg Vogelsang,” *ZuW* 7, no. 20（1937）: 518-520.

112. Notice in ZuW 5, no. 12（1935）: 256. Gross, “Grundsatze der nationalsozialistischen Rassenpolitik,” Program of the Nationalpolitischer Lehrgang, 1938/1939, Klaus-Jurgen Muller, *Das Heer und Hitler : Armee und nationalsozialistisches Regime, 1933-1940*（Stuttgart : Deutsche Verlags-Anstalt, 1969）, doc. 38, p. 649. このシリーズの講演はナチの全組織で行われ，ナチス女性連盟指導者ゲルトルート・ショルツ＝クリンク（Gertrud Scholtz-Klink）の「女性団体の心構え」，内務省民族衛生局長アルトゥール・ギュット（Arthur Gutt）の「人口改良の具体的施策」を含んでいた.

113. Nationalsozialistischer Lehrerbund, Reichsfachgebiet Rassenfrage 編，*Shrifttum uber Familie, Volk und Rasse, fur die Hand des Lehrers und Schulers*（Berlin : Eher, 1938）.

114. Walter Gross, “Der geistige Kampf um die Rassenpflege,” *ZuW* 5, no. 18（1935）: 412.

115. K. D. Erdmann, “Lebensunwertes Leben,” *Geschichte in Wissenschaft und Unterricht* 26（1975）: 215. 225. 抗議の大々的記録は，次を参照，BAB/4901/REM/964 ; BAB/R36/1380；およびNA/T580/104/Ordner folder 9.

116. グロスがORPのファイルを焼却したため，貴重な世論調査資料が失われた. しかし内容的には，ほかの一次資料と同じであると思われる. 例えば，次を参照，1935年12月27日付フリック発科学・文化・国民教育省（REM）およびベルリン警視総監（Berlin Polizeiprasidenten）宛報告，BAB/R4901/REM/964/Bl. 12-42, 及び “Der Terror,” *Sopade*, Jan. 1936, pp. 79-80.

117. NA/T-81/9/17224. 172230. Marga Gifhorn, 1935年7月25日付人種政治局（ORP）の地方支部スタッフ報告：“Gegen das Sterilizationsgesetz,” *Pressedienst des Rassenpolitischen Amtes.*

118. Rundschreiben, 22/39, July 8, 1939, NA/T-81/9/17170ff. Otto Dov Kulka, “Die Nurnberger Rassengesetze und die deutsche Bevolkerung im Lichte geheimer NS-Lage-und Stimmungsberichte,” *Vierteljahrshefte fur Zeitgeschichte* 32（1984）: 582-624 ; David Bankier, *The Germans and the Final Solution : Public Opinion under Nazism*（Oxford, Eng.: Blackwell, 1992）, pp. 67-88. Johnson, *Nazi Terror*, pp. 433-485. それでも1935年以降多くのドイツ国民が隔離の必要性を認めるようになった. Bernd Stover, *Volksgemeinschaft*, pp. 35-54, 173-184, 263-265, 413-428.

119. Uhle, “Neues Volk und reine Rasse,” pp. 280-281. ナチ活動家は，給餌過多（ユーバーフュッタリング）に文句を言った. 読む時間がない程たくさんの本を買わなければならないからである.

120. Walter Gross, “Tagung des Rassenpolitischen Amtes,” *ZuW* 8（Nov. 1938）: 532-535 ; Gross, “Um die Rassenhygiene als Lehr- und Forschungsfach,” *ZuW* 7, no. 7（1937）: 166. 次も参照：Knorr, “Eine noch nicht genugend beachtete…” *ZuW* 7, no. 22（1937）: 570.

121. Walter Gross, “Entartete medizin : ‘Kunstliche Befruchtung’ treibt tolle Bluten,” *Der Angriff* 196（Aug. 22, 1937）. 男性の性的誘いを拒否した女性に出産能力があり，子供が生めたはずという思いが，一段とグロスの批判に火をつけた.

122. “Wir verzeichnen,” notice in *ZuW* 7, no. 19（Nov. 1937）: 556.

123. Walter Gross, “Rassengedanke und Wissenschaft,” *ZuW* 6, no. 21（Mar. 1936）: 566-568.

区のナチ指導者がユダや人に関するニセ情報を盛んに流して，巧みに人心を攪乱した模様を伝えている．

99. Walter Gross, “Grundsatzliche Bemerkungen zur Propaganda,” *ZuW* 3, no. 13 (Sept. 1933): 384-386 ; Gross, “Zur Schulung und Propaganda,” *ZuW* 3, no. 19 (Dec. 1933): 611.

100. ベルリン国際映画祭の報道，*VB* 50 (Aug. 19, 1937). Walter Gross, “Der zweite Etappe,” *ZuW* 7 (Apr. 1937): 310. Erich Berger, “Filmbetrachtungen : Filme sollen dem Leben dienen,” *ZuW* 8, no. 22 (1938): 622 ; 次も参照 “Wir verzeichnen,” *ZuW* 7, no 22 (1937): 477.

101. Walter Gross, “Diesen Blutstrom gilt es rein zu halten!” *VB*, Sept. 2, 1933, 3rd sec. Gernot Bock-Stieber, director, *Opfer der Vergangenheit : Die Sunde wider Blut und Rasse*, BAB/NS2/63/folder 1, “GeistigeWettkampf.”

102. 1936年3月3日付覚書き，BAB/R1501/25482/Bl. 51. “Filme zur Volksaufklarung,” *NV* 4 (Feb. 1936): 12-16. Karl Ludwig Rost, *Sterilisation und Euthanasie im Film des ‘Dritten Reiches’ : Nationalsozialistische Propaganda in ihrer Beziehung zu rassenhygienischen Masnahmen des NS-Staates* (Husum : Matthiesen, 1987), pp. 59-85.

103. Parteigenosse［党員］Dietel，講演　1935年7月　於ベルナウ（Bernau），NA/T-81/75/Bl. 24.

104. Walter Gross, “Arzt und Judenfrage,” *ZuW* 3, no. 8 (May 1933): 186. グロスは1933年5月発行「ツィール・ウント・ヴェーク」第8号に「医者とユダヤ問題」と題して記事を書き，ユダヤ人はシュレヒト（悪の意）ではないが「芯で異質，心の深奥において異種」と主張した．

105. “Gross urges Germans to be constantly anti-Jewish minded,” *New York Times*, July 2, 1935, p. 6, col. 3.

106. Leuschner，ロイシュナーは人種政治局（RPO）職員で，その1937年8月18日付覚書き（宛 *Reichsorganisationsleiter*, Munich), BAB/NS22/287. Walter Gross, memo, “Btr : ‘Deutsche Rasse,’” Rassenpolitisches Amt der NSDAP, Oct. 24, 1934, Poliakov and Wulf, *Denker*, p. 411に収録．グロスは“人種”の意味を誤用しているとして，ゲルッケとバルテルスを非難した．

107. グロスは昔から理屈っぽくて論争好き，例えば学生時代人類学のザラー教授（Karl Saller）に論争を挑んだ．Becker, *Gottingen*, p. 32. グロスは人種過激主義者と確定論（“Feststellung”）で言い争った．*ZuW* 4, no. 22 (Nov. 1934): 860. グロスの反対にもかかわらず，ナチ医学誌（*Ziel und Weg*）は其の連中のひとりが書いた記事を掲載した．Lothar Gottlieb Tirala, “Medizin und Biologie,” *ZuW* 5, no. 6 (Apr. 1935): 136-138. 1930年代にみられた人種科学者間の論争については，次を参照，Weindling, *Health*, pp. 509. 522, and Kater, *Doctors under Hitler*, pp. 143-154, 157-161.

108. 資料は，「秘密，部内使用限定」（vertrauliche Mitteilungen und nur fur den Dienstgebrauch）であったが，秘密保持レベルは低い．NA/T-175/229 and BDC/3345-DS-J005/Bl. 55ff. 公安警察の教育における人種政治局（RPO）の役割については，次を参照，Karl-Heinz Heller, “The Reshaping and Political Conditioning of the German Ordnungspolizei, 1933-1945” (Ph. D. diss., University of Cincinnati, 1970), pp. 180-192.

109. 1935年1月14日付ギュット発内務省宛報告，StAM, Gesundheitsamter 498. ギュットはグロスがこの法を世俗の国家社会主義的立場で正当化している，と主張した．

110. “Staatsmedizinische Akademie” の表題で二つの報告書（国立医学アカデミー，ベルリンと

1935): 152.
78. "Arbeitstagung RPA," June 20-29, 1935. NA/T-81/9/17448. 17459.
79. Walter Gross, "Blut und Rasse," Cologne, Aug. 1935, NA/T-81/22/19682. 19686.
80. "Eroffnung der 4. staatsmedizinischen Lehrgangs," VB 48 (Sept. 20, 1935). Falk Ruttke, "Rassen- und Erbpflege in der Gesetzgebung des dritten Reiches," *Die Schulungsbrief der DAF*, 1 (Oct. 1934): 7-17.
81. "Verantwortung und Freiheit," *NV* 3 (Aug. 1935): 5-8.
82. "Dr. Gross im Arztekursus," Nov. 11, 1935, *Pressebericht des Rassenpolitischen Amtes, Reichsleitung der NSDAP*, Nov. 28, 1935, BAB/NS2/155.
83. "Errichtung eines Rassenmuseums," *Frankfurter Zeitung*, June 17, 1939.
84. "Rassenmuseum Berlin," *ZuW* 9, no. 20 (Oct. 1939): 418.
85. Helmut Schubert, グロスに関するインタビュー1956年1月5日, Uhle, "Neues Volk und Reine Rasse," pp. 227-228に引用. 地方レベルの人種政治局 (RPO) 活動については, 次を参照, Johnpeter Horst Gill, *The Nazi Movement in Baden* (Chapel Hill : University of North Carolina Press, 1983), pp. 357-362.
86. Proctor, *Racial Hygiene*, pp. 87-88, 285-286. Walter Gross, "Die Familie : Tagung des Rassenpolitisches Amtes," *ZuW* 8, no. 18 (Oct. 1938): 533-541.
87. Gross, "Die Familie," *ZuW* 8, no. 18 (Oct. 1937): 533-541.
88. Apr. 18, 1935, BAB/4901/521/Bl. 39-41.
89. "Internationaler Anthropologen- und Ethnologen-Kongress in Kopenhagen," Aug. 1. 9, 1938. *Informationsdienst* 56 (Aug. 30, 1938), and "Tagung," *ZuW* 8, no. 20 (Dec. 1938): 531.
90. ドイツの (旧) アフリカ植民地では人種混淆禁止法が施行されていたが, グロスらはその事実を指摘したことはない. 例えば次を参照. Walter Gross, "National Socialist Racial Thought," G. Kurt Johannsen 編, *Germany Speaks! Twenty-One Leading Members of the National Socialist Party* (リッベントロップの序文付), (London : Butterworth, 1938), pp. 66-78 ; Wilhelm Frick, *Wir bauen das Dritte Reich* (Oldenburg : Stalling, 1934), pp. 64-67 ; Kohn-Behrens, *Was ist Rasse?* pp. 55-56.
91. William Dodd, dispatch, Feb. 27, 1935. NA/862. 401/13.
92. "Dr. Gross Speaks before the Foreign Students of the Berlin University," *Raciopolitical Foreign Correspondence* (Oct. 1, 1936), pp. 1-6.
93. BAB/R1501/RMdI/25482. フーバー研究所図書館には特定分野について選り抜きの資料蒐集が多量にある. Gross, "Die Familie," ZuW 8, no. 19 (Oct. 1938): 533-541.
94. Frank Dikorrwe, "Race Culture : Recent Perspectives on the History of Eugenics," *American Historical Review* 101 (Apr. 1998): 467-478.
95. Walter Gross, *Blood and Race : Radio Address to the Youth of the German Nation* (Milwaukee, Wis.: n. p., n. d.), p. 7.
96. Walter Gross, "Adolf Hitler zur Rassenpflege," *ZuW* 4, no. 4 (Feb. 1934): 118, cover.
97. Aaron Gilette, "Guido Landra and the Office of Racial Studies in Fascist Italy," *Holocaust and Genocide Studies* 16 (Winter 2002): 365-368.
98. Herbert Obenaus, "The Germans : 'An Anti-Semitic People,'" In David Bankier, ed., *Probing the Depths of German Anti-Semitism : German Society and the Persecution of the Jews, 1933-1941* (New York : Berghahn, 2000), pp. 166-173. オベナウスは, ポグロム後ハノーバー地

ZuW 3, no. 16 (May 1933): 114-115 ; Gross, "Arzt und Judenfrage," ZuW 3, no. 8 (May 1933): 186-187.

58. 1933年7月7日のラジオ放送, "Die Erziehung zu rassischem Denken," BAB/R39/49/Bl. 1. 7. ゲルッケが個人的に表明していた提案は, もっと過激で, 情無用の内容であった. 例えば次を参照, Achim Gercke, "Soll man den deutsch-judischen Bastarden die vollen Staatsburgerrechte geben?" BAB/1509/35/Bl. 64-68.

59. 1933年から1944年まで, グロスの人種政治局は大衆向けの衛生普及誌「国民の健康監理」(*Die Volksgesundheitswacht*) を発行した. 発行部数は10万部を越えた. Proctor, *Racial Hygiene*, p. 78.

60. "Zum Gleit," with statements and the handwritten signatures of Gross, Arthur Gutt, GerhardWagner and other leading eugenicists and racists, *NV* 1 (July 1933), cover.

61. A. von Rohden, "Verstost das Gesetz zur Verhutung erbkranken Nachwuches gegen das Gebot der Nachstenliebe?" NV 2 (Jan. 1, 1934): 8. Gross, *Der deutsche Rassengedanke*, p. 17. "Grenzen des Mitleids," NV 1 (July 1933): 18-20. Georg Usadel, "Nationalsozialistische Ethik," NV 3 (June 1935): 21-23.

62. 典型的な記事に次の例がある:"Von der auseren zur inneren Revolution," NV 2 (Aug. 1, 1934): 4.

63. "Der Jude kriminell," *NV* 3 (Dec. 1935): 22-23.

64. Kopp von Hofe, "Frankreich und die schwarze Gefahr," *NV* (Oct. 1934): 7 ; Walter Gross, "Wert der Rasse?" *NV* 2 (June 1934): 20-26.

65. "Wohin wollt Ihr Deutschland? So? oder So?" *NV* 1 (Nov. 1933): 14. 15. 1933年11月発行の「ノイエス・フォルク」掲載記事. 説明なしで2枚の写真がつけられている. アフリカ系アメリカ人浮浪者, 車窓から外を眺める健康的なドイツ青年の写真が, 対照的に並べてある.

66. "Vom Sinn der Familien Forschung," *NV* 2 (Nov. 1934): 10-11.

67. "Wie wollt Ihr Deutschland?" NV (Aug. 1933) 及び "Nicht Snobs, Gents, Tanzjunglinge und Barsitzer," ibid., (Sept 1933).

68. "Geschmachlosigkeit oder Rassevergessen?" *NV* 4 (July 1936): 22-27.

69. "Erbkrank," *NV* 1 (Jan. 1934): 16-17.

70. "Emigranten in Paris," NV 4 (June 1936): 19-25. "La Vie Pariesienne," *NV* 3 (July 1935): 33.

71. "Judenverfolgung in Deutschland?" *NV* 2 (Dec. 1934): 32-33.

72. Margot Littauer, "My Life in Germany," Houghton, bMS Ger 91 (412).

73. William Dodd, Feb. 27, 1935, NA/862. 401/13. この講習会は1935年2月5日から2月7日まで開催された. 次も参照. 1935年1月14日付ギュット発書簡 (宛 CA Innere Mission) も参照, StAM Gesundheitsamter 498.

74. *ZuW* 5, no. 7 (July 7 1935): 152.

75. Walter Gross, *N. S. Schul-und Tageszeitung*, Aug. 24, 1935.

76. Reiner Pommerin, *Sterilisierung der Rheinlandbastarde : der Schicksal einer farbigen Minderheit, 1918-1937* (Dusseldorf : Droste, 1979), pp. 72-78. Peter Weingart, Jurgen Kroll, and Kurt Bayert, *Rasse, Blut, und Gene : Geschichte der Eugenik und Rassenhygiene in Deutschland* (Frankfurt am Main : Suhrkamp, 1988), pp. 43-44.

77. Walter Gross, "Die deutsche Bevolkerungspolitik und das Ausland," *ZuW* 5, no. 7 (Apr.

Samtliche Fragmente, part 1, vol. 2（Munich : Saur, 1987）, p. 463.
43. 1937年10月28日付ゲッベルス日記 ibid., vol. 3, p. 316.
44. 1937年10月27日付ゲッベルス日記 ibid., vol. 3, pp. 314-315.
45. 1934年4月23日付ヒムラー命令第4号，NA/T-611/19，及び1934年9月27日付覚書き，BAB/4901/521/Bl. 10.
46. Rudolf Hess, NSDAP Reichsleitung（1934年5月15日付書簡）, "Rassenpolitisches Amt, Aufbau, Organisation"（1933年11月17日付）, BAB/NS22/827, NA/BDC/A3345-DS-J005/1444/Ordner 212. "Zehn Monate Aufklarungsamt,"（グロス及びウンガー Helmut Ungerの写真つき），ZuW 4, no. 4（Apr. 1934）: 133.
47. Rudolf Hess, "Sonderlehrgang der Reichsschule Bernau," Summer 1934, NT/T-81/22/19711. 19717/5.
48. Uhle, "Neues Volk und reine Rasse," pp. 4-6, 44-45. Alice Rilke, "Die Frau am Werk," ZuW 7, no. 22（1937）: 612. グロスは野心的な断種普及計画を樹立した（1933年10月17日付），BAB/1501/26249.
49. Walter Gross, *Der deutsche Rassengedanke*（Berlin : Juncker & Dunnhaupt, 1939）, pp. 26-27. "Die Dresdener Versammlung der deutschen Naturforscher : Ruckblick und Kritik," ZuW 6, no. 19（1936）: 538-542.
50. Walter Gross, "An die Mitglieder," ZuW 3, no. 7（Spring 1933）: 149. 1933年11月17日開催の内務省有識者会議におけるグロスの講演, *ZuW* 3, no. 12（Dec. 1933）: 606. Ulrich Herbert, *Best : Biographische Studien uber Radikalismus, Weltanschauung und Vernunft, 1903-1989*（Bonn : Dietz, 1996）, pp. 199-203, 206-209.
51. グロス講演1934年10月13日　於ケルン，*Nationalsozialistische Rassenpolitik : Eine Rede an die deutschen Frauen*（Dessau : Dunnhaupt, n. d. ）, p. 18.
52. Walter Gross, "Du bist nichts, Dein Volk ist alles!" *NS Frauenwarte*, BAB/NSD47/3.
53. NA/A3345-DS-J005/Bl. 41. "Opfern und Dienen," and "Das Aufklarungsamt fur Bevolkerungspolitik und Rassenpflege," NV 1（July 1, 1933）: 10. Weindling, *Health, Race*, pp. 520-521. Weinreich, *Hitler's Professors*, pp. 30, 171.
54. トマラ（Dr. Curt Thomalla）の講演，*Vossische Zeitung*（1933年6月1日付），Comite des Delegations Juives, *Die Lage der Juden in Deutschland, 1933 : Das Schwarzbuch. Tatsachen und Dokumente*（1934 ; Frankfurt am Main : Ullstein, 1983）, pp. 452-453に引用.
55. Gercke（1933年7月2日付ゲルッケ覚書き），Reichsleitung NSDAP. 管区長（Gauleiter）全員に配布された. "Grundsatzliches zur Mischlingefrage," BAB/NS22/827/Bl. 45-51. Achim Gercke, *Die Aufgaben des Sachverstandigen fur Rasseforschung beim Reichsministerium des Innern*（Leipzig : Zentralstelle, 1933）. For Gercke's proposals on the "Jewish question" at this time, ゲルッケのユダヤ問題の解決（"Losung der Judenfrage"）提案文書その他血族局（Reichssippenamt）の文書については，次の資料を参照，BAB/R1509/35, *Der Judische Rundschau*, May 30, 1933, 以上は Comite des Delegations Juives, *Die Lage der Juden*, pp. 454-455に引用. Diana Schulle, *Das Reichssippenamt : Eine Institution nationalsozialistischer Rassenpolitik*（Berlin : Logos, 2001）, pp. 54-59.
56. Gross, *Rassenpolitische Erziehung*. Walter Gross, "Der Rassengedanke des Nationalsozialismus," *Die Schulungsbrief* 1（Apr. 1934）: 6-8.
57. Walter Gross, "Charakter," ZuW 3, no. 7（Aug. 1933）: 330-350 ; Gross, "Hutet die Flamme,"

1933): 286. Uhle, "Neues Volk und reine Rasse," pp. 78-80.

29. ナチ婦人部—女性連盟（NS Frauenschaft）に対するグロスの講演，1934年10月13日　於ケルン—アーヘン，NA/T-81/22/19682.

30. Charlotte Kohn-Behrens, *Was ist Rasse? Gesprache mit den grosten deutschen Forschern der Gegenwart*（Munich : Eher, 1934）, p. 74. ケーンは「ラッセとは何か一現代ドイツの専門家に聴く」という小冊子をだした. ナチ党出版局から出版されている. ユダヤ人を先祖にもつ者によって書かれたことがあきらかである. 人種思想に関する混乱はまもなく収束し，ケーンはアメリカへ移住した.

31. Walter Gross, *Rassenpolitische Erziehung*（Berlin : Junker & Dunnhaupt, 1934）, pp. 28-29. グロスは"軽蔑と敵意"を非常に気にしていた. "Die Aufgabe," *ZuW* 3, nos. 1/2（Mar. 1933）: 3-6.

32. グロスは「意志，魂そして精神」の鍛錬を呼びかけた. 次を参照，Walter Gross, *Rassenpolitische Erziehung*（Berlin : Junker & Dunnhaupt, 1934）p. 6. この本はドイツ政治大学（DeutscheHochschule fur Politik）のシリーズ本ででたもの. Franz Alfred Six, "Die politische Propaganda der NSDAP im Kampf um die Macht"（Ph. D. diss., Heidelberg University, 1936）, pp. 60-64. Organisationsabteilung, Munich, Sept. 20, 1932, BAB/NS22/445/folder 1.

33. "Das Aufklarungsamt fur Bevolkerungspolitik und Rassenpflege," *Neues Volk : Blatter des Aufklarungsamtes fur Bevolkerungspolitik und Rassenpflege*（henceforth NV）1, no. 1（July 1933）: 10.

34. グロスはこの数ヶ月自分の主張を何度も繰返し発表している. 次を参照，Gross, "Die ewige Stimme des Blutes im Strome deutscher Geschichte," NV 1（Aug. 1933）; "Diesen Blutstrom gilt es rein zu halten," VB 46（Sept. 2, 1933）, sec. 3. 医師は，断種法の実施に伴う行政上・技術上の諸問題を検討し，円滑な運営に備えよと指示された. "Sterilisierungsgesetz ist da!" ZuW 3, no. 11（Aug. 1933）: 257-258, and "Politik und Rassenfrage," ZuW 3, no. 14（Sept. 1933）: 409-415.

35. Walter Gross, "Die ewige Stimme des Blutes im Strome deutscher Geschichte," NV 1（Aug. 1933）: 2-3 ; Gross, "An die Mitglieder," *ZuW* 3（July 1933）: 257-258.

36. "Politik und Rassenfrage," *ZuW* 3, no. 14（Oct. 1933）: 409. 415. Weinreich, Hitler's Professors, p. 27.

37. Walter Gross, "Die ewige Stimme des Blutes im Strome deutscher Geschichte," *ZuW* 3, no. 10（July 1933）: 257.

38. Bernd Ruthers, *Carl Schmitt im Dritten Reich : Wissenschaft als Zeitgeist-Verstarkung?*（Munich : Beck, 1990）, pp. 31-34.

39. Walter Gross, "An die Mitglieder des Nationalsozialistischen Deutschen Arztebundes!" *ZuW* 3, no. 7（June. 1933）: 149.

40. "Zur Berufsethik des Arztes," *ZuW* 3, no. 7（June 1933）: 157-158.

41. Gross, "Politik und Rassenfrage," *ZuW* 3, no. 14（Oct. 1933）: 409-415. "Diesen Blutstrom gilt es rein zu halten!" *VB* 46（Sept. 2, 1933）, sec. 3. NA/BDC/A3345-DS-B030/2894. 2897. "Dr. Walter Gross," in Leon Poliakov and Josef Wulf, eds., *Das Dritte Reich und seine Denker : Dokumente*（Berlin : Arani, 1959）, p. 410.

42. 1933年9月2日付ゲッベルス日記，Elke Frohlich 編，*Die Tagebucher von Joseph Goebbels :*

NSDAP" (Ph. D. diss., Rheinisch-Westfalische Technische Hochschule Aachen, 1999), pp. 44-53. この貴重な資料をすすめてくれたモムゼン (Hans Mommsen) に感謝する: Reichsorganisationsleiter der NSDAP, ed., *Organisationsbuch der NSDAP* (Munich : Eher, 1936), pp. 330-334. グロスはナチ教師連盟と緊密に連携して仕事をした. NSLB ; see Leckler, "Aufbau," Nov. 17, 1933, BAB/NS22/827.

19. Heinrich Becker, Hans-Joachim Dhams, Cornelia Wegeler 共編, *Die Universitat Gottingen unter dem Nationalsozialismus* (Munich : Saur, 1987), pp. 16-21. 名称をドイツフォルク攻守同盟 (Deutschvolkischen Schutz-und Trutz-Bundes) といい, ここからナチ有力者が生まれた. 例えば, シュトライヒャー (Julius Streicher, デア・シュテュルマー創刊者), ザウケル (Fritz Saukel, 労働力動員全権), ブーフ (Walter Buch, ナチ党最高裁判所々長), ベスト (Werner Best, ナチ保安警察本部長), コンティ (Leonardo Conti, 党衛生指導), ハイドリヒ (Reinhardt Heydrich, 国家保安部本部長), メンネッケ (Friedrich Mennecke, 歴史学教授), ルッツェ (Viktor Lutze, SA参謀長), フロリアン (Karl Florian, デュッセルドルフ管区長), グローヘ (Joseph Grohe, ケルン管区長). Uhle, "Neues Volk und Reine Rasse," p. 77.
20. Walter Gross, "Die biologische Lage des deutschen Volkes," *Der Weltkampf : Monatsschrift fur Weltpolitik, volkische Kultur und die Judenfrage aller Lander* 4 (Sept. 1927): 393. 409. 党忠誠分子に対するヒトラー演説1927年11月9日及び27年10月16日於党官房 (Hof) Barbel Dusik 編, *Hitler : Reden, Schriften, Anordnungen*, vol. 2, part 2, *August 1927 bis Mai 1928* (Munich : Saur, 1992), docs. 187, 190, pp. 520-521, 533-535に収録.
21. 1932年7月30日の10時間会議に関する報告, Reichorganisationsleitung (ROL), 3, Aug. 1, 1932, BAB/NS22/445. 履歴に関する情報は次を参照. NA/BDC/OPG Akten, NA/BDC/A3340-MFOK-G029/frame 1010 ; BDC/A3345-DS-J008. グロスの誕生日は, 1904年1月20日, 1904年10月21日の2説がある. Reichserziehung Ministerium [REM] Personalakte, G 211. Wistrich, *Who's Who in Nazi Germany*, pp. 87-88. Bollmus, *Das Amt Rosenberg*, pp. 220, 274. Roger Uhle, "Neues Volk und reine Rasse," pp. 73-79.
22. Walter Gross, "Braunschweig : Bericht und Sinndeutung," *Ziel und Weg* (hereafter ZuW) 2, no. 5 (Nov. 1932): 4.
23. Walter Gross, "Die Propheten : Friedrich Nietzsche, Paul de Lagarde und Houston Stewart Chamberlain in ihrer Bedeutung fur uns," *Nationalsozialistische Monatshefte* 1 (Apr. 1930): 29-33.
24. Dr. Gros, Braunschweig, "Kritik der 'Gesellschaft'," *Nationalsozialistische Monatshefte* 1 (Nov. 1930): 393-384.
25. Walter Gross, "Warum Antisemitismus?" *Weltkampf* 8 (Mar. 1931): 109.
26. Uhle, "Neues Volk und reine Rasse," pp. 78-79. グロスはSAで活動したと主張しているが, 通常なら受けるはずの認証をうけていない. なお, SSには1935年まで加入していない.
27. ナチ党本部には35件以上の提案が届いた. "Anregung zur Rasseforschung Privat 1933," BAB/R39/102. 新聞で自分の構想を発表した専門家もいる. Martin Staemmler, "Rassenhygiene im Dritten Reich," NS医学者連盟における講演, 1931年12月5日於ライプツィヒ, ZuW 2, no. 1 (Jan. 1932): 7. "Amt fur Rassenpflege," *Vossische Zeitung* 234 (1933年5月18日付), 夕刊.
28. Ludolf Haase, "Vorschlag zur Errichtung des Reichsrassenamtes," ZuW 3, no. 11 (Aug.

Politics（London : Croom-Helm, 1984）, pp. 75-94.

6. 1933年7月6日のヒトラー発言，Max Domarus 編，*Hitler Speeches and Proclamations, 1923-1945*, vol. 1, trans. Mary Fran Gilbert（Wauconda, Ill.: Bolchazy-Carducci, 1992）, pp. 342-344. ヘスはこの対策が嫌われることを認めた. ヒトラーはフォルクトゥム（Volktum）を維持する対策ならすべて正当化されると言った，Karl-Hinz Minuth 編，*Die Regierung Hitler*, part 1, 1933/1934, *Akten derReichskanzlei*（Boppard Rhein :Boldt, 1983）, vol. 1, pp. 664. 665. Weindling, *Health*, pp. 397-398.
7. ホームズは続けて次のように言っている.「社会は最良の市民にいつも命をかけた犠牲を求める. 社会は，劣悪子孫が犯罪に走ったり，あるいは低能のため飢えるのを待っているよりは，はっきりと社会適応性がないと分かっている者が世代的に続くのを，防止することができる. それが，全世界のためにずっと良いのである…低能者が3代続けば充分ではないか」. ホームズの多数派意見に距離をおいたのは，判事1名だけであった. この判決が，バージニア法につながる. Jacob P. Landman, *Human Sterilization Movement : The History of the Sexual Sterilization Movement*（New York : Macmillan, 1932）, pp. 10-14 に引用.
8. 1933年の法をつくった背景と課題は次を参照：BAB/R1501/26248. Jonas Robitscher 編，*Eugenic Sterilization*（Springfield, Ill.: Thomas, 1973）, p. 123.
9. Walter Darre, *Neuadel aus Blut und Boden*（Munich : Lehmann, 1930）, pp. 170-172.
10. Hans-Ulrich Brandle, Sheila Weiss, "The Race Hygiene Movement in Germany," *Osiris*, 2nd ser., 3（1987）: 230に引用. Wilhelm Frick, BAB/1501/26248/Bl. 422.
11. 遺伝病継承子孫防止法と称し，医師に断種権限を認めたが，医師にそれが義務づけられたわけではない. Weiss, "Race Hygiene," pp. 228-230 ; and Robert Proctor, *Racial Hygiene : Medicine under the Nazis*（Cambridge : Harvard University Press, 1988）, pp. 95-117. 遺伝子健康裁定委員会（健全遺伝裁判所）が1,700個所に開設される計画予定だったが，実際の開設は約300箇所にとどまった.
12. Hitler, *Mein Kampf*（Boston : Houghton Mifflin, 1962）, pp. 404-405.
13. Michael Burleigh, *The Third Reich : A New History*（New York : Hill & Wang, 2000）, p. 315. Ulrich Herbert, "The National Socialist Political Police," Hans Mommsen 編，*The Third Reich between Vision and Reality : New Perspectives on German History, 1918-1945*（New York : Berg, 2001）, pp. 95-101. この世代の男たちが，戦時中の虐殺でも推進役を果たした. ミヒャエルが無作為抽出で経歴調査をして，これを明らかにした. Michael Wildt, *Generation des Unbedingten : Das Fuhrungskorps des Reichssicherheitshauptamtes*（Hamburg : Hamburger Edition, 2002）, pp. 143-191.
14. MaxWeinreich, *Hitler's Professors : The Part of Scholarship in Germany's Crimes against the Jewish People*（New Haven, Conn.: Yale University Press, 1999）, pp. 79-81, 174-175.
15. Proctor, *Racial Hygiene*, 89. Robert Wistrich, *Who's Who in Nazi Germany*（London : Routledge, 1995）, pp. 87-88. Michael H. Kater, *Doctors under Hitler*（Chapel Hill : University of North Carolina Press, 1989）, pp. 181-182.
16. Reinhard Bollmus, *Das Amt Rosenberg und seine Gegner : Studien zum Machtkampf im nationalsozialistischen Herrschaftssystem*（Stuttgart : Deutsche Verlags-Anstalt, 1970）, p. 274.
17. Richard Breitman, *The Architect of Genocide : Himmler and the Final Solution*（New York : Knopf, 1991）, p. 86.
18. Roger Uhle, "Neues Volk und Reine Rasse : Walter Gross und das Rassenpolitische Amt der

107. 1934年7月13日のヒトラー演説，Domarus, *Hitler Speeches*, vol. 1, p. 432. ヒトラーは1924年の裁判時と同じように，母親の情に訴えた.
108. 党友に対するヒトラー演説，1934年8月20日（投票後）於ベルリン，Domarus, *Hitler Speeches*, vol. 1, p. 526.
109. Carl Schmitt, "Der Fuhrer schutzt das Recht : Zur Reichstagsrede Adolf Hitlers vom 13. Juli 1934," *Deutsche Juristen-Zeitung 39*（1934）: 945-950.
110. Alexandre Koyre, "The Political Function of the Modern Lie," *Contemporary Jewish Record*（June 1945）, pp. 294-296, 298.
111. その3回の演説は，次の日に行われた. 1935年9月13日，Domarus, *Hitler Speeches*, vol. 2, pp. 703-708 ; 1937年9月13日，ibid., vol. 2, pp. 936-942 ; 1939年1月30日，ibid., vol. 3, pp. 1446-1449.
112. ナチ婦人部―女性連盟（NS Frauenschaft）に対するヒトラー演説，1934年9月8日於ニュルンベルク，Domarus, *Hitler Speeches*, vol. 1, p. 532.
113. Otto D. Tolischus, "The German Book of Destiny," *New York Times Magazine*（Oct. 18, 1936）"Die Geburtstaggabe der deutschen Beamtenschaft," VB magazine section, 49, no. 111（Apr. 20, 1936）.

V

1. 委員会には，シュピートホフ（Bodo Spiethoff），プレッツ（Alfred Ploetz），レンツ（Fritz Lenz），リュディン（Ernst Rudin）といった人種科学者，フォン・シーラッハ（Baldur von Schirach）青少年指導者，ダレ（Walter Darre）食糧相，ギュンター（Hans F・K・Gunther）社会人類学者，ナウムベルク（Paul Sscultze- Naumberg）党理論家，エスノクラートではバルテルス（Friedrich Bartels），ギュット（Arthur Guett），レーゼナー（Bernhard Loesener），ルトケ（Falk Ruttke），ヴァーグナー（Gerhard Wagner）等が委員になった. BAB/R1501/26248, 266249. Paul Weindling and Christian Gansmuller, *Die Erbgesundheitspolitik des Dritten Reiches : Planung, Durchfuhrung, und Durchsetzung*（Cologne : Bohlau, 1987）, pp. 36-46.
2. Wilhelm Frick, *Bevolkerungs- und Rassenpolitik*（Langensalza : Beyer, 1933）, p. 9. Hans-Walter Schmul, Rassenhygiene, Nationalsozialismus, Euthanasie : Von der Verhutung zur Vernichtung 'Lebensunwerten Lebens,' 1939-1945（Gottingen : Vandenhoeck & Ruprecht, 1987）, pp. 23-40. Paul Weindling, *Health, Race and German Politics between National Unification and Nazism, 1870-1945*（Cambridge : Cambridge University Press, 1989）, pp. 521, 454-457, 462-484 ; Gabriele Cznarnowski, "Hereditary and Racial Welfare," Social Politics 4（Spring 1997）: 114-135. "Niederschrift uber die Beratung," Nov. 14. 15, 1933, BAB/NS10/34/Bl. 38. 61.
3. "Verhutung erbkranken Nachwuches, Minister Frick legt dem Rasserat sein neues Gesetz vor," *Vossische Zeitung* 306（1933年6月28日付），夕刊.
4. Hitler, "Aufruf an die Kraft!" VB 42（Aug. 7, 1929）.
5. "Kabinettesberatung vom 14. July 1933."（Secret!）BAB/1501/25248/Bl. 311. 政策は1933年6月29日付フェルキッシュ・ベオバハターVB 46（June 29, 1933），第2面に発表. Jeremy Noakes, "Nazism and Eugenics : 1933年7月14日制定のナチ断種法の背景については，次を参照：R. J. Bullen, H. Pogge vonStrandmann, and A. B. Polonsky 編，*Ideas into*

1920-1940（Berkeley : University of California Press, 1985）, p. xxi.

96. "Was sendet Berlin?" *Vossische Zeitung*, Apr. 20, 1933.

97. Neu-Beginnen report, June 1935, in Stover, *Volksgemeinschaft*, p. 298.

98. 1935年3月23日付ハダモフスキ（Hadamovsky）発ヒトラー宛書簡，Josef Wulf 編，*Presse und Funk im Dritten Reich : Eine Dokumentation*（Gutersloh : Mohn, 1964）, p. 309. 政治の武器としての映画の威力に気づいたのは，政治運動の組織者ではナチが最初である．1927年に作品第一号が制作され，1929年のヒトラー誕生日に上映された．ライヒス・フイルムシュテレ（Reichsfilmstelle）の設立は1930年11月である．Konopath, Apr. 1, 1931, NA/T-580/33/Ordner 228. G. Koch, "Der NS-Film-Institutionen," Bernd Sosemann 編，*Nationalsozialismus*（Stuttgart : DVA, 2002）, pp. 214. 220に収録.

99. 1933年4月8日付ゲッベルス日記，Frohlich, *Tagebucher*, part 1, vol. 2, pp. 404-405.

100. Dr. Goebbels, Reichsminister, Sept. 22, 1933, BAB/R43/2/387/Bl. 30. Goebbels, *Nationalsozialistischer Rundfunk*（Munich : Eher, 1935）.

101. Inge Marssolek and Adelheid von Saldern, *Radio im Nationalsozialismus : Zwischen Lenkung und Ablenkung*（Tubingen : Edition Diskord, 1998）. Kate Lacey, *Feminine Frequencies : Gender, German Radio, and the Public Sphere, 1923-1945*（Ann Arbor : University of Michigan Press, 1996）. 番組改訂のための財源上の裏づけについては，次を参照：Hans Bausch, *Rundfunk in Deutschland*（Munich : DTV, 1980）, pp. 142-205.

102. 当該演説はゲッベルスが1934年5月3日；ゲーリング1934年6月26日；ヒトラー1934年6月17日, Domarus, *Hitler Speeches*, vol. 1, pp. 455, 466, 464.

103. Lothar Machtan, *Hidden Hitler*, trans. John Brownjohn（New York : Basic Books, 2001）, pp. 216-224. 殺害された者のなかでそのような情報をもっていたと思われる人に，例えばシュトラッサー（Gregor Strasser），ワイマール最後の首相フォン・シュライヒャー（Kurt von Schleicher），彼のアドバイザーであったフォン・ブレドゥ（General Ferdinand von Bredow）将軍，保守系評論家ユング（Edgar Jung），プロイセン内務省警察長官クラウゼナー（Erich Klausener），ミュヘンの報道記者ゲーリヒ（Fritz Gerlich），前バイエルン州首相リッター・フォン・カール（Gustav Ritter von Kahr），SAのホモの"溜り場"のオーナーであるツェーンター（Karl Zehnter）が含まれる．ナチのトップ弁護士アルフォンス・ザック（Alfons Sack）も1ヶ月間ゲシュタポに監禁され，事務所を徹底的に捜査された．エルンスト・ハンフシュタンゲル（Ernst Hanfstangel）とクルト・ロイデケ（Kurt Leudeke）が隠されたヒトラーのセックス嗜好を知っていると言ったのは，ちょうどこの頃である．

104. Klaus-Jurgen Muller, *Das Heer und Hitler : Armee und nationalsozialistisches Regime, 1933-1940*（Stuttgart : Deutsche Verlags-Anstalt, 1969）, pp. 122-135. Heinz Hohne, *Mordsache Rohm : Hitlers Durchbruch zur Alleinherrschaft*（Rheinbek : Rowohlt, 1984）, pp. 297. 298, 306. 316.

105. 1934年7月13日のヒトラー演説，Domarus, *Hitler Speeches*, vol. 1, p. 487. ヒトラーはプレスリリースをだし，6月30日付でレームの後任ヴィクトル・ルッツェ（Victor Lutze）に命令をだしていた．ibid., pp. 472-477. ユダヤ人については国際ユダヤの支持者［Menschheitsbeglucker］にちょっと触れただけである．Machtan, *Hidden Hitler*, p. 215. Kershaw, "The Fuhrer Image," pp. 142-144.

106. ナチ党の下級幹部の約5分の1が追放された．Orlow, *History*, vol. 2, pp. 118-126.

Unser Wille und Weg 4 (July 1934): 234-249 ; Ringler, "Zum Aufklarungsfeldzug," *UnserWille und Weg* 41 (Jan. 1934): 6-7.

81. *Aufklarungs- und Redner-Informationsmaterial der Reichspropagandaleitung der NSDAP und des Propagandaamtes der Deutschen Arbeitsfront* (Munich : Der Partei, 1935. 1944). Fischer, *Stormtroopers*, pp. 65-70.

82. Dr. Gunther Frohner, "Die Durchfuhrung von offentlichen Versammlungen in geschlossenen Raumen : Skizzen fur den Entwurf einer Dienstvorschrift." *Unser Wille und Weg* 4 (July 1934): 230-232.

83. Kurt Pfeil, "Wie wir unsere Aktion gegen Miesmacher und Kritikaster organisierten," *Unser Wille und Weg* 4 (July 1934): 226-228. Mordehoff, "Propaganda einer Ortsgruppe," *Unser Wille und Weg* 5 (July 1935): 231-234.

84. William Edward Dodd, memo of Sept. 12, 1933, NA/RG59/862. 401/1.

85. MaxWeinreich, *Hitler's Professors : The Part of Scholarship in Germany's Crimes against the Jewish People* (1946 ; New Haven, Conn.: Yale University Press, 1999), pp. 20-21.

86. *Sopade*, May/June 1934, p. 117.

87. *Kreisleiter*, Munich East, Bericht uber den ersten politischen Schulungsabend. Feb. 27, 1934, Staatsarchiv Munich (hereafter StAM)/NSDAP 981.

88. パッソウ博士は熱狂的な党古参であった. Dr. Passow, "Vortrag uber 'Rassenkunde,'" Oct. 12, 1933, Bertram. BAB/R1501/26246/Bl. 146. 153. この熱狂古参は，総統が人種主義の信念を堅持していることを証明するために，ヒトラー語録をつくった. ミュンヘンで催された教宣の夕べのプログラムには，SA隊2VR16の体験，「郵政事業に発揮される国家社会主義精神」，女性団体向け音楽の夕べ，啓発の夕べ（ゲストに女流飛行家ハンナ・ライチを招いた），国家社会主義ガーデンコンサートがある. パッソウについては，*"Ja aber...was sagt Hitler selbst? Eine Auswahl* (Munich : Eher, 1931). 教宣の夕べのニュースについては，VB46 (July 16, 1933); VB 46 (July 19, 1933)，ミュンヘン版.

89. Walter Gross, "Schwierigkeiten mit der 'deutschen Rasse,' 1934年10月24日付人種政治局宛覚書き，Leon Poliakov and Josef Wulf 編，*Das Dritte Reich und seine Denker : Dokumente* (Berlin : Arani, 1959), p. 411に収録.

90. F. O. Bilse, "Die sittliche Forderung im Nationalsozialismus : Nationalsozialismus eine Revolution," *Nationalsozialistische Monatshefte* 4 (June 1933): 263.

91. 一方，レームSA参謀長は，自分の指揮下にある"規律ある褐色の突撃大隊"を称えた. Ernst Rohm, "S. A. und deutsche Revolution," *Nationalsozialistische Monatshefte* 4 (June 1933): 251-254. Wolfgang Horn, *Fuhrerideologie und Parteiorganisation, 1919-1933* (Dusseldorf : Droste, 1972), pp. 332-333.

92. "Braunhemden in Hannover : Die Romreiter beim S. A. -Appell," VB 46 (July 20, 1933).

93. Otto Gohdes, "Das Prinzip der weltanschaulichen Schulung," *Schulungsbrief* (Reichsschulungsamt der NSDAP und der DAF, Berlin), 1 (Mar. 1934): 4.

94. Hermann Schafer, "Der Funkwart und seine Aufgaben," *Unser Wille und Weg* 4 (Apr. 1934): 105.

95. Eugen Hadamowsky quotes Wolf Zeller, "Propaganda und National Macht," trans. Daniel Lerner, typescript (1954), pp. 67-83. Bracher, Sauer, and Schulz, *Die Machtergreifung*, pp. 296-297. Roland Marchand, *Advertising the American Dream : Making Way for Modernity,*

Steiner）は，ゲッベルスが最初の版のプレミアショーをキャンセルした時，ひと騒動あったと述べている. Houghton, bMS Ger 91（100）.

68. ヨースト（Hanns Johst）とのインタビュー，BAB/R43/2/387. ケルショーはヒトラーの新しいイメージを論じた. Kershaw, “The Fuhrer Image and Political Integration : The Popular Conception of Hitler in Bavaria,” Gerhard Hirschfeld and Lothar Lettenacker 編，*Der “Fuhrerstaat” : Mythos und Realitat*（Stuttgart : Klett-Cotta, 1981）, pp. 139-141.

69. 1933年3月，ゲッベルスは宣伝省の発足式で，「確固たる政治信念をもたない者なら，この映画を観た後，ボルシェヴィキになりうる. 芸術作品に方向性（宣伝性）をもたせうるということだ…もっともそれは質が高いという条件がつく」と言った. Welch, *Propaganda and the German Cinema*, pp. 12-13. *Sopade* は，1937年の映画制作について，「単純な政治プロパガンダ映画（“eindeutig politische Tendenzfilme”）は芸術的に無価値で説得力に欠けるとし，映画配給機関は，そのようなものをこれ以上配給しないで欲しいと要望している. ラジオと演劇プロデューサーも同じ意見である」と結んでいる. *Sopade*, June 1937, pp. 908. 909. “Filmschau,” Nationalsozialistische Monatshefte 7（1936）: 85-86.

70. 突撃隊点呼大集会（Groser SA Appell）におけるヒトラー訓示，1933年5月7日，Domarus, *Hitler Speeches*, vol. 1, p. 319 ; VB 46（May 8, 1933）.

71. ヒトラーの党史書き換えについては，次を参照：Willi Munzenberg, *Propaganda als Waffe*（Paris : Editions du Carrefour, 1937）, pp. 198-201.

72. ヒトラーのザール返還祝賀演説 1935年3月1日　於ザールブリュッケン，Domarus, *Hitler Speeches*, vol. 2, pp. 643-648.

73. プライス（Ward Price）とのインタビュー1934年2月14日，Domarus, *Hitler Speeches*, vol. 1, p. 433.

74. “Feierliche Einweihung der Reichsfuhrerschule durch Adolf Hitler,” VB 46（June 17, 1933）.

75. Hitler, “Revolutionary Roll Call,”（1934年3月19日の集会は革命大点呼と称された），Domarus , *Hitler Speeches*, vol. 1, p. 441.

76. “Adolf Hitler uber Furhrung und Fuhrertum,” VB 46（June 18. 19, 1933）.

77. 各戸巡回寄付金集め，パンフレット配り，街頭演説，ポスター貼りはすべてクラインアルバイト（Kleinarbcit）とされた.

78. “Kampfer ohne Schwert,” VB 46（July 20, 1933）. Kurt Rittweger, *Der unbekannte Redner der Partei : Tagebuchskizzen eines Redners*（Munich : J. B. Lindl, 1939）. Josef Sebastian Viera, *SA. -Mann Schott*（Leipzig, Schneider, 1933）; *Manner gegen Schnuffler*（Munchen, Zentralverlag der NSDAP, Eher, 1937）. Adolf Hitler, *Zehn Jahre unbekannter S. A. -Mann*（Oldenburg : Gerhard Stalling, 1933）; *Der Unbekannte S. A. -Mann : Ein guter Kamerad der Hitler-Soldaten*（Munich : Eher, 1934）; Hermann Gerstmayer, *SA. -Mann Peter Muller*, 3rd ed.（Berlin, J. Beltz, 1933）; *A. B. C. fur den SA-Mann : Grundlagen fur den S. A. Dienst*（Frankfurt am Main : Kolb, 1934）; Friedrich Wilhelm Hillmann, *Kampf an der Unterweser*（Bremerhaven : Morisse, 1934）.

79. リットヴェガーは突撃隊（SA）の煽動弁士（Stostruppredner）に法を破るなと呼びかけた. Kurt Rittweger, *Der unbekannte Redner*, pp. 13-14. クラインアルバイトは名誉な仕事と讃えてもいる. p. 10.

80. Walter Tiesler, “Neue Wege der Propaganda,” *Unser Wille und Weg* 4（July 1934）: 204. 208. Hugo Ringler, “Der Redner, der aktivste Trager der nationalsozialistischen Propaganda,”

55. “Das Reich sorgt fur die Kampfer der nationalen Bewegung,” VB 46 (July 22, 1933); “Versohnung,” VB 46 (Oct. 18, 1933). ナチ党は1930年代中頃に260万となった党員管理のため，37万3,000人を職員に任命した. これと対照的に社会民主党は1920年代に党員100万を擁していたが，職員はわずか1万人であった. Orlow, *History*, vol. 2, pp. 91-95.
56. Jordan, *Erlebt und Erlitten*, p. 121. Kater, Nazi Party, p. 262 and fig. 1.
57. Peter Longerich, *Die braune Battalionen : Geschichte der SA* (Munich : Beck, 1989), pp. 83-188, 196ff. Conan Fischer, *Stormtroopers : A Social, Economic, and Ideological Analysis*, 1925-1935 (London : Allen & Unwin, 1983), pp. 148-169. フィッシャーは上記著書『SA隊員 —社会，経済及びイデオロギー分析1925-1935』で突撃隊員がイデオロギーに関心のなかったことを実証している.
58. 1933年時点で，党の地区指導者 (Kreisleiters) は，ひとつの集団としてみれば，欲求不満状態の低中産階級であった. 1935年時点で776名いたこの手の指導者のうち58.5％は「ホワイトカラーあるいは公務員」と自己規定し，「ひとりの国家社会主義者として，私は国民の気持を体現する. 私は法律をいじくりまわすことに関心はない」と考えていた. Orlow, *History*, vol. 2, pp. 38-39.
59. Orlow, *History*, vol. 2, p. 33.
60. Hitler, “Groser SA Appell vor dem Fuhrer,” 45,000名のSA隊員に対するヒトラー訓示. 1933年5月7日　於キール，VB 46 (May 8, 1933).
61. Jordan, *Erlebt und Erlitten*, pp. 125. 126. Domarus, *Hitler Speeches*, vol. 1, p. 456. Kater, *Nazi Party*, pp. 92, 329.
62. 知事 (Reichsstaathalter) に対する1933年7月6日のヒトラー演説, Domarus, *Hitler Speeches*, vol. 1, pp. 342-343.
63. “Die Macht haben wir,” ミュンヘン版VB 46 (July 11, 1933)，SA隊員に対するヒトラー訓示1933年7月9日於ドルトムント，Domarus, *Hitler Speeches*, vol. 1, p. 345.
64. 知事 (Reichsstaatshalter) に対するヒトラー演説1933年7月6日於ベルリン，Domarus, *Hitler Speeches*, vol. 1, p. 343. “Wir haben die Aufgabe eine eherne Front zu bilden!”, VB 46 (Sept. 3, 1933), edition A, Nord. Gordon, no. 2529, Berlin, FRUS, July 10, 1933, vol. 2, p. 246.
65. Hitler, Oct. 15, 1933, in Domarus, *Hitler Speeches*, vol. 1, p. 378.
66. Domarus, *Hitler Speeches*, vol. 1, p. 432. ヒトラーは能力があって絶対服従の人間を最優先して選んだ (“Menschen die einerseits fahig, anderseits in blindem Gehorsam die Masnahmen der Regierung durchsetzen”). 管区長会議 (Gauleiter-Tagung) におけるヒトラー演説，1934年2月2日於ベルリンおよび1933年12月31日付レーム宛ヒトラー書簡，doc. 2365 in *Ursachen und Folgen : Vom deutschen Zusammenbruch 1918 und 1945 bis zur staatlichen Neuordnung Deutschlands in der Gegenwart*, vol. 10 (Berlin : Dokumenten-Verlag Wendler, n. d. [1959. 1979]), doc. 2365, pp. 133-135.
67. David Welch, *Propaganda and the German Cinema, 1933-1945* (Oxford, Eng.: Clarendon, 1983), p. 67. に収録. Jay W. Baird, *To Die for Germany : Heroes in the Nazi Pantheon* (Bloomington : University of Indiana Press, 1990), p. 84. Linda Schulte-Sasse, *Entertaining the Third Reich : Illusions of Wholeness in Nazi Cinema* (Durham, N. C.: Duke University Press, 1996), pp. 258-268. ゲッベルスは，狭苦しいナチドグマを強調するより，娯楽性を加味した映画の質の方が効果的，と考えていた. Monika Speer 編，*Schlager : Das grose Schlager-Buch* (Munich : Rogner & Bernhard, 1978), pp. 179-180. シュタイナー (Rudolf

(Kulturpolitischer Abend), VB 46 (1933年7月30日) が含まれる.

39. Ella B. Christoffers, "My Life in Germany," Houghton, bMS Ger 91 (43).
40. Margot Littauer, "My Life in Germany," Houghton, bMS Ger 91 (412).
41. *Sopade*, July/Aug. 1934, p. 275.
42. Cigaretten-Bilderdienst 編, *Adolf Hitler : Bilder aus dem Leben des Fuhrers* (Altona-Barhrenfeld : Cigaretten-Bilderdienst, 1935). 初版で70万部が出された.
43. Simonetta Falasca-Zamponi, *Fascist Spectacle : The Aesthetics of Power in Mussolini's Italy* (Berkeley : University of California Press, 1997), pp. 45-88.
44. Heinrich Hoffmann, *Hitler abseits vom Alltag : 100 Bilddokumente aus der Umgebung des Fuhrers* (Berlin : Zeitgeschichte, 1937), and *Adolf Hitler wie ihn Keiner kennt : 100 Bilddokumente aus dem Leben des Fuhrers,* 写真100枚とフォン・シーラッハ (Baldur von Schirach) の序文付 (Munich : Zeitgeschichte, 1933).
45. Heinrich Hoffmann 編, *Deutschland Erwacht : Werden, Kampf und Sieg der NSDAP* (Altona-Bahrenfeld :Cigaretten-Bilderdienst, 1933). 軍事テーマは「ドイツ国防軍」(*Die deutscheWehrmacht*) でとりあげられた (Dresden : Cigaretten-Bilderdienst, 1936).
46. これは次のシリーズ物の一部. "Kampf ums Dritte Reich." Heinrich Hoffmann, *Der Staat der Arbeit und des Friedens : Ein Jahr Regierung Adolf Hitlers* (Altona-Bahrenfeld : Cigaretten-Bilderdienst, 1934).
47. *Die Reden Hitlers fur Gleichberechtigung und Frieden* (Munich : Eher, 1934).
48. *Die Reden Hitlers als Kanzler : Das junge Deutschland will Arbeit und Frieden*, 4th ed. (Munich : Eher, 1934). 4版合計8万部である.
49. フェルハーゲン・クラジング社 (Velhagen & Klasing) は1933年から1939年まで300点の小冊子を発行した. 130頁から150頁で典型的なものにイシュクラウト (Martin Iskraut) 編「国家社会主義の世界観」(*NationalsozialistischeWeltanschauung*),「ヒトラー総統と戦友たちの語録」(*Auswahl aus Schriften und Reden des Fuhrers Adolf Hitler und seiner Mitkampfer*) がある. 後者には経済学者のフェダー (Gottfried Feder), ナチの半官的思想家ローゼンベルク (Alfred Rosenberg), 宣伝相ゲッベルス (Dr. Joseph Goebbels), 食糧相ダレ (Walter Darrc), ナチ桂冠詩人ヨースト (Hanns Johst) の記事, 講演が収録されている (Bielefeld : Velhagen & Klasing, 1934). p. 1935.
50. George S. Mosse, *The Fascist Revolution : Toward a General Theory of Fascism* (New York : Fertig, 1999), pp. 158-173.
51. 放浪者 (Der Wanderer) および人間皆兄弟 (Bruder) の概略は次を参照 ; Joseph Wulf, *Theater und Film im Dritten Reich : Eine Dokumentation* (Gutersloh : Mohn 1964), pp. 190-192. ゲッベルスのミヒャエル (Michael) はフォルクのために犠牲になることを最高善とする道徳劇.
52. ケルシュによると, 血の声が階級, 宗教そして地域主義によって分断された民族を統一する. Kurt Kolsch "Nationalsozialistische Kulturpolitik in der Grenzmark", *UnserWille und Weg 4* (June 1934): 161.
53. Hedda Lembach, "Hier hort eben die Vernunft auf," *Nationalsozialistische Monatshefte* (Sept. 1933), p. 464.
54. Bernd Stover, *Volksgemeinschaft im Dritten Reich : Die Konsensbereitschaft der Deutschen aus der Sicht sozialistischer Exilberichte* (Dusseldorf : Droste, 1993), pp. 35-55, 115. 174.

Hitlers Krieg und die Deutschen : Stimmung und Haltung der deutschen Bevolkerung im Zweiten Weltkrieg（Dusseldorf : Econ, 1970), pp. 11-13.

27. まえがき，Heinz Boberach 編，*Meldungen aus dem Reich : Die geheimen Lageberichte des Sicherheitsdienstes der SS*, 17 vols., vol. 1（Herrsching : Pawlak, 1984), pp. 11-31. David Bankier, *The Germans and the Final Solution : Public Opinion under Nazism*（Oxford, Eng.: Blackwell, 1992), pp. 5-13. D. Welch, The Third Reich, p. 51. Klaus Drobisch, “Die Judenreferate des Geheimen Staatspolizeiamtes und des Sicherheitsdienstes der SS, 1933 bis 1939,” *Jahrbuch fur Antisemistimusforschung*（Frankfurt am Main : Campus, 1992), pp. 230-247. Steinert, *Hitlers Krieg*, pp. 17-51. Ian Kershaw, *The “Hitler Myth” : Image and Reality in the Third Reich*（New York : Oxford University Press, 1987), pp. 97-104.
28. 例えば次を参照，the Monatsbericht from Feb. 1937, BAB/R58/266. Boberach, *Meldungen*, p. 533.
29. Aryeh L. Unger, “The Public Opinion Reports of the Nazi Party,” *Public Opinion Quarterly* 29（1965): 565-582. O. D. Kulka and A. Rodrigue, “The German Population and the Jews,” *Yad Vashem Studies* 16（1985): 421-424.
30. “Bericht uber die Lage,” report no. 7（May 1934), Bernd Stover 編，*Berichte uber die Lage in Deutschland*（Bonn : Dietz, 1996), doc. 6, pp. 140-148. Bankier, *The Germans and the Final Solution*, pp. 70-72. マックス・ウェーバーは，カリスマ的指導体制が官僚的支配に固まっていく過程を観察している. Max Weber, “Politics as a Vocation,” Hans Gerth, C. Wright Mills 共編，*From Max Weber : Essays in Sociology*（New York : Galaxy, 1960), pp. 90-96に収録.
31. *Sopade*, May/June 1934, p. 169. オルロフはこの報告内容を確認している. Dietrich Orlow, *The History of the Nazi Party, 1933-1945*（Pittsburgh, Pa.: University of Pittsburgh Press, 1973), vol. 2, p. 99.
32. *The Yellow Spot : The Outlawing of a Half a Million Human Beings. A Collection of Facts and Documents Relating to Three Years' Persecution of German Jews*（ダラム-Durham-の主教の序文付),（London : Victor Gollancz, 1936), p. 283.
33. Rudolf Steiner, “My Life in Germany,” Houghton, bMS Ger 91（227), 99-101.
34. Fritz Stern, *Dreams and Delusions : The Drama of German History*（New Haven, Conn.: Yale University Press, 1987), p. 170. 自力ナチ化（Selbstgleichschaltung）の特徴は，政権が期待する…体制順応を率先…予防的に受容することであった.
35. Erich Ebermayer, *Denn heute gehort uns Deutschland : Personliches und Politisches Tagebuch*（Hamburg : Paul Zsolnay, 1959), pp. 46-51. フロムも1933年4月3日に同じような会話を記録した. Fromm, *Blood and Banquets*, p. 102.
36. *Sopade*, Sept. 1934, p. 477.
37. 1933年7月4日付フランソア・ポンセ（Francois-Poncet）報告　送達番号715, Berlin, DDF, 1st ser., vol. 2, doc. 449, pp. 324-325.
38. 当時の代表的教宣活動はイデオロギー教育と文化行事，レジャーを組み合わせたものであった. ミュンヘンで行われた7月中旬の活動には，教練コース，演劇の夕べ（“Die zweite Reihe Schulungskurse,” “Theaterabend,” “Schulungsabend. Pflicht”) *VB* 46（1933年7月7日），講演会「血と大地に立脚する国家」(Der Staat aus Blut und Boden)，預言者アドルフ・ヒトラー」(Adolf Hitler wie ein Seher)，タイマツ行進及び文化政治の夕べ

Ursachen und Folgen : Vom deutschen Zusammenbruch 1918 und 1945 bis zur staatlichen Neuordnung Deutschlands in der Gegenwart, vol. 9 (Berlin : Dokumenten-Verlag Wendler, n. d. [1959-1979]), doc. 2103, p. 301 ; docs. 2077 and 2078, pp. 233-234.

13. 1933年10月18日に行われたヒトラーの記者会見，Domarus 編，*Hitler Speeches*, vol. 1, pp. 378. 380. 1934年2月13日，ヒトラーは報道記者のワード・プライス（Ward Price）に発作的暴力より法的手段の方が効果があると言った．Domarus 編，*Hitler Speeches*, vol. 1, pp. 433-435.
14. Sidney B. Fay "The Hitler Dictatorship," *Current History* 38 (May 1933), pp. 230-232.
15. Siegfried Kracauer, *From Caligari to Hitler : A Psychological History of the German Film* (Princeton, N. J.: Princeton University Press, 1947), pp. 8-11, 267-269, 250-259. Heidi E. Faletti, "Reflections onWeimar Cinema," Robert C. Reimer 編，*Cultural History through a National Socialist Lens* (Rochester, N. Y.: Camden House, 2000), pp. 11-36に収録.
16. Hans Dieter Schafer, *Das gespaltene Bewustsein : Uber deutsche Kultur und Lebenswirklichkeit, 1933-1945* (Munich : Carl Hanser, 1982), pp. 115-121. Peter Reichel, *Der schone Schein des Dritten Reiches : Faszination und Gewalt des Faschismus* (Munich : Hanser, 1991). Leny Yahi, "Double Consciousness," in David Bankio, ed., *Probing the Depths of German Anti- Semitism : German Society and the Persecution of the Jews, 1933-1941* (New York : Berghahn, 2000), pp. 35-53.
17. Rudolf Jordan, *Erlebt und Erlitten :Weg eines Gauleiters von Munchen bis Moskau* (Leoni am Starnberger See : Druffel, 1971), p. 117.
18. 1933年4月26日付ラムボルド発サイモン宛　報告送達番号421. ラムボルドはこの本省宛報告で，「新政権の主たる関心事は，ドイツの国民生活を隅々まで同質化画一化することにあり，最大限の力を投入してこれを推進している」と分析している．Rumbold to Simon, no. 421, *DBFP*, vol. 4, appendix, pp. 864. 865. Gordon Craig, *Germany, 1966-1945* (New York : Oxford University Press, 1978), p. 578.
19. Correspondent in Germany, "Die Erneuerung der Universitat," *Spectator*, June 9, 1933, pp. 831-832.
20. Victor Klemperer, *LTI : Notizbuch eines Philologen* (Frankfurt am Main : Roderberg, 1987), pp. 18, 164-165.
21. Klemperer, LTI, pp. 101, 21 (quotation). ラムボルドはナチ体制の性格上の二大特徴として「第一，指導部に多彩な人材が集まり，考え方も多彩である．第二は，ナチ運動に無定見な性格があり，吸収性いや吸収力のある点」を指摘した．DBFP, vol. 4, Appendix, p. 889.
22. Karl Dietrich Bracher, Wolfgang Sauer, and Gerhard Schulz, *Die nationalsozialistische Machtergreifung : Studien zur Errichtung des totalitaren Herrschaftssystems in Deutschland, 1933/34* (Cologne : Westdeutscher, 1960), pp. 207-209. SA 隊員，SS 隊員および青年鉄兜団に対するヒトラー訓示1933年6月6日，Domarus 編，*Hitler Speeches*, vol. 1, pp. 337-339.
23. "Die Jugend im Dritten Reich," *Sopade*, Sept./Oct. 1934, p. 573.
24. George Gordon, no. 2350, Berlin, May 1, 1933, *FRUS*, vol. 2, p. 229.
25. 1934年3月25日のロッホナー（Louis Lochner）によるインタビュー，Domarus 編，*Hitler Speeches*, vol. 1, pp. 444-446.
26. Willi A. Boelcke, *The Secret Conferences of Dr. Goebbels : The Nazi Propaganda War, 1939-1945*, trans. Ewald Osters (New York : E. P. Dutton, 1970), pp. 7. 31. Marlis G. Steinert,

Speeches and Proclamations, 1932-1945 : The Chronicle of a Dictatorship, vol. 1, trans. Mary Fran Gilbert（Wauconda, Ill.: Bolchazy-Carducci, 1990）, pp. 213-214. Claudia Koonz, *Mothers in the Fatherland*（New York : St. Martin's, 1987）, pp. 136. 138. 1933年8月30日付次の日記；Bella Fromm, *Blood and Banquets : A Berlin Social Diary*（New York : Harper & Brothers, 1942）, p. 55.

2. 1933年4月28日付ミッテラー（Erika Mitterer）宛書簡，Josef Becker and Ruch Becker 編，*Hitlers Machtergreifung : Vom Machtantritt Hitlers, 30. Januar 1933 bis zur Beseitigung des Einparteienstaates, 14. Juli 1933*（Munich : dtv, 1983）, doc 219, p. 272. “スチームローラー”という表現は，ナチ支配を意味する一般的な比喩であった. 例えば次を参照. “Racial Hygiene,” *Times*（London）, Apr. 7, 1933 ; George Gordon, Berlin, June 24, 1933, *FRUS*, vol. 3, doc. 2496, p. 239.
3. Walter Thomas（Andermann ; pseud. ）, *Bis der Vorhang fiel*（Dortmund, Schwalvenberg, 1947）, p. 51.
4. Roger B. Nelson, “Hitler's Propaganda Machine,” *Current History* 38（June 1933）: 287-294. Goebbels, 1933年4月6日付ゲッベルス日記，Elke Frohlich 編，*Die Tagebucher von Joseph Goebbels : Samtliche Fragmente*, part 1, *Aufzeichnungen, 1924-1941*, vol. 2（Munich : Saur, 1987）, p. 403,
5. Gunther S. Stent, *Nazis, Women, and Molecular Biology : Memoirs of a Lucky Self-Hater*（Kensington, Calif.: Briones, 1998）, p. 51.
6. Goebbels, 1933年4月6日付ゲッベルス日記，Frohlich 編，*Tagebucher*, part 1, vol. 2, p. 403. Georg Stark, *Moderne politische Propaganda*（Munich : Eher, 1930）, p. 6. “Adolf Hitler Pass. Named,” *New York Times*, Apr. 17, 1933.
7. “Nazis Ban Song 'Lorelei' Because Heine Wrote It,” *New York Times*, Nov. 14, 1933. *Frankfurter Zeitung*, Aug. 5, 1933.
8. 1933年4月27日のヒトラー演説，Domarus 編，*Hitler Speeches*, vol. 1, p. 309. 編者は，その後の12年間，ヒトラーの名を冠した広場や通りが次々に登場したことを認めている. Goebbels, 1933年4月6日付ゲッベルス日記，Frohlich 編，*Tagebucher*, part 1, vol. 2, p. 403；ヒトラーの誕生日演説，Domarus 編，*Hitler Speeches*, vol. 1, p. 257. Ian Kershaw, *Hitler, 1889-1935*, vol. 1（New York : W. W. Norton, 1999）, p. 484. Sabine Behrenbeck, “Der Fuhrer : Die Einfuhrung eines politischen Markenartikels,” Gerald Diesener and Rainer Gries 編，*Propaganda in Deutschland : Zur Geschichte der politischen Massenbeeinflussung im 20. Jahrhundert*（Darmstadt : Primus, 1996）, pp. 51-78.
9. *Deutschland-Berichte der Sozialdemokratischen Partei Deutschlands/Sopade*（Frankfurt am Main : Petra Nettelbeck, 1937-1940）（hereafter *Sopade*）, May/June 1934, p. 152.
10. Alan E. Steinweis, “Cultural Eugenics : Social Policy, Economic Reform, and the Purge of Jews from German Cultural Life,” Glenn R. Cuomo 編，*National Socialist Cultural Policy*（New York : St. Martin's, 1995）, pp. 23-37.
11. “Betteln polizeilich verboten…Gebt alles dem Winterhilfswerk!”（1933年作成の救援キャンペーンポスター），Wolfgang Ayas, *'Asoziale' im Nationalsozialismus*（Stuttgart : Klett-Cotta, 1995）, p. 28に収録. 広報活動では“反社会性”が攻撃対象になった. 乞食，浮浪者，ホームレス，性犯罪者と同性愛者などの“性的倒錯者”を含むカテゴリーである.
12. 1933年7月14日および7月20日付発表. Herbert Michaelis and Ernst Schraepler 編，

1980), doc. 454, pp. 776-780. 彼は，キリストを裏切った“キリスト教徒ユダヤ人”を槍玉にあげるキャンペーンを展開した. 彼は“あばずれ女的利己心”を非難し，ユダヤ人に対しては“隣人愛”の代わりに“絞首台”へ送れと主張した.

80. Kittel, *Die Judenfrage*, p. 105.
81. Ibid., p. 108（強調の引用符はオリジナル）. 1933年9月27日，プロテスタント教会の牧師2000名が，アーリア条項の導入に賛成した. この条項によりユダヤ人を先祖にもつ牧師が聖職者としての地位を追われた.
82. Kittel, *Die Judenfrage*, p. 68. Weinreich, *Hitler's Professors*, p. 41.
83. Kittel, *Die Judenfrage*, p. 67.
84. あるプロテスタントの神学者は「イギリスでは，ユダヤ人であろうがキリスト教徒であろうが，誰も，ヒトラーに身を捧げて光明を犯したナチ教授の見解に，頭を痛めることはない…そんなことは意味がないのである…しかし我われはあなた方に心を痛めている. なぜならばあなた方が天使の側にいると思うからである」と書いた. Ericksen, *Theologians under Hitler*, p. 29に引用.
85. キッテルは，ユダヤ人は“寄留の身分で外国人，異質の存在”（*Gastsein, Fremdlingsein, Andersartigkeit*）であるから，アウトサイダーであると主張し，ユダヤ人に対する自分の態度は憎悪とは何の関係もない，と言った. 例えば特定の職域に二流のユダヤ人があふれかえっていると主張しても，それは“中傷”には当たらない. 人種でユダヤ人は二流になったと言えば，それなら“中傷”に当たるとした. Kittel, *Die Judenfrage*, p. 95. ブーバーに対する彼の論評が右の書の基本になった；*Die Behandlung des Nichtjudens nach dem Talmud*; Weinreich, *Hitler's Professors*, pp. 216. 218を参照. ブーバーの反応については次を参照，Jonathan C. Friedman, *The Lion and the Star : Gentile-Jewish Relations in Three Hessian Communities*, 1919-1945（Lexington : University Press of Kentucky, 1998), pp. 143-144.
86. 神学界の同僚たちは，ひとりのキリスト者がこのようなことを書けるのに大変驚いた. ある評論家（キッテルが第二版の注で触れた人物）にとって，キッテルは「ちょっとばかり非人道的のようだから」殺害（totschlagen）の提唱を控えているように思われた. ある英人評論家は「この神学者がポグロム政策を考えている時…それが悪ではなく実行が難しいという理由で，この政策を除外するのは，意味深長ではないか」と言った. *Judenfrage*, p. 115, n. 4.
87. 1933年4月22日付, Joseph W. Bendersky, *Carl Schmitt : Theorist for the Reich*（Princeton, N. J.: Princeton University Press, 1983), p. 203に言及.
88. Weinreich, *Hitler's Professors*, pp. 41-42.
89. Joseph B. Levy, "Die guten und die bosen Deutschen," Houghton, bMS Ger 91（135), Margarete Limberg and Hubert Rubsaat 共編，*"Sie durften nichtmehr Deutschesein": Judischer Alltag in Selbstzeugnissen, 1933-1938*（Frankfurt am Main : Campus, 1990), pp. 178-182に収録.

Ⅳ

1. William Shirer, *The Nightmare Years, 1930-1939*（New York : Bantam, 1984), p. 121. Ralph Georg Reuth, *Joseph Goebbels*, trans. Krishna Winston（New York : Harcourt Brace, 1993), p. 187. リッペ（Lippe）に於ける1933年1月3日のヒトラー演説，Max Domarus 編，*Hitler*

Hanseatische, 1933), pp. 17, 35.

60. Blasius, *Carl Schmitt*, pp. 153-155.

61. Carl Schmitt, *Westdeutscher Beobachter*, May 12, 1933, Becker and Becker, *Hitlers Machtergreifung, 1933*, doc. 253, p. 301に採録. シュミットは民族の性格を「秩序と規律感」と同定した.

62. Schmitt, *Staat, Bewegung, Volk*, pp. 8, 17-21, 44.

63. キッテルの父親は，第一次大戦におけるユダヤ人将兵の勇気を讃えていた. Ericksen, *Theologians under Hitler*, p. 207, n. 88. Rudolf Kittel, *Leipziger akademische Reden zum Kriegsende*（Leipzig : Lorentz, 1919), および *Judenfeindschaft oder Gotteslasterung*（Leipzig : Wiegand, 1914).

64. キッテルの反ユダヤ主義に関する神学上の歴史解釈は，次を参照. Eleanor Siegele-Wenschkewitz, *Neutestamentliche Wissenschaft vor der Judenfrage : Gerhard Kittels theologische Arbeit im Wandel deutscher Geschichte*（Munich : Kaiser, 1980), pp. 7-33.

65. "Stimmen aus der deutschen christlichen Studentenbewegung," in Ericksen, *Theologians under Hitler*, pp. 25-26.

66. Ibid., p. 54.

67. Robert P. Erickson, "Assessing the Heritage," Susannah Heschel and Robert P. Erickson 共編，Betrayal : *The German Churches and the Holocaust*（Minneapolis, Minn.: Fortress, 1999), p. 24に引用.

68. Siegele-Wenschkewitz, *NeutestamentlicheWissenschaft*, p. 63.

69. Ibid., pp. 64-66.

70. Ericksen, *Theologians under Hitler*, p. 205, n. 22.

71. シュテルンはこの主張の伝播度について調べた. Heinrich Stern, *Angriff und Abwehr : Ein Handbuch der Judenfrage*, 2nd ed.（Berlin : Philo, 1924).

72. Siegele-Wenschkewitz, *Neutestamentliche Wissenschaft*, p. 69. Gerhard Kittel, *Die Judenfrage*（Stuttgart : Kohlhammer, 1933), 3rd ed. キッテルはチュービンゲンのドイツ学生同盟（Verein deutscher Studenten）の創立50周年に際し，この著書「ユダヤ問題」(Die Judenfrage）を「我が戦友たち」に捧げた.

73. Kittel, *Die Judenfrage*, p. 7.

74. Ibid., p. 9. 彼は次の個所を引用した. Gottfried Feder, *Das Programm der NSDAP und seine weltansch aulichen Grundlagen*（Munich : Eher, 1933), p. 30.

75. キッテルは「力ずくのユダヤ人抹殺は…真面目には考えられない…いずれにせよこの考え方はあまりに馬鹿馬鹿しいから，その話をとりあげるまでもない」と言った. Kittel, *Die Judenfrage*, p. 14.

76. キッテルは1934年版で，「ドイツから流出するユダヤ人を他国が受入れるかもしれない」と付記した. もっともそれが可能とは最初から考えていなかったのは明らかである. キッテルは，ユダヤ人の暴力的絶絶（"eine gewaltsame Ausrottung des Judentums"）という表現を使った. *Die Judenfrage*, pp. 14, 115, n. 4.

77. Ericksen, *Theologians under Hitler*, pp. 55-57. Kittel, *Judenfrage*, pp. 13-27.

78. Kittel, *Die Judenfrage*, p. 51.

79. Hitler, "Rede auf einer NSDAP-Versammlung," Nuremberg, Jan. 3, 1923, in Eberhard Jackel 編，*Hitler : Samtliche Aufzeichnungen, 1905-1924*（Stuttgart : Deutsche Verlags-Anstalt,

48. George Schwab, *The Challenge of the Exception :An Introduction to the Political Ideas of Carl Schmitt*（New York : Greenwood, 1989）, p. 15. Paul Noack, *Carl Schmitt*, pp. 83-86. 再婚相手のトドロヴィクは15歳年下の女性で，肉体的にはドロテアとよく似ていたが，性格は全く違っていた. 上流社会では敬称2格のズィを使うのはとうの昔にすたれていたが，シュミットは妻をこの敬称で呼び，友人同僚を驚かせた.

49. 以前シュミットは青くさいロマンチシズムを偽善として拒否し，「夢想的なものはすべて他人に奉仕するもの，現実的なものはエネルギー」と言った. Carl Schmitt, *Political Romanticism*, trans. Guy Oakes（Cambridge : MIT Press, 1986）, p. 144.

50. Schmitt, *Daubler's "Nordlicht,"* pp. 64-65. 戦争のインパクトが与えたフロイトのフィリア（偏愛）とナイコス（敵意）という対極的考えが対比できる. Jacques Derrida, *Politics of Friendship*, trans. George Collins（London : Verso, 1997）, p. 112を参照.

51. Mark Lilla, "The Enemy of Liberalism," *New York Review of Books* 44（May 15, 1997）: 40に引用.

52. シュミットは，倫理観，ドストエフスキー，ホッブスについて論じながら，「君の敵は誰か言って見給え. そうすれば君が何者か分かる」("Nenne mir Deinen Feind, und ich sage Dir, wer Du bist"）とコメントした. Carl Schmitt, *Glossarium : Aufzeichnungen der Jahre 1947-1951*, Eberhard Freiherr von Medem（Berlin : Duncker & Humblot, 1991）, pp. 243, 4-5.

53. Leo Strauss, "Notes on the Concept of the Political,"Heinrich Meier, *Carl Schmitt and Leo Strauss : The Hidden Dialogue*（Chicago : University of Chicago Press, 1995）, pp. 100-110に収録.

54. Dirk Blasius, *Carl Schmitt : Preusischer Staatsrat in Hitlers Reich*（Cologne : Vandenhoeck & Ruprecht, 2001）, pp. 86-105.

55. 4月1日発動のボイコットについて，シュミットは妻から其の話を聞いたと日記に書いた. 妻はハンブルクのユダヤ系友人の許を訪れており，そのインパクトを説明したのだが，シュミットは何の反応も示していない. Noack, *Carl Schmitt*, 170-171.

56. Noack, *Carl Schmitt*, p. 178に引用. シュミットは党籍番号2, 098, 860のナチになった. Blasius, *Carl Schmitt*, p. 10.

57. Carl Schmitt, "Aus Deutschland." シュミットは，かつて理論家のユリウス・シュタールを賛美していた反動からか，特に彼を嘲笑の対象に選び，「プロイセンの貴族と神学者たちは，ヨエルゾーンという人物を讃えたが，本人は自分をフリードリヒ・ユリウス・シュタールと呼んでいる」と言った. *Westdeutscher Beobachter*, May 31, 1933, Josef Becker and Ruth Becker, *Hitlers Machtergreifung : Vom Machtantritt Hitlers, 30. Januar 1933*, bis zur *Beseitigung des Einparteienstaates, 14*に引用. Juli 1933（Munich : Deutscher Taschenbuch Verlag, 1983）, doc. 280, pp. 323-325. シュミットの反ユダヤ主義については，Gross, *Carl Schmitt und die Juden*, pp. 43-50を参照.

58. カール・シュミットのパンフレットは，独裁に関する論文によく引用される. 例えば，Karl Dietrich Bracher, Wolfgang Sauer, and Gerhard Schulz, *Die nationalsozialistische Machtergreifung : Studien zur Errichtung des totalitaren Herrschaftssystems in Deutschland, 1933/34*（Cologne :Westdeutscher, 1960）, pp. 372-374, 1001 ; Arendt, *Origins of Totalitarianism*, p. 262.

59. Carl Schmitt, *Staat, Bewegung, Volk : Die Dreigliederung der politischen Einheit*（Hamburg :

イデガーの意欲を教えてくれる. Ott, *Martin Heidegger*, pp. 187-209.

33. Safranski, *Martin Heidegger*, p. 242. 戦後シュピーゲル誌のアウグシュタイン（Rudolf Augstein）からインタビューされた時，この講演内容を歪曲した. Neske and Kettering, *Martin Heidegger and National Socialism*, pp. 50-51を参照.
34. Translation from Neske and Kettering, *Martin Heidegger and National Socialism*, p. 12.
35. De Beistegui, *Heidegger and the Political Dystopias*, pp. 39-46.
36. Jaspers, *Philosophische Autobiographie*, p. 101. "Heidegger selbst schien sich verandert zu haben." Safranski, *Martin Heidegger*, p. 232. ヤスパースは，ハイデガーと深い溝があったが，それでも数ヵ月後に麗々しい印刷の講演冊子に対し礼状を送った.
37. Farias, *Heidegger and Nazism*, pp. 136-148. ハイデガーは学生たちに，ナチの権力奪取は「本当の戦いの序幕」にすぎないと語り，「国家社会主義精神をもってする壮烈な闘争の完遂」に馳せ参じよ，と呼びかけた. さらに彼は，「始まったばかりの闘争は，大学の新しい教導官と総統のための闘争である」が故に，国家社会主義准軍事教練その他の錬成活動に時間が取られるのは，やむを得ないとした.
38. *Bekenntnis der Professoren an den deutschen Universitaten und Hochschulen zu Adolf Hitler und dem nationalsozialistischen Staat uberreicht vom Nationalsozialistischen Lehrerbund*（Dresden : Limpert, 1933）, pp. 36-37. 私は，よくこなれていない英訳版を使った. 英，仏，伊語版の印刷だけは豪華である. Max Weinreich, *Hitler's Professors : The Part of Scholarship in Germany's Crimes against the Jewish People*（1946 ; New Haven, Conn.: Yale University Press, 1999）, pp. 14-15を参照. Ott, *Martin Heidegger*, p. 205. Hellmut Seier, "Der Rektor als Fuhrer," *Vierteljarhshefte fur Zeitgeschichte* 2（Apr. 1964）: 105-145.
39. Lowith, *My Life in Germany*, pp. 31-33. ハイデガーは戦争になった場合の「死ぬ自由」について書き，カール・シュミットは「命の犠牲」を唱えた. レーヴィトは著書「1933年を境にした私の人生」で「ハイデガーの実存主義哲学に共振する政治的決定主義がカール・シュミットにみられるのは，単なる偶然ではない」と主張する. Karl Loewith, My life in Germany, pp. 31-33.
40. Heidegger to Schmitt, *Telos* 72（Summer 1987）: 132.
41. Johannes Negelinus, *Schattenrisse*（Leipzig : Maier, 1913）. Raphael Gross, *Carl Schmitt und die Juden : Eine deutsche Rechtslehre*（Frankfurt am Main : Suhrkamp, 2000）, pp. 31-42.
42. Paul Noack, *Carl Schmitt : Eine Biographie*（Frankfurt am Main : Propylaen, 1990）, p. 38. シュミットの身長は1メートル59センチであった.
43. シュミットはこの作品をトータルな芸術作品と呼んだ. *Gesamtkunstwerk, a pitura poesis.* Carl Schmitt, *Theodor Daubler's "Nordlicht" : Drei Studien uber die Elemente, den Geist und die Aktualitat desWerkes*（Munich : Muller, 1916）, pp. 41, 36.
44. シュミットは「フォルクは己を駆りたて，本能的に服従し，身をまかせムチでうたれるがままに」とも言っている. Schmitt, *Daubler's "Nordlicht,"* pp. 35-36.
45. シュミットは「せまり来る物質主義と有毒な価値観の唾棄すべき洪水」を邪悪なイデオロギー（ウンガイスト）と軽蔑した. Carl Schmitt, afterword to Johannes Arnold Kanne, in *Aus meinem Leben : Berenhorst, Selbstbekenntnis*（Vienna : Karolinger, 1918）, pp. 57-58.
46. Schmitt, *Daubler's "Nordlicht,"* p. 59. シュミットは仲間と同じように，ニーチェもどきに人生は無意味な空虚，"粉砕機"と呼んだ.（*Zarathustra*, Aphorism no. 61）.
47. Schmitt, *Daubler's "Nordlicht,"* pp. 64-65.

Safranski, *Martin Heidegger*, pp. 37-38. Victor Farias, *Heidegger and Nazism*, trans. Paul Burrell and Gabriel R. Ricci（Philadelphia : Temple University Press, 1989）, pp. 48-50.

21. 英雄とは程遠い存在になったことが，恐らくハイデガーの思考の中で，前線体験の神話的理想化をひきおこしたのであろう．ミュラー（Max Muller）は「スキーや山歩きのハイキングで相当の腕と勇気を発揮した」とつけ加えている．Muller, "Martin Heidegger : A Philosopher and Politics," Gunther Neske and Emil Kettering 編，*Martin Heidegger and National Socialism : Questions and Answers*, trans. Lisa Harries（Karsten Harriesの訳および序文付），（New York : Paragon, 1990）, pp. 175-196に引用, quotation on p. 192. Ott, *Martin Heidegger*, p. 154.
22. 彼女はプロテスタントであったが，2人は1917年にフライブルクのカトリックドム（大聖堂）で結婚した．しかし2人はプロテスタント教会でも結婚式をあげていた．カトリック教会当局の知るところとなり，結婚は無効になった．Ott, *Martin Heidegger*, pp. 100-103.
23. Alan Milchman and Alan Rosenberg, "Martin Heidegger and the University as a Site for the Transformation of Human Existence," *Review of Politics*（Winter 1997）, pp. 78-83に引用．サフランスキは真正なる良心に対する渇仰を考察した．Safranski, *Martin Heidegger*, pp. 168-170. 一方マーク・リラは，"本物，志操堅固" というレトリックの中に収められた "良心の声" について論じた．Mark Lilla, *The Reckless Mind : Intellectuals in Politics*（New York : New York Review of Books, 2001）, p. 27.
24. Muller, "Martin Heidegger," Neske and Kettering, *Martin Heidegger and National Socialism*, pp. 178-179に収録.
25. Ursula Ludz 編，*Hannah Arendt/Martin Heidegger, Briefe, 1925 bis 1975*（Frankfurt am Main : Klostermann, 1998）, p. 11. エッティンガーは，その頃ハンナ・アーレント宛にだしたハイデガーの手紙に，センチメンタルなトーンのあることを認めている．Elzbieta Ettinger, *Arendt/Heidegger*（New Haven, Conn.: Yale University Press, 1995）.
26. Miguel de Beistegui, *Heidegger and the Political Dystopias*（London : Routledge, 1998）, pp. 45-46, 60-61. Ott, *Martin Heidegger*, pp. 169. 170.
27. Karl Lowith, *My Life in Germany before and after 1933*, trans. Elizabeth King（Champaign-Urbana : University of Illinois Press, 1986）, p. 28.
28. Hermann Morchen, Safranski, *Martin Heidegger*, pp. 226. 227に引用．Ott, *Martin Heidegger*, pp. 192-193. ハイデガーは党籍番号3, 125, 894を受けた．戦後ハイデガーは，ヒトラーを支持したのは共産主義に対する恐れからと巧みに言い逃れた．
29. Neske and Kettering, *Martin Heidegger and National Socialism*. 1933年以前ハイデガーは，非ユダヤ人はわずか2名とコメントしていた．それ以降は，わずか2名の教授が非ユダヤ人と言うようになった．Ettinger, *Arendt/Heidegger*, pp. 36-37.
30. Farias, *Heidegger and Nazism*, p. 149 ; Safranski, *Martin Heidegger*, pp. 235-224.
31. 学長選挙の日，投票権を持つ学部教授93名のうち14名が出席しなかった．人種，左翼思想或いは其の双方の理由で13名の教授がすでに追放されていた．出席した79名のうち1名を除いて全員がハイデガーに投票した．Ott, *Martin Heidegger*, p. 146. Safranski, *Martin Heidegger*, p. 240.
32. 5月初旬，ナチ学閥が反対派を駆除するには多少の時間を要するとして，彼はヒトラーとの話し合いを延期したいと申し出た．会談は延期されなかった．しかしハイデガーは，自ら進んで大学生活に "指導者原理" を注入する全国運動に参加した．この延期要請電報はハ

Germany, trans. Christiane Banerji (Princeton, N. J.: Princeton University Press, 2000), pp. 257-303. Hans Mommsen, *Beamtentum im Dritten Reich* (Stuttgart : Deutsche Verlags-Anstalt, 1966), pp. 26-30. Jerry Z. Muller, *The Other God That Failed : Hans Freyer and the Deradicalization of German Conservatism* (Princeton, N. J.: Princeton University Press, 1987), pp. 17-18, 30-36, 223-226.

11. 著書『全体主義の起源』でハンナ・アーレントは,「いかなる哲学も“耐ヒトラー性”はない」と書いた. すべての政治及び宗教から協力者が生まれたとする. Hannah Arendt, *The Origins of Totalitarianism* (New York : Meridian, 1958), pp. 2, 163.
12. ドイツには正規の教授が約3,000人いた. Karl Dietrich Bracher, Wolfgang Sauer, and Gerhard Schulz, *Die nationalsozialistische Machtergreifung :Studien zur Errichtung des totalitaren Herrschaftssystems in Deutschland, 1933/34* (Cologne : Westdeutscher, 1960), pp. 317-321. ラムボルドは「インテリゲンチャ」は筋を通して反ナチと考えた. Berlin, Feb. 22, 1933, BDFP, vol. 4, doc. 243, p. 423. 党員は1930年の13万が1932年末に85万, 1935年5月で250万, 1939年には530万となった. Kater, Nazi Party, fig. 1, p. 263.
13. Dietrich Orlow, *The History of the Nazi Party, 1933-1945* (Pittsburgh, Pa.: Universityof Pittsburgh Press, 1973), vol. 2, pp. 2, 18-19.
14. Kater, Nazi Party, pp. 69, 91. ケーターは, 学界の入党率は公務員の場合とほぼ同じとしている. 1937年以降, その数は減少傾向を示した. 大学で入党率の一番高かったのは医学部である.
15. Martin Heidegger, “Die Lehre vom Urteil im Psychologismus,” 1914. 講師資格第二次論文のテーマは “Die Kategorien und Bedeutungslehre des Duns Scotus” (1916). Hugo Ott, *Martin Heidegger : A Political Life*, trans. Allan Blunden (New York :Basic Books, 1993), pp. 49-83.
16. 我が人生苦悩の時/絶望と煩悶の薄暗き明かりに/そなたの目は私に注がれ/涙ながらに叫びし声は聞き届けられて/私の若き命は悲嘆に倦みはて/心は慈悲の天使の胸に/Ott, *Martin Heidegger*, p. 68に引用. 1930年代は熱烈なナチ支持者で, 1940年以降反体制派にまわった大司教コンラート・グレバー (Archbishop Conrad Grober) はハイデガーの師であった.
17. Robert Wollenberg, “Nervose Erkrankungen bei Kriegsteilnehmern,” *Munchener medizinische Wochenschrift* 1 (1914): 2181-2183. Paul Lerner, “Hysterical Men : War, Psychiatry, and the Politics of Trauma in Germany, 1890. 1930” (Ph. D. diss., Columbia University, 1996), pp. 84-92に引用.
18. 彼の講師資格論文は, 戦死した哲学の一学友に捧げられた. Ott, *Martin Heidegger*, pp. 103, 154.
19. ハイデガーの友人エミル・ラスク (Emil Lask) は, 緒戦時の段階でハイデガーの入隊決意について彼と話し合ったに違いない. ハイデガーは母親宛の手紙で「ほんのわずかでも貢献できないのは, たまらない気持です」と書いているが同じような気持を友人ラスクに吐露したことであろう. Rudiger Safranski, *Martin Heidegger : Between Good and Evil* (Cambridge : Harvard University Press, 1998), p. 57.
20. 人名事典 *Das Deutsche Fuhrerlexikon* (Berlin : Otto Stollberg, 1934-1935) のハイデガーの項 p. 180では, 志願したが「病気のため除隊」と書いている. しかし, 1827年に大学当局が年金計算のため5回も軍隊勤務歴の提出を求めたが, ハイデガーは回答していない.

: Beitrage zur Geschichte des Alltags unterm Nationalsozialismus（Wuppertal : Hammer, 1981）, pp. 381-387に収録.

142. Michael Wildt, “Violence against Jews in Germany, 1933. 1939” ; Bankier, *Probing the Depths*, pp. 184-185. Michael H. Kater, “Everyday Anti-Semitism in Prewar Nazi Germany : The Popular Bases,” *Yad Vashem Studies* 16（1984）: 134-146. ケーターは上記著書『戦前ナチドイツにおける日常の反ユダヤ主義』で「ドイツ人口の約10%が暴力に加担し，それよりもっと広汎な物言わぬ層が暗黙裡に支持していた」とした. ナチ保安機関と秘密地下組織の報告は，違った解釈をしている.

Ⅲ

1. Karl Jaspers, *Philosophische Autobiographie : Erweiterte Neuausgabe*（Munich : Piper, 1977）, pp. 100-101. Hans Saner 編，*Karl Jaspers : Notizen zu Martin Heidegger*（Munich : Piper, 1978）, pp. 23-43も参照. Wolfgang J. Mommsen, “‘Der Geist von 1914,’” Mommsen編, *Der Autoritare Nationalstaat : Verfassung, Gesellschaft und Kultur in deutschen Kaiserreich*（Frankfurt am Main : Fischer, 1990）, pp. 407-412.
2. Reinhold Niebuhr, “Religion in the New Germany,” *Christian Century* 50（Apr. 5, 1933）: 451.
3. 1933年2月22日付ラムボルト発サー・J・サイモン宛，報告送達番号171. DBFP, vol. 4, doc. 243, p. 423.
4. 大使は，「この慎重かつ臆病な層が，新しいプロパガンダ機関によってどれくらい転向させられるか. 興味のあるところだ」とつけ加えている（1933年3月31日付発ラムボルト宛サイモン）. DBFP, vol. 4, doc. 268, p. 472.
5. Saul Friedlander, *Nazi Germany and the Jews*, vol. 1, *The Years of Persecution, 1933-1939*（New York : HarperCollins, 1997）, pp. 38-39.
6. Michael Kater, *The Nazi Party : A Social Profile of Members and Leaders, 1919-1945*（Cambridge : Harvard University Press, 1983）, p. 71.
7. エリクセンは自著『ヒトラー支配下の神学者達』で，「経歴の偶然」と呼び，経験共有の点からは，世代概念よりこちらの方が意味があるとしている. Robert P. Ericksen, *Theologians under Hitler : Gerhard Kittel, Paul Althaus, and Emanuel Hirsch*（New Haven, Conn.: Yale University Press, 1985）, pp. 25-26.
8. Albrecht Mendelssohn-Bartholdy, *The War and German Society*（1937 ; New York : Howard Fertig, 1971）, pp. 280-295.
9. レマルクの「西部戦線異状なし」では，「もはや我われは進むべき道を見つけることができない. そして人々は我われを理解しない. 我われの前に生まれ育った彼らは，ここで数年間我われと過ごしたとはいえ，すでに家庭と職業をもっている. 彼らは昔の生活に戻る. そして戦争は忘れ去られてしまう」と続く. Erich Maria Remarque, *All Quiet on the Western Front*, trans. A. W. Wheen（New York : Fawcett Crest, 1958）, p. 174. 鍛えられた1914年精神という表現は，報道機関であまねく言及されていた. Andre Francois-Poncet, Berlin, Feb. 8, 1933, *Documents diplomatiques francais, 1932-1939*（Paris : Imprimerie Nationale, 1963）（hereafter DDF）, 1st ser.（1932-1935）, vol. 2, doc. 275. Berlin, Apr. 5, 1933, DDF, 1st ser., vol. 3, doc. 93, p. 171. Heide Gerstenberger, *Der revolutionare Konservatismus*（Berlin : Dunker & Humblot, 1969）, pp. 30-64.
10. Dieter Langewiesche, “The Deliberalization of the ‘Middle Class Centre,’” *Liberalism in*

30, 119

130. 1933年4月4日付ヒンデンブルク発ヒトラー宛書簡. *Ursachen und Folgen : Vom deutschen Zusammenbruch 1918 und 1945 bis zur staatlichen Neuordnung Deutschlands in der Gegenwart*, vol. 9（Berlin : Dokumenten-Verlag Wendler, n. d.［1959. 1979］), doc. 2159, p. 393に収録. グルフマン（Lothar Gruchmann）はヒトラーの巧妙なやり方を指摘している. ヒトラーは大統領宛書簡の中で抑制のとれた反ユダヤ主義を表明し，その書簡にはヒンデンブルクが署名するだけでよい回答書簡を添付していたという. Gruchmann, *Justiz*, pp. 132-135. 政府機関からのユダヤ人追放に一番強く反対したのは軍であり，将校団の5%を占めるユダヤ人の追放に反対した. Erich von Manstein, Apr. 21, 1933, Klaus-Jurgen Muller, *Das Heerund Hitler : Armee und nationalsozialistisches Regime, 1933-1940*（Stuttgart : Deutsche Verlags-Anstalt, 1969), doc. 4, pp. 593-598に収録.
131. 四月法については次を参照. Adam, *Judenpolitik*, pp. 51-75. 41. 43. 3,000人を越える弁護士の約3分の1，非アーリア系判事717人の約半分弱，ユダヤ人医者4,500人の約4分の1が四月法に影響された. Schleunes, *Twisted Road*, p. 109. ドイツの血をひかない住民の帰化を阻止するこの法律で，約1万5,000人が影響を受けた. Dodd, Berlin, Aug. 12, 1933, *FRUS*, vol. 2, doc. 66, pp. 252-255.
132. 1933年5月4日付報告で，メッサースミスは，「ユダヤ人はユダヤ的思考しかできない」というナチ学生のスローガンに対する反応を記述した. NA/RG59/862. 4016/no. 1282/folder 10 ; Breitman, “German Public Opinion,” Bankier, *Probing the Depths*, pp. 503-513に収録.
133. “News of theWeek,” *Spectator*, Apr. 14, 1933, p. 521.
134. この最高裁判事は，ベンジャミン・カルドーゾ，ルイス・ブランダイスの両判事を文字通り無視した. Edward Lazarus, *Closed Chambers : The First Eyewitness Account of the Epic Struggles inside the Supreme Court*（New York : Random House, 1998), p. 284.
135. ラムボルドは1933年4月12日及び13日付報告で，「不思議の国のアリス」的空気を伝えている. DBFP, vol. 5, docs. 28, 30, p. 36.
136. Correspondent in Germany, *Spectator*, Apr. 7, 1933, p. 496.
137. メッサースミスは「ひとりの“ユダヤ系アメリカ人女性”がライプツィヒ・オペラから追放された件で，自分が本人はユダヤ系ではないことを証明しても無駄であった」と述べている（1933年3月28日付報告). NA/RG59/862. 4016/1210, 2274.
138. Bankier, *The Germans and the Final Solution*, pp. 71-73.
139. Friedlander, *Nazi Germany and the Jews*, vol. 1, p. 29. Schleunes, *Twisted Road*, pp. 107-110. 怒りと屈辱をこめた資料として次の二つがある.: Siegfried Neumann, “My Life,” Houghton, bMS Ger 91（165); writing for the same “contest,” Karl Lowith deplored the exemption, *My Life in Germany*（Champaign-Urbana : University of Illinois Press, 1994), pp. 50-51. 法律によるとユダヤ人弁護士の上限枠は1%と定められていたが，1933年末現在で16%を占めていた.
140. Hilda Henneh Siche, “My Life in Germany,” Houghton, bMS Ger 91（212), pp. 63-65.
141. グロテスクなユダヤカリカチュアが「ユダヤ人の父親は悪魔」と警告しても，自分の知っているユダヤ人とはイメージが全然違うので，普通の人には一向にピンとこなかった. Falk Wiesmann, “Juden auf dem Lande : Die wirtschaftliche Ausgrenzung der judischen Viehhandler in Bayern,” Detlev Peukert and Jurgen Reulecke 編，*Die Reihen fast geschlossen*

501-510.

115. Hans Mommsen and Dieter Obst, "Die Reaktion der deutschen Bevolkerung auf die Verfolgung der Juden, 1933-1943," Hans Mommsen 編 *Herrschaftsalltag im dritten Reich : Studien und Texte*（Dusseldorf : Schwann, 1988）, pp. 374-378 ; David Bankier, *The Germans and the Final Solution : Public Opinion under Nazism*（Oxford, Eng.: Blackwell, 1992）, pp. 67-83.
116. Michael Muller-Claudius, *Deutsche und judische Tragik*（Frankfurt am Main : Knecht, 1955）, pp. 158-164. EvelynWrench, "Letter," Times（London）, Apr. 25, 1933. 著者は三度に及ぶ大々的な講演旅行の後，この結論に到達した.
117. Eric A. Johnson, *Nazi Terror : The Gestapo, Jews, and Ordinary Germans*（New York : Basic Books, 2000）, p. 89.
118. 1933年4月6日付ベイツ（William E. Beitz, Berlin）の分析によると，「おとなしい展開. ユダヤ人所有店舗の20％程度がボイコットされた. それで住民はユダヤ人が予想されていたよりも少ないと考えた」とある. Dispatch, Department of State, NA/RG59/862. 4016, microfilm reel 21. ハンブルク駐在のアメリカ領事は「もしも奇妙な集まりがなかったら，深刻なボイコットが進行中とはほとんどの人が気づかないだろう」と報告している. Hamburg, Apr. 4, 1933, NA/RG59/862. 4016/635.
119. Johnson, *Nazi Terror*, p. 90. Bankier, *The Germans and the Final Solution*, pp. 67-77. Avraham Barkai, *From Boycott to Annihilation : The Economic Struggle of German Jews, 1933-1943*, trans. William Templer（Hanover, N. H.: University Press of New England, 1989）, pp. 59-69.
120. 発表見出しは次の通り："Ganz Deutschland Boykottiert die Juden," VB 46（1933年4月2日付）, "Die judische Weltmacht weicht zuruck," VB 46（1933年4月3日付）. Streicher, "Zentralkomittee fur Boykottbewegung," BDC, folder 21. "Der judische Machtkampf gegen Deutschland," VB 46（1933年3月28日付　北ドイツ版）.
121. サー・ウオルター・レイトン（Sir Walter Layton）インタビュー，*Vossische Zeitung*, Apr. 7, 1933に引用，Comite des Delegations Juives, *Die Lage der Juden*, p. 317に再録.
122. ヒトラー暗殺未遂や猛烈な反ナチ攻撃を含む激しい行動が見られた. Barkai, *From Boycott to Annihilation*, pp. 16-25, 56-59. 一方バルカイは，ボイコット失敗後に見られた反ユダヤ的暴力行為の一時的減少を「偽りであり，かつまた致命的な"猶予期間の幻想"」と呼んだ.
123. "Strange Interlude," *Businessweek*, Apr. 12, 1933, p. 5. Correspondent in Germany, "Can Hitlerism Last?" *Spectator*, Apr. 7, 1933, p. 496.
124. "News of the Week," *Spectator*, Apr. 21, 1933, p. 558.
125. Luise Solmitz, 1933年4月28日付日記，本日記は次の所に保管. Archiv der Forschungsstelle Hamburg 11/11, Jochmann, *Gesellschaftskrise*, p. 242に引用.
126. Frederic Sackett, Berlin, Mar. 21, 1933, *FRUS*, vol. 2, doc. 2261, p. 210.
127. 警察は降板は当然とし，「我われは…SAとSSには，クレンペラー氏警護よりもっと重要な任務があると思考する」と報告している. 怒れる反ユダヤ暴徒から守るため警察力が必要，と匂わせた内容でもある. Comite des Delegations Juives, *Die Lage der Juden*, p. 416.
128. Stern, *Dreams and Delusions*, p. 170.
129. Comite des Delegations Juives 報告，*Die Lage der Juden*, 121-139, 175, 204-206, 249-261. Klemperer, 1933年8月19日および1935年5月2日付日記 *I Will Bear Witness*, vol. 1, pp. 29-

Out Reds," *New York Times*, Apr. 30, 1933, p. 28.

98. Dorothy Thompson and Benjamin Stolberg, "Hitler and the American Jew," *Scribner's Magazine* 94（Sept. 1933）, p. 136.
99. *The Yellow Spot : The Outlawing of a Half a Million Human Beings. A Collection of Facts and Documents Relating to Three Years' Persecution of German Jews*, introduction by the bishop of Durham（London : Victor Gollancz, 1936）, pp. 33-46.
100. ニューヨーク・タイムズは1933年3月及び4月の2ヶ月間に，ドイツにおける政治がらみの暴力記事を75本，450本を越える反ユダヤ政策及びユダヤ人襲撃記事を掲載した.
101. ゲーリングは「襲撃されているのは共産主義者であり，ユダヤ人ではない」と言った. "Goering Says Communists, Not Jews Get Attacked," *New York Times*, Mar. 26, 1933, pp. 1-4を参照.
102. 暴力ニュースを否定するため，非ナチ系新聞の発行と称するパンフレットが何種類もだされ，逆情報が盛んに流された. *Die Greuelpropaganda ist eine Lugenpropaganda sagen die deutschen Juden selbst*（Berlin-Charlottenburg, Trachtenberg, 1933）.
103. 1933年3月25日付メッサースミス報告NA/RG59/862. 4016/no. 1205, Bl. 14. Gordon, Berlin, Mar. 25, 1933, FRUS, vol. 2, doc. 47, pp. 331-332.
104. New York Times, Mar. 4, 1933, p. 4.
105. 1933年3月20日のヒトラー議会演説，Domarus 編 *Hitler Speeches*, vol. 1, p. 273.
106. 1933年3月12日，20日，23日のヒトラー演説. Ibid., pp. 265, 267, 271, 273, 280.
107. 1933年3月28日付ヒトラー"宣言" ibid., p. 299. ボイコット開始前の1週間，非ナチ系新聞は情報を流し続けた. ナチの報道機関から提供された情報と思われる. "Die Gegenaktion," *Vossische Zeitung*, Mar. 25, 1933, and "Die Durchfuhrung des Boykotts," *Vossische Zeitung*, Mar. 31, 1933. Messersmith, Mar. 31, 1933, FRUS, vol. 2, doc. 1214, pp. 338-341.
108. 1933年3月28日付ゲッベルス日記には，「ユダヤ人の間にパニック」と記載されている. Frohlich 編，*Tagebucher*, part 1, vol. 2, pp. 398-399.
109. Adam, *Judenpolitik*, pp. 60-62. Lothar Gruchmann, *Justiz im Dritten Reich, 1933-1945 : Anpassung und Unterwerfung in der Ara Gurtner*（Munich : Oldenbourg, 1988）, pp. 124- 133.
110. Wolf Telegraph Bureau, Apr. 1, 1933, Comite des Delegations Juives 編 *Die Lage der Juden in Deutschland, 1933*（1935 ; Frankfurt am Main : Ullstein, 1983）, p. 65に引用.
111. Joseph Goebbels, *Revolution der Deutschen*（Oldenburg : Stalling, 1933）, p. 15. Friedlander, *Nazi Germany and the Jews*, vol. 1, pp. 20-24.
112. Viktor Klemperer, *I Will Bear Witness : A Diary of the Nazi Years, 1933-1941*, trans. Martin Chalmers（New York : Random House, 1998）, p. 9.
113. Leonard Baker, *Days of Sorrow and Pain : Leo Baeck and the Berlin Jews*（New York : Macmillan, 1978）, p. 150.
114. ゴードンはブラウンハウス（ミユンヘン）の党古参"乱暴者"を下級幹部クラスと書いている. 彼によると「ゲッベルスはそのひとりだがゲーリングはそうではない」という. Berlin, June 23, 1933, FRUS, vol. 2, doc. 107, p. 233. メッサースミスはナチ党は「完全統制」され「比較的短時間のうちに秩序が完全回復」と報告している. Apr. 10, 1933, FRUS, vol. 2, doc. 1231, pp. 222-227 ; Richard Breitman, "American Diplomatic Records Regarding German Public Opinion," David Bankier 編 *Probing the Depths of German Anti-Semitism : German Society and the Persecution of the Jews, 1933-1941*（New York : Berghahn, 2000）, pp.

Heights, Ill.:Waveland, 1989), pp. 603-604.

82. Hitler, (1933年3月10日), Domarus 編 *Hitler Speeches*, vol. 1, p. 208.
83. Hitler, (1933年2月10日), ibid., pp. 244-249.
84. Hitler, (19933年3月20日), ibid., pp. 270-274.
85. Y. K. W. "The Nazi Terror," (筆者はドイツ在住, 匿名). *New Republic*, Apr. 12, 1933, p. 235. "Nazis and Jews," *Times* (London), Apr. 4, 1933.
86. 1933年3月11日のヒトラー選挙演説. Domarus 編, *Hitler Speeches*, vol. 1, p. 264. 1933年4月22日党幹部向け演説. ibid., p. 308. ミュンヘンでヒトラーは党幹部達に「我われは現在のために働いているのではない. 数千年の風雪に耐えることをやっているのだ」と言った.
87. Dr. Ernst Deissmann, "Terror in Germany," *Spectator*, Mar. 10, 1933, p. 337. アメリカの臨時大使ジョージ・ゴードンは, 「本物の革命」で「暴力行為がない」ことを強調し, 「過去数週間におきた革命の目撃証言から考えれば流血事件がほとんどなかったことを認めざるをえない」と書いた. Berlin, Apr. 9, 1933, FRUS, vol. 2, doc. 61, pp. 216-218.
88. 1933年4月6日, 外国の報道機関に対するヒトラー発言. Domarus 編, *Hitler Speeches*, vol. 1, p. 304. 「道徳, 政治の向上, そして経済の向上, これがなければ報道など長くは存在できなくなるが, その向上を目指す」と述べている.
89. 1933年3月21日, ニコライキルへ教会の説教で, ディベリウスは, 聖書を引用して, 「神が私たちの味方であるなら, 誰が私に敵しようか」(ローマ人への手紙8章31) と言った. Becker and Becker, *Hitlers Machtergreifung, 1933*, doc. 114, p. 156. 1914年8月と1933年3月を対比させて, 「ドイツフォルクが最高の経験を共有した時である…全ての雑念を一掃する愛国の情熱がほとばしる (アウフシヴング) …数百数千万の心に新しい信仰が燃えさかっている」とも言った.
90. 1933年3月28日付報告. アメリカの一外交官の言葉を借りれば, ユダヤ人は "安全弁" の役を果たしていた. National Archives record group (henceforth NA/RG) 59/862. 4016/no. 1210.
91. SA隊員に対するヒトラー訓示1933年3月10日 Domarus 編 *Hitler Speeches*, vol. 1, pp. 263-264.
92. Jochmann, *Gesellschaftskrise*, pp. 236-238.
93. Uwe Dietrich Adam, *Judenpolitik im Dritten Reich* (Dusseldorf : Droste, 1972), pp. 47-48.
94. タウスクの1933年4月1日及び14日付日記. Tausk, *Breslauer Tagebuch*, pp. 36-38. ブレスラウでは, ナチ候補者の得票率は50%を越えた (全国平均より約10%多い).
95. 1933年2月2日付タウスク日記. Tausk, *Breslauer Tagebuch*, pp. 1-2. 以下の資料も参照, Hermann Tuggelein, "Prugel" ; Edwin Landau, "Schutzengrabern" ; Gerta Pfeffer, "Terror" ; and Paul Barnay, "Menschenjagd," 以上は全て Margarete Limberg and Hubert Rubstaat 編 *"Sie durften nicht mehr Deutsche sein" : Judischer Alltag in Selbstzeugnissen, 1933-1938* (Frankfurt am Main : Campus, 1990), pp. 28-430, 31-35, 36-37, 43-46に収録.
96. Fritz Stern, *Dreams and Delusions : The Drama of German History* (New Haven, Conn.: Yale University Press, 1987), p. 121.
97. George Messersmith, report, NA/RG59/862. 4016/no. 1205, Mar. 25, 1933, p. 14. ブレスラウのユダヤ人弁護士72名のうち17名が復職した. Shleunes, *Twisted Road*, pp. 72-73. Bundesarchiv Koblenz, Sammlung Schumacher, 240, folder 1, BDC. Adolf Heilberg, "Pro Memoria 1933," Leo Baeck Institute Archives, p. 4. Otto Tolchius, "Rulers in Silesia to Wipe

ルム）からの流入による．

68. 1933年3月23日のヒトラー演説. Domarus 編，*Hitler Speeches*, vol. 1, pp. 277-278. ヒトラーは「350人のドイツ人が共産主義者に殺された. “法の前の平等” が犯人どもを守ることはない」と述べた.
69. 1933年2月8日，ドイツの報道機関に対する談話. Max Domarus 編，*Hitler Reden und Proklamationen, 1932-1934*, vol. 1（Munich : Suddeutscher, 1963）, p. 202.
70. Sidney B. Fay, “The Hitler Dictatorship,” *Current History* 38（May 1933）: 230-232. 内務相ヴィルヘルム・フリックは，3月初旬までに10万人が拘留されたと発表した. Domarus 編，*Hitler Speeches*, vol. 1, p. 401. アメリカ大使館の推定によれば，国外逃亡で260人のドイツ人が国籍を喪失した.
71. Rumbold, Feb. 22, 1933, *DBFP*, vol. 4. doc 243, p. 423. Dodd, July 28, 1933, FRUS vol. 3, p. 251. ヨアヒム・フェストによると，ナチ支配の開始から数ヶ月間で500から600人が政治殺害の犠牲になった. *Hitler*, trans. Richard Winston and Clara Winston（New York : Vintage, 1975）, p. 401.
72. ヴァルター・タウスク日記1933-1940. 1933年3月25日付日記，Walter Tausk, *Breslauer Tagebuch, 1933-1940*, Ryszard Kincel 編，あとがきは Henryk M. Broder（Leipzig : Reclam, 1995）, p. 25. 当時多くの人がそうであったように，タウスクもカタコンブ（地下墓地）や秘密トンネルの噂を信じていた. 傍観者を棍棒で殴打し無抵抗の者を叩きのめす「第三帝国の英雄」に対するさげすみも，日記の行間にみられる.
73. Rudolf Diels, *Lucifer ante Portas*（Zurich : Interverlag, 1949）, pp. 190-197.
74. Daniel Guerin, *The Brown Plague : Travels in Late Weimar and Early Nazi Germany*（まえがき Robert Schwartzwald）,（Durham, N. C.: Duke University Press, 1994）, p. 139.
75. Hermann Goring, ゲーリング演説. 1933年3月3日，於フランクフルト. doc. 78, Josef Becker and Ruth Becker 共編，*Hitlers Machtergreifung, 1933 : Vom Machantritt Hitlers, 30 Januar 1933, bis zur Beseitigung des Einparteistaates, 14 Juli 1933*（Munich : dtv, 1983）, p. 117.
76. Ralf Georg Reuth, Goebbels, trans. Krishna Winston（New York : Harcourt Brace, 1993）, p. 170. Goebbels, 1933年3月4日付ゲッベルス日記，1933, Elke Frohlich 編，*Die Tagebucher von Joseph Goebbels : Samtliche Fragmente*, part 1, *Aufzeichnungen, 1924-1941*, vol. 2（Munich : Saur, 1987）, pp. 385-386. この時期ヒトラーは，権力を握れば離さないと言っていた. Domarus 編 *Hitler Speeches*, vol. 1, pp. 249-250.
77. Correspondent in Germany, *Spectator*, Apr. 7, 1933, p. 496.
78. Heinz Hohne, *Die Zeit der Illusionen : Hitler und die Anfange des Dritten Reiches, 1933-1936*（Dusseldorf : Econ, 1991）, p. 69.
79. “Nun wird die rote Pest mit Stumpf und Stiel ausgerottet. Widerstand zeigt sich nirgendwo,” 1933年2月28日付ゲッベルス日記，Frohlich 編 *Tagebucher*, part 1, vol. 2, p. 384.
80. “Hitler in Power,” *New York Times*, Mar. 7, 1933.
81. 投票率89％で，ナチ候補者は10,312,000票（43.9％）で，211議席. 共産主義者は（非合法になっていたにもかかわらず）4,848,199票（12.3％）で81議席，多数派社会党候補者7,181,600票（18.3％）120議席であった. 1928年の選挙でナチは1,445,300票（4.8％）4議席であったが，1932年7月には13,745,800票（15.5％）230議席と支持率を増やした. Koppel S. Pinson, *Modern Germany : Its History and Its Civilization*, 2nd ed.（Prospect

50. “Mein Programm : Erklarung”（1932年4月2日）, Lankheit, *Hitler*, vol. 5, part 1, doc. 1, pp. 7-8に引用. 原文は “Befehl meines Gewissens” und “Ich verstehe, das meine Gegner mich hassen” ここで聴衆の間に熱狂的叫びがあがった.
51. 国会は，ナチが196議席の相対多数で，社会民主党121議席，共産党100議席であった.
52. Hannah Vogt, *The Burden of Guilt : A Short History of Germany, 1914-1945*, trans. Herbert Strauss（New York : Oxford University Press, 1964）, p. 118に引用.
53. 1933年2月10日，シュポルトパラストにおける演説. Max Domarus 編，*Hitler Speeches and Proclamations, 1932-1945 : The Chronicle of a Dictatorship*, vol. 1, trans. Mary Fran Gilbert（Wauconda, Ill.: Bolchazy-Carducci, 1990）, pp. 245-249に引用.
54. 1933年2月22日付ルムボルト発サイモン宛　報告書　送達番号171, Foreign Office, Great Britain, *Documents on British Foreign Policy, 1919-1939*, ser. 2（London : His Majesty's Stationery Office, 1950），（hereafter DBFP）, vol. 4, doc. 243, pp. 423-424.
55. 1933年2月21日付レオン・ドミニアン発国務長官宛，報告書番号899. 原資料は次の通り. Leon Dominian to secretary of state, Stuttgart, Feb. 21, 1933, *Foreign Relations of the United States*（Washington, D. C.: U. S. Government Printing Office, 1949），（hereafter *FRUS*）, vol. 2, doc. 899, p. 195.
56. Rudolf Steiner, “Mein Leben in Deutschland,” Houghton, bMS Ger 91（227）, pp. 86-89.
57. 3月12日までヒトラーが制服姿で登場したのは，1回だけであった. ゲーリング，ゲッベルス，ヒトラーその他の党指導者がナチの「鉄の規律」と「鉄掃」を讃える一方で，ナチの民兵隊は恐るべき乱暴狼藉を働いた. “Die Nationale Revolution war von eiserner Disziplin,” VB 46（Mar. 28, 1933）, 及び “Boykottpause bis Mittwoch,” VB 46（Apr. 2-3, 1933）.
58. 1933年2月22日付ルムボルト発サイモン宛 報告書 送達番号171, DBFP, vol. 4, doc. 243, p. 426.
59. 1933年2月10日，ヒトラーは「神に誓い我ら自身の良心に恥じぬ正義を貫く」と公約し，「我われは再びドイツフォルクへ回帰した」と言った. Sportpalast, Domarus 編，*Hitler Speeches*, vol. 1, p. 246.
60. ヒトラーは裁判でこのレトリックを繰返した. *Hitler Trial*, vol. 3, p. 364.
61. Hitler, 1933年2月10日のヒトラー演説，Domarus, *Hitler Speeches*, vol. 1, p. 249.
62. Hitler, 1933年3月23日の議会（Reichstag）演説，ibid., p. 279.
63. 1933年2月3日，AP通信のインタビューにおける発言. ケルショーは著書『ヒトラー』の中で，その夜，部内の強力な保守グループに対した時のヒトラー発言を重視している. その時ヒトラーは「転向を嫌がる者は徹底的につぶさなければならぬ」と言った. Kershaw, *Hitler*, vol. 1, pp. 441-442.
64. Hitler, speech,（1933年3月23日付），Domarus 編，*Hitler Speeches*, vol. 1, p. 276.
65. Hitler, speech, Jan. 30, 1934, ibid., p. 429.
66. 1933年2月8日付フランソワ・ポンセ発報告書，DDF, 1st series, vol. 2, no. 275, p. 581. 1933年2月14日ラムボルト発報告書送達番号143, DBFP, vol. 4, doc. 240, p. 415.
67 ラムボルトは「警察は，判断に迷った場合，不信な時の一番適切な処置は “撃て” と指示されていた. そうしなければ規律違反に問われた」と報じている. 換言すれば，行動しなければ重い処罰をうけるということである. 一方，不注意によって相手を殺害しても罪に問われなかった. 1933年2月22日付DBFP, vol. 4, doc. 243, p. 423. SA の勢力は1930年時点で10万だったが，1934年までに約200万になった. ライバルであった鉄兜団（シュタールヘ

Aug. 31, 1928, Dusik and Lankheit, *Hitler*, vol. 3, part 1, doc. 13, pp. 35-47. Saul Friedlander, *Nazi Germany and the Jews*, vol. 1, *The Years of Persecution, 1933-1939*（New York : 1997), pp. 102-103.

41. Hitler, "Rede auf NSDAP-Versammlung in Zwickau,"（NSDAP集会における演説1925年7月15日，於ツヴィカウ）Vollnhals, Hitler, vol. 1, doc. 57, pp. 126-128. Hitler, "Zukunft oder Untergang,"（1927年3月6日）doc. 83, p. 165, "Rede auf Generalmitgliederversammlung der NSDAP/NSDAV,"（党員1400名に対する演説，1927年7月30日，於ミュンヘン), doc. 159, pp. 413-437, "Wesen und Ziele des Nationalsozialismus,"（1927年7月3日，於フライラッシング), doc. 153, pp. 405-408. 以上3点 Dusik, *Hitler*, vol. 2, part 1に収録.
42. These images are from "Zukunft oder Untergang," Mar. 6, 1927 ; "Aufgaben und Aufbau der S. A.,"（1927年5月18日); and "Freiheit und Brot!"（1927年6月26日）Dusik, *Hitler*, vol. 2, part 1, doc. 83, pp. 165-179 ; doc. 124, pp. 302-308 ; doc. 135, pp. 386-403.
43. Hitler, "Zukunft oder Untergang,"（1927年3月6日演説，於フィルスビブルク), Dusik, *Hitler*, vol. 2, part 1, doc. 83, p. 168.
44. "Die Hitlerversammlung in Memmingen," *Memminger Zeitung*, Jan. 20, 1928, BAB/NS26/51/Bl. 1-4. "Die deutsche Not und unserWeg,"（1928年1月18日）Dusik 編, *Hitler*, vol. 2, part 2, doc. 221, pp. 619-639.
45. ヒルダ・ヘンネー・ジッへは，回想録「ドイツでの生活体験」で，「それは選挙演説で，ユダヤ人いじめは，彼らが権力を握って初めて，その規模の大きさがはっきりしてきた」と書いている. Hilda Henneh Siche, "My Life in Germany," Houghton, bMS Ger 91（212), p. 57.
46. オリジナルのエッセイ683点は，スタンフォード大学のフーバー研究所に保存されている. Theodor Fred Abel, *Why Hitler Came to Power : An Answer Based on the Original Life Stories of Six Hundred of His Followers*（New York : Prentice-Hall, 1938), pp. 172-176, 166-168. Peter Merkl, *Political Violence under the Swastika : 581 Early Nazis*（Princeton, N. J.: Princeton University Press, 1975), pp. 67-94, 713-715.
47. 女性の名はヒルデ・ベーム・シュトルツ，党員番号429341. Abel Collection, Hoover Institution. Abel, *Why Hitler Came to Power*, pp. 13-31, 78-79.
48. エッセイ番号. 執筆者名グスタフ・シュクリーメ. Abel Collection, Hoover Institution. Merkl, *Political Violence*, p. 98. 女性37名のエッセイは筆者クーンズが分析し，次の著書に紹介した. Claudia Koonz, *Mothers in the Fatherland*（New York : St. Martin's, 1987), pp. 60-66. なお，1933年以降に書かれたエッセイは，執筆者たちの信念エッセイとみてよい. 党派根性の政略を超越した理想主義という姿勢がきわめて濃厚で，自分たちの信念は政治と無関係と考える程に政治化が進んでいることを示唆している.
49. 執筆記事で判断すると，ヒトラーは最初の頃から「ユダヤ問題」の解決に二案を考えていた. 非暴力的手段あるいは「合法的」手段で権力を握れば，行政手段が適当とした. Karl A. Schleunes, *The Twisted Road to Auschwitz : Nazi Policy toward German Jews, 1933-1939*（Champaign-Urbana : University of Illinois Press, 1970), p. 70. ヒトラーが低俗な反ユダヤ主義と理性的反ユダヤ主義を区別し，後者を是とする場合もあった. もっとも彼の攻撃的なユダヤ痛罵は，彼が前者の動機につき動かされていることを示唆している. Werner Jochmann, *Gesellschaftskrise und Judenfeindschaft, 1870-1945*（Hamburg : Christians, 1988), pp. 222-239.

揺るぎない確信をつちかった」と言っている.

28. Emil J. Gumbel, *Vier Jahre politischer Mord : Denkschrift*（Berlin : Malik, 1924）, pp. 67-68, 118-124, 183. 第一次大戦の終わりからヒトラー裁判の開始まで，ドイツ国内で376件の政治殺人が発生した. 加害者のうち354人は右翼で左翼を襲撃した者だが，そのうち326人は釈放された. 残る22名は左翼で，そのうち10人が処刑された. Arthur D. Brenner, *Emil J. Gumbel : Weimar German Pacifist and Professor*（Boston : Humanities Press, 2001）, pp. 69-74. Hitler, speech 1932年1月20日ベルリン地区指導者を対象，Christian Hartmann and Klaus A. Lankheit 共編，*Hitler : Reden, Schriften, Anordnungen, Februar 1925 bis Januar 1933*, vol. 5, part 2, Apr. 1932 to Jan. 1933（Munich : Saur, 1998）, doc. 143, p. 384に収録. John Toland, *Adolf Hitler*（New York : Doubleday Anchor, 1976）, p. 103.
29. Hitler, クグラーとの会話（1924年7月29日於ランツベルク），Jackel 編，*Hitler*, doc. 654, p. 1242に収録.
30. Hitler, *Mein Kampf*, p. 305.
31. ヒトラーは『我が闘争』で，ユダヤ人は永遠の吸血鬼であり，遊牧民であったことはなく，宿主にくらいつく寄生虫でしかなかったとした.「我が大衆の国家統合は…この国際毒素が駆除されて初めて可能になる」と書いてる. Hitler, *Mein Kampf*, pp. 304, 310, 338.
32. "Hitler Frei," *Der Nationalsozialist*（Munich）1（Dec. 25, 1924）: 1.
33. ヒトラーが刑務所生活を送っている頃，ナチ党は空中分解寸前のところにあった. 1924年7月，ヒトラーはランツベルク城外の同志と連絡をたち，釈放後巧みに組織のたて直しをおこなった. Kershaw, *Hitler*, vol. 1, pp. 232-259. Hitler, "Deutschlands Zukunft und unsere Bewegung," Vollnhals 編，*Hitler*, vol. 1, Feb. 27, 1925, doc. 6, pp. 14-28. ヒトラーはまた長たらしい演説のなかで，ベルリン市中を"ドイツ娘"と手を組んで歩くユダヤ人青年や，ユダヤの世論形成者を口汚なく罵倒した. p. 18.
34. Hitler, "Rede auf der Generalmitgliederversammlung der NSDAP/NSDAV," Aug. 31, 1928, Barbel Dusik 編，*Hitler : Reden, Schriften, Anordnungen, Februar 1925 bis Januar 1933*, vol. 2, part 2, Aug. 1927-May 1928（Munich : Saur, 1992）, doc. 13, pp. 35-47に収録.
35. Hitler, "Volkskampf…Gegen die judischer Weltpressevergiftung," Vollnhals 編，*Hitler*, vol. 1, Sept. 17, 1925, doc. 65, p. 153. "Fortsetzung," Jan. 23, 1928, Dusik 編，*Hitler*, vol. 2, part 2, doc. 222, p. 646.
36. Hitler, "Nationalsozialismus und Kunstpolitik," Jan. 26, 1928, Dusik 編，*Hitler*, vol. 2, part 2, doc. 224, p. 651.
37. Hitler, "Geist und Doktor Stresemann?"（NSDAP集会における演説. 1928年5月2日　於ミュンヘン）*Der Volkische Beobachter*（VB特別号に掲載），Dusik 編，*Hitler*, vol. 2, part 2, doc. 268, p. 824.
38. Hitler, "Der Kampf, der einst die Ketten bricht," Nov. 16, 1928, Berlin, Barbel Dusik and Klaus A. Lankheit 共編，*Hitler : Reden, Schriften, Anordnungen, Februar 1925 bis Januar 1933*, vol. 3, part 1, July 1928. Sept 1930（Munich : K. G. Saur, 1994）, doc. 50, p. 238.
39. Hitler, "Freiheit und Brot,"（1927年6月26日）, Dusik 編，*Hitler*, vol. 2, part 1, doc. 152, pp. 386-403, 395.
40. 演説には各回とも，1200名程が集まった. 夕方ブュリガーブラウ・ビアホールで催されている. Hitler, "Die Stutzen von Thron und Altar," VB（1928年2月29日付特別号），Dusik 編，Hitler, vol. 2, part 2, doc. 237, pp. 681-716. Hitler, "Rede auf der NSDAP *Fuhrertagung*,"

版は完全に揃っているが，英語版は一部要約があり，双方が一致する個所は英語版を使用した. 即ちThe *Hitler Trial before the People's Court in Munich*, trans. H. F. Freniere, L. Karcic, and P. Fandek,（Harold J. Gordonの序文付き）, vol. 3（Arlington, Va.: University Publications of America, 1976）. ドイツ語だけの場合はJackel, *Hitler*を引用.

15. Hans von Hulsen, *Zwillings-Seele : Denkwurdigkeiten aus einem Leben zwischen Kunst und Politik*（Munich : Funck, 1947）, vol. 1, pp. 207-209. この判事たちは漫画家とジャーナリストを法廷から追いだした. 次を参照，John Toland, *Adolf Hitler*（New York : Doubleday Anchor, 1976）, p. 191.
16. Joachim Fest, "The Drummer," *The Face of the Third Reich : Portraits of the Nazi Leadership* に収録，trans. Michael Bullock訳（New York : Pantheon, 1970）, pp. 15-26 ; Ian Kershaw, *Hitler, 1889-1936*, vol. 1（New York :W. W. Norton, 1999）, pp. 118, 169-220. ついでにケルショーは「道義復活」の訴えに触れたが，深くは追求しなかった.
17. Hitler, "Vor dem Volksgericht : Erster Verhandlung," Feb. 26, 1924, Jackel, *Hitler*, doc. 605, p. 1065に収録. 話の続きでヒトラーは，ホッテントットも同列において攻撃した.「ユダヤ問題を解決するには，60～70家族の東方ユダヤ人を追放するだけでは済まない」と言った.（doc. 605, p. 1079 ; *Hitler Trial*, vol. 1, p. 51）. 1924年3月1日の法廷で裁判長は，ユダヤの陰謀に関して，ヒトラーの見解を求めている. Hitler, speech of Mar. 3, 1924, Jackel, Hitler, doc. 610, pp. 1123-1124. 同年3月7日，弁護士は「外人とユダヤ人」に対する激しい攻撃的意見を聴こうとしたが，ヒトラーは回答を避けた.（doc. 613, p. 1131）. 3月27日ヒトラーは再び「国際ユダヤ」を「人種結核」と呼んだ.（doc. 625, p. 1209）. 1924年の裁判におけるヒトラーの弁論はタイプでびっしり打って150頁以上になるが，そのなかでユダ人に触れたのは5～6回である.
18. Erster Verhandlungstag, Jackel, *Hitler*, doc. 605, p. 1072に収録.
19. ヒトラーはドイツの自決権を，「全ての黒人部族」の権利と比較した. そして彼の弁護士は，「無抵抗主義―マルクス主義―ユダヤ」の脅威について語った. *Hitler Trial*. 黒人については，vol. 3, p. 354 ; ヒトラーの「ユダヤ・マルクス主義・国際主義の危険」は p. 124 ; 弁護士ヘルの発言については pp. 137, 188, 225.
20. ヒトラーは「我が闘争」のなかで，「権力を指向する政治運動は発足の第一日から大衆運動を目指すべきであり，文学茶話クラブや店主のボーリング団体であってはならない」と述べている. Hitler, *Mein Kampf*, pp. 342-343.
21. Hitler, speech, "an internal German conflict between two philosophies," *Hitler Trial*, vol. 3, p. 139.
22. *Hitler Trial*, vol. 3, p. 357.
23. Ibid., p. 359.
24. Ibid., pp. 137, 139, 355.
25. Ibid., p. 353. ヒトラーは弁明のなかで，「ドイツ皇帝が王冠をうけた時，大逆罪がドイツ国民いや全世界の目の前で，合法化された」と言った.
26. Hitler, speech 1924年3月27日 Jackel, *Hitler*, doc. 625, pp. 1215-1216, および *Hitler Trial*, vol. 3, p. 366に収録.
27. ヒトラーの収容された"刑務所"は，金持の放蕩息子の留置用に転用された城. Kershaw, *Hitler*, vol. 1, pp. 240-253. ヒトラーはこの刑務所が「本能的に漠然と感じていた事柄の認識を求める機会を与えてくれた…ここで私は不退転の信念，楽観主義，我らが将来に対する化では，口伝えの語りで哲学者マッキンタイヤのいう「道徳の経典」と「道徳の虚構」を伝えた．彼は，「道徳教育の主な方法は物語を話すことである」といっている．Alasdair MacIntyre, *After Virtue : A Study in Moral Theory*, 第2版.（Notre Dame, Ind.: Notre Dame University Press, 1984）, pp. 120, 75.

2. Hitler, *Mein Kampf*, p. 466.
3. Ibid., pp. 470-471.
4. 1925年6月12日の党幹部に対するヒトラー講話 Clemens Vollnhals 編，*Hitler : Reden, Schriften, Anordnung*, vol. 1, Feb. 1925 to June 1926（New York : Saur, 1992）, doc. 50, pp. 93-94, 96-97に収録.
5. Hitler, *Mein Kampf*, p. 468.
6. Werner Jochmann 編，*Adolf Hitler : Monologe im Fuhrerhauptquartier, 1941-1944*（Hamburg : Albrecht Knaus, 1980）, pp. 175. 176 ; Jacques Attali, Noise : *The Political Economy of Music*（Minneapolis : University of Minnesota Press, 1985）, p. 87.
7. 1919年9月16日付アドルフ・ゲムリヒ宛ヒトラー書簡. 次のシリーズに収録，Quellen und Darstellungen zur Zeitgeschichte, vol. 21 : *Hitler : Samtliche Aufzeichnungen, 1905-1924*, Eberhard Jackel, Axel Kuhn 共編（Stuttgart : Deutsche Verlags-Anstalt, 1980）, doc. 61, pp. 88-90.
8. ヒトラーの憎悪対象は，ユダヤ，マルクス主義，リベラリズム，議会主義，資本主義，「背中から刺す奴」，ベルサイユ条約に調印した「11月の犯罪者」が含まれる．Karl Dietrich Bracher, Wolfgang Sauer, and Gerhard Schulz, *Die nationalsozialistische Machtergreifung : Studien zur Errichtung des totalitaren Herrschaftssystems in Deutschland, 1933/34*（Cologne : Westdeutscher, 1960）, p. 23. ブラヒャー等は本著書『国家社会主義社会の権力掌握』で，ヒトラーを純粋な反対政治家と決めつけるのはいきすぎであり，彼の演説にでてくる“反”，“反対”は，フォルク礼讃を強めるために使われる場合が多かったとしている.
9. Apr. 6, 1920, in Jackel, *Hitler*, doc. 91, pp. 119-120.
10. Josef Hell, 1922, Gerald Fleming により *Hitler and the Final Solution*（Berkeley : University of California Press, 1984）, p. 17に引用. ヒトラーはさまざまな機会に自分の考える具体的“解決法”をあかさないで，激しい憎悪をあらわにした. 次の演説を参照. “Der Jude als Arbeitfuhrer,” Munich, June 24, 1920, doc. 112, pp. 151-152 ; “Die Hetzer,”Apr. 22, 1922, Munich, doc. 377, p. 620 ; and “Die Politik der Vernichtung unseres Mittelstands,” Munich, Sept. 28, 1922, doc. 408, pp. 696-699, 以上すべて Jackel, *Hitler*に収録.
11. Hitler, “Der Weltkrieg und seine Macher,”（1920年4月17日のミュンヘン党会議における演説）, Jackel, *Hitler*, doc. 93, pp. 123-124に収録. “Deutsch nationale Logik,”（1921年5月29日のミュンヘン演説）, Jackel, *Hitler*, doc. 254, p. 419に収録.
12. “Rede auf einer NSDAP Versammlung,” Jan. 9, 1922, Jackel, *Hitler*, doc. 341, p. 544. P. 544に収録. この演説でヒトラーは，キリスト降誕を反ユダヤ主義煽動につくり直し，「アーメン」という言葉で話をしめくくった.
13. “Maifeier,” “Politik und Rasse,” “Stichworte zu Reden,”それぞれ Jackel, *Hitler*, doc. 501, pp. 853-854, doc. 517, pp. 906-909に収録.
14. Hitler, speech, Munich, Feb. 24, 1924, Jackel, *Hitler*, doc. 605, p. 1068に収録. 1924年2月24日のヒトラー裁判（ミュンヘン）におけるヒトラー弁論. 裁判の全記録は原語のドイツ語

31. Hannah Arendt, *The Origins of Totalitarianism* (New York : Meridian : 1958), pp. 465-466.
32. Robert Gellately, *The Gestapo and German Society : Enforcing Racial Policy, 1933-1945* (Oxford, Eng.: Clarendon, 1990), 135-140. B. Dorner, "Gestapo," Gerhard Paul and Klaus-Michael Mallmann 共編, *Die Gestapo : Mythos und Realitat*, Peter Steinbach の序文付 (Darmstadt : Primus, 1996), pp. 332-334, 341-342に引用. Eric A. Johnson, *The Nazi Terror : The Gestapo, Jews, and Ordinary Germans* (New York : Basic Books, 2000), pp. 253-301.
33. 著書『第三帝国・政治とプロパガンダ』でウェルチは，人種主義プロパガンダについてヒトラーの役割を示唆する証拠がない，と述べている. David Welch, *The Third Reich : Politics and Propaganda* (London : Routledge, 1993), 72-82. 映画に人種主義の内容が少ない点については，次を参照. Sabine Haake, *Popular Cinema of the Third Reich* (Austin : University of Texas Press, 2001), pp. 14-17, 34-36, 53-54. 一方，ロングリッチは著書『不文律の命令』で，公けの場で慎重に振舞ったが，ヒトラーは反ユダヤ主義の各エスカレーション段階で，決定的役割を果たした扇動者であった，とみた. Peter Longerich, *The Unwritten Order* (London : Tempus, 2001), p. 28.
34. Joseph Goebbels, *Signale der neuen Zeit* (Munich : Eher, 1934), p. 34. Gerd Albrecht, *Nationalsozialistische Filmpolitik : Eine soziologische Untersuchung uber Spielfilme des dritten Reiches* (Stuttgart : Ferdinand Enke, 1969), p. 468.
35. Michael Ignatieff, *The Warrior's Honor : Ethnic War and the Modern Conscience* (New York : Metropolitan, 1998); Benjamin Barber, *Jihad vs. McWorld : How Globalism and Tribalism Are Reshaping the World* (New York : Ballantine, 1996); Omer Bartov and Phyllis Mack, *In God's Name : Genocide and Religion in the Twentieth Century* (New York : Berghahn, 2001). Bruce B. Lawrence, *Defenders of God : The Fundamentalist Revolt against the Modern Age* (San Francisco : Harpers, 1989). アメリカの問題についてはGeorge M. Marsden, *Fundamentalism and American Culture* (New York : Oxford University Press, 1980) を参照.
36. Ian Kershaw, *The "Hitler Myth" : Image and Reality in the Third Reich* (New York : Oxford University Press, 1987). ケルショウは本著『ヒトラー神話・第三帝国におけるイメージと現実』のなかで，ヒトラーがライバルをナチ党へとりこみ，派閥を超越したように振舞う能力を調べた. しかし彼は，ヒトラー神話がつくりだされる手法については分析しなかった. 一方，シュテルンは著書「ヒトラー・総統とその民」で，ヒトラーにカリスマ性がついていく過程を分析した. Joseph Peter Stern, *The Fuhrer and the People* (Berkeley : University of California Press, 1975), pp. 35-42. 92-97.
37. "Deutsches Requiem," *Labyrinths*, trans. D. A. Yates and J. E. Irby (New York : New Directions, 1964), p. 144. George Steiner, *The Portage to San Cristobal of A. H.* (New York : Simon and Schuster, 1981). 一方，ムリシュとデリロは全く違ったアプローチで，ナチ支配の悪を相対化している. Harry Mulisch, *Assault*, trans. Claire N. White (New York : Pantheon, 1985), Don DeLillo, *White Noise* (New York : Viking, 1985).

Ⅱ

1. Adolf Hitler, Mein Kampf, trans. Ralph Mannheim, Sentry Edition (Boston : Houghton Mifflin, 1962), p. 469. ヒトラーは，自分が考える道義のメッセージを伝えるには，話し言葉による語りかけのモードが最も有効であると信じ，その手法をとった. 古典ギリシア文

History of the 'Holocaust' in German Historiography," Herbert 編, *National Socialist Extermination Policies :Contemporary German Perspectives and Controversies* (New York : Berghahn, 2000), pp. 4-27 に収録.

24. Raul Hilberg, *The Destruction of the European Jews,* 学生版. (New York : Holmes & Meier, 1985), p. 63, 及び Raul Hilberg, The Politics of History : *The Journey of a Holocaust Historian* (Chicago : Ivan R. Dee, 1996), p. 64. Peter J. Haas, *Morality after Auschwitz : The Radical Challenge of the Nazi Ethic* (Philadelphia : Fortress, 1988), pp. 13-21. Avraham Barkai, "The German *Volksgemeinschaft*," Michael Burleigh 編, *Confronting the Nazi Past : New Debates on Modern German History* (New York : St. Martin's, 1996), pp. 84-88 に収録.
25. Omer Bartov, *Hitler's Army : Soldiers, Nazis, and War in the Third Reich* (New York : Oxford University Press, 1992), p. 148. バルトヴは,「この若者達が召集前に身につけていた道徳観」がコンセンサスの基礎にあり, 第一線における行動を左右したと述べている. p. 7. Omer Bartov, "The Lost Cause," *New Republic*, Oct. 4, 1999, pp. 47-50, および "The Penultimate Horror," *New Republic*, Oct. 13, 1997, pp. 48-53.
26. ブラウニングは, 直接手をくだした下手人たちのモチベーションを調べたが, 強化活動は「1938年の"傍観者"を"1941-1942年のジェノサイド下手人"に仕立てるという期待」につながらなかったとしている. ブラウニングは「驚くほどの高い割合で党員になった」ことを認めながらも,「この人々はナチスに比べると政治と道徳の規準をもっと知っていた者たちである」とつけ加えている. Christopher R. Browning, *Ordinary Men : Reserve Police Battalion 101 and the Final Solution in Poland,* 第2版. (New York : Harper Perennial, 1998), pp. 200, 48. そのほか, イデオロギーより状況ファクターの方を強調する歴史学者たちは, 調査の中心に世代上の群れをおいている. Michael Wildt, *Generation des Unbedingten : Das Fuhrungskorps des Reichssicherheitshauptamtes* (Hamburg : Hamburger Edition, 2002), pp. 23-29, 137-142. 加害者側にみられる道義のでっちあげに関する組織的分析については, 次を参照. Bronwyn McFarland-Icke, *Nurses in Nazi Germany : Moral Choice in History* (Princeton, N. J.: Princeton University Press, 1999), pp. 128-172.
27. Hettie Shiller, "Es geschah in einer Generation!" Houghton Library, Harvard University (hereafter Houghton), bMS Ger 91 (210). Victor Klemperer, diary entry of June 17, 1934, *I Will BearWitness : A Diary of the Nazi Years*, vol. 1, trans. Martin Chalmers (New York : Random House, 1998), p. 72. Rudolf Steiner, "My Life in Germany," Houghton, bMS Ger 91 (227), p. 50. Joseph B. Levy, "Die guten und die bosen Deutschen," Hilde Honnet- Sichel, "Jeden Tag neue Angst,"この二つの記事は次に収録, Margarete Limberg and Hubert Rubsaat 編, *"Sie durften nicht mehr Deutsche sein" : Judischer Alltag in Selbstzeugnissen, 1933-1938* (Frankfurt am Main : Campus, 1990), pp. 130-139, 178-180, 182-186. Marion A. Kaplan, *Between Dignity and Despair : Jewish Life in Nazi Germany* (New York : Oxford University Press, 1998), pp. 17-49.
28. Hanna Bernheim, "Mein Leben in Deutschland," Houghton, bMS Ger 91 (25).
29. Karl Lowith, "Mein Leben in Deutschland," Houghton, bMS Ger 91 (161), キングによる英訳版は, *My Life in Germany before and after 1933*, trans. Elizabeth King (Champaign-Urbana : University of Illinois Press, 1986), pp. 52-53.
30. Heinemann Stern, "Einsam in vertrauter Umwelt," Limberg and Rubsaat共著, *"Sie durften nicht,"* pp. 172-173 に引用.

の子孫を高等教育と職業から排除する純血人種コードが存在したのである．Duke University, Special Collections Library, Peruvian Collection, manuscript no. 2. "Papeles que pertenecen a Francisco Xavier Montero Bolanos de los Reyes"（Caracas, 1765-1770）．筆者はこの前例を教えてくれたダン氏（Elizabeth Dunn）に感謝する．

17. ある政治家は「ギリシアの土壌にギリシア的でないものが残ってはならない」と主張した．Mark Mazower, *Dark Continent : Europe's Twentieth Century*（New York : Knopf, 1999）, p. 42. Norman M. Naimark, *Fires of Hatred : Ethnic Cleansing in Twentieth-Century Europe*（Cambridge : Harvard University Press, 2002）, pp. 17-35.
18. 政策立案者間の部内論争では，アメリカの人種問題がよくとりあげられた．Strafrechtskommission, 37th sitting, June 5, 1934, Bundesarchiv Berlin-Lichterfelde（hereafter BAB）R3001/852. 次の資料も参照，*Der Sturmer* 14（Mar. 1936）, Walter Gross, "National Socialist Racial Thought," グロスの発言は次に収録，*Germany Speaks! Twenty-One Leading Members of the National Socialist Party,* foreword by Joachim von Ribbentrop（London : Butterworth, 1938）, p. 75. 学術的研究については次を参照，Judy Scales-Trent, Racial Purity Laws in the United States and Nazi Germany : The Targeting Process, *Human Rights Quarterly* 23（2000）: 259-307.
19. 1935年4月26日付 "Begriff 'Mischehe,'"Reichsministerium des Inneren（hereafter RMdI）宛（*Landesregierungen*）, BAB/R4901/521/Bl. 32. Cornelia Essner, "Zwischen Vernunft und Gefuhl : Die Reichstagdebatten von 1912 um koloniale 'Rassenmischehe' und 'Sexualitat,'" *Vierteljahrshefte fur Zeitgeschichte* 45（1997）: 503-519.
20. William I. Brustein, *Roots of Hate : Anti-Semitism in Europe before the Holocaust*（Cambridge : Cambridge University Press, 2003）, chap. 6. Albert S. Lindeman, *Esau's Tears : Modern Anti- Semitism and the Rise of the Jews*（Cambridge : Cambridge University Press, 1997）, pp. 457-460, 481-503.
21. Statistisches Reichsamt 編，*Statistisches Jahrbuch fur das Deutsche Reich*, vol. 51（Berlin : Hobbing, 1932）, part 2, pp. 29-30, *Statistisches Jahrbuch fur das Deutsche Reich*, vol. 55（Berlin : Sozialpolitik, 1936）, part 2, p. 41. ユダヤ人で1932－1932年に結婚した者のうち，約36％が通婚であった．1933年には44％に達した．ユダヤ人の通婚によって生まれた子供の4人に1人が，ユダヤ人として育てられた．Bruno Blau, *Das Ausnahmerecht fur die Juden in Deutschland, 1933-1945*（Dusseldorf : Allgemeine Wochenzeitung der Juden in Deutschland, 1965）, pp. 7-10. Jeremy Noakes, "Wohin gehoren die'Judenmischlinge?' Die Entstehung der ersten Durchfuhrungsverordnungen zu den Nurnberger Gesetzen," Ursula Buttner 編，*Das Unrechtsregime : Internationale Forschung uber den Nationalsozialismus*, vol. 2（Hamburg : Christians, 1986）, pp. 70-74 に収録.
22. Michael Burleigh and WolfgangWippermann, *The Racial State : Germany, 1933-1945*（Cambridge : Cambridge University Press, 1991）, pp. 23-43. Williams, *Keywords*, pp. 119-120, 248-250.
23. William Sheridan Allen, *The Nazi Seizure of Power in a Single German Town*, rev. ed.（New York :Watts, 1965）, p. 77. ウィリアム・シェリダン・アレンは著書『ナチの権力奪取ードイツのある町の事例』で反ユダヤ主義が存在したことを否定しないが，それがナチ党の訴えには寄与しなかったとした．Peter Fritzsche, *Germans into Nazis*（Cambridge : Harvard University Press, 1998）, pp. 208-209. Ulrich Herbert, "New Answers and Questions about the

7. J. B. Schneewind, *The Invention of Autonomy : A History of Modern Moral Philosophy*（Cambridge : Cambridge University Press, 1998）, pp. 345-349. シェークスピアは「ヘンリー五世」のなかで「コンシェンス」を「意見」の意味で使用し，「私は自分のコンシェンスを王に申上げる」と書いている．イギリスの思想家トーマス・ホッブスは，コンシェンスを意識，認識の意味でも使っている（Mankind, from conscience of its own weakness）. *Oxford Shorter English Dictionary*（CD-ROM version）, s. v. "conscience."
8. ゲオルク・ジンメルからユルゲン・ハーバーマスに至る社会思想家は知の力を欧米民主主義の文脈のなかで分析した. Nicos Stehr, *Knowledge Societies*（London : Sage, 1994）, pp. 160-203. レイモンド・ウィリアムスが指摘したように，「専門家」は，「知識人」や「教授」のように，単なる専門知識人の身分から，近代社会における知の捧持者というもっと高い地位へ格上げされた. Raymond Williams, Key Words（New York : Oxford University Press, 1983）, p. 129 デトレフ・J・K・ポイケルトによると，ドイツの伝統的エリートは，専門職人の格上げを苦々しく考えた. Detlev J. K. Peukert, *The Weimar Republic : The Crisis of Classical Modernity*, trans. Richard Deveson（New York : Hill andWang, 1987）, pp. 134-140.
9. Alfons Heck, *Heil Hitler : Confessions of a Hitler Youth*, Arthur Holch, producer, HBO Knowledge Project Film（New York : Ambrose, 1991）. このプロジェクトは，次の回想録をベースにしたもの，Heck's memoir, *A Child of Hitler : Germany in the Days When God Wore a Swastika*（Frederick, Colo.: Renaissance House, 1985）.
10. Albert Speer, *The Slave State : Heinrich Himmler's Masterplan for SS Supremacy*, trans. Joachim Neugroschel（London :Weidenfeld and Nicolson, 1981）, p. 255.
11. Herbert Spencer : "Progress : Its Law and Causes," *Westminster Review* 67（Apr. 1857）, pp. 445-447, 451, 454-456, 464-465. 有機体類似説を唱えた者には，ウォーレス（Alfred RussellWallace），クロポトキン（Peter Kropotkin），サムナー（William Graham Sumner），ウォード（Lester Ward），ヘッケル（Ernst Haeckel），ベーテソン（William Bateson），カーネギー（Andrew Carnegie），ホブハウス（L. T. Hobhouse），ロレンツ（Konrad Lorenz），アードレイ（Robert Ardrey），ウィルソン（E. O. Wilson），ドーキンズ（Richard Dawkins），リチャーズ（Robert Richards）がいる.
12. 「西欧の没落」の著者オズヴァルト・シュペングラーは，エルンスト・ヘックラーの「人間の進化」論を応用. 両著書は世界的ベストセラーとなったが，この二人の著者は，すべての生物の有機的本質について説明し，社会批判と生物学的比喩を融合させた. Peter Weingart, "'Struggle for Existence' : Selection and Retention of a Metaphor," Sabine Maasen, Everett Mendelsohn, and Peter Weingart 共編，*Biology as Society, Society as Biology : Metaphors*（Dordrecht : Kluwer, 1995）, pp. 131-136に引用.
13. George L. Mosse, *Toward the Final Solution : A History of European Racism*（New York : Howard Fertig, 1978）, p. 168.
14. Joseph Goebbels, *Das kleine abc des Nationalsozialisten*（Bernau : Freyhoff, 1930?）, p. 1.
15. L. Frank Baum, David E. Stannard, American Holocaust : *The Conquest of the New World*（New York : Oxford University Press, 1992）, p. 126に引用.
16. ポーランド，ハンガリー，ルーマニア，スロバキア，イタリアでは，ドイツの例に見習って，反ユダヤ政策が導入された. しかしながら，ナチの弁明者は批判に答える時，上記の平行事例に触れない. 彼らはラテンアメリカで実施された人種上，宗教上の差別的掟も無視した. ムーア人，ユダヤ人，異端およびペニテンシァドス（異端審問で処罰された人）

〔注〕

プロローグ

1. Jonathan Glover, Humanity : *A Moral History of the Twentieth Century*（New Haven, Conn.: Yale University Press, 1999）, pp. 26-28.
2. 原文は “Gleichheit alles dessen, was Menschenantlitz traegt,” 記事題名は “Das gute Recht der deutschen Revolution,” 1933年5月12日付 *Westdeutscher Beobachter*, Josef Becker および Ruth Becker 共編, *Hitlers Machtergreifung, 1933 : Vom Machantritt Hitlers, 30 Januar 1933, bis zur Beseitigung des Einparteistaates, 14 Juli 1933*（Munich : dtv, 1983）, doc. 253, pp. 301-302に引用. この表現はいろいろな場合に使われた. 例えば次を参照, Hitler, “Ein Kampf um Deutschlands Zukunft,” Sept. 18, 1928, Barbel Dusik and Klaus A. Lankheit 編, Hitler : Reden, *Schriften, Anordnung*, vol. 3, part 1（Munich : Saur, 1992）, doc. 26, p. 88, 及び Bernhard Losener, “Die Hauptprobleme der Nurnberger Grundgesetze,” Oct. 1935, U. S. Holocaust Memorial Museum, record group（hereafter USHMM, RG-）11. 001. M/343/roll 5/343, p. 57.

I

1. 原文は, “Das ist mir geugknusz gebet, das ich mein gewiszen errettet hab am jungsten tage und szagen konde, ‘ich hab gehandelt, wie ich sal.’” 良心に関しては次のドイツ語辞書に引用, Jacob Grimm Wilhelm Grimm, *Deutsches Worterbuch*, vol. 4（Leipzig : Hirzel, 1911）, s. v. “Gewissen”.
2. 普遍性については, 古代ローマの政治家キケロが述べた「ローマとアテネの法に違いはなく, 現在と未来の法にも違いはない, 国家と時代を超越して有効な永遠, 不変の法」たる自然法, について触れられた. George H. Sabine, *A History of Political Theory*, 4th ed.（New York : Dryden, 1973）, p. 161.
3. カントは続けて,「あたかも暗闇に覆われたごとくに手探りする必要はなく, 私の地平の向うの超越した地域にあるかのごとくに推測する必要もない. それは私の目の前にあり, 私はそれを私の存在の意識と直接結びつける」と書いた（実践理性批判, 結び）.
4. Vatican II, “Gaudium et spes,” Dec. 7, 1965, Aust Flannery 編, *Documents of Vatican II*（Grand Rapids, Mich.: Eardmans, 1975に収録）, pp. 903-1001.
5. 多くの文化がこの黄金律をもつ. キリスト教では新約聖書のマタイによる福音書7章12, ルカによる福音書6章31. イスラム教では預言者の言葉ハディースに「汝らは, 自分のために望むことを兄弟のために望むようになるまでは, 誰ひとりとして信徒とはいえない」とある. 聖典「バガバッド・ギーター」を含むインドのマハーバーラタは「汝にされたら痛みを生じることを, 他者にしてはならない. これが行為の本分である」と述べる. ユダヤ教のタルムードには,「自分にされたくないことは他人にするな. これが律法の本質であり, あとは解釈である」とある. 仏教にもウダナヴァルガに述べられた「汝にも同じ痛みを与える手段をもって相手を傷つけるな」という言葉をもつ.
6. フロイトの言葉によると,「昆虫, ミミズあるいはしま蛇と同じように, 地球上の生物という理由だけで, 愛すべきものだとすれば…ほんの微量の愛しか与えられない」. Sigmund Freud, *Civilization and Its discontents, trans.*（New York : W. W. Norton, 1989）, pp. 65-67.

〔略字リスト〕

BAB	Bundesarchiv Berlin-Lichterfelde ベルリン・リヒターフェルデ連邦公文書館
BDC	Berlin Document Center ベルリン資料センター
DBFP	Documents on British Foreign Policy 英外交政策資料
DDF	Documents diplomatiques francais 仏外交政策資料
FRUS	Foreign Relations of the United States 合衆国外交政策
Houghton	Houghton Library, Harvard University ハーバード大学ホートンライブラリー
IMT	Trial of the Major War Criminals before the International Military Tribunal 国際軍事法廷主要戦犯の裁判
NV	Neues Volk: Blaetter des Aufklaerungsamtes fuer Beveolkerungspolitikund Rassenpflege ノイエス・フォルク、人種保護・国民政治局刊行物
RBMSCL	Rare Book, Manuscripts, and Special Collection Library, Duke University デューク大学稀覯書・特別蒐集図書館
REM	Ministerium fuer Wissenschaft, Kunst und Volksbildung 科学・文化・国民教育省
RMdI	Reichsministerium des inneren 内務省
SK	Das Schwarze Korps ダス・シュバルツェ・コール
Sopade	Deutschland-Berichte der Sozialdemokratischen Partei Deutschlands/Sopade ドイツ社会民主党ドイツ報告/Sopade
StAM	Staatsarchiv Munich ミュンヘン国立公文書館
VB	Der Voelkische Beobachter デア・フェルキシェ・ベオバハター
ZuW	Ziel und Weg ツィール・ウント・ヴェーク

訳者あとがき

本書は、デューク大学教授クローディア・クーンズ著 *The Nazi Conscience* の全訳である。直訳すれば『ナチ的良心』が原題である（なお、ナチの訳語に国民社会主義があるが、本書では従来の国家社会主義を訳語とし、障害者に対する言葉も、ナチス自身が使う場合は差別的表現とした）。ホロコースト時代（一九三三—四五）の前半、ヒトラーの権力掌握から大戦勃発まで、ドイツ国民が「ノーマルな時代」とみなしてしまう「人種犯罪を当然視する心の準備」期間が、対象になっている。即ち、ホロコースト生起に関して従来から唱えられてきた歯車説、状況説、生来説とは違うアプローチで捉え、官僚、学者、教育者の役割や法制面を含め、民族原理主義がのさばる体制文化の形成を重視したのが、本書である。

ドイツ社会に同化していたユダヤ人を、異質の存在として処分してもよい、とする心構えが形成された後、良心の痛みを伴わぬ抹殺が始まるわけであるが、ナチ帝国の崩壊によって、ホロコーストが一件落着となったわけではない。被害者の遺族や生残りに対する補償、強制労働補償、被害者の預貯金清算（スイス銀行休眠口座）、略奪美術品の返還、ユダヤ人社会の共有資産（シナゴーグ、学校、老人ホームなど）没収等々、未解決の問題がたくさんある。特に東欧における共有資産は、ナチドイツが略奪し、戦後、共産政権に引継がれた後、体制崩壊でうやむやになってしまった。世界ユダヤ人資産返還（回収）機構（ＷＪＲＯ）が窓口になって東欧諸国政府と交渉中であるが、解決まで気の遠くなるような時間を要するだろう。

その一方でホロコーストはなかったと唱える否定論者がいて、犠牲者の神経を逆なでする。あとがき執筆中の二月二一日、オーストリアで英人通俗歴史作家ディビッド・アービングが、三年の実刑判決をうけた。ドイツ、オーストリア、イスラエルでは、ホロコースト否定は刑事犯罪として裁かれ最高五年の刑をうけるのである。

ドイツ政府が反省をこめた歴史教育をおろそかにしているわけではないが、ドイツ警察研究所（ＤＰＩ）が〇四年七月に実施した調査によると、ドイツ青少年の五％がヒトラーを賛美し、一五％がナチズムは理論的に優れているが実行面で悪かった、と考えている。同年三月、イエナのフリードリヒ・シラー大のヴォルフガング・フリンテ教授が、ハイファ大の国際シンポジウムで発表した調査では、ドイツ人の四六％がホロコーストの責任を感じていない。右翼に限定すれば実に八四％が責任を否定している。

〇四年のアメリカ・ユダヤ人委員会（ＡＪＣ）調査では、ユダヤ人にたいして親近感を抱く者は全体の二二％（オーストリアは一八％）で、英米の五〇％台と著しい対照をなす。〇五年五月の反中傷連盟（ＡＤＬ）調査では、ドイツ人の五〇％が、在独ユダヤ人（一〇万）はドイツよりイスラエルに忠誠心を抱いていると考え、二四％はユダヤの国際市場支配を信じこんでいる。

反ユダヤ動向については、イスラエルはテルアヴィヴ大付属ステファン・ロス研究所、ドイツにはベルリン工科大付属反ユダヤ主義調査センターなどが精力的にモニターしている。イスラエルには反ユダヤ主義監視連絡フォーラムがあり、アメリカは二〇〇四年にグローバル反ユダヤ主義査察法を導入し、国務省主導で出先の大使館によるモニターを開始した。ヨーロッパには、ヨーロッパ安全保障機構（ＯＳＣＥ）の主導する会議、ヨーロッパ委員会（ＥＣ）の人種主義・排外主義モニターセンター（ＥＵＭＣ）などが、横の連絡をとりつつ反ユダヤ活動をフォローしている。ユダヤ人団体では、前述のＡＪＣ、ＡＤＬのほかナチハンターであったサイモン・ヴィゼンタルの名を冠したセンターが、ロサンゼルスでモニターしている。

ステファン・ロス研究所によると、二一世紀になって反ユダヤ活動は増えつつある。特にヨーロッパ最大のユダヤ人社会（人口六〇万弱）を擁するフランスがひどく、首席ラビは、キッパ（円形帽）など目印になるものを着用した外出を控えよ、と当地のユダヤ人社会に勧告している。中東・北アフリカ出身者による襲撃が多くなっているのである（フォーラム報告）。またユダヤ陰謀説やホロコースト否定が中東で盛んに唱えられるようになり、ナチの遺産はこちらへ引継がれた感がある。テロの正当化に使われるのだ。ナチ的良心の後遺症は根深い。

著者クーンズは、女性ではメモリー大教授D・リップシュタットと並ぶ、ホロコースト研究の第一人者である。リップシュタットがホロコースト否定者研究に重点をおくのに対し、著者は民族浄化へ進む民族原理主義に関心を抱く。狂信者の過激な主張より、一般市民の心にひそむ偏見や差別と、それが精神、肉体、環境の汚染恐怖から「悪の〝彼ら〟の世界を駆除する使命」へ至る人種パックが、彼女の研究領域である。

領域はきわめて広い。九〇年代、バルカン半島で発生した、クロアチア人とイスラム教徒を対象とするセルビア人の民族浄化。スーダン西部のダルフールでは、アフリカ系住民に対するアラブ人の民族浄化は今なお続き、その南部では、アフリカ系のアニミストやヒンズー教徒が、ナジュス（汚物）として抹殺されている。著者が、ナチズムやその後の一連の民族原理主義とともに、最近注目しているのが、ヨーロッパ社会における中東北アフリカ系移民のアラブ、イスラム教徒に対する人種パックである。反ユダヤ主義は消えず、それに連なる民族原理主義も健在。人間は歴史の教訓を身につけなかったように思われる。

滝川義人

【著者】クローディア・クーンズ（Dr.Claudia Koonz）デューク大学歴史学教授。コロンビア大学で修士課程修了後、ラトガーズ大学で博士号取得。専門分野は人種主義、ジェノサイド、ジェンダー。狂信者の主張より一般市民の間にみられる偏見、差別を研究テーマとしている。主要著書 *More Masculine Men.More Feminine Women:Gender and Race in Nazi Popular Culture. Hijab:A Word That Travels.* 『父の国の母たち』（上下、時事通信社）他。一九八七年度全米図書賞ファイナリスト他、数々の賞を受賞している。

【訳者】滝川義人（たきがわ・よしと）前イスラエル大使館チーフインフォメーションオフィサー、現メムリ（中東報道研究機関）日本代表。早稲田大学第一文学部卒業、ユダヤ、中東研究者。【主要著書】『ユダヤ解読のキーワード』（新潮社）、『ユダヤを知る事典』（東京堂出版）『ユダヤの格言99』（講談社）他。【主要訳書】ヴィストリヒ編『ナチス時代ドイツ人名事典』（東洋書林）、ギルバート編『ホロコースト歴史地図』（原書房）、ザハル著『ユダヤ人の歴史』（明石書店）他。

ナチと民族原理主義

2006年4月30日　第1刷発行

著者　クローディア・クーンズ
訳者　滝川義人
発行者　辻一三
発行所　株式会社青灯社
東京都新宿区新宿1－4－13
郵便番号160－0022
電話03－5368－6923（編集）
　　03－5368－6550（販売）
URL http://www.seitosha-p.co.jp
振替　00120－8－260856
印刷・製本　株式会社シナノ

ISBN4－86228－005－6 C1031

小社ロゴは、田中恭吉「ろうそく」（和歌山県立近代美術館所蔵）をもとに、菊地信義氏が作成